U1016836

高等院校金融学专业应用型本科教材

金　融　学

主编　程　宇

哈爾濱工業大學出版社

内容简介

金融学是金融类专业的主干课程，也是经济管理大类专业学生的必修基础课程。本书在保持金融理论系统性与逻辑性的同时，注重金融学知识的具体应用，体现出较强的实务性和时代性。全书共14章，以利率为基本主线阐述了金融的范畴、金融机构与金融市场的业务、宏观均衡与非均衡及其治理。每章设计了“学习目标”“案例导入”“金融视角”“本章小结”及“思考与练习”等栏目，目的是通过引证与本章有关知识的链接，开阔学生的视野，启发学生的思考兴趣，加深学生对知识的理解，提高学生的实践能力和创新能力。

本书可作为高等院校经济、管理类专业本科学生教材，也可作为金融专业研究生的学习参考书及金融从业人员的培训辅导书。

图书在版编目(CIP)数据

金融学/程宇主编. —哈尔滨:哈尔滨工业大学出版社,2023.7

ISBN 978－7－5767－0964－3

Ⅰ.①金…　Ⅱ.①程…　Ⅲ.①金融学-教材　Ⅳ.①F830

中国国家版本馆CIP数据核字(2023)第136780号

责任编辑　丁桂焱
出版发行　哈尔滨工业大学出版社
社　　址　哈尔滨市南岗区复华四道街10号　邮编150006
传　　真　0451－86414749
网　　址　http://hitpress.hit.edu.cn
印　　刷　哈尔滨市颉升高印刷有限公司
开　　本　787mm×1092mm　1/16　印张19.25　字数457千字
版　　次　2023年7月第1版　2023年7月第1次印刷
书　　号　ISBN 978－7－5767－0964－3
定　　价　52.00元

前　言

金融学作为一门学科，主要研究如何在不确定的条件下对稀缺资源进行跨时期的分配。金融学作为经管专业的入门课程，涵盖了金融学学科的一般原理，通过这门课程，学生可以获得对货币、金融市场、金融机构以及金融当局的宏观调控、通货膨胀和货币理论的了解，从而为学习其他的金融操作性课程打下坚实的基础。党的二十大报告中，先后十次提到了"金融"，在防范金融风险、深化金融体制改革、加强和完善现代金融监管、强化金融稳定保障体系、健全农村金融服务体系、发展绿色金融等方面做出了重要阐述与部署。不仅对于金融学专业的学生，而且对于所有攻读经管类专业的学生来说，金融学都是一门重要的基础性课程。

本书在保持金融理论系统性与逻辑性的同时，注重对金融学知识的具体应用，体现出较强的实务性和时代性。全书共 14 章，以利率为基本主线阐述了金融的范畴、金融机构与金融市场的业务、宏观均衡与非均衡及其治理。每章设计了"学习目标""案例导入""金融视角""本章小结"及"思考与练习"等栏目，目的是通过引证与本章有关知识的链接，开阔学生的视野，启发学生的思考兴趣，加深学生对知识的理解，提高学生的实践能力和创新能力。

本书在编写过程中，参考了大量的金融学相关的书刊资料，听取了很多专家学者的宝贵意见与建议，在此表示衷心感谢。同时，还要感谢蔡奇峰在书稿整理和校对中付出的辛苦劳动。由于编写人员水平有限，书中难免存在疏漏之处，望各位专家、读者批评指正。

编　者

2023 年 3 月

前言

目　录

第一章　货币与货币制度 …… 1

第一节　货币的产生与发展 …… 1

第二节　货币的职能 …… 5

第三节　货币制度及其演变 …… 7

第四节　国际货币体系与区域性货币一体化 …… 13

第二章　货币的价格 …… 21

第一节　利息与利率 …… 21

第二节　外汇与汇率 …… 29

第三章　信用与金融 …… 37

第一节　信用的产生与发展 …… 37

第二节　现代主要信用形式 …… 43

第三节　金融范畴的形成与界定 …… 53

第四章　中央银行 …… 57

第一节　中央银行的产生 …… 57

第二节　中央银行的制度与职能 …… 60

第三节　中央银行的主要业务 …… 65

第四节　中央银行的独立性 …… 70

第五章　商业银行 …… 76

第一节　商业银行的产生和发展 …… 76

第二节　商业银行的性质及职能 …… 80

第三节　现代商业银行的组织结构 …… 82

第四节　商业银行的业务 …… 84

第五节　商业银行的经营原则与管理 …… 90

第六章　其他金融中介 …… 97

第一节　证券、保险经营机构 …… 97

第二节　政策性金融机构 …… 101

第三节　非银行金融机构 …… 104

第七章　金融市场概述 …… 108

第一节　金融市场的基本概念 …… 108

第二节　金融市场的结构 …… 115

第三节　金融市场的价格 …… 117

第四节　金融市场的效率 …… 121

第八章 货币市场……126
第一节 同业拆借市场……126
第二节 票据市场……133
第三节 存单市场……139
第四节 短期证券市场……141
第五节 欧洲货币市场……145
第九章 资本市场……147
第一节 股票市场……147
第二节 债券市场……157
第三节 证券投资基金市场……166
第十章 金融衍生工具市场……177
第一节 金融衍生工具市场概述……177
第二节 金融远期市场……181
第三节 金融期货市场……186
第四节 金融期权市场……194
第五节 金融互换市场……200
第十一章 货币供求及其均衡……207
第一节 货币供给……207
第二节 货币需求……217
第三节 货币供需均衡……226
第十二章 货币供求失衡及其治理……232
第一节 通货膨胀概述……232
第二节 通货膨胀成因……237
第三节 通货膨胀的经济效应……241
第四节 通货膨胀的治理政策……243
第五节 通货紧缩……245
第十三章 开放经济下的均衡……250
第一节 国际收支及其调节……250
第二节 国际储备……261
第三节 国际资本流动……265
第四节 国际收支与均衡……271
第十四章 货币政策……275
第一节 货币政策目标体系……275
第二节 货币政策工具……282
第三节 货币政策传导机制……291
第四节 货币政策效应……295
参考文献……300

第一章　货币与货币制度

【学习目标】

1. 掌握货币的定义、起源和货币形态的演变过程。
2. 掌握货币的几种主要职能及其发展过程。
3. 掌握货币制度的构成要素、演变过程及最新的发展趋势。
4. 了解货币发行的一般程序及区域货币一体化的相关知识。

【案例导入】

第二次世界大战期间,在纳粹的战俘集中营中流通着一种特殊的商品货币:香烟。当时的红十字会设法向战俘营提供了各种人道主义物品,如食物、衣服、香烟等。由于数量有限,这些物品只能根据某种平均主义的原则在战俘之间进行分配,而无法顾及每个战俘的特定偏好。但是人与人之间的偏好显然是会有所不同的,有人喜欢巧克力,有人喜欢奶酪,还有人则可能更想得到一包香烟。因此这种分配显然是缺乏效率的,战俘们有进行交换的需要。但是即便在战俘营这样一个狭小的范围内,物物交换也显得非常不方便,因为它要求交易双方恰巧都想要对方的东西,也就是所谓的需求的双重巧合。为了使交换能够更加顺利地进行,需要有一种充当交易媒介的商品,即货币。那么,在战俘营中,究竟哪一种物品适合作为交易媒介呢?许多战俘营都不约而同地选择香烟来扮演这一角色。战俘们用香烟来进行计价和交易,如一根香肠值10根香烟,一件衬衣值80根香烟,替别人洗一件衣服则可以换得两根香烟。有了这样一种记账单位和交易媒介之后,战俘之间的交换就方便多了。香烟之所以会成为战俘营中流行的"货币",是和它自身的特点分不开的。它容易标准化,而且具有可分性,同时也不易变质。这些正满足"货币"的要求。当然,并不是所有的战俘都吸烟,但是,只要香烟成为一种通用的交易媒介,用它可以换到自己想要的东西,自己吸不吸烟又有什么关系呢?我们现在愿意接受别人付给我们的钞票,也并不是因为我们对这些钞票本身有什么偏好,而仅仅是因为我们相信,当我们用它来买东西时,别人也愿意接受。

第一节　货币的产生与发展

一、货币的本质与含义

自货币产生以后,人们不断对它的本质和含义进行论证探讨,形成了不同的学说。

马克思从劳动价值理论入手,通过分析商品交换的发展进而分析货币的起源与本质,从中抽象出货币的含义,得出货币是从商品世界中分离出来的、固定地充当一般等价物的特殊商品,并能反映一定的生产关系。货币首先是商品,它与其他商品一样,是人类劳动的产物,是价值和使用价值的统一体,这是货币与其他商品的共性。货币是一种特殊商品。货币与其他商品的区别是:货币是衡量一切商品价值的材料,具有同其他一切商品相交换的能力,成为一般的交换手段;货币具有特殊的使用价值和一般的使用价值。货币商品从它的自然属性来说,也有其专门的使用价值,如金可作为饰物的材料,但更重要的是它具有一般的使用价值,起着一般等价物的作用;货币的使用价值二重化了。货币作为一般等价物体现了一定的生产关系。

现代西方经济学中有关货币的定义的主要代表性观点有货币符号论和货币职能论等。货币符号论否认货币的商品属性和货币的实质价值,认为货币只是一种便于交换的技术工具,是由法律规定的换取财富的价值符号,是一种观念的计算单位,是一种票券。其代表性观点是"货币国定论",即货币是由国家法律和行政力量强制形成的,真正的货币是国家纸币。货币职能论是从货币职能或用途来给货币下定义、解释货币本质的。比如,货币是交易的媒介,货币是计量的标准,货币是保存价值的手段,货币是延期支付的手段等。现代经济学家中较多的人采取这种定义法。

二、货币的起源

货币的存在已有几千年的历史了,人们对它的存在也习以为常,但是"货币是怎样产生的"这个问题在漫长的历史中却一直是个谜。中国古代关于货币起源的学说主要有先王制币说和交换起源说,西方有创造发明说、便于交换说和保存财富说。这些学说在特定的历史背景下,虽然都存在一定的合理成分,但是均有较大的局限性。

马克思从辩证唯物主义和历史唯物主义的观点出发,运用历史和逻辑相结合的方式,科学地揭示了货币的起源,认为货币是商品经济内在矛盾发展的产物,是商品矛盾运动中价值形式发展的必然结果。商品经济内部存在商品使用价值和价值之间的矛盾,从而在商品交换中必须有商品价值的表现形式,即价值形式。价值形式随着商品交换的发展而发展,经历了四个阶段的长期演变,最终产生了货币。

(一)简单价值形式

最初,在人类社会生产发展到刚开始有剩余产品时,偶尔会发生个别的剩余产品交换行为。一种商品价值偶然地、简单地表现在另一种商品的使用价值上,就是简单价值形式。简单价值形式产生了货币的胚胎。

(二)扩大的价值形式

随着社会生产力的提高,商品交换变得经常而丰富,参加交换的商品逐渐增多。一种商品不再是偶然地与另一种商品相交换,而是和越来越多的商品相交换,由更多商品来表现自己的价值,称为扩大的价值形式。此时,货币的胚胎虽开始发育、成长,但是还没有分离出一种固定充当一般等价物的商品。

(三)一般价值形式

当商品交换在更广泛、更经常的条件下发展时,从众多商品里分离出一种市场上最常见、大家最乐意接受的商品作为一般等价物,所有商品都由这一种商品表现价值,即一般价值形式。商品的直接物物交换,变成以一般等价物为媒介的间接交换,一般等价物已经具有了货币的一般性质。一般等价物在初期并非固定，在不同时期、不同地区由不同商品充当，这妨碍了商品交换更大范围、更深程度上的进一步发展。

（四）货币形式

经过长期的商品交换活动的演变，一般等价物固定在贵金属身上，由贵金属特别是金银来固定充当商品交换的媒介，这就是货币价值形式。

货币产生的历程充分说明了货币起源于商品，是商品经济内在矛盾发展的产物，是商品交换的结晶。

三、货币形式的演变

从货币的发展历史来看，货币先后经历了实物货币、金属货币、代用货币、信用货币、电子货币等几个阶段的发展。货币的这种由初级到高级形态的发展过程，是商品经济发展的必然结果，同时新的货币形态不断克服前一种货币形态的缺点。

（一）实物货币

任何货币，如果其作为非货币用途的价值与其作为货币用途的价值相等，则统称为实物货币。实物货币是人类最早的货币形式，是指在金属货币出现以前，曾经充当过交易媒介的那些特殊商品。在人类经济发展史上，各种商品，如米、布、木材、贝壳、家畜等，都曾在不同时期内扮演过货币的角色。在我国古代，龟壳、海贝、蚌珠、皮革、兽角、猎器、米粟、布帛、农具等，均曾充当过交易媒介。但这些实物货币都有缺点，如许多实物货币价小体大、不便携带和运输、不能分割、易腐烂和磨损等。实物货币的这些缺点有碍于商品生产和商品交换的发展，于是在商品生产和商品交换发展中，货币才逐渐自发地固定在贵金属上。

（二）金属货币

金属货币指以金属为币材的货币。贵金属本身具有充当货币材料的天然优良属性，即体积小而价值大、便于携带，易于分割，不易磨损，不易腐烂变质。贵金属货币的这些优点正是一般实物货币的缺点。显然，贵金属的天然属性使其逐步排挤了一般实物货币而独占货币地位。

金属货币随着商品经济的发展和方便流通的需要，在形态上，有一个从称量货币到铸币的过程；在质地上，有一个从贱金属到贵金属的转变过程。铸币的产生，是人类货币史上一次重大的变革，它不仅显著地扩大了金属作为货币的用途，而且它朝着把货币同它的材料区分开的方向迈进了一大步。不是一般金属，而是铸成铸币、打上官方烙印的金属才能成为货币。当货币固定在贵金属身上时，贵金属垄断了货币的地位，货币史上发生了一次新的、本质的变化。只有黄金、白银这样的贵金属才能充当货币，体现商品的价值，而其他金属则和普通商品一样，代表商品的使用价值。

金属货币虽有优点，但随着商品流通的进一步扩大，日益暴露出许多缺点：一是由于流通造成的磨损和人为削刮使铸币的名义价值与实际价值经常背离；二是携带不方便，流通费用高；三是金银数量有限，供应缺乏弹性，无法适应市场交易发展的需要。随着经济的发展，出现了代用货币。

(三)代用货币

代用货币也称代表实质货币,即在贵金属货币流通的制度下,代替金属货币流通的货币。它往往由政府或银行发行,以纸币代替金属货币流通使用,即兑换纸币,如早期的银行券。这种纸币虽在市场上流通,充当交易媒介,但其背后有充足的金属货币做保证,纸币持有人可随时向发行者兑换成金属货币。由此可见,代用货币本身的价值虽然低于其面值,但它具有实质货币的要求权。与金属货币相比,代用货币的主要优点,一是印刷成本远低于铸造金属货币的成本;二是便于携带和运输,节省了流通费用。代用货币特别是银行券的出现,是货币币材的一大转折,它为后来的不兑现信用货币的产生奠定了基础。

(四)信用货币

信用货币,是以信用为保证,通过一定信用程序发行,充当流通手段与支付手段的货币形态,是货币的现代形态。信用货币可分为辅币、纸币、存款货币等几种主要形式。目前世界上几乎所有国家的货币都采用信用货币的形态。

从历史的角度看,信用货币是金属货币制度崩溃的直接后果。20 世纪 30 年代,由于世界性的经济危机接踵而至,各主要经济国家先后被迫放弃金本位和银本位,所发行的纸币不能再兑换金属货币,于是产生了信用货币。信用货币是代用货币进一步发展的产物,同代用货币一样,其自身价值也远远低于货币价值。信用货币与代用货币的区别在于信用货币不再像代用货币那样,以足值的金属作为保证,而是以信用作为保证,由政府强制发行,并且是法偿货币,任何人都必须接受。

一般而言,信用货币作为一般的交换媒介,须有两个条件:一是人们对此货币的信心;二是货币发行的立法保障,二者缺一不可。信用货币具有如下特征:一是信用货币是一种价值符号,与黄金已经完全脱钩。二是信用货币是债务货币,实际上是银行债务的凭证。三是信用货币具有强制性,通过法律手段确定为法定货币。四是信用货币具有管理货币性质,国家可以通过银行来控制和管理信用货币流通。

(五)电子货币

伴随着迅速发展的电子商务而出现的电子货币,从某种意义上代表了货币发展的未来。电子货币是指在零售支付机制中,通过销售终端、不同的电子设备之间以及在公开网络(如互联网)上执行支付的"储值"或"预付支付机制"。所谓"储值",是指保存在物理介质如智能卡、多功能信用卡中用来支付的价值。这种介质亦被称为"电子钱包"。当其储存的价值被使用后,可以通过特定设备向其追储价值。"预付支付机制"则是指存在于特定软件和网络中的一组可以传输并可用于支付的电子数据,通常被称为"数字现金"。它们由二进制数据(位流)和数字签名组成,可以直接在网络上使用。

电子货币作为一种货币,除了具有货币的一般属性外,与通货相比,还具有一些特殊属性。主要体现在以下几方面:①电子货币具有多元化的发行主体。电子货币的发行者既有中央银行,又有一般金融机构甚至非金融机构,而且后者占了很大比重。②电子货币是在线货币,即电子货币的流通必须有一定的基础设施。电子货币传输需要专用网络,保管需要存储设备,交换需要有通信手段,保持其安全需要加密和解密用的计算机。如果以上基础设施不完备,电子货币将无法保管、无法流通,以至无法使用。③电子货币是虚拟货币。电子货币是在银行电子化技术高度发达的基础上出现的一种无形货币。④电子货币是信息货币。电子货币实际上是由一组含有用户密码、金额、使用范围等内容的数字构成的特殊信息,所以通过使用相应的技术即可以执行货币的某些职能。

四、货币的未来

纵观货币的发展史,我们发现,货币形态始终朝着降低交易成本、提高交易效率并适应社会经济发展的路径演绎、发展,货币形态、货币制度的演进过程实际上也是不断降低交易费用、适应经济发展需要的一种制度变迁过程。

在人类社会已经迈入21世纪的今天,电子通信技术与计算机技术的一体化使经济在生产、流通、消费的各个领域发生了革命性的变化。特别是以互联网为代表的网络技术的迅速普及,使人类社会已经迈进信息社会。由于金融业对信息有超乎其他产业的特殊需求,从某种意义上而言,在这个网络经济时代,现代通信技术与计算机技术从根本上改变了金融业在业务处理、顾客服务、经营决策、管理拓展方面的技术环境。这些革命性的变革无疑都必须依赖于货币及支付手段相应的数字化。与传统货币相比,数字货币在降低交易费用方面具有巨大优势。因此,数字货币日益取代传统货币将是现代货币的未来发展趋势。

需要指出的是,数字货币的发展还面临着诸如系统安全、法律问题等各种各样的问题,并将对货币政策及金融监管带来一定的挑战。

【金融视角】发展中的数字人民币

数字人民币(字母缩写按照国际使用惯例暂定为“e-CNY”)是由中国人民银行发行的数字形式的法定货币,由指定运营机构参与运营并向公众兑换,以广义账户体系为基础,支持银行账户松耦合功能,与纸钞硬币等价,具有价值特征和法偿性,支持可控匿名。

数字人民币的概念有两个重点,一是数字人民币是数字形式的法定货币;二是与纸钞和硬币等价,数字人民币主要定位于M_0,也就是流通中的现钞和硬币,将与实物人民币长期并存,主要用于满足公众对数字形态现金的需求,助力普惠金融。

截至2022年12月17日,“数字人民币”APP显示,试点范围再次扩大。一方面,由此前的深圳、苏州、雄安新区、成都分别扩大至广东、江苏、河北、四川全省范围;另一方面,新增山东济南、广西南宁和防城港、云南昆明和西双版纳作为试点地区。至此,全国共有17个省级行政区全域或部分城市开展数字人民币试点。

资料来源:中国人民银行官网

第二节　货币的职能

货币的本质是从商品世界中分离出来的、固定地充当一般等价物的特殊商品,并能反映一定的生产关系。货币的职能是其本质的具体体现,是随着商品经济的发展而逐渐发展起来的。货币在实际生活中主要执行价值尺度、流通手段、支付手段、贮藏手段和世界货币五方面的职能，其中价值尺度和流通手段是其最基本的职能，支付手段、贮藏手段、世界货币三个职能都是在前两个职能中派生出来的。

一、价值尺度

这是货币最重要、最基本的职能。它是货币在表现商品的价值并测量商品价值量大小的时候所发挥的一种功能。货币在行使价值尺度职能时需要注意两点：

第一，货币在执行价值尺度职能时，只是观念上的、想象的、思维的货币，不一定是现实的货币；第二，执行价值尺度职能的货币本身须具有价值。

货币在发挥价值尺度职能时又产生了两个派生职能：一是价格；二是价格标准。价格是商品价值的货币表现，商品价值是内在属性，商品价格是外在属性；价格标准是国家通过法律规定含有一定的金属重量的货币单位及其等分部分。在金属货币制度下，价格标准即货币含金量；而在纸币制度下，价格标准主要通过规定的购买力表现出来。

二、流通手段

货币的流通手段职能是指货币在商品流通过程中起媒介作用时所发挥的职能。作为流通手段的货币必须是现实的货币，但不一定是足值的货币，因为在这里货币仅是交换手段，而不是交换的目的，其本身有无十足价值并不重要。

货币在执行流通手段职能时发挥了重要的作用，它解决了物物之间的矛盾，克服了交易双方在需求上、空间上及在时间上不一致的矛盾，促进了商品经济的发展。

但是，由于货币执行流通手段职能时把商品交换分为卖和买两个独立的行为，这就孕育了商品买卖可能脱节的矛盾。当买入小于卖出时，必然使一部分商品积压，严重时造成过剩危机；当买入大于卖出时，又会加大物价上升的压力，容易引起通货膨胀。产生这两种结果的原因是复杂的，其中一条原因就是货币的数量不能适应流通需要。这种现象的发生，就向人们提出一个问题，一个国家在一定时期内的货币流通量应当怎样确定？这就需要我们研究货币的流通规律。

这一规律可用公式来反映，即

$$\text{一定时期内需要的货币流通量}=\frac{\text{商品价格}\times\text{商品流通量}}{\text{单位货币流通速度}}=\frac{\text{商品价格总额}}{\text{单位货币流通速度}}$$

从这一公式可以看出：商品流通决定货币流通，货币流通量必须适应商品流通的规模。一定时期内所必需的货币量变化取决于商品的价格、商品流通量和单位货币的流通速度。货币数量与商品价格、商品流通量成正比，与单位货币的流通速度成反比。

三、支付手段

支付手段是在货币延期支付方式买卖商品的条件下，用于清偿债务、支付工资、租金等，作为独立的形式进行价值单方面转移的职能。货币执行支付手段职能的特点是即期的现实的购买手段；而在执行支付手段职能时，则是一种远期的购买，只有在约定支付日期到来时，货币才真正进入流通领域。货币执行支付手段职能使得商品流通过程发生了变化，商品的转让和商品价值的实现在时间上、空间上相分离，买卖双方由平等交易关系转化为债权债务关系，信用也就由此产生。

在货币执行支付手段职能条件下，由于赊销商品不需要马上支付货币，再加上债权债务关系相互抵消等因素，相对减少了货币流通数量。随着商品赊销及货币支付手段职能的发展，商品生产者之间形成一个越来越立体交融的支付链条，一旦某个商品生产者不能按期还债、支付链条出现断裂，就会引起连锁反应，从而发生金融危机。

四、贮藏手段

货币的贮藏手段职能是指货币退出流通领域，处于静止状态时执行的一种职能。作为贮藏手段的货币必须具有价值，并且必须是现实的货币。这是因为人们贮藏货币的目的是贮藏财富，是为了保值，这就决定了作为财富的代表的货币不能是虚幻的和无价值的。执行贮藏手段职能的货币主要是金属货币。

货币发挥贮藏手段职能时，可起到自发地调节货币流通量的作用。当流通规模扩大时，处于贮藏的货币会进入流通领域；当货币需要量减少时，货币又会退出流通领域。当然，这一自发调节货币流通量的作用也是在金属货币流通条件下才能形成。纸币本身没有价值，不能执行贮藏手段职能。但纸币可以积累和储蓄，通过储蓄，也能起到调节社会购买力的作用。

五、世界货币

世界货币是货币在世界市场上作为一般等价物发挥作用的职能。典型意义上的世界货币必须是原始的金银条块，一国价格标准、铸币名称、价值符号等特色必须消去。黄金曾发挥过世界货币作用。当前世界货币主要是指信用货币。世界货币的作用主要是作为国际支付手段，以平衡国际贸易差额；作为国际购买手段，用以购买外国商品；作为国际财富一般转移手段，用于战争赔款、跨国投资、国际信贷等。

要实现由一国货币向世界货币的转变，从政治层面讲，货币发行国在政治上越强大，政治稳定程度越高，该国的货币就越倾向于成为世界货币。从经济层面讲，必须具备三个条件：第一，该国经济实力强大，在国际上有重大影响；第二，该国货币币值稳定，国际信誉度高；第三，货币发行国有着发达的金融市场和金融机构。另外，国家是否允许本国货币自由兑换，是否愿意在该国货币国际化进程中起积极的推动作用也是很重要的条件。

第三节 货币制度及其演变

货币制度是随着商品经济的发展而逐步产生和发展的，是国家对货币的有关要素、货币流通的组织与管理等加以规定所形成的制度，完善的货币制度能够保证货币和货币流通的稳定，保障货币正常发挥各项职能。

从货币发展的历史阶段看，金属货币的出现是货币制度形成的基础，国家的建立使货币制度成为现实，不兑现的信用货币的产生则推动了货币制度的发展。

一、货币制度的构成要素

(一)货币材料的确定

规定货币材料是货币制度最基本的内容。历史上,货币制度规定以什么材料制造本位货币,就是什么货币本位制度。在金属货币流通条件下,货币金属是整个货币制度的基础。规定了货币金属也就确定了货币本位。如在资本主义发展初期,把金银两种金属同时规定为本位币材料,于是确定了金银复本位制度。在信用货币流通条件下,国家不规定单位货币的金属含量,信用货币成为流通中商品价值的符号,信用货币的币值以流通中商品的价值为基础,此种货币制度也称为信用货币本位制。

(二)货币单位

货币单位就是指规定货币单位的名称及货币单位所含的货币金属重量。如英国的货币单位名称"英镑",1870 年的英镑铸币重 123.274 47 格令。我国货币名称为"人民币",没有规定含金量。

与规定货币单位密切相关的是规定"价格标准"。在金属货币流通条件下,货币价格标准是铸造单位货币的法定金属量。例如,中华人民共和国成立前,1914 年的国币铸造条例规定铸造 1 枚银圆的标准重量为 7 钱 2 分纹银。在可自由兑换黄金的银行券流通条件下,单位银行券所规定的"含金量"也是货币的价格标准。例如,1934 年美国宣布美元的含金量为 0.888 671 克。可见,在金属货币制度下,货币单位和货币的价格标准联系紧密但并非一致。在信用货币制度下,货币不规定含金量,货币单位和货币的价格标准融为一体,货币的价格标准即法定的货币单位及其划分的等分,例如元、角、分。

(三)本位币、辅币的发行和流通程序

1. 本位币的发行和流通程序

本位币是一个国家的法定通货。在金属货币流通条件下,本位币实行"自由铸造和熔毁"的原则,即国家允许公民自由地将金银送往国家造币厂,按照国家规定铸造成本位币,也可将持有的金属本位币送铸造厂熔为金属条块。在信用货币流通条件下,信用货币作为国家垄断发行、强制流通的价值符号,除中央银行外,任何单位都不得自行印制、变造和故意损毁货币,否则视为非法行为。无论是金属货币本位,还是信用货币本位,本位币在流通中实行"无限法偿"的原则,即法律赋予它具有无限的支付能力。

2. 辅币的发行和流通程序

辅币是本位币以下的小额货币,主要用于日常零星交易和找零之用。在金属货币流通条件下,辅币一般由贱金属铸造,往往名义价值大于实际价值。辅币不允许自由铸造,只有国家有权铸造辅币,实行"有限法偿"原则。所谓"有限法偿"原则,是指辅币在每一次支付使用中法律保护的最高金额,超过规定限额的辅币,收款人可以拒绝接受。在信用货币流通条件下,各国货币制度对辅币法偿能力的规定各不相同,有的规定为有限法偿,有的则规定为无限法偿。

(四)准备制度

准备制度也称发行保证制度,是指通过银行发行的信用货币作为价值符号来保证其

币值稳定的制度。在金属货币形态下，发行银行券和辅币的银行必须建立金属储备制度，以保证银行券和辅币能随时兑换成金属本位币或本位币金属。

20世纪三四十年代以来，世界各国在先后放弃金本位货币制度的同时，也不再规定发行保证制度。发行信用货币的中央银行虽然集中有大量的黄金外汇储备，但既不规定信用货币的含金量，一般也不建立黄金外汇与信用货币发行之间的比例关系，因此，并不属于信用货币的发行保证制度。少数国家和地区由于特殊的背景和历史原因，也有用发达国家的国际通用货币（外汇）作为本国或本地区的货币发行保证的。例如，我国的人民币只规定有经济发行（商业信用）原则，而无发行保证制度。

二、货币制度的演变

货币制度的类型如图1.1所示。

- 货币制度
  - 金属本位制
    - 金本位制
      - 金币本位制
      - 金块本位制
      - 金汇兑本位制
    - 银本位制
      - 银币本位制
      - 银块本位制
      - 银汇兑本位制
    - 金银复本位制
      - 平行本位制
      - 双本位制
      - 跛行本位制
  - 纸币本位制

图1.1　货币制度类型划分

（一）金属本位制

金属本位制指以贵金属作为本位货币的货币制度。因其所用金属不同，金属本位制又可划分为三种类型：金本位制、银本位制及金银复本位制。金本位制又因兑换黄金的形式不同，可再区分为金币本位制、金块本位制及金汇兑本位制三种。从理论上讲，银本位制也可区分为银本位制、银块本位制与银汇兑本位制三种。而金银复本位制按两种金属货币的相互关系及比较地位，也可区分为平行本位制、双本位制及跛行本位制三种。

1. 银本位制

银本位制是以白银作为本位币的货币制度。这是最早的货币制度，产生于商品生产还不是很发达的时期。银币为无限法偿的本位币，可以自由铸造，自由输入输出。除了我国外，到了19世纪末，各国先后放弃银本位制而采取金银同时流通的货币制度。

2. 金银复本位制

金银复本位制是以金币和银币同时作为本位币的货币制度，又称复本位制。在这个制度下，金币和银币都能自由铸造，都具有无限法偿能力。金银复本位制产生于资本主义发展初期。金银复本位制度按照金银两种贵金属的不同关系分为如下三种。

（1）平行本位制，即国家不规定金银之间的比价，金银按照各自的实际价值进行交换的本位制。例如，英国在1663年铸造金币“基尼”，与原来的银币“先令”按市场比价同时流通。

(2)双本位制,即国家用法律形式规定金银之间的比价,金银按法定比价进行流通的本位制。这种货币制度盛行于18世纪末到19世纪中叶,如美国在1792年就规定金银法定比价为1∶15。在双本位制下会出现一种叫作"劣币驱逐良币"的现象(又称格雷欣法则)。具体来说,就是当黄金与白银的法定比价与市场比价不一致时,市价比法定价格高的金属货币(良币)在流通中的数量逐渐减少,市价比法定价格低的金属货币(劣币)在流通中的数量逐渐增加,导致货币流通不稳定。

(3)跛行本位制,是由复本位制向金本位制过渡时期的一种货币制度。在这种制度下,金铸币和银铸币都规定为本位币,并有固定的兑换比率,但国家规定金币可以自由铸造而银币不允许自由铸造,这就决定了银币在现实流通中无法起到本位币的作用而仅仅充当辅币角色。

【金融视角】格雷欣法则的起源

格雷欣出生于1519年,是一名为女王服务的金融家,他创立了伦敦金融城的皇家交易所。亨利八世改变了英国"先令"的成分,用廉价的金属代替了原来先令中的大部分银。格雷欣发现,百姓已经意识到了这一变化,老先令的含银量高,将它融化后银的价值已超过了其面值。由于新老先令的面值相同,百姓更倾向使用新先令进行交易,而将老先令储存起来,劣币正把良币从市场流通中赶出去。其实这一现象早在古希腊和中世纪的欧洲就已被发现并有所记载。直到19世纪的中叶,苏格兰经济学家麦克劳德将这一现象命名为格雷欣法则。

资料来源:朱新蓉. 货币金融学[M]. 5版. 北京:中国金融出版社,2021.

3. 金本位制

金本位制是以黄金作为本位币的材料的货币制度,包括金币本位制、金块本位制和金汇兑本位制,主要存在于19世纪末至20世纪30年代。

(1)金币本位制,即以金币作为本位币流通的货币制度,是金本位制中最典型的形式。金币本位制下,金币可以自由铸造,黄金可以自由输入输出,银行券可以兑换黄金,是比较稳定的货币制度,历史上对资本主义经济有重大的促进作用。后来,由于战争、经济危机等多方面因素,削弱了黄金基础,金币本位逐渐转向金块本位与金汇兑本位。

(2)金块本位制。这是一种没有金币流通,但流通中的银行券、纸质货币符号等可以按照规定限额与金块汇兑的制度。在这个制度下,国家规定金币为本位币,但国内不流通金币。流通中的货币符号可以兑换黄金,但规定了限额,必须要具有一定数额才能与金块兑换。实际上只有极少数富有的人拥有大量货币符号,也才可以兑换黄金,所以有人把它称为"富人本位"。该制度的条件是国际收支平衡,一旦国际收支出现逆差,大量黄金外流时,这种制度就难以为继。因此,1923年世界经济大危机后,英法等国被迫停止金块本位制。

(3)金汇兑本位制。这是一种没有金币流通,也不允许银行券等货币符号汇兑金块,而是用银行券等货币符号兑换外汇,外汇可以在国外兑换黄金的货币制度,又称虚金本位制。在这种货币制度下,虽然也规定金币为本位币,但在国内不铸造、不流通金币,也不能兑换金块，只能同另一个实行金币本位制的国家货币保持固定比价，存放外汇黄金，通过无限制地供应外汇，以维持本国币值稳定。这就使金汇兑本位制必然存在很大的依附性，是一种带有殖民性质的货币制度。20世纪30年代的经济危机最终使金汇兑本位制崩溃，过渡到了纸币本位制（不兑现的信用货币制度）。

（二）纸币本位制

纸币本位制又称信用货币本位制或不兑换本位制。它是指以没有价值的东西作为本位货币，不与货币金属保持等值关系的货币制度。

纸币本位制是指以政府或中央银行发行的纸币为本位货币，而这种货币的单位价值并不与一定量的任何金属保持等值关系的货币制度。其特点主要有：①纸币为本位货币，黄金非货币化，退出流通领域。②纸币不能兑换金银，故也称不兑换纸币制。③纸币由国家法律强制流通，具有无限法偿的能力和充当最后支付工具。④纸币发行可以自由变动，而不受一国所拥有的金属数量的限制，故也称自由本位制。⑤由于纸币与贵金属价值脱钩，为稳定纸币对内对外的价值，纸币发行者必须对纸币的发行与流通进行周密的计划和有效的管理，故也称管理纸币本位制。在20世纪30年代以后，世界各国先后放弃金本位制而实行纸币本位制。

纸币本位制替代金本位制，是货币现代化的重大变革，是货币制度的历史进步，它是历史进步与经济发展的必然结果。

一方面，它具有如下一些优点：①采用纸币，携带方便。②可免除高昂的铸造费用，节省金银，减轻一国财政上的负担，促进经济的发展。③货币供应量不受金银数量的限制，具有较大的伸缩性，纸币供应量可以根据经济发展的需要做适当的调节，从而有利于稳定与促进一国的经济增长。④由于纸币不与一定量的贵金属相联系，其对外汇率也不受国际市场贵金属价格波动的影响，因此，国家对货币供应量的调节就更为灵活，即它可以对国内经济发展和国际收支状况进行有效的调节。

另一方面，它也存在以下明显的缺点：①纸币发行不受准备金限制，故其供给量弹性甚大，纸币发行过多，会导致通货膨胀，纸币发行过少，则可能导致通货紧缩。②在对外汇率方面，由各国自由调节，从而使货币的对外价值变化无常。③纸币本位制度的管理操作依赖于有效的管理控制，其成败与否很大程度上受人为因素的影响。

在纸币本位制下，纸币发行权集中于中央银行，对内对外均不兑现，因此无发行准备的要求。但是许多国家为了保证货币体系的稳定和增强公众的信心，仍然以一定的黄金、外汇或其他证券资产作为发行准备，以求得对内稳定经济、对外稳定汇率的效果。

三、我国现行的货币制度

1948年，中国人民银行在石家庄成立，同时发行人民币，作为全国的统一货币，开始了我国新型的社会主义的人民币制度。

我国货币制度的主要内容包括以下几个方面。

（一）我国的法定货币是人民币

人民币的单位为“元”，元是本位币，即主币。辅币为“角”和“分”。目前，流通中人民币主币有 1 元、5 元、10 元、20 元、50 元和 100 元共 6 种券种，辅币为 1 角、5 角共 2 种券种。人民币符号为“￥”。

（二）人民币是一种不可兑换的信用货币

人民币是一种纸币，是代表一定价值的货币符号，同其他国家的货币一样在流通中起一般等价物作用，并且没有含金量的规定。因此，人民币是信用货币，而且是不可兑换的信用货币。

（三）人民币的发行坚持集中统一和经济发行的原则

所谓集中，是指人民币的发行权集中于中央；所谓统一，是指中央授权中国人民银行，由中国人民银行统一发行人民币；所谓经济发行，是指为适应生产发展和商品流通的正常需要，通过信贷程序进行的货币发行。

（四）有管理的货币制度

我国的货币体制，作为社会主义市场经济体制的重要组成部分，也必须是国家宏观调节和管理下的体制，包括货币发行、流通、外汇价格等，均不是自发的而是有管理的。它是在总结历史经济规律、货币流通规律基础上，运用市场这只“无形的手”和计划这只“有形的手”来灵活有效地引导、组织货币运行的。

（五）人民币国际化

人民币国际化的含义包括三个方面：第一，人民币现金在境外享有一定的流通度；第二，也是最重要的，以人民币计价的金融产品成为国际各主要金融机构包括中央银行的投资工具，为此，以人民币计价的金融市场规模不断扩大；第三，国际贸易中以人民币结算的交易要达到一定的比重。这是衡量货币包括人民币国际化的通用标准，其中最主要的是后两个方面。当前国家间经济竞争的最高表现形式就是货币竞争。如果人民币对其他货币的替代性增强，不仅将现实地改变储备货币的分配格局及其相关的铸币税利益，而且也会对西方国家的地缘政治格局产生深远的影响。

人民币国际化不可能一步到位，在当前条件下应该顺势而为，稳步推进。这就需要：积极稳妥地推进人民币资本项目的开放；加快金融市场和国际金融中心的建设；增大对外贸易及对外投资力度，扩大人民币使用范围。

【金融视角】人民币国际化

随着金融业对外开放持续深化，人民币国际化水平也在不断提升，稳居全球主要货币前列。党的二十大报告提出：“有序推进人民币国际化。”2023 年《政府工作报告》也提出，过去一年“人民币汇率在全球主要货币中表现相对稳健”“人民币汇率在合理均衡水平上弹性增强、保持基本稳定”。

人民币国际化的进程已经经历了十几年的时间，随着中国经济的成长，开放水平的提升，人民币的跨境支付、投融资、储备和计价等国际货币的功能全面增强，人民币国际地位也有较大提升。

一是人民币在本外币跨境收付总额中占了约 50%，2022 年跨境人民币收付总额是 42 万亿元，比 2017 年增长了 3.4 倍。

二是人民币在国际货币基金组织特别提款权的权重排名第三，全世界有 80 多个国家和经济体将人民币纳入储备货币，位列全球第五位主要储备货币。

三是人民币在金融交易中的使用范围不断扩大，我国债券先后被纳入三大主要国际债券指数，到 2022 年底，境外主体持有境内人民币资产的余额为 9.6 万亿元，较 2017 年增长 1.2 倍，其中股票和债券的规模分别为 3.2 万亿元和 3.5 万亿元。境外发行人在我国的债券市场累计发行熊猫债 6 300 亿元。

四是中国人民银行先后与 40 个国家和地区的央行或货币当局签署了双边货币互换协议，协议总额超过 4 万亿。同时，扩展境外人民币清算行安排，目前已经在 29 个国家和地区授权 31 家人民币清算行，覆盖了全球主要的国际金融中心。

下一步，中国人民银行将认真贯彻落实党的二十大精神，以市场驱动、企业自主选择为基础，统筹好发展和安全，有序推进人民币国际化。

资料来源：中国日报网

第四节　国际货币体系与区域性货币一体化

一、国际货币体系

（一）国际货币体系的概念

国际货币体系（International Monetary System）指在世界范围内确定的支配各国货币关系的一整套国际性规则和机构，以及进行各种国际交易、支付所依据的一系列安排和惯例。它旨在提供一种货币秩序，以利于国际贸易和资本流动。它包括传统的约定俗成的国际货币惯例和做法（非正式约束）、有法律约束力的关于国际货币关系的规章和制度（正式约束）及在国际货币关系中起协调、监督作用的国际金融机构。在国际货币体系发展史上，国际金铸币本位制的出现，属于惯例和习惯的产物，而国际金汇兑本位制和布雷顿森林体系的出现，属于各国政府合作的结果。

（二）国际货币体系的内容

1. 汇率制度的确定

国际货币体系的核心是国际汇率制度的确定，即确定各国货币间汇率的规定和调整机制。根据国际交往与国际支付的需要，各国之间的货币必须确定一个比价，即汇率，并围绕汇率来明确汇率确定的依据、汇率波动的界限、汇率调整的原则、维持汇率所采取的措施以及对同一货币是否采取多元化比价等。

2. 国际储备资产的确定

国际储备资产的确定是国际货币体系的基础。为应付国际支付和平衡国际收支的需要，一国需要持有一定数量的、为世界各国所普遍接受的国际储备资产。国际储备资产的确定，即以什么货币作为国际支付货币，需要各国认同。

3. 国际收支的调节方式

各国间的经济交往,会产生国际收支。国际收支不平衡必然会导致汇率的波动,进而影响国际货币体系。因此,当一国出现国际收支逆差时,各国政府采用什么方式调节以及如何相互协调,国际货币体系需要做出相应的安排。

4. 各国货币的兑换性及对国际支付所采取的措施

为进行国际支付,各国政府都要确定本国货币能否自由兑换成其他任何国家的货币,在对外支付方面是否加以全部或部分限制,或者完全不加以限制。

5. 国际货币金融的协调

各国实行的金融货币政策会对相互交往的国家乃至整个世界经济产生影响。因此如何协调各国的货币金融政策,也构成了国际货币体系的重要内容。

(三)国际货币体系的发展演变

实行何种类型的国际货币体系,并不取决于某个国家的主观意志,而取决于社会历史条件和经济发展的客观要求。自1880年以来,国际货币体系先后经历了国际金本位制、布雷顿森林体系和管理浮动汇率体系三个发展阶段。

1. 国际金本位制

国际金本位制是以黄金作为国际本位货币的制度。国际金本位制按其货币与黄金的联系程度,可以分为金币本位制、金块本位制和金汇兑本位制。

国际金本位制有三个显著特征:①黄金作为最终清偿手段,充当国际货币。②汇率体系呈现为严格的固定汇率制。③该本位制是一个松散的、无组织的体系。

在国际金本位制下,黄金充分发挥了世界货币的职能,对国际经济的稳定发展起了重要作用。国际金本位制的根本缺陷在于它过于"刚性",这表现在:①国际清算和支付完全依赖于黄金的输出和输入;②货币数量的增长主要依赖于黄金产量的增长。然而,世界黄金产量(增长)跟不上世界经济的增长,这就使国际金本位制的物质基础不断削弱。1929~1933年世界性经济危机的爆发,迫使各国放弃国际金本位制,从此资本主义世界分裂成为相互对立的货币集团和货币区,国际金本位制退出了历史舞台。

2. 布雷顿森林体系

为了消除金本位制崩溃后国际货币的混乱局面,在第二次世界大战尚未结束时,英国和美国等一些国家就着手研究如何建立一个新的国际货币体系。1944年,由44国代表团出席的在美国布雷顿森林召开的国际金融会议上产生了一个新的国际货币体系,即布雷顿森林体系。

布雷顿森林体系的主要内容可以概括为:①建立一个永久性的国际金融机构——国际货币基金组织(International Monetary Fund, IMF)。②规定以美元作为最主要的国际储备货币,实行美元-黄金本位制。③实行可调整的固定汇率制度。④调节国际收支,国际货币基金向国际收支赤字国提供短期资金融通,以协助其解决国际收支困难,《国际货币基金协定》第八条规定成员国不得限制经常账户的支付,不得采用歧视性汇率措施,要在兑换性的基础上实行多边支付。

布雷顿森林体系是国际货币合作的产物。它重整了战前国际金融秩序,营造了一个相对稳定的国际金融环境,促进了世界贸易和世界经济的增长。但布雷顿森林体系实际上是一种美元本位制,存在"特里芬两难(Triffin Dilemma)"的根本缺陷。作为一国的货币,美元的发行必须受制于美国的货币政策和黄金储备;作为世界的货币,美元的供应又必须适应世界经济和国际贸易增长的需要。由于规定了"双挂钩"制度,而黄金产量和美国黄金储备的增长跟不上世界经济和国际贸易的发展,于是美元陷入一种进退两难的境地:为满足世界经济增长和国际贸易的发展,世界各国需要充足的美元,但这会导致美国的国际收支逆差;巨额的国际收支逆差又会影响各国对美元的信心。

布雷顿森林体系内在的缺陷导致它在20世纪70年代崩溃。美国长期国际收支逆差以及美元的不断贬值迫使尼克松政府于1971年8月宣布停止履行对外国中央银行兑换黄金的义务。1971年12月,西方"十国集团"达成《华盛顿协议》,将黄金官平价从每盎司35美元提高到38美元,汇率浮动幅度扩大到2.25%。之后,美元又连续两次大幅度贬值。面对美元危机的频频爆发,各国纷纷放弃了本国货币与美元的固定汇率,普遍实行浮动汇率制度,最终导致了布雷顿森林体系的全面崩溃。

3.管理浮动汇率体系

布雷顿森林货币体系崩溃后,国际货币金融领域更加动荡混乱,各国都在探寻国际货币体系改革的新方案。1976年1月8日,国际货币基金组织的临时委员会在牙买加首都金斯敦举行会议,就有关国际货币制度问题达成协议,并建议修改《国际货币基金协定》的条款。1976年4月,国际货币基金理事会通过了国际货币基金协会修改草案,并送交各成员国完成立法批准手续。1978年4月1日,修改后的《国际货币基金协定》正式生效。由于这个协定是在牙买加会议上通过的,所以称为《牙买加协定》,国际上一般把《牙买加协定》后的国际货币体系称为"牙买加货币制度"。

《牙买加协定》的主要内容包括:①浮动汇率制度合法化,允许会员国自由选择汇率制度,但在汇率政策方面要接受国际货币基金组织的指导和监督,以防止各国采取损人利己的货币贬值政策。②黄金非货币化。③提高特别提款权的国际储备地位。④扩大对发展中国家的资金融通。⑤增加会员国的基金份额,由原来的295亿美元特别提款权(Special Drawing Right, SDR)增加到390亿美元特别提款权。

自建立以来,牙买加货币制度对维持国际经济正常运转,推动世界经济继续发展发挥了积极作用:第一,它基本摆脱了布雷顿森林货币体系时期各国货币与美元挂钩所产生的弊端,这对于世界经济的发展是比较有利的。第二,牙买加货币制度形成以后,实现了国际储备多元化,在一定程度上解决了"特里芬两难"。第三,牙买加货币制度比较灵活的复合汇率体制使各个主要国家货币的汇率能够根据市场供求状况自发调整,灵活地反映不断变化的客观经济状况。第四,牙买加货币制度采取多种调节机制来调节国际收支,因而在一定程度上缓和了布雷顿森林货币体系调节困境。

然而,随着国际经济关系的发展变化,这一国际货币制度的弊端也日益表现出来:第一,在国际储备多元化的条件下,缺乏统一稳定的货币标准,国际增长既没有金本位条件下的自发调节机制,又没有形成国际货币基金对其全面控制。第二,国际收支调节机制不健全,全球性国际收支失衡现象日益严重。第三,汇率频繁浮动,给国际贸易、投资和国际经济带来不利影响。因此,进一步改革国际货币体系,建立合理而稳定的国际货币新秩序势在必行。

二、区域性货币一体化

（一）区域性货币一体化概述

1. 区域性货币一体化的概念和特征

区域性货币一体化，又称货币集团化，是国际货币体系改革的重要内容和组成部分，指一定地区内的有关国家和地区在货币金融领域进行协调与结合，形成一个统一体，最终实现统一的货币体系。区域性货币一体化是在第二次世界大战后国际金融权力日益分散化、国际货币关系趋向区域化的背景下，一定地区的国家和地区为建立相对稳定的货币区域而进行的货币协调与合作，其最终目标是组建一个由统一的货币管理机构发行单一货币、执行单一货币政策的紧密的区域性货币联盟。

区域性货币一体化具有三个基本特征：一是汇率的统一，即成员国之间实行固定的汇率政策，对外则逐步实现统一的汇率。二是货币的统一，发行单一货币。三是货币管理机构和货币政策的统一，建立一个中央货币机关，由这个机关保存各成员国的国际储备，发行共同货币以及决定货币联盟的政策。

2. 区域性货币一体化的演进

区域性货币一体化是区域经济一体化及为克服国际货币体系的缺陷，区域内各国货币金融合作与协调的产物。一方面，随着区域经济一体化的不断深入，客观上要求区域内各国加强货币金融领域的合作与协商，以增强国际市场上的竞争力；另一方面，自 20 世纪 70 年代初布雷顿森林体系崩溃以来，在浮动汇率制盛行的情况下，主要货币之间的汇率波动剧烈，影响了国际金融体系的稳定。为稳定汇率，抵御美元等主要货币危机的冲击，开展区域性的货币金融合作与协调便成为各种区域性经济组织的适应性选择。

区域性货币一体化的发展具有明显的阶段性。1960～1968 年是区域性货币一体化的萌芽阶段，当时存在的英镑区、法郎区以及黄金集团已具有货币区的雏形。1969～1998 年是区域性货币一体化的第二阶段，表现为黄金集团的解体而代之以西欧货币的联合浮动，以及后来欧洲货币体系的发展。区域性货币一体化的第三个阶段，也即高级阶段，是指区域内实行单一货币，设立一个区域中央银行，各成员国放弃独立货币政策，1999 年 1 月 1 日欧元的启动表明区域性货币一体化进入了第三阶段。

3. 区域性货币一体化的意义

区域性货币一体化的发展增强了区域内各国之间的经济合作，改变经济力量的对比，从而改变了世界经济和国际金融格局，对国际金融产生了深远的影响。从长远来看，它将是建立新的国际货币体系的基本方面。

（二）欧洲货币一体化

1. 欧洲货币一体化的进程

欧洲货币一体化的起源可以追溯到 1950 年欧洲支付同盟的成立。1957 年 3 月，《罗马条约》的签订促成了欧洲经济共同体的成立，但该条约中并没有关于建立欧洲货币联盟的决定。到了 20 世纪 60 年代，三个跛行货币区——英镑区、黄金集团和法郎区，成为欧洲货币一体化进程的开端。尽管这些货币区极大地促进了欧洲货币一体化的进程，但由于其缺乏稳定存在的基础,因而并没有引起人们的足够重视。

进入20世纪70年代,布雷顿森林体系全面崩溃。在石油危机和经济危机的双重打击下,欧洲货币一体化以失败而告终。但在这一阶段,初步建立的"蛇形浮动"汇率制、欧洲货币合作基金以及欧洲货币单位,为此后欧洲货币一体化的发展提供了宝贵的经验。

1978年12月5日,欧洲共同体各国在布鲁塞尔首脑会议上达成一致协议,决定于1979年1月1日建立欧洲货币体系,重新拉开了欧洲货币一体化进程的帷幕。该体系主要包括三个方面的内容:创设欧洲货币单位、建立稳定汇率机制、设立欧洲货币合作基金。

自20世纪80年代下半期起,欧洲货币一体化进程明显加快。随着1989年4月《德洛尔报告》的出台,建立经济与货币联盟的问题又重回议事日程。该报告不仅提出了把单一货币看作是"货币联盟的一个自然和理想的进一步发展",还提出了建立欧洲中央银行的设想。

1991年12月,欧洲共同体在荷兰马斯特里赫特峰会上签署了《关于欧洲经济货币联盟的马斯特里赫特条约》(简称《马约》)。《马约》的目标是:最迟在1999年1月1日前建立"欧洲经济货币同盟(Economic and Monetary Union, EMU)"。届时将在同盟内实现统一的货币、统一的中央银行(European Central Bank)以及统一的货币汇率政策。经过不懈努力,欧洲共同体(简称欧共体),各成员国议会于1993年10月底通过了《马约》,1993年11月1日欧共体更名为欧盟联盟(简称欧盟)。1995年芬兰、奥地利、瑞典加入欧盟,欧盟成员国增至15个。同年的《马德里决议》将未来单一货币的名称正式定为欧元(EUR)。欧洲货币一体化自此开始进入了稳定的发展阶段。

2. 欧元的启动

1998年5月21日,欧盟15国首脑在布鲁塞尔举行的特别会议上确认奥地利、比利时、芬兰、法国、德国、爱尔兰、意大利、卢森堡、西班牙、荷兰和葡萄牙这11个国家于1999年1月1日成为欧元创始国。随后,7月1日,欧洲中央银行成立。2000年1月1日开始制定并执行欧元区11国的统一的货币政策。至此,欧元正式启动,这不仅对世界经济产生了巨大的影响,且加深了世界各国相互之间的依存度,可以说,欧元的诞生最终实现了欧洲货币一体化。

1999年1月1日至2001年12月31日,是欧元区内各国货币向欧元转换的过渡期。2002年1月1日至2002年6月30日,欧元纸币和硬币一同作为法定货币参与流通。2002年7月1日起,欧元区各国货币全部退出流通领域,市场只存在欧元,欧洲统一货币正式形成。

3. 欧元对现行国际货币体系的挑战

欧元对现行国际货币体系的挑战具体表现在以下三个方面。

(1)对国际货币基金组织协调能力的挑战。一方面,从历史上看,IMF在协调其成员国缓解1973年与1979年两次石油危机对世界经济的危害、救援1982年拉美债务危机、帮助发展中国家进行结构性改革并促进其经济稳定增长方面,表现出较强的协调能力。但在特别提款权问题及IMF的贷款条件等问题上,其协调能力却引人质疑。可以肯定的一点是,欧洲货币联盟作为同样的跨主权国家的国际货币机构,尽管面临许多困难,但在保证欧元稳定方面将发挥出更完善的协调能力。另一方面,在货币问题上以一个声音说话的欧洲，将会代替原发达国家内部美、日、德三极中德国的位置，并将大大增强这一极的力量，从而使 IMF 在协调西方发达国家内部立场的问题上难度更大。

(2)对国际储备体系的挑战。现有的多元化国际储备体系可以概括为美元主导下的美元、日元、SDR(货币提款权)及其他硬货币并存的体系。欧元的产生与运作，对美元在国际储备体系中的主导地位及 SDR 作为国际储备货币的地位，无疑将带来严峻的挑战。从经济实力来看，统一货币后的欧盟国家 GDP 在 1996 年占经济合作与发展组织(简称经合组织，OECD)的 38.3%，而美国只占 32.5%，日本则占 20.5%，因此，以这种经济实力为基础的欧元，在一定时期内会在国际储备体系中挤占美元所占的一部分份额，并可能在中长期内动摇美元作为国际储备货币的主导地位，从而形成未来国际储备体系中非对称三极(美、欧两极强，日本一极弱)的局面。同欧元一样，SDR 也是一种国际清偿力，但 SDR 天生就有缺陷。同样作为信用货币，欧元却在天然禀赋上优于 SDR 。

(3)挑战目前的所谓"非体系"，为世界货币的发展起到示范作用。汇率制度安排多样化、黄金非货币化以及国际政策协调艰难，是目前牙买加体系之所以被称为"非体系"的重要原因。欧元将以其汇率稳定、跨国界的协调及统一的中央银行的优势对这一"非体系"直接提出挑战。并且统一的欧元将是人类历史上第一次可用于非官方结算的跨国界信用本位货币的一种创造，它的诞生及其后的发展，将为未来统一世界货币的创造提供宝贵的经验，也将为其他区域性经济合作组织货币一体化起到示范作用。

(三)其他地区货币一体化

除了欧洲货币一体化外，世界其他地区的货币一体化也得到了发展。在欧洲经济货币联盟的启发下，阿拉伯地区也于 1977 年成立了阿拉伯货币基金组织。中非国家银行是中非货币联盟的标志，成立于 1972 年，是中非 6 国的中央银行。中非货币联盟不仅通行统一的货币——中非金融合作法郎，还实行统一的贴现率。西非 6 国于 1962 年成立西非国家中央银行，组成西非货币联盟，发行自由流通货币——CFA 法郎，联盟决定成员国的信贷规模，协调成员国利率，促进了本地区货币经济一体化。自 20 世纪 60 年代以来，拉丁美洲国家先后成立了中美洲经济一体化银行、加勒比共同体、加勒比开发银行、安第斯储备基金会等机构，说明拉丁美洲地区货币一体化已有一定程度的发展。东南亚地区货币一体化起步较晚，但自 20 世纪 70 年代以来，东南亚国家联盟各国加强了货币金融合作，加快了实现东盟自由贸易区和货币一体化的步伐。

经历了 1997 年亚洲金融危机后，一些国家和地区也提出了建立"亚元"的构想。2000 年 5 月，东盟"10+3"财政部长在泰国清迈就开展东亚金融合作的具体内容及形式进行了商议，签订了著名的《清迈协议》。该协议将东盟之间原有的货币互换安排扩展到东盟所有成员国，在东盟、中、日、韩之间签订一系列双边货币互换协议。

【金融视角】区域全面经济伙伴关系协定

《区域全面经济伙伴关系协定》(Regional Comprehensive Economic Partnership, RCEP)是2012年由东南亚国家联盟(Association of Southeast Asian Nations, ASEAN,简称东盟)发起,历时8年,由包括中国、日本、韩国、澳大利亚、新西兰和东盟10国共15方成员制定的协定。

2020年11月15日,第四次区域全面经济伙伴关系协定领导人会议以视频方式举行,会后东盟10国和中国、日本、韩国、澳大利亚、新西兰共15个亚太国家正式签署了《区域全面经济伙伴关系协定》。《区域全面经济伙伴关系协定》的签署,标志着当前世界上人口最多、经贸规模最大、最具发展潜力的自由贸易区正式启航。

2021年3月中国完成RCEP核准,成为率先批准协定的国家。4月15日,中国向东盟秘书长正式交存《区域全面经济伙伴关系协定》核准书。11月2日,《区域全面经济伙伴关系协定》保管机构东盟秘书处发布通知,宣布文莱、柬埔寨、老挝、新加坡、泰国、越南等6个东盟成员国和中国、日本、新西兰、澳大利亚等4个非东盟成员国已向东盟秘书长正式提交核准书,达到协定生效门槛。2022年1月1日,《区域全面经济伙伴关系协定》正式生效,首批生效的国家包括文莱、柬埔寨、老挝、新加坡、泰国、越南等东盟6国和中国、日本、新西兰、澳大利亚等非东盟4国。2022年2月1日起RCEP对韩国生效。2022年3月18日起对马来西亚生效。2023年1月2日起,对印度尼西亚生效。当地时间2023年2月21日,菲律宾正式加入《区域全面经济伙伴关系协定》。

《区域全面经济伙伴关系协定》涵盖人口超过35亿,占全球47.4%,国内生产总值占全球32.2%,外贸总额占全球29.1%,是全球涵盖人口最多、最具潜力的自贸区谈判。

资料来源:叶波.《区域全面经济伙伴关系协定》介评及其应对[J].上海对外经贸大学学报,2017,24(2):16-25.

区域性货币一体化必须依赖于区域内各国经济、政治制度的接近,生产力发展水平相近,各国货币政策、经济政策和价值观念趋同等基础条件,因此,它必须经历一个较长的发展和磨合过程。许多学者已经预言,世界货币最终的统一将建立在几大区域性国际货币基础之上,并在广泛的国际协调上与制度框架内执行其世界货币的职能。本书认为,未来国际货币体系的改革进程将和区域内国际货币一体化发展进程相交织,并最终创造出一种完善的世界货币。尽管这个过程是漫长的,但这或许是未来国际货币体系演化的趋势。

本章小结

1. 现代货币的定义一般表述为:凡是在商品与劳务交易和债务清偿中,可作为交易媒介与支付工具被普遍接受的手段就是货币。

2. 从货币的发展历史来看,货币先后经历了实物货币、金属货币、代用货币、信用货币、电子货币等几个阶段的发展。

3. 在货币职能的界定上，学者们普遍认同的货币职能有五个，即价值尺度、流通手段、贮藏手段、支付手段和世界货币。

4. 从理论上讲，可将货币制度概括为金属本位制和纸币本位制两种类型。在货币制度的历史演进过程中，其演变的主要发展趋势则是：银本位制—金银复本位制—金本位制—纸币本位制。

5. 国际货币体系旨在提供一种货币秩序，以利于国际贸易和资本流动。国际货币体系先后经历了以下几个发展阶段：国际金本位制、布雷顿森林体系、管理浮动汇率体系。

6. 区域性货币一体化是指一定地区内的有关国家和地区在货币金融领域进行协调，形成统一体，最终实现统一的货币体系。

【思考与练习】

1. 简述货币产生与演变的过程。
2. 举例说明货币的各种职能。
3. 简述货币制度的构成要素有哪些。
4. 简述劣币驱逐良币规律。
5. 论述国际货币体系与区域货币一体化。
6. 思考人民币国际化对推动我国经济发展有怎样的作用机制。

第二章　货币的价格

【学习目标】

1. 了解利息及利率的含义。
2. 熟悉几种主要的利息理论。
3. 掌握利率的计量方法、影响利率水平的因素、利率的风险结构和期限结构。
4. 了解外汇、汇率的含义及汇率标价方法。
5. 掌握主要的汇率决定理论。

【案例导入】

2022年9月20日，中国人民银行货币政策司发布文章《深入推进利率市场化改革》。利率是金融市场中重要的资产价格表现形式，而利率市场化改革是金融领域最重要的改革之一。党的十九大以来，按照党中央决策部署，我国持续深化利率市场化改革。重点推进贷款市场报价利率(LPR)改革，建立存款利率市场化调整机制，以改革的办法推动实际贷款利率明显下行。完善中央银行政策利率，培育形成较为完整的市场化利率体系。同时，坚持以自然利率为锚实施跨周期利率调控，发挥市场在利率形成中的决定性作用，为经济高质量发展营造适宜的利率环境。

在推动贷款和存款利率进一步市场化方面，我国一方面推动LPR改革，使之成为银行贷款利率的定价基准，金融机构绝大部分贷款已参考LPR定价；另一方面，建立存款利率市场化调整机制，国有商业银行主动下调了存款利率，带动其他银行跟随调整。这是银行加强资产负债管理、稳定负债成本的主动行为，显示存款利率市场化改革向前迈进了重要一步。

第一节　利息与利率

普通商品的价格可以用货币来表示，那么货币的价格又由什么来表示？在不同的场合、不同的用途、不同的范围内，货币价格的表示方法又有所不同，可以由利率和汇率来表示。

一、利息的含义和本质

(一)利息的含义

信用活动要有借有还，借款者必须付出一定的代价，因此，在信用的基础上，便产生了利息这一经济范畴。信用作为借贷行为，借款者除了按照规定的时间偿还所借的本金以外，还要付出一定代价，即支付利息。对于贷出者来说，利息是贷出货币而在经济上得到的补偿或报酬；对借款者来说，利息是获得资金必须支付的成本。因此，利息是与信用相伴随的一个经济范畴，只要信用关系存在，利息就必然存在。在一定意义上，利息还是信用存在和发展的必要条件。所谓利息，是指在信用关系中借款者支付给贷款者的报酬，是借款者支付给贷款者的超过本金的那一部分金额。

（二）利息的本质

贷出资金收取利息早已深深植根于现代经济观念中，但利息的本质是什么，这个问题却被争论了几百年时间。下面介绍几种主要的利息理论。

1. 西方古典经济学派的利息理论

直至西方资产阶级古典政治经济学产生后，利息研究才逐渐上升到理论层次。英国古典政治经济学的创始人威廉·配第认为，利息是由于地租存在而产生的，是因为暂时放弃货币的使用权而获得的报酬，这就是所谓的“利息报酬论”。亚当·斯密对利息实质有较为深刻的认识，提出了“利息剩余价值学说”，他认为利息代表剩余价值，始终是从利润中派生出来的。

2. 近现代西方学者的利息理论

以英国经济学家西尼尔为代表的“节欲论”认为，产生利息来源的原始因素不是资本，而是节欲，是资本家为积累资本而牺牲现在享受的报酬。借贷资本是总资本的一部分，利息也只是总利润的一部分，因而利息也是借贷资本家节欲的结果。

以庞巴维克为代表的“时差利息论”则认为，利息来源于商品在不同时期内由于人们评价不同而产生的价值差异，人们对“现在货币”的评价要高于等量的“未来货币”，两者之间的差额就是价值时差，利息是对价值时差的一种补偿。该理论承袭了古典经济学关于流动偏好的理论，并成为现代西方经济学中最具代表性的利息理论之一。

以费雪和马歇尔为代表的新古典学派在“时差利息论”的基础上提出了“均衡利息论”。该理论认为，利息率作为使用资本的报酬或资本的价格是由资本的供求决定的，即储蓄（资本供给）与投资（资本需求）两大因素的交互作用与均衡决定了利率水平。

20 世纪 30 年代，凯恩斯提出了“流动性偏好论”，认为利息是人们在特定时期内放弃货币周转流动性的报酬，利息率并不决定于储蓄和投资，而是决定于货币存量的供求和人们对流动性偏好的强弱。其后，新凯恩斯主义者希克斯和汉森把可贷资金利率理论与流动性偏好理论结合起来，创立了 IS-LM 曲线模型。

3. 马克思的利息理论

马克思利息理论的核心内容是利息性质的理论。首先，马克思认为，利息的性质决定于利息的来源。借贷资本的利息是工人在生产过程中创造的归职能资本家占有的剩余价值的一部分，是剩余价值的转化形式，它反映了资本对雇佣劳动的剥削关系。其次，马克思认为，利息是财富的分配形式。在资本主义社会中，利润分割为两部分：借贷资本家的利息和职能资本家的企业主收入。利润分割出利息并使之实现，这种分配既是社会再生产的结果，又是社会再生产的前提条件。利息表现为资本的所有权派生出的资本价值创造，其创造的过程是一定量的货币生出更多的货币，即 $G—G'$。再次，马克思认为，在一定意义上利息可以称为借贷资本这种特殊商品的价格，任何时候都由供求决定。

综观马克思利息性质理论，利息来源于剩余价值的一部分，由利润分割出利息是利息分配的质的规定，作为借贷资本价格体现了利息率作为交易要素质的规定。

4. 我国经济学界对利息本质的认识

利息是信用活动的标志,有信用就有利息。改革开放后,随着社会主义市场经济体制的逐步确立,人们越来越认识到社会主义市场经济条件下的利息也来源于利润,是社会纯收入的一部分,它体现了企业、银行、居民之间按生产要素分配的经济关系。利息作为国民收入按资分配的一种形式,在市场经济条件下,不仅是现实的、必要的,而且对社会主义市场经济发展具有重要意义。

二、利率及其分类

利息率是指借贷期内所形成的利息额与所贷资金额的比率,简称利率,用公式表示为

$$利率=利息/本金$$

利率通常用来表示利息水平的高低,也可以用来反映资金的价格和增值能力。在实践中,它是一个比利息更有意义的经济指标。利率的种类繁多,可以从不同角度进行分析。以下对几种主要利率类别进行介绍。

(一)实际利率与名义利率

在借贷过程中,通货膨胀造成货币贬值,这导致了实际利率与名义利率的划分。实际利率是物价水平相对稳定,从而货币购买力不变条件下的利率。名义利率是指包括通货膨胀风险补偿的利率,概略计算公式为

$$r=i+p$$

其中,r 为名义利率;i 为实际利率;p 为借贷期内通货膨胀率。

但是物价变动时,利息本身也面临币值的波动,也受到通货膨胀的影响。因此,名义利率应向上调整,可写成

$$r=(1+i)(1+p)-1 \tag{2.1}$$

从式(2.1)可以推出实际利率计算公式

$$i=\frac{1+r}{1+p}-1$$

这是国际上通用的实际利率计算公式。

如果通货膨胀率高于名义利率,那么实际利率为负值,表示不仅没有利息,连本金都贬值。在这种情况下,一般对长期信用活动实行保值补贴制度,否则信用活动尤其是长期信用活动将会大幅减少。

(二)固定利率与浮动利率

固定利率是在借贷期内不做调整的利率。实行固定利率,对于借贷双方准确计算成本与收益十分方便。但是当币值发生波动时,固定利率的计息方式可能严重影响债权人或债务人的收益。比如,通货膨胀严重时,实行固定利率,对债权人,尤其是长期放款的债权人会造成较大的损失,因此固定利率一般适用于短期借贷。对于长期借贷,贷款双方愿意采用浮动利率。

浮动利率是指在借贷期内,可随市场资金供求状况的变化定期调整的利率。根据借贷双方的协议,由一方在规定时间依据某种市场利率进行调整,一般调整期为半年。实

行浮动利率,可以使借贷双方承担的利率变化风险较小,利息负担也较公平。但由于它的手续复杂、计算依据多样而增加费用开支,因此,浮动利率多用于3个月以上的借贷及国际金融市场。

(三)市场利率与官定利率

市场利率是在借贷市场中,由借贷资金的供求关系直接决定的利率。官定利率是一国政府金融管理部门或者中央银行确定的利率,它是国家为了实现宏观调控目标而采取的一种政策手段,例如中央银行的再贴现率就是典型的官定利率。

官定利率与市场利率有密切关系。官定利率对市场利率发挥宏观制约作用,它表达了政府的货币政策意向。所以,市场利率必然受到官定利率的干预和影响。但是,市场利率主要还是取决于借贷资金的供求关系,这样市场利率与官定利率不可能完全保持一致。同时,中央银行确定官定利率时,要以市场利率作为重要依据。

(四)差别利率与优惠利率

差别利率是指针对不同的贷款种类和借款对象实行的不同利率,一般可按期限、行业、项目、地区设置不同的利率。实行差别利率是运用利率杠杆调节经济的一个重要方面。

优惠利率是差别利率的有机组成部分,是指国家通过金融机构或金融机构本身对于认为需要重点扶植或照顾的企业、行业或部门所提供的低于一般贷款利率水平的利率。优惠利率对于推动实现国家的产业改革有重要作用。

(五)年利率、月利率、日利率

年利率、月利率、日利率是按照计算利息的期限单位划分的。年利率是以年为计算单位,一般以本金的百分之几表示;月利率以月为计算单位,一般以本金的千分之几表示;日利率以日为计算单位,一般以本金的万分之几表示。如贷出货币资本1万元,一年获利540元,年息就是5.4%。

(六)短期利率与长期利率

短期利率与长期利率的划分是以信用行为的期限长短作为划分标准。一般说来,一年以下的信用行为通常叫短期信用行为,相应的利率则是短期利率,如短期资金市场的国库券利率、票据贴现利率、银行短期存贷款利率及拆借利率等。一年以上的信用行为通常叫长期信用行为,相应的利率则是长期利率,如资本市场上的长期债券利率、长期抵押贷款利率等。

三、利率的计量

(一)货币的时间价值

货币的时间价值是指货币经历一定时间的投资和再投资所增加的价值,也称资金的时间价值。在商品经济中,货币的时间价值是客观存在的。例如,将资金存入银行可以获得利息,将资金运用于公司的经营活动可以获得利润,将资金用于投资可以获得投资收益。这种由于资金运用实现的利息、利润或投资收益就表现为货币的时间价值。

由于货币具有时间价值,今天的 100 元和一年后的 100 元是不等值的。今天将 100 元存入银行,在银行利率为 10% 的情况下,一年以后会得到 110 元,多出的 10 元利息就是 100 元经过一年时间的投资所增加的价值,即货币的时间价值。显然,今天的 100 元与一年后的 110 元相等。由于不同时间资金的价值不同,所以,在进行资金价值大小对比时,不同时间的资金折算为同一时间。

(二)单利与复利

利息的计算方法分为单利法和复利法两种。

(1)单利法。单利法是指在计算利息额时,不论期限长短,仅按本金计算利息,所产生的利息不再加入本金重复计算。其计算公式为

$$I=P\cdot i\cdot t$$

其中,I 代表利息额;P 代表本金;i 代表利息率;t 代表时间。若用 FV 代表本息之和,则

$$FV=P+I=P+P\cdot i\cdot t=P(1+i\cdot t)$$

【例 2.1】 某人借款 1 000 元,年利率 8.5%,借款期限为 2 年。到期借款人应支付的利息为

$$I=P\cdot i\cdot t=1\ 000\times 8.5\%\times 2=170(\text{元})$$

本息之和为

$$FV=1\ 000+170=1\ 170(\text{元})$$

(2)复利法。复利法是指在计算利息时,要按一定期限,将所得利息作为新的本金继续计算,逐期滚算,其计算公式为

$$FV=P(1+r)^n$$

$$I=FV-P$$

其中,n 代表期数。

以【例 2.1】为例,如果采用复利法计息,到期时借款人应支付的利息为

$$FV=P(1+r)^n=1\ 000\times(1+0.085)^2=1\ 177.225(\text{元})$$

$$I=1\ 177.225-1\ 000=177.225(\text{元})$$

用单利法计算利息手续简便,易于计算借款成本,有利于减轻借款者的利息负担。用复利法计算利息,有利于加强资金的时间观念,有利于发挥利息杠杆的调节作用和提高社会资金的使用效益。

(三)现值与终值

在复利规则下,一笔资金运用一段时间后,必然会产生一定的时间价值。在这段时间的起点上,没有包含时间价值的资金量称为现值(PV),它是未来货币现在的价值;在时间的终点上,包含了时间价值的资金量称为终值(FV),它是现在货币的未来价值。

现值和终值之间的换算由复利公式可得,即

$$FV=PV(1+r)^n$$

$$PV=\frac{FV}{(1+r)^n}$$

现值理论的运用十分广泛。当已知未来存在一笔现金流,需要计算其对应的当前价值量时,就要使用现值公式。

【金融视角】

假定现有一个投资项目,投资期为 10 年,总投资额为 1 亿元,市场利率为 10% 且长期不变。甲方案是第一年集中投资 5 500 万元,以后 9 年每年只需投资 500 万元;乙方案是每年平均投资 1 000 万元。表面看,可能甲方案更好,因为第一年集中投资后,未来几年的负担都会比较轻,而乙方案的负担会较重。但经过现值理论的计算,就会发现实际情况不是这样,如表 2.1 所示。

表 2.1 投资项目方案 单位:万元

年份	甲方案		乙方案	
	投资额	现值	投资额	现值
1	5 500	5 500.00	1 000	1 000.00
2	500	454.55	1 000	909.09
3	500	413.22	1 000	826.45
4	500	375.66	1 000	751.31
5	500	341.51	1 000	683.01
6	500	310.46	1 000	620.92
7	500	282.24	1 000	564.47
8	500	256.58	1 000	513.16
9	500	233.25	1 000	466.51
10	500	212.04	1 000	424.10
总额(∑)	500	8 379.51	10 000	6 759.02

从表中可以看出,乙方案优于甲方案。因为为完成投资,根据乙方案,现在只需筹集 6 759.02 万元即可,而甲方则现在要筹集 8 379.51 万元。

四、利率的风险结构与期限结构

(一)利率的风险结构

利率的风险结构(Risk Structure of Interest Rates)是指到期期限相同的债券或贷款有着不相同的利率以及这些利率之间的关系。按照传统经济学理论,利息是等待的报酬或是货币的时间价值;按照凯恩斯的理论,利息是人们放弃流动性偏好的报酬。如果真是这样,那么同样期限的债券或贷款应该有不同的利率。但在现实中,同样期限的债券或贷款的利率往往是不同的。新古典综合派认为,造成利率差异的主要原因在于债权人所承担的风险不同,因而其获得的收益率也不同。他们用利率的风险结构理论来解释期限不同的各种债券利率之间的关系，认为期限相同的各种债券利率不同的原因主要有以下三个。

1. 违约风险

违约风险是指由于债券发行者或借款者的收入状况改变等使其不能按期偿还本息的不确定性。政府债券或政府贷款的偿还来源是税收，因而本息偿还能力高，违约风险低。由于公司债券或公司贷款的偿还能力与宏观经济大环境及公司经营的小环境密切相关，因而不确定性高，偿还风险大。

违约风险低的债券（贷款）利率低，偿还风险高的债券（贷款）利率高。债券（贷款）利率与无风险证券利率之差被称为风险溢价。这里，无风险证券通常是指没有信用风险的证券，如国库券、国债、大银行存单等。

2. 流动性风险

流动性风险是指资产在必要时难以迅速转换成现金而且将使持有人损失的可能。资产的流动性大小通常用其变现成本来衡量，其变现成本等于变现的交易佣金加上买卖差价。其他因素不变时，资产的流动性越高，受欢迎程度越高。不同的债券，流动性风险不一。比如，美国的国家债券的流动性风险很低，因为国债交易便利而且广泛，最容易变现，并且变现的成本很低；相比之下，任何一家公司债券的交易量和便利程度都小于国家债券，在紧急情况下难以迅速找到买主，往往只能降低价格出售，因此变现的成本也较高，表明公司债券的流动性风险大于国家债券。

债券的流动性风险不同，利率就会存在差别。一般地，债券的流动性与利率是反方向变动的，流动性风险与利率是同方向变动的。如某公司债券的流动性风险加大，其受欢迎的程度就会下降，在其他条件不变时，该公司债券的价格就会下跌，利率就会上升。一般情况下，国家债券的流动性风险小于公司债券，这也是造成国债利率低于公司债券利率的重要原因。这种由流动性风险产生的利率差额，被称作流动性升水。因此，国家债券利率和公司债券利率之间的差额不仅反映了违约风险，还反映了流动性风险。

3. 所得税因素

在税法规定利息所得要交税的国家里，税率的高低直接决定了债权人纳税后的可支配收益。纳税债券的税后收益率为

$$税后收益率=税前收益率\times(1-边际税率)$$

在期限和风险相同的条件下，由于不同种类的债券所得税特别是边际税率不同，导致了债券税后收益率的差异，这种差异也是通过利率的高低反映出来的，税率通常与税前利率是同方向变动的。例如，美国税法条款规定：购买高质量的市政债券所得的利息收入可以在联邦范围内免税，因此，由各州和地方政府及政府机构发行的市政债券均为免税债券，在其他条件不变时，这些市政债券的利率相对较低。

可见，利率的风险结构主要受违约风险、流动性风险和税收因素的影响。在其他因素不变时，一般地，债券的风险升水随着违约风险和流动性风险的增加而增加；债券的税前利率与税率同方向变动。

（二）利率的期限结构

利率的期限结构理论是解释不同期限债券利率之间关系的理论。利率的期限结构理论主要研究收益与期限的关系，描述质量相同但期限不同的债券收益之间的关系通常用

收益曲线来表示。经过实证研究,收益曲线大致有上升、下降、隆起、平滑四种形状,如图2.1所示。

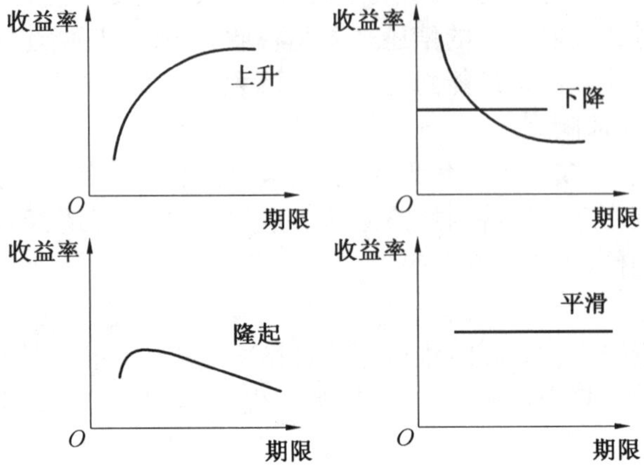

图2.1 四种收益率曲线

经济学家们用利率的期限结构理论试图解说收益曲线在不同期限里有不同的形状,并提出了各种理论,在这些理论中影响较大的主要有预期假说、风险溢价理论和市场分割理论。

1. 预期假说

预期假说的基本命题是:长期利率相当于在该期限内人们预期出现的所有短期利率的平均数,因而收益率曲线反映所有金融市场参与者的综合预期。预期假说中隐含着这样几个假定:

(1)投资者对债券的期限没有偏好,其行为取决于预期收益的变动,而且所有市场参与者都有相同的预期。

(2)在投资者的资产组合中,期限不同的债券互相之间是完全可替代的。

(3)金融市场是完全竞争的。

(4)完全替代的债券具有相等的预期收益率。

假定投资者面临下列两个投资决策:决策A,在第t期购买一份利率为r_t的一期债券,到期以后再购买另外一份一期债券,在第$t+1$期的预期利率水平为r_{t+1}^e。决策B,在第t期购买一份利率为r_{2t}的两期债券。

决策A的预期收益=$(1+r_t)(1+r_{t+1}^e)-1\approx r_t+r_{t+1}^e$($r_t\cdot r_{t+1}^e$较小,可以忽略不计)

决策B的预期收益=$(1+r_{2t})(1+r_{2t})-1\approx 2r_{2t}$($r_{2t}^2$较小,可以忽略不计)

如果决策A与决策B的结果对投资人是无差异的,那么,决策A与决策B的预期收益率必相等。因而,我们可以用公式把决策A与决策B联系起来,即

$$r_{2t}=\frac{r_t+r_t^e}{2}$$

推而广之,如果债券的期限更长,那么长期利率为

$$r_{nt}=\frac{r_t+r_{t+1}^e+r_{t+2}^e+\cdots+r_{t+n-1}^e}{n}$$

从中我们可以看出，n 期债券的利率等于在 n 期债券的期限内出现的所有一期债券利率的平均数。由于未来的短期利率是不确定的，所以作为短期利率均值的长期利率必然随着时间的变化而变化。当前短期利率较低，人们预期未来短期利率会上升，则长期利率必然增长快，出现上升形状；而短期利率较高时，人们预期未来短期利率会持平或下降，则会出现平滑或下降收益率曲线形状。

2. 风险溢价理论

由于不同期限证券的利率风险是不同的，投资者的风险偏好也不同。投资者为了降低利率风险，往往会舍弃预期收益。此时，收益率曲线会反映如下内容：①投资者对未来短期利率的预期；②对利率风险较低的债券的需求较大；③债券发行者为降低发行成本和麻烦，倾向于发行长期债券，即长期债券的供给较大。

于是，从风险角度看，短期债券的利率风险较低，长期债券的利率风险较高，为鼓励投资者购买长期债券，必须给投资者以贴水。因此，长期债券的收益率是包含了风险溢价的收益率，并且随着期限的延长，风险溢价也会随之增大。因此，在短期收益率预测不变的情况下，收益率曲线也可能是上升的。由此，风险溢价理论认为，风险溢价在收益率曲线形成过程中起着非常关键的作用。

3. 市场分割理论

市场分割理论又称为期限偏好理论，它强调了交易成本在投资中的重要性。该理论认为，长期债券的投资者在不久的将来需要资金时，由于证券只能在二级市场上变卖，因而要承担交易成本。为降低交易成本，投资者在投资前就会考虑资金的使用。一方面，由于不同的投资者对期限有不同的偏好，对流动性要求高的投资者偏好短期债券，而保险公司等长期性资金的使用者为防范再投资风险和降低交易成本，更偏好于长期持有。另一方面，证券发行者出于交易成本的考虑，倾向于发行期限较长的证券。因此，无论是投资者还是发行者都有期限的偏好。如果发行者更愿意发行长期债券，而投资者更喜欢购买短期债券，那么，短期债券的价格将上升，收益率将下降，就会产生收益率曲线向上倾斜的情况；如果发行者更愿意发行短期债券，而投资者更喜欢购买长期债券，那么，长期债券的价格将上升，收益率将下降，就会产生收益率曲线向下倾斜的情况。

第二节　外汇与汇率

一、外汇与汇率

（一）外汇概述

1. 外汇的含义

一般而言，外汇是指以外币表示的可以用于国际清偿的支付手段和资产。它必须包括以下三个特征：第一，相对性，即外汇必须是以外国货币表示的支付手段。第二，国际可支付性，即外汇必须是某种可用于对外支付的工具。第三，可兑换性，是指可以将外币支付手段兑换成其他货币表示的支付手段。

根据《中华人民共和国外汇管理条例》（2008 年修订）第三条的规定："本条例所称外

汇,是指下列以外币表示的可以用作国际清偿的支付手段和资产:(一)外币现钞,包括纸币、铸币;(二)外币支付凭证或者支付工具,包括票据、银行存款凭证、银行卡等;(三)外币有价证券,包括债券、股票等;(四)特别提款权;(五)其他外汇资产。"

2. 外汇的种类

外汇有多种分类法,按其能否自由兑换,可分为自由外汇和记账外汇;按其来源和用途,可分为贸易外汇和非贸易外汇;按其买卖的交割期,可分为即期外汇和远期外汇。在我国外汇银行业务中,还经常要区分现汇和现钞等。

(二)汇率及其分类

1. 汇率及其标价方法

外汇汇率又称外汇汇价、外汇牌价或外汇行市,是一个国家的货币折算成另一个国家货币的比率,即两种不同货币之间的折算比率。也就是,在两国货币之间,用一国货币所表示的另一国货币的相对价格。

外汇汇率具有双向特征:既可以用本币表示外币的价格,也可以用外币表示本币的价格。确定两种不同货币之间的比价,应先确定用哪个国家的货币作为标准,由于确定的标准不同,便产生了不同的外汇汇率标价法。

(1)直接标价法。直接标价法是以一定单位(1 个外币单位或 100 个、10 000 个、100 000个外币单位)的外国货币作为标准,折算为一定数额的本国货币来表示其汇率。这相当于计算购买一定单位外币应付多少本币,故又称应付标价法。例如,2023 年 5 月 20 日中国人民银行公布的银行间外汇市场美元对人民币的外汇牌价为 1 美元兑人民币 7.007 9 元,这一标价方法就是直接标价法。包括中国在内的世界上的绝大多数国家目前都采用直接标价法。

(2)间接标价法。间接标价法又称应收标价法,是以一定单位的本国货币为标准,折算为一定数额的外国货币来表示其汇率。例如,2023 年 5 月 20 日伦敦外汇市场英镑对美元报价为 1 英镑兑 1.244 6 美元,这一标价方法就是间接标价法。英国一直使用间接标价法。

在直接标价法下,外国货币的数额固定不变,汇率的高低或涨跌都以相对的本国货币数额的变化来表示。一定单位的以外币折算的本国货币越多,说明本国货币的币值越低,而外国货币的币值越高;反之则本国货币币值越高,而外国货币币值越低。同理,一定单位的以外币折算的本国货币增多,说明外币汇率上涨,即外国货币币值上升,或本国货币币值下降;反之则外国货币币值下降,或本国货币币值上升。在间接标价法下,本国货币的数额固定不变,汇率的高低或涨跌都以相对的外国货币数额的变化来表示。此种关系正好与直接标价法下的情形相反。

(3)美元标价法。直接标价法和间接标价法都是针对本国货币和外国货币之间的关系而言的。相对于某个国家或某个外汇市场而言,本币以外其他各种货币之间的比价则无法用直接或间接标价法来表示。为便于国际外汇业务交易,在国际外汇市场上银行间的报价都以美元为标准来表示各国货币的价格,这种非本币之间以一种国际上的主要货币或关键货币作为汇价标准的标价方法被称为"美元标价法"。世界各金融中心的国际银行所公布的外汇牌价,都是以美元对其他主要货币的汇率。非美元货币之间的汇率则通过各自对美元的汇率套算，作为报价的基础。

2. 汇率的分类

外汇汇率的种类较多，根据各种不同的划分方法，有各种不同的汇率。以下介绍最主要的分类方法。

(1)按银行买卖外汇的价格不同，分为买入汇率、卖出汇率和中间汇率。银行买入外汇时所使用的汇率是买入汇率，又称买入价；银行卖出外汇时所使用的汇率是卖出汇率，即卖出价；银行总是遵循低价买进高价卖出的原则报出买卖价。买入价与卖出价的平均数就是中间价，2023 年 4 月 3 日的外汇牌价如表 2.2 所示。

表 2.2　2023 年 4 月 3 日人民币外汇牌价

货币名称	代 码	现汇买入价	现钞买入价	现汇卖出价	现钞卖出价	中行折算价
欧元	EUR	741.64	718.6	747.11	749.51	743.81
美元	USD	688.05	682.46	690.97	690.97	688.05
英镑	GBP	843.95	817.73	850.17	853.93	846.14
港币	HKD	87.65	86.95	88	88	87.65
日元	JPY	5.149 9	4.989 8	5.187 7	5.195 7	5.166

资料来源：中国银行外汇牌价节选。

(2)按外汇交易期限可分为即期汇率和远期汇率。即期汇率又称现汇汇率，是指外汇买卖的双方在成交后的两个营业日内办理交割手续时所使用的汇率。远期汇率又称期汇汇率，是指外汇买卖的双方事先约定，据以在未来约定的期限办理交割时所使用的汇率。交割则是指双方各自按照对方的要求，将卖出的货币结入对方指定的账户的处理过程。

(3)按汇率的制定方法可分为基本汇率和交叉汇率(又称套算汇率)。本币对某一关键货币的兑换比率称为基本汇率，它是确定本币与其他外币之间的汇率的基础。作为关键货币，应具备以下特点：①在本国国际收支中使用最多；②在外汇储备中所占比重最大；③可以自由兑换且为国际上普遍接受。目前多数国家都把美元作为关键货币。交叉汇率则是指两种货币通过各自对第三种货币的汇率而算得的汇率。

二、汇率决定理论

汇率决定是汇率理论中的核心问题，许多西方经济学者从不同角度对其进行分析说明，形成了多种理论学说。

(一)购买力平价理论

瑞典经济学家古斯塔夫·卡塞尔系统地提出了购买力平价理论。其中心思想是两国货币的兑换比率由两国货币各自具有的购买力比率来决定。购买力比率即购买力平价。一国汇率变动的原因在于购买力的变动，而购买力变动的原因在于物价的变动。货币的购买力实际上是一般物价水平的倒数。购买力平价包括绝对购买力平价和相对购买力平价。

绝对购买力平价为

$$R=P_a/P_b$$

式中，P_a为 a 国的物价水平；P_b为 b 国的物价水平；R 为 a 国直接标价法下的汇率。

相对购买力平价为

$$R_1=R_0\cdot[(P_{a1}/P_{a0})/(P_{b1}/P_{b0})]$$

式中，R_{a1}、R_{a0}为 a 国的当期物价水平和基期物价水平；P_{b1}、P_{b2}为 b 国的当期物价水平和基期物价水平。

购买力平价理论在外汇理论中占有重要位置，它论证了汇率决定的基本依据。但它忽略了其他因素，如国民收入、资本流动、贸易条件等对汇率的影响，忽略了贸易壁垒和贸易成本的存在。还有，现实经济中一国货币的对内购买力与汇率因为各种原因可能发生严重背离。

（二）利率平价理论

利率平价理论是一种通过比较两国短期利率差异，揭示两国货币远期汇率的理论。其代表人物有凯恩斯和保罗·艾因齐格。古典利率平价理论的主要内容可以概括为：利率高的货币远期贴水，利率低的货币远期升水；远期外汇的升（贴）水率约等于两国的利差。现代利率平价理论则认为，利率平价原理是通过在不同国家市场上的套利活动来实现的，即通过利率与汇率的不断调整而实现的。通过资金的跨国套利分析，可以推导出现代利率平价原理的关系式

$$i-i^*=(\prod F-\prod S)/\prod S \tag{2.2}$$

式中，i、i^*、$\prod F$、$\prod S$ 分别表示国内利率、国外利率、即期汇率及远期汇率。式(2.2)表明，若 $i-i^*>0$，远期汇率为贴水；若 $i-i^*<0$，则远期汇率表现为升水。

以上便是利率平价理论的基本公式，它非常明确地表达了远期汇率的决定方式。利率平价理论的一个重要前提条件是：资金在国际资本市场上可以自由流动，资金供给充分，套利资金的供给弹性无穷大。

利率平价理论从国际资本流动的角度研究远期汇率、即期汇率和两国利率差之间的关系，对于揭示远期汇率的决定具有重大意义。但该理论的基本假定，如不存在国际资本流动障碍、各种金融资产是完全可替代的等，与现实生活有明显差异。

（三）国际收支说

1981 年，美国经济学家阿尔盖提出国际收支说。国际收支说认为一国的外汇供给取决于该国国际收支的贷方项目，如商品、劳务的出口，资金流入等；外汇需求则取决于该国国际收支的借方项目，如商品、劳务进口，资金流出等。外汇供应减少（或外汇需求增加），则外汇升值；外汇供应增加（或外汇需求减少），则外汇贬值；当外汇供求均衡时，此时的汇率即为均衡汇率。

国际收支说运用供求分析的方法，把影响国际收支的各种因素纳入汇率的均衡分析中，从动态角度分析了汇率变动的影响因素。但该理论在长期均衡汇率的分析上有欠缺。

（四）资产市场说

资产市场说又称资产平衡论，是 20 世纪 70 年代中后期由美国经济学家布兰森、唐布什、弗兰克尔等提出的浮动汇率条件下的新的汇率决定理论。该理论假定资本流动是充

分的，或资本能充分替代。当国际金融市场供求关系失衡后，市场均衡的恢复不仅可以通过国内商品市场的调整来完成，还可以通过国际资产市场的调整来完成。均衡汇率就是在资产平衡的条件下，资产持有者自愿并满足地保持其已有的各种本、外币资产，且不再对这些资产组合进行变动时的汇率，即均衡汇率就是两国资产市场供求均衡时两国货币之间的相对价格。资产市场说分为汇率的货币论和汇率的资产组合平衡论两种。

资产市场说将存量分析与流量分析相结合，并强调货币市场的重要作用，这对理解现代汇率的变动，尤其是解释汇率变动的中长期趋势，具有现实意义。但该理论以各国资产具有完全流动性为研究前提，在现代经济条件下无法满足。

三、外汇市场

（一）外汇市场的含义、特征及类别

外汇市场是指进行外汇买卖的场所或网络。在外汇市场上，外汇买卖有两种类型：一类是本币与外币之间的买卖，即需要外汇者用本币购买外汇，或持有外汇者卖出外汇换取本币；另一类是不同币种的外汇之间的买卖。

当前的外汇市场是一个全天候运行的市场，呈现出全球一体化发展趋势。根据有无固定场所，外汇市场可分为有形市场与无形市场。有形市场又称“大陆式市场”，指有具体交易场所的市场。无形市场指没有固定交易场所，所有外汇买卖均通过市场参与者之间的电话、电传、电报及其他通信工具进行的抽象交易网络。目前，无形市场是外汇市场的主要组织形式，因其最早产生于英国、美国，故又称“英美式市场”。根据外汇交易主体的不同，外汇市场可分为银行间市场和客户市场。银行间市场，亦称“同业市场”或“外汇批发市场”，指由外汇银行之间相互买卖外汇而形成的市场。客户市场指外汇银行与一般顾客（进出口商、个人等）进行交易的市场。客户市场又称作“外汇零售市场”。

（二）外汇市场的构成

在外汇市场上，外汇交易的参与者主要有四类：外汇银行、外汇经纪人、顾客和中央银行。外汇银行一般包括经中央银行指定或授权的专营或兼营外汇业务的本国商业银行和开设在本国的外国商业银行分支机构，它们是外汇市场的主体。外汇经纪人即中介与外汇银行之间或外汇银行与顾客之间，为买卖双方接洽交易而收取佣金的汇兑商，其主要功能是起联络作用。顾客一般是指外汇银行的顾客，包括交易性的外汇买卖者，如进出口商、国际投资者、旅游者等；保值性的外汇买卖者，如套期保值者；投机性外汇买卖者，如外汇投机商。中央银行在外汇市场上除了担任传统市场监督者的角色外，还必须干预市场，以实现其控制货币供应、稳定利率和汇率的政策目的。

（三）外汇交易

外汇交易的类型有许多种，其交易技术也纷繁复杂。常见的有即期交易、远期交易、换汇交易、套汇交易、套利交易和外汇期货、期权等交易方式。下面简要介绍即期外汇交易和远期外汇交易。

1. 即期外汇交易

即期外汇交易又称现汇交易，是指买卖双方约定于成交后的两个营业日内交割的外

汇交易。即期外汇交易是外汇市场上最常见、最普遍的交易形式,其基本作用在于满足临时性的付款需求、实现货币购买力的转移、调整货币头寸、进行外汇投机等。即期外汇交易的汇率构成整个外汇市场汇率的基础。一般而言,在国际外汇市场上进行外汇交易时,除非特殊指定日期,一般都视为即期交易。

2. 远期外汇交易

远期外汇交易又称期汇交易,是指外汇买卖成交后并不立即办理交割,而是根据合同的规定,在约定的日期按约定的汇率办理交割的外汇交易。最常见的远期外汇交易交割期限一般有1个月、2个月、3个月、6个月,长的可达12个月。远期外汇交易的基本动机主要是:

(1)避险保值。在国际商品交易中,进出口商可能将根据合同规定在未来的某一个特定日期支付或收入一定金额的外汇,为了避免这一过程中因汇率波动而带来的损失或不确定性,进出口商需要进行远期外汇交易,以实现避险保值。

(2)投机获利。在外汇市场上,投机者根据自己的专业知识和各方面的信息对市场进行预测、判断,并依照低买高卖的原则进行买卖,从中便可能赢得利润。

四、汇率制度

汇率制度又称汇率安排,指一国货币当局对本国汇率变动的基本方式所做的一系列安排或规定,如规定本国货币对外价值、规定汇率的波动幅度、规定本国货币与其他货币的汇率关系、规定影响和干预汇率变动的方式等。各国的汇率制度可以概括为三种:固定汇率制、浮动汇率制和钉住汇率制。

(一)固定汇率制

固定汇率制是指两国货币的比价基本固定,现实汇率只围绕平价在很小范围内上下波动的汇率制度。从历史发展看,它又可分为金本位制度下的固定汇率制度和纸币流通条件下的固定汇率制度。

(二)浮动汇率制

浮动汇率制是指一国不规定本币对外币的平价和上下波动的幅度,汇率由外汇市场的供求状况决定并上下波动的汇率制度。1971年和1973年美元连续两次贬值,固定汇率制度难以维持以后,多数资本主义国家改为浮动汇率制度。从政府是否对市场汇率进行干预的角度,可将汇率浮动的方式分为自由浮动和管理浮动。

1. 自由浮动

自由浮动是指一国政府对汇率不进行任何干预,市场汇率完全听任外汇市场的供求变化而自由波动的汇率浮动方式,又称清洁浮动。由于汇率的波动直接影响到一国经济的稳定与发展,各国政府都不愿听任汇率长期无限制地波动,因此纯粹的自由浮动只是相对的、暂时的。

2. 管理浮动

管理浮动是指一国政府从本国利益出发,对汇率的波动进行不同程度干预的浮动方式,又称肮脏浮动。在现行货币体系下,各国实行的实际上都是管理浮动。目前政府干预的方式主要有三种：一是直接干预外汇市场，但干预的形式各不相同；二是运用货币政策，主要是通过调整再贴现率或银行利率来影响汇率；三是实行外汇管制，主要是通过各种措施来影响国际资本流动的方向和规模。随着全球国际货币制度的不断改革，国际货币基金组织于1978年4月1日修改《国际货币基金组织协定》条文，实行所谓“有管理的浮动汇率制”。由于新的汇率协议使各国在汇率制度的选择上具有很强的自由度，所以现在各国实行的汇率制度多种多样，有单独浮动、钉住浮动、弹性浮动、联合浮动等。

（三）钉住汇率制

钉住汇率制是指一国采取使本国货币同某一外国货币或一篮子货币保持固定汇率，而对其他货币采用浮动汇率的汇率制度。实行钉住汇率制度的国家，其货币与被钉住货币之间仍规定有平价，且现实汇率对平价的波动幅度为零或被限制在一个很小的范围内，一般不超过平价的1%，因而钉住浮动的特点是汇率缺乏弹性。钉住汇率按照被钉住货币的不同，可以分为钉住单一货币和钉住篮子货币。

实行钉住汇率制度的多是发展中国家，这是因为大多数发展中国家的经济实力不够强，国际储备较少，应付经济危机冲击的能力有限，本国的外汇市场也不发达，实行钉住汇率制可以避免因汇率剧烈波动给国内经济带来的损失。实行钉住汇率制的另一种情形是有些国家由于历史、地理等方面的原因，对外贸易、金融往来主要集中于某一发达国家，或主要使用某一外国货币，为避免双方的经贸往来因汇率频繁变动带来不利影响，这些国家通常将本国货币钉住该发达国家的货币。为了不使本国货币过于受某一外国货币的影响，有的国家便选择篮子货币作为被钉住的货币，篮子中的货币由与本国经济联系最为密切的国家的货币组成，或是由对外支付使用最多的货币组成，也可以是钉住特别提款权。

本章小结

1. 利息是资金所有者因贷出货币的使用权而从借款者那里取得的一种报酬。

2. 利息率是指借贷期内所形成的利息额与所贷资金额的比率，简称利率。

3. 利率的计量主要分为单利法和复利法。利率主要可分为：实际利率与名义利率、固定利率与浮动利率、市场利率与官定利率、差别利率与优惠利率、长期利率与短期利率等。

4. 外汇是指以外币表示的可用作国际清偿的支付手段和资产。外汇可分为自由兑换外汇、有限自由兑换外汇和记账外汇等。

5. 汇率是两国货币之间的相对比价，在表示汇率时，有直接标价法、间接标价法和美元标价法。汇率有多种分类方法。汇率决定理论中，居于主导地位的主要有购买力平价理论、利率平价理论、国际收支说、资产市场说。

6. 外汇市场是指进行外汇买卖的场所或网络。根据有无固定场所，外汇市场可分为有形市场与无形市场。

7. 汇率制度又称汇率安排，指一国货币当局对本国汇率变动的基本方式所做的一系列安排或规定，如规定本国货币对外价值、规定汇率的波动幅度、规定本国货币与其他货币的汇率关系、规定影响和干预汇率变动的方式等。各国的汇率制度可以概括为三种：固定汇率制、浮动汇率制和钉住汇率制。

【思考与练习】

1. 影响利息率的因素主要有哪些?
2. 关于利息的来源有哪些观点?
3. 简述利率的分类。
4. 如何理解外汇的含义及汇率的标价法?
5. 阐述各汇率决定理论的主要内容。
6. 外汇制度的构成要素有哪些?
7. 联系实际,分析我国利率市场化改革进程。

第三章 信用与金融

【学习目标】

1. 了解信用的产生与发展、高利贷的特点及其历史状况、信用与货币之间的关系。
2. 熟悉信用概念与商业信用、银行信用、国家信用、消费信用等信用形式。
3. 在掌握金融的范畴的基础上,认识到发展多种信用形式的必要性。

【案例导入】

马达福案是发生在2008年的一起巨额金融诈骗案,由纽约曼哈顿人 Bernard Madoff 主导。Madoff 以他的投资公司 Bernard L. Madoff Investment Securities LLC(BLMIS)为掩护,采用庞氏骗局的方式进行诈骗。他通过虚假账户和虚构的股票交易,让客户相信他们的投资正在获利,实际上是通过新客户的资金来支付旧客户的回报。这种骗局持续了数十年,最终被揭露后投资者的损失达到了数十亿美元。作为金融史上规模最大的庞氏骗局之一,其影响深远。该案件导致了许多投资者的严重损失,包括个人投资者、慈善组织、银行和基金经理等。案件引起了大众对监管机构的质疑,因为在诈骗案发生前,监管机构多次接到关于 Madoff 不正当交易的投诉,但没有得到妥善处理。这一方面导致了监管机构的声誉受损,但同时也引起了金融行业监管的加强,以避免类似事件再次发生。该案例提醒人们在进行信用活动时要保持警惕,不要被类似庞氏骗局的高收益所吸引。

第一节 信用的产生与发展

一、信用的内涵

(一)信用的定义

人类历史发展到今天,"信用"(Credit)这个词已经有了极其丰富的内涵。它可能是人类认识中最为复杂、最难以捉摸的概念之一。对信用的真正含义的认识,仁者见仁,智者见智,可以从不同的角度进行探究,在通常意义上,我们至少可以从以下几个角度来理解"信用"。从伦理道德层面看:信用主要是指参与社会和经济活动的当事人之间所建立起来的、以诚实守信为道德基础的"践约"行为。从法律层面来看:《中华人民共和国民法典》第五条至第七条规定,"民事主体从事民事活动,应当遵循自愿、公平、诚信的原则"。从经济学层面看:信用是指在商品交换或者其他经济活动中授信人在充分信任受信人能够实现其承诺的基础上,用契约关系向受信人放贷,并保障自己的本金能够回流和增值的价值运动。而《货币银行学》(黄达.中国人民大学出版社,2000年)对信用的解释是:"信用这个范畴是指借贷行为。这种经济行为的特点是以收回为条件的付出,或以归还为义务的取得;而且贷者之所以贷出,是因为有权取得利息,后者之所以可能借入,是因为承担了支付利息的义务。”也就是说，信用是以还本付息为条件的借贷行为。

信用和货币一样都是很古老的范畴，信用与货币自古以来就存在着紧密联系，主要表现为以下两个方面。首先，以货币为媒介的商品流通的发展，为商品买卖在时间上和空间上分离创造了条件；商品的价值通过货币来表现，使价值可以从观念上独立于使用价值之外。而这种价值观念的强化，就为信用交易提供了可能，所以，货币是信用得以产生的一种原始的推动力。其次，货币支付手段职能的发展，使商品让渡同商品价值的实现在时间上分离开。这种分离意味着商品的卖者要先让渡商品，然后才能获得出卖的商品的价值，而商品的买者则可以先具有商品的使用价值，并作为未来所应支付货币的代表而赊购商品，形成了卖者作为债权人和买者作为债务人的债权债务关系。一般来说，信用行为发生过程一般需要有以下五个要素。

(1)信用主体。信用作为特定的经济交易行为，要有行为的主体，即行为双方当事人，其中转移资产、服务的一方为授信人，而接受的一方则为受信人。授信人通过授信取得一定的权利，即在一定时间内向受信人收回一定量货币和其他资产与服务的权利，而受信人则有偿还的义务。

(2)信用客体。信用作为一种经济交易行为，必定有被交易的对象，即信用客体。这种被交易的对象就是授信方的资产，它可以是有形的(如以商品或货币形式存在)，也可以是无形的(如以服务形式存在)。没有这种信用客体，就不会产生经济交易，因而不会有信用行为的发生。

(3)信用内容。授信人以自身的资产为依据授予对方信用，受信人则以自身的承诺为保证取得信用，因此，在信用交易行为发生的过程中，授信人取得一种权利(债权)，受信人承担一种义务(债务)，没有权利与义务的关系也就无所谓信用，所以具有权利和义务关系是信用的内容，是信用的基本要素之一。

(4)信用流通的工具。双方的权利和义务关系，需要表现在一定的载体上(如商业票据、股票、债券等)，这种载体被称为信用流通工具。信用流通工具是信用关系的载体，没有载体，信用关系无所依附。作为载体的信用流通工具，一般具有如下几个主要特征：①返还性。商业票据和债券等信用工具，一般都载明债务的偿还期限，债权人或授信人可以按信用工具上所记载的偿还期限按时收回其债权金额。②可转让性，即流动性。是指信用工具可以在金融市场上买卖。对于信用工具的所有者来说，可以随时将持有的信用工具卖出而获得现金，收回其投放在信用工具上的资金。③收益性。信用工具能定期或不定期地给其持有者带来收益。

(5)时间间隔。信用行为与其他交易行为的最大不同就在于，它是在一定的时间间隔下进行的，没有时间间隔，信用就没有栖身之地。

(二)信用的特征

信用作为商品货币经济的范畴，不论其形式如何，都具有以下特征。

1. 信用以互相信任为基础

信用作为一种交易行为和交易方式，必须以交易双方互相信任为条件。如果交易双方互相不信任或出现信任危机，信用关系是不可能发生的。即使发生了，也不可能长久持续下去。

2. 信用以偿还本金和支付利息为条件

在市场经济条件下，借贷行为受等价交换原则的约束，其必须偿还本金和支付利息。无利息的借贷行为所体现的一般不是信用关系，而是互通有无的社会关系。但并不是所有无利息的借贷都不是信用行为，如政府为达到某些目的的借贷或银行活期存款，可以视为利息为零的信用行为。

3. 信用是价值运动的特殊形式

价值运动的一般形式是通过商品的直接买卖关系来实现的。在买卖过程中，卖者让渡商品的所有权和使用权，取得货币的所有权和使用权；而买者则正好相反。信用关系所引起的价值运动是通过一系列借贷、偿还、支付过程来实现的。信用关系存续期间，信用标的的所有权和使用权是分离的。贷出方只是暂时转移或让渡商品或货币的使用权，所有权仍然掌握在信用提供者手里；相应的，借入方只是暂时拥有使用商品或货币的权利，并不能取得商品或货币的所有权。同时，从当期看，信用是价值单方面的转移，而且偿还时是非等额的回流，即超值归还。当信用关系结束时，信用标的的所有权和使用权才统一到原信用提供者手里。

4. 信用以收益最大化为目标

信用关系赖以存在的借贷行为是借贷双方追求收益最大化或成本最小化的结果。从借贷关系双方来看，授信人将闲置资金或商品贷出，是为了获取闲置资金或商品的最大收益，避免资本闲置造成的浪费；受信人借入所需资金或商品，同样是为了扩大经营或避免资金不足所带来的经营中断，从而获取最大收益。

二、信用的产生

经济学中的信用是一种体现着特定经济关系的借贷行为。借贷行为可以采取商品的形式，也可以采取货币形式。由于借贷行为具有到期归还和支付利息这两个特征，就使得这种价值运动形式与一般商品交换有了区别。一般商品交换是等价交换，商品的所有权通过交换而发生转移，买卖双方都保留价值，货币在其中执行的是流通手段的职能。而借贷行为则不然，贷出时，价值做单方面转移，由贷出者出让使用价值，但保留所有权；归还时，价值也是做单方面转移，只是借者除了归还本金外，还要支付利息，货币在其中执行的是支付手段的职能。可见，信用是商品货币经济发展到一定阶段的产物。当商品交换出现延期支付，货币执行支付手段职能时，信用就产生了。

另外，私有制出现以后，社会分工不断发展，大量剩余产品不断出现。私有制和社会分工使得劳动者各自占有不同劳动产品，剩余产品的出现则使交换行为成为可能。随着商品生产和交换的发展，商品流通出现了矛盾——“一手交钱、一手交货”的方式由于受到客观条件的限制经常发生困难。例如，一些商品生产者出售商品时，购买者可能因自己的商品尚未卖出而无钱购买。于是，赊销即延期支付的方式应运而生。赊销意味着卖方对买方未来付款承诺的信任，意味着商品的让渡和价值实现发生时间上的分离。这样，买卖双方除了商品交换关系之外，又形成了一种债权债务关系，即信用关系。当赊销到期、支付货款时，货币不再发挥其流通手段的职能而只充当支付手段。这种支付是价值的单方面转移。正是由于货币作为支付手段的职能，使得商品能够在早已让渡之后独立地完成价值的实现,从而确保了信用的兑现。整个过程实质上就是一种区别于实物交易和现金交易的交易形式,即信用交易。后来,信用交易超出了商品买卖的范围。作为支付手段的货币本身也加入了交易过程,出现了借贷活动。从此,货币的运动和信用关系联结在一起,并由此形成了新的范畴——金融。现代金融业正是信用关系发展的产物。在市场经济发展初期,市场行为的主体大多以延期付款的形式相互提供信用,即商业信用;在市场经济较发达时期,随着现代银行的出现和发展,银行信用逐步取代了商业信用,成为现代经济活动中最重要的信用形式。总之,信用交易和信用制度是随着商品货币经济的不断发展而建立起来的;进而,信用交易的产生和信用制度的建立促进了商品交换和金融工具的发展;最终,现代市场经济发展成为建立在错综复杂的信用关系之上的信用经济。

由此可见,信用的产生可归纳为两点:首先,信用是在商品货币经济有了一定发展的基础上产生的。随着商品生产和交换的发展,在商品流通过程中便会产生一些矛盾。商品生产过程有长短之分,销售市场有远近之别,这些都给商品价值的实现带来了困难,造成有的商品生产者出售商品时,其购买者因自己的商品尚未卖出而无钱购买。为了使社会再生产能继续进行下去,在销售商品时就不能再坚持现金交易,而必须实行赊销,即延期支付,于是商品的转让和它的价值实现在时间上就相分离了,这样,买卖双方除了商品交换关系之外,又形成了一种债权债务关系,即信用关系。其次,信用只有在货币的支付手段职能存在的条件下才能发生。当赊销到期、支付货款时,货币不是充当流通手段而是充当支付手段,这种支付是价值的单方面转移。由于货币具有支付手段职能,所以它能在商品早已让渡之后独立地完成商品价值的实现,否则,赊销就不可能出现。

三、信用的发展

信用产生之后,与其他的经济范畴一样不断地由低级向高级发展。从借贷的客体形态发展来看,最早的是实物借贷。随着商品货币经济的发展,信用发展到了货币借贷。实物借贷与货币借贷在很长的历史阶段相互并存,但有主次之分。先是实物借贷为主,辅之以货币借贷;后来商品货币关系有了发展,货币成为借贷的主要对象,辅之以实物借贷。在自然经济占主导地位的前资本主义社会里,货币借贷一直未能全然排除实物借贷。只有当商品货币关系占主导地位时,实物借贷才丧失其存在的基础。在现代的一些信用关系中,往往也涉及商品,如赊销商品延期支付的信用形式,这像是实物借贷。但就其债权债务的内容来看,却总有一定的货币金额,而且最终要支付货币,所以宜归属货币借贷的范围。

从生产方式的发展与信用的联系角度来考察,最早的信用是高利贷信用,这是在自给自足的自然经济占主导地位下的信用,资本主义以前的信用,主要是高利贷信用。当生产方式从封建社会过渡到资本主义社会,自给自足的自然经济解体,商品货币关系占主导地位时,信用就由高利贷信用发展到了资本主义信用。当生产方式从资本主义过渡到社会主义,信用也由资本主义信用过渡到了社会主义信用。在社会主义市场经济下,就信用的形式特征和利率水平的决定方面来看,社会主义信用与资本主义信用是相同的,所以有人把这两种信用统称为"现代信用"。

(一)高利贷信用

信用是从属于商品货币关系的一个经济范畴,它不是某个社会形态所特有的。但是,在不同的社会制度下,信用反映着不同的生产关系。前资本主义社会的信用的主要形式是高利贷信用。

1. 高利贷的定义

对于什么是高利贷,我国民法学界目前有三种不同的观点。

第一种观点认为,借贷的利率只要超过或者变相超过国家规定的利率,即构成高利贷。有的学者认为借贷利率可以适当高于国家银行贷款利率,但不能超过法律规定的最高限度,否则即构成高利贷。第二种观点认为,高利贷应有一个法定界限,但这个界限不能简单地以银行的贷款利率为参数,而应根据各地的实际情况,专门制定民间借贷指导利率,超过指导利率上限的,即构成高利贷。持这种观点的人还认为,凡约定利息超过法定指导利率的,其超过部分无效,债权人对此部分无请求给付的权利。第三种观点认为,高利贷就是一种超过正常利率的借贷。至于利息超过多少才构成高利贷,由于在立法和司法中都没有统一的规定和解释,在实践中只能按照民法典和有关法律规定的精神,本着保护合法借贷关系,有利于生产和稳定经济秩序的原则,对具体的借贷关系进行具体分析,然后再认定其是否构成高利贷。这种观点还认为在确定高利贷时,应注意区别生活性借贷与生产经营性借贷,后者的利率一般可以高于前者。因为生活性借贷只是用于消费,不会增值;而生产经营性借贷的目的,在于获取超过本金的利润,因此,它的利率应高于生活性借贷的利率。

高利贷是最古老的信用形式,产生于原始公社制度解体时期。由于社会分工的发展、交换的增长和私有制的出现,原始公社内部出现了财富的分化,货币资财相对集中于某些富裕家族,而另一些贫穷家族则缺少货币,这就形成了产生高利贷的客观条件。当时,高利贷信用部分地以实物形式出现。随着商品货币关系的发展,货币借贷逐渐成为主要形式。高利贷在奴隶社会和封建社会获得了广泛的发展。高利贷是一种保守的信用形式,其利率奇高,往往使农民和其他小生产者在重利盘剥下甚至难以维持简单再生产,从而使小生产遭到严重破坏,阻碍了社会生产力的发展。随着资本主义生产关系的发展,高利贷成为产业资本发展的障碍,极高的利息使资本家无利可图,这就产生了新兴资产阶级反对高利贷的斗争。

2. 高利贷的特点

(1)利率高。

高利贷的利率一般年利率在 36% 以上,借款 100 元,一年要支出 36 元以上的利息。个别的利率可达 100% ~200%。若高利贷年利率达到 100%,而且是“利滚利”,那么借款 100 元一年后要还 200 元,如果到期不能归还,第二年要还 400 元,第三年就是 800 元。

高利贷信用之所以有这样高的利息,是由当时的经济条件决定的。由于前资本主义是自给自足的自然经济,劳动生产力水平低,生产规模小,小生产者一般都经受不住意外事故的冲击 ,一旦遇到意外事故,就无法维持原来的简单再生产,无法维持生活。在这样的情况下,小生产者(农民和其他小手工业者)就不得不向放高利贷者借钱或实物,以维持生产和生活。放高利贷者正是看到了借者为了维持生存这一点,就无情地抬高利率。

如果借钱的人不是为了生活和生存,而是像资本主义生产方式那样,借钱是为了投资,获取利润,那么贷款的利率高了,使得投资的利润大部分或全部被高利贷的利息侵吞,借钱的人就不借了,贷款的利率自然也高不上去。

高利贷借者除了小生产者以外,也有一些破落的奴隶主和封建主,他们是为了维持奢侈的生活,其利息最终是要转嫁到小生产者身上。高利贷的债权人主要是商人,特别是货币经营商人、奴隶主和地主。

(2)剥削重。

高利贷的利息来源于奴隶和小生产者的剩余劳动及一部分必要劳动。小生产者借用高利贷所支付的利息,是他们直接以自己的剩余劳动或必要劳动产品支付的。奴隶主和封建主借用高利贷所支付的利息,同样是奴隶和小生产者的剩余劳动或必要劳动产品。因为奴隶主和封建主不劳动,他们所支付的利息,归根到底是对奴隶和小生产者的压榨和剥削。由于高利贷利息来源不仅包括劳动者所创造的全部剩余劳动,还包括一部分必要劳动,这与利息只是剩余价值的一部分的资本主义利息比较,其剥削程度更重。

(3)非生产性。

从高利贷的名称我们知道高利贷最突出的特点就是“高利率”,正是高利贷惊人的利息成本,决定了它长期以来的“非生产性” 特点,即借高利贷的目的不是为了扩大再生产或投资,而是为了保证生存。高利贷的借者,无论是统治者还是小生产者,他们借用高利贷主要用于非生产支出。统治者借高利贷主要是为了维持其奢侈的生活,小生产者借高利贷是为了其基本的生活需要。这与资本主义借贷资本的用途以及社会主义信用资金的用途有着明显的区别。而在经济市场化、各类个体商户、小企业大量涌现的今天,高利贷已经不再纯粹是非生产性的,很多借贷者是为了解决企业资金困难。农村中有些高利贷也有生产性,一般是为了满足向非农业过渡,如外出打工、做小本买卖等所需资本。

3. 高利贷信用的作用

(1)推动自然经济解体和商品货币关系的发展。

在前资本主义社会,劳动生产力水平低,人们的劳动产品主要是满足自己的消费,用于交换的比率很低,自给自足的自然经济占主导地位。但是,由于高利贷的盘剥,小生产者为了归还高利贷,就不得不把劳动的产品拿到市场上去卖,这就提高了劳动产品的交换比率,促使了自给自足的自然经济的解体和商品货币关系的发展。

(2)在生产方式向资本主义过渡中有着双重的作用 。

从客观上看,高利贷信用为资本主义生产方式的到来提供了两个基本前提条件:一是集中了大量的资本,二是提供了雇佣工人队伍。由于高利贷的盘剥,使得放高利贷者手中集中了大量的资本,这些资本有可能投入到资本主义生产方式中去。同时,也是因为高利贷的盘剥,使得大量的小生产者破产、失业,成为无业游民。这些人在法律上是自由的,而财产上是一无所有的,他们不得不出卖自己的劳动力来维持生活,这就为资本主义生产方式提供了雇佣工人。

从主观上看,放高利贷者也要尽量维持封建社会的生产方式,维护高利贷的存在基础,因为最适宜高利贷存在和发展的经济条件是小生产占优势地位的封建社会的生产方式。所以,高利贷者必然力图阻碍生产方式由封建社会向资本主义社会过渡。

（二）资本主义信用

由于高利贷的高额利息侵吞了经营者的大部分甚至是全部利润，同时又极力维护高利贷存在的基础，阻止资本主义生产方式的发展，这是新兴资产阶级所不能允许的，他们必定会与高利贷做斗争。

这种斗争并不是一般地反对借贷关系，而是要借贷关系服从资本主义发展的需要。其斗争的焦点就是要使得利息率降低到平均利润率以下。同样的资本要获得同样的利润，借贷的利息也要符合这个规律的要求。这种斗争的手段最初是法律，就是用法律来限制利息率。

这种斗争最有效的手段，就是建立资产阶级自己的股份银行，通过银行集中大量的社会闲散资金，支持资本主义经济的发展。资本主义比较早的典型股份银行是 1694 年在英国建立的英格兰银行。英格兰银行的建立标志着高利贷垄断地位的结束和资本主义现代信用关系的建立。

资本主义信用的产生与产业资本循环有着直接的联系，产业资本的循环形成暂时闲置的货币资本。由于货币资本不能给资本家带来利润，与资本的特性发生矛盾，从而要求把它贷放出去，以取得利息；而另一些资本家在再生产过程中又往往需要补充的货币资本。因此，需要通过信用形式，把一些资本家暂时闲置的货币资本转让给另一些产业资本家去使用，然后按期归还，并支付一定的利息。资本主义信用形式主要有商业信用、银行信用和国家信用，其中商业信用和银行信用为基本形式。前者是资本主义信用制度的基础，后者在资本主义信用中居于主导地位。

资本主义信用对资本主义生产具有的重要作用，主要表现在：①为资本转移提供了方便，从而促进了利润率的平均化。②大大促进了货币和货币资本的集中与积聚，促进了股份公司的建立和发展，使资本主义生产的规模得以迅速扩大。③由于信用促使再生产过程加快和以信用流通工具代替货币，大大节约了流通费用。但是，信用也促使资本主义生产过剩和商业投机盛行，从而激化了资本主义生产方式的基本矛盾，加深了资本主义经济危机。

第二节　现代主要信用形式

西方发达国家以债务人的身份作为分类标准，将信用分为公共信用与私人信用两大类。公共信用就是政府信用，是指社会为了帮助政府成功实现其各项职能而授予政府的信用，其核心是政府的公债。私人信用又包括消费者信用与商业信用等。比如，消费者用分期付款方式购买汽车、住房、大件耐用消费品时，银行授予个人的信用。再如原材料生产厂商授予产品生产企业，或产品生产企业授予产品批发商，产品批发商授予零售企业的信用。消费者信用又可细分为零售信用、现金信用与房地产信用。商业信用可以分为商品信用和金融营运资本。零售信用可以再细分为循环信用、零售分期付款信用与专业服务信用。以同样的标准分类，现金信用可以再细分为分期付款贷款、单笔贷款与一般用途信用卡。

另外一种分类方式是按照授信对象进行分类，将信用分为国家信用、商业信用、银行信用、消费信用和民间信用。

一、商业信用

(一)商业信用的概念

商业信用(Commercial Credit)是指工商企业之间相互提供的,与商品交易直接相联系的信用形式。商业信用运用广泛,在企业短期资金来源中占有相当大的比重。包括企业之间以赊销分期付款等形式提供的信用以及在商品交易的基础上以预付定金等形式提供的信用。在现代的商品经济中,工商企业之间广泛地存在着种种经济联系。它们之间的商品交易或者由于买方暂时缺少流通手段(即货币),或者由于卖方商品本身存在某种问题(如质量、价格、供过于求等),而无法用现款交易,就采取赊销商品、延期支付货币的办法来促使商品销售,这是商业信用赖以存在的客观基础。

商业信用产生的根本原因是在商品经济条件下,在产业资本循环过程中,各个企业相互依赖,但它们在生产时间和流通时间上往往存在着不一致,从而使商品运动和货币运动在时间上和空间上脱节。而通过企业之间相互提供商业信用,则可满足企业对资本的需要,从而保证整个社会的再生产得以顺利进行。因此,商业信用是产业资本循环和周转的需要;商业信用是商业资本存在和发展的需要。

(二)商业信用的特点

(1)商业信用的主体是工商企业。商业信用的债权人和债务人都是企业,即从事商品生产和商品流通的企业。这也是商业信用与其他信用形式的重要区别。

(2)商业信用的客体主要是商品资本。商业信用是与商品交易紧紧联系在一起的企业之间相互提供的信用活动,没有商品的买卖就没有双方之间的借贷关系,也就没有商业信用的存在。这种信用活动实际上包含了两种行为——商品买卖行为和借贷行为。

(3)商业信用与产业资本的变动是一致的。即商业信用的数量和规模与工业生产、商品流通的数量、规模是相适应的,在动态趋向上是一致的。

(4)商业信用的基本规模与经济周期变化密切相关,在经济繁荣时期,商业信用规模会增大;反之,当经济衰落时,商业信用的规模会缩小。

(三)商业信用的局限性

由于商业信用是直接以商品生产和流通为基础,并为商品生产和流通服务的,所以商业信用对加速资本的循环和周转,最大限度地利用产业资本和节约商业资本,促进资本主义生产和流通的发展,具有重大的促进作用。但由于商业信用受其本身特点的影响,因而又具有一定的局限性,主要表现在以下几方面。

(1)商业信用规模的局限性。商业信用受个别企业商品数量和规模的影响。商业信用的规模受商品买卖量的限制,生产企业不可能超出自己所拥有的商品量向对方提供商业信用,所以大额的信用需要不可能通过商业信用来满足。

(2)商业信用方向的局限性。商业信用一般是由卖方提供给买方,受商品流转方向的限制。如采用赊销方式时,只能由原材料生产企业向需要这些原材料的企业提供商业信用,而不能逆向活动。企业的很多信用需要无法通过商业信用得到满足。

(3)商业信用期限的局限性。企业在由对方提供商业信用时,期限一般受企业生产周转时间的限制,期限较短,所以商业信用只能解决短期资金融资的需要。

(4)商业信用授信对象的局限性。商业信用一般局限在企业之间。此外,它还具有分散性和不稳定性等缺点。

(四)商业信用的作用

(1)商业信用能够克服流通当中货币量不足的困难,并创造信用流通工具,促使商品的流通和周转。在商品经济中,商品的流通要求有相适应的货币量为其服务。如果流通中的货币量少于货币的必要量,就不利于商品的流通和周转,有些商品就可能停留在某个流通环节。有了商业信用,可以通过赊销商品延期支付的方式来销售商品,使得原来由于缺少流通手段而停留在某个环节的商品顺利地实现流通。同时,在商业信用的基础上产生了商业票据（如商业汇票和商业本票）,这些票据在一定范围内可以流通转让,这就发挥了货币的媒介作用,自发地弥补了流通中货币量的不足。

(2)商业信用能够促使滞销商品的销售,避免社会财富的浪费。商品之所以要采用赊销的方式进行销售,除了流通中货币不足的原因以外,也有可能是因为商品不适销对路,或商品的质量、价格有问题。这样的商品对每一个生产单位来说都是不希望出现的,但在实际的生产经营中有可能出现。一旦出现了类似的商品就采用商业信用的方式促进其销售,以避免积压、报废而造成社会财富的浪费。

(3)商业信用能加速短缺商品的生产,尽快实现生产的均衡。在商业信用中,有一种预付货款的方式,对紧俏的短缺商品,可以采用预付货款的方式订购,这就使得生产企业能够及早拿到资金,扩大短缺商品的生产,尽快实现供求的平衡。

(五)我国工商业信用的发展历程

在我国社会主义经济建设中,商业信用的发展经历了一个曲折的过程。这个曲折的过程大致可以分为以下三个阶段。

第一个阶段是在中华人民共和国成立初期,我国经济领域中广泛地存在着商业信用。这有两个方面的原因:一是历史的遗留。当时我国社会主义制度刚刚建立,还存在许多私营企业,这些企业之间普遍存在着商业信用的关系。另一个原因是,当时国有经济的计划管理体制正在建立,资金力量不足,国家银行的资金数量非常有限,不能满足国有企业的发展对资金的需要。因此,要利用赊销赊购、预付货款等商业信用形式来满足国有企业恢复与发展商品生产和流通的资金需要。合作经济也曾经通过为国有企业代销、向国有企业赊购等形式来发展业务。

第二阶段从第一个五年计划开始,到改革开放前夕。我国在生产资料进行社会主义改造完成以后,就建立了高度集中的计划经济管理体制,商业信用受到了严格的限制。国家规定,非经批准列入国家计划的预购定金及其他必要的预收、预付货款外,各企业单位之间不得预收、预付货款和发生相互借贷关系。

第三阶段是改革开放以来,恢复了商业信用。自我国经济体制改革以来,理论界就商业信用在我国经济中存在的必要性进行了广泛的讨论,逐步取得了一致的意见,认为在我国的经济中还必须保留商业信用的形式,要继续发挥商业信用在经济中的作用。在20

世纪70年代末,商业信用便开始运用于推销商品等经济活动之中。顺应着这样的变化,银行也开始对商业信用的发展给予支持。但是到20世纪90年代初,中国的商业信用依然不规范,这在很大程度上阻碍了商业信用的进一步发展。1995年5月,《中华人民共和国票据法》颁布。明确规定了在商业票据开出与使用过程中各当事人的权利与义务,规定了商业票据中必须记录的条款。《中华人民共和国票据法》的实施,对于中国商业信用的规范化发展起到了非常重要的作用。在商业信用中,赊销商品的企业为了保护自己的权益,需要掌握一种能够受法律保护的债权债务文书,在这种文书上说明债务人有按照规定的金额、期限等约定条件偿还债务的义务。这种文书被称为"票据"。在商品经济发达的国家中,颁布有票据法,以保护商业信用中有关当事人的权益。

二、银行信用

它是适应资本主义扩大再生产的需要,在商业信用的基础上发展起来的。银行通过为产业资本家办理转账清算以及吸收存款,把借贷资本大量集中在自己手中,同时向社会发放贷款。

银行信用(Banker's Credit)是金融机构特别是银行以货币形态提供的信用。银行贷放出去的已不是在产业资本循环过程中的商品资本,而是从产业资本循环过程中分离出来的暂时闲置的货币资本,它克服了商业信用在数量规模上的局限性。

银行信用不仅不受个别产业资本家准备资本数量的限制,而且可以在任何方向上把资本分配到各个生产部门中去,不再受商品销售方向的限制。这就克服了商业信用在使用方向上的局限性。另外,银行信用可将小额资金聚成大额资金,也可将大额分散成小额,满足长、中、短期贷款的不同需要。银行信用克服了商业信用的那种局限性,从而能在更大程度上适应资本主义经济发展的需要。

银行信用是伴随着现代资本主义银行的产生,在商业信用的基础上发展起来的一种间接信用。银行信用在规模上、范围上、期限上都大大超过了商业信用,成为现代经济中最基本的占主导地位的信用形式。但这并不意味着银行信用能取代商业信用。

首先,商业信用始终是信用制度的基础。历史上商业信用产生在先,它直接与商品的生产和流通相关联,直接为生产和交换服务。企业在购销过程中,彼此之间如果能够通过商业信用直接融通所需资金,就不一定依赖于银行。

其次,只有商业信用发展到一定程度后才出现银行信用。资本主义的银行信用体系,正是在商业信用广泛发展的基础上产生与发展的。

最后,银行信用的出现又使商业信用进一步完善。因为商业信用工具、商业票据都有一定期限,当商业票据未到期而持票人又急需现金时,持票人可到银行办理票据贴现,及时取得急需的现金,商业信用就转化为银行信用。由于银行办理的以商业票据为对象的贷款业务,如商业票据贴现、票据抵押贷款等,使商业票据及时兑现,商业信用得到进一步发展。

综上所述,商业信用与银行信用各具特点,各有独特的作用。银行信用弥补了商业信用的缺陷并使信用关系得以充分扩展,二者实际上是一种相互支持、相互促进的"战略伙伴"关系。二者之间是互相促进的关系,而不存在互相取代的问题。从商业信用角度看,假如没有银行信用的支持，商业信用的授信方就会在授与不授、期限长短上有较多的考虑，因为授信方必须要考虑在没有销货收入的情况下，企业持续运转所需能否从其他渠道解决的问题。有了银行信用的支持，如贷款或贴现，授信方就可以解除后顾之忧。从银行角度看，商业信用票据化后，以商业票据为担保品办理贷款业务或票据贴现业务比单纯的信用贷款业务风险要小一些，有利于银行进行风险管理。我们应该充分利用这两种信用形式促进经济发展。

三、国家信用

（一）国家信用的概念

所谓国家信用（Government Credit）是指以国家（政府）为债务人或债权人利用信用形式筹集和运用财政资金的一种再分配形式。

国家信用的产生是由于通过正常的税收等形式不足以满足国家的财政需要。在资本的原始积累时期，国家信用是强有力的杠杆之一。在资本主义制度下，政府债券主要是通过资本主义大银行或在公开金融市场上发行的，银行不仅可以从中取得大量回扣，而且政府发行的各种债券还为银行的股份公司提供了大量虚拟资本和投机的重要对象。随着资本主义经济危机和财政危机的加深，通过国家信用取得的收入，已成为国家财政收入的重要来源，是弥补亏空的主要手段。在现代西方发达国家，国家信用已不单纯是取得财政收入的手段，而且已成为调节经济运行的重要经济杠杆。随着资本主义的发展，国家信用也从国内发展到了国外，即一国政府以国家名义向另一国政府或私人企业、个人借债以及在国际金融市场上发行政府债券，它既成为弥补一国财政赤字的手段，也成为调节国际收支、调节对外贸易的有力杠杆。社会主义国家也存在国家信用。它主要不是用于弥补经常性财政收支出现的赤字，而是聚集资金用于经济建设的手段。特别是对国外发行政府债券，一方面可以弥补国内建设资金的不足，另一方面也可以引进国外先进技术，扩大对外贸易，调节国际收支。

（二）国家信用的种类

国家信用的基本形式是发行政府债券，包括发行国内公债、国外公债等。国债按期限又有短期和中长期之分。长期负债，一般在 1 年以上甚至 10 年或 10 年以上。通常用于国家大型项目投资或较大规模的建设。在发行公债时并不注明具体用途和投资项目。国库券则是一种短期负债，以 1 年以下居多，一般为 1 个月、3 个月、6 个月等。

（三）国家信用的作用

（1）有利于解决国家财政困难。国家财政发生季节性和临时性困难以及财政赤字时，必然要设法增加收入来弥补资金短缺。一般有三种途径：一是增加税收。但增税有一定限度，过多会影响企业生产经营的积极性。二是向银行透支。这要在银行有信贷资金来源的前提下才能进行，否则银行只有发行货币，这有可能引起通货膨胀，物价上涨。三是发行政府债券。发行债券实际上是一种财力的再分配，它有物资保证，一般不会造成货币投放过多。

（2）有利于集中资金保证重点建设。重点建设由国家统一安排，它关系到国民经济整体生产力的布局，生产结构的协调。国家发行债券，筹集资金，能保证重点建设的资金需要，保证重点项目及时建成投产，有利于加速国民经济的协调发展。

(3)能带动其他投资主体的投资。一般说来，一个国家面临着经济结构的调整，产品的升级换代，很多投资主体都很难立即找准投资方向，因此可能造成投资的萎缩。而国家通过信用方式集中资金进行投资，就能引导和带动其他投资主体投资，加速经济的发展。

四、消费信用

随着生产力的发展，人民生活水平的提高，市场消费总的供给结构不断发生变化，价格昂贵的耐用消费品及住房建设等迅速发展。但对收入水平不够高的居民来说，购买耐用消费品和住房的价款，在短时间内难以备齐。发展消费信用是解决这个问题的一种办法。

(一)消费信用的概念

消费信用(Consumer Credit)是企业、银行和其他金融机构向消费者个人提供的、直接用于生活消费的信用。目的是解决消费者支付能力不足的困难，主要用于耐用消费品、支付劳务费用和购买住宅等方面的需要。在现代经济生活中，消费信用在一定条件下可以促进消费商品的生产和销售，它对于扩大有效需求，促进商品销售是一种有效的手段。

(二)消费信用的主要方式

1. 分期付款

分期付款(Pay by Instalments)是购买商品和劳务的一种付款方式。大多用在一些生产周期长、成本费用高的产品交易上。分期付款方式是在第二次世界大战以后发展起来的。开始时只局限于一般日用商品或劳务的购买。后来，随着生产力的迅速发展，工、农业生产的规模日益扩大，所需费用增大，加之银行信用的发展，分期付款的领域扩大到企业购买大型机器设备和原材料上。采用分期付款方式消费的通常是目前支付能力较差，但有消费需求的年轻人。其消费的产品通常是笔记本电脑、手机及其他数码产品等。

2. 消费信贷

消费信贷指银行及其他金融机构采用信用放款或抵押放款方式，对消费者购买消费品发放的贷款。其偿还期限一般较长，最长可达20～30年。

3. 信用卡

信用卡是商业银行向个人和单位发行的，凭以向特约单位购物、消费和向银行存取现金，具有消费信用的特制载体卡片，其形式是一张正面印有发卡银行名称、有效期、号码、持卡人姓名等内容，背面有磁条、签名条的卡片。信用卡按是否向发卡银行交存备用金分为贷记卡、准贷记卡两类。贷记卡是发卡银行给予持卡人一定的信用额度，持卡人可在信用额度内先消费、后还款的信用卡。准贷记卡则是先按发卡银行要求交存一定金额的备用金的信用卡。我们现在所说的信用卡，一般单指贷记卡。除此以外，信用卡还有很多类型，通常可按以下几种标准划分。

(1)按照信用卡发行机构划分，可以分为银行卡和非银行卡。

(2)按照信用卡信息存储媒介划分，可以分为磁条卡和芯片卡。

(3)根据清偿方式的不同,可以划分为贷记卡、准贷记卡和借记卡。

(4)按照信用卡结算货币不同,可以分为外币卡和本币卡。

(5)按照流通范围不同,可以分为国际卡和地区卡。

(6)按照信用卡账户币种数目,可以分为单币种信用卡和双币种信用卡。

(7)按照信用卡从属关系,可以分为主卡和附属卡。

(8)按照信用卡发卡对象不同,可以分为公司卡和个人卡。

(9)按照持卡人信誉地位和资信情况,可以分为无限卡、白金卡、金卡、普通卡。

(10)按照信用卡形状不同,可以分为标准信用卡和异形信用卡。

(三)消费信用的作用

消费信用在日常生产经营活动中,具有较强的积极作用:

(1)解决消费和购买力,特别是耐用消费品购买力和消费品供给之间的不平衡。

(2)促进耐用消费品生产的发展和提前实现居民生活水平的提高。

(3)促进现代科学技术的发展和生产力水平的提高,促进产品更新换代。

当然,消费信用如果盲目发展,也会对正常经济生活带来不利影响:

(1)消费信用过分发展,而生产扩张能力有限,消费信用则会加剧市场供求紧张状态,促使物价上涨,造成虚假繁荣等消极影响。

(2)过量发展消费信用会导致信用膨胀。

(3)由于消费信用是对未来购买力的预支,在延期付款的诱惑下,对未来收入预算过大会使消费者债务负担过重,最终迫使生活水平下降,增加社会不稳定因素。

因此,消费信贷应控制在适度范围内。

中国于1955~1956年曾运用消费信用形式解决某些商品的销售问题,其后中断多年。1978年经济体制改革以来,消费信用逐渐恢复和发展起来,尤其是商业企业,一些消费品采取赊销或分期付款方式推销,对刺激产品生产、改善人民生活,都起到一定的作用。一般来说,消费信用的制约因素有以下几方面:①总供给的能力与水平。总供给的水平越高,消费信用的规模一般越大。②居民的实际收入和生活水平。如果居民的实际收入较低,偿还能力不高,一味地发展消费信用则会导致风险加大。③资金供求关系。它与消费信用的规模是此消彼长的关系,若资金供求紧张,消费信用的规模就越大。④消费观念和文化程度。它制约着消费信用这种信用方式的普及程度和消费总量。如在我国,受传统文化的影响,消费信贷起步较晚,规模也较小,但近年来发展很快,主要体现在住房贷款、汽车贷款的增长上。

五、民间信用

(一)民间信用的概念

民间信用(Individual Credit),亦称"民间借贷"或个人信用。西方国家指相对于国家之外的一切信用,包括商业银行信用。在我国,民间信用主要指居民个人之间以货币或实物的形式所提供的直接信贷。民间信用有以货币形式提供的,也有以实物形式提供的。民间信用在方式上比较灵活、简便,可随时调节个人之间的资金余缺,能在一定范围内弥补银行信用的不足。但由于它具有利润高、手续不够齐备、随意性大、风险大、分散性和盲目性等特点，必须正确引导和加强管理。

（二）民间信用的形式

民间信用大都根据生活和生产需要在个人之间临时无组织地进行。它的主要存在形式有：

（1）私人之间直接的货币借贷。

（2）私人之间通过中介人进行的间接的货币借贷。

（3）通过一定组织程序的货币“合会”“标会”等进行的货币借贷。

（4）以实物作为抵押的“典当”形式的货币借贷。

【金融视角】庞氏骗局

庞氏骗局源自于一个叫查尔斯·庞兹的意大利人，他于1903年移民美国，在美国做过包括油漆工在内的各种工作，一心想发大财。他曾经在加拿大因伪造罪坐过牢，在美国亚特兰大因走私人口而入狱服刑。从1919年起，庞兹隐瞒了自己的过去来到波士顿，设计了一个投资计划并向美国大众兜售。

1919年，第一次世界大战刚刚结束，世界经济体系一片混乱，庞兹便利用了这种混乱，设计出一套非常复杂的投资计划，让普通人根本搞不清楚。他宣称，购买欧洲的某种邮政票据，再卖给美国，就可以赚钱。庞兹一方面在金融方面故弄玄虚，另一方面设置了巨大的诱饵，宣称所有的投资在45天之内都可以获得50%的回报。而且，他还给人们“眼见为实”的证据，即最初的一批“投资者”的确在规定时间内拿到了庞兹所承诺的回报。于是，后面的“投资者”大量跟进。

在一年左右时间里，约有4万名波士顿市民成为庞兹计划的“投资者”，他也收到了约1 500万美元的投资，平均每人“投资”几百美元。庞兹因此过上奢华的生活，且在报纸上发表文章反驳揭露其骗局的金融专家。

庞兹骗局的实质是用后来“投资者”缴纳的钱作为前面“投资者”的回报，以制造投资计划赚钱的假象，并无限复制该逻辑。1920年8月，庞兹破产了，被判处5年刑期。1949年，庞兹在巴西的一个慈善堂去世，这个“庞氏骗局”的“发明者”最后身无分文。

六、国际信用

（一）国际信用的概念

国际信用，即国际信贷，是指国际借贷关系，是信用的各种形式在地域上的发展和扩大。主要表现形式是：国际商业信用、国际银行与国际金融机构信用、政府间信用。

（二）国际信用的具体形式

1. 出口信贷

出口信贷（Export Credit，EC）是出口国政府为支持和扩大本国产品的出口，提高产品的国际竞争能力，通过提供利息补贴和信贷担保的方式，鼓励本国银行向本国出口商或外国进口商提供的中长期信贷。

出口信贷的特点是：①附有采购限制，只能用于购买贷款国的产品，而且都与具体的出口项目相联系。②贷款利率低于国际资本市场利率，利息差额由贷款国政府补贴。③属于中长期信贷，期限一般为5~8年，最长不超过10年。

根据接受信贷的对象来划分，出口信贷可以分为买方信贷和卖方信贷。

买方信贷（Buyer Credit）具体方式有两种：第一种是出口方银行直接向进口商提供贷款，并由进口方银行或第三国银行为该项贷款担保，出口商与进口商所签订的成交合同中规定为即期付款方式。出口方银行根据合同规定，凭出口商提供的交货单据，将贷款直接付给出口商，而进口商按合同规定陆续将贷款本利偿还给出口方银行。第二种是由出口方银行贷款给进口方银行，再由进口方银行为进口商提供信贷。以支付进口机械、设备等的贷款。出口买方信贷流程如图3.1所示。进口方银行可以按进口商原计划的分期付款时间陆续向出口方银行归还贷款，也可以按照双方银行另行商定的还款办法办理。而进口商与进口方银行之间的债务，则由双方在国内直接结算清偿。这种形式的出口信贷在实际中用得最多，因为它可以提高进口方的贸易谈判效率；有利于出口商简化手续，改善财务报表；有利于节省费用并降低出口方银行的风险。

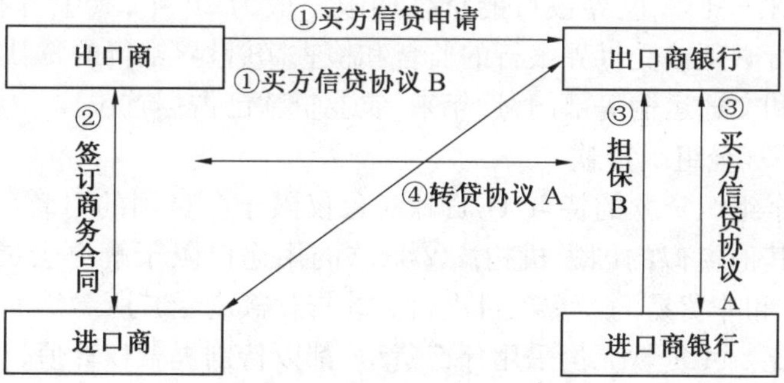

图3.1　出口买方信贷流程图

卖方信贷（Supplier Credit）是出口方银行向本国出口商提供信用的一种信贷方式。使用卖方信贷，进口商在订货时须交一定数额的现汇定金，具体数额由购买商品所决定。定金以外的贷款，要在全部交货或工程建成后陆续偿还，一般是每半年偿还一次。使用卖方信贷的最大好处是进口方无须亲自筹资，而且可以延期付款，有效地解决暂时支付困难问题；不利的是出口商往往把向银行支付的贷款利息、保险费、管理费等都打入货价内，使进口商不易了解贷款的真实成本。

2. 国际商业银行信贷

国际商业银行信贷指进口商为从国外引进先进技术设备而从外国银行（或银团）取得的贷款。它按其期限的长短不同分为短期贷款和中长期贷款。短期贷款是指企业为了满足对流动资本的需求或为了支付进口商品的贷款而借入资金的一种银行信贷。中长期贷款是指企业为了满足对固定资产投资的需要而向银行取得的贷款。其特点是期限较长，风险较高，借贷双方须签订协议并有借款人所在国政府担保。国际商业银行信贷的特点有三个:一是贷款用途不受限制,企业可以自由使用。二是贷款供应充足,企业可以灵活选用币种。三是与发达国家国内同类贷款相比,其利率较低,且贷款方式灵活,手续简便。

3. 政府信贷

政府信贷指一国政府向另一国政府提供的贷款。

4. 国际金融组织贷款

国际金融组织贷款指国际货币基金组织、世界银行(集团)、亚洲开发银行、国际农业发展基金会和其他国际性、地区性金融组织提供的贷款。旨在帮助成员国开发资源、发展经济和平衡国际收支。其贷款发放对象主要有以下几个方面:对发展中国家提供以发展基础产业为主的中长期贷款,对低收入的贫困国家提供开发项目以及文教建设方面的长期贷款,对发展中国家的私人企业提供小额中长期贷款。

(1)世界银行贷款。

世界银行贷款特点主要包括:①贷款只贷放给会员国的政府,或由政府、中央银行担保的公私机构。②贷款只贷给那些确实不能以世界银行认为合理的条件从其他途径得到资金的会员国。③贷款必须如期归还。贷款仅限于有偿还能力的会员国,贷款到期后必须足额偿还,不得延期。④贷款必须用于世界银行批准的特定项目。⑤贷款利率比较优惠。⑥贷款的期限较长。世界银行的贷款期限一般为 20 年,其中含有 5 年的宽限期。⑦贷款项目的执行必须接受世界银行的监督和检查。⑧世界银行的贷款主要集中于能源、农业及农村发展和交通运输等部门,近年来,农业贷款已占据首位。

(2)国际货币基金组织贷款。

国际货币基金组织贷款的特点:①贷款对象仅限于会员国的财政部、中央银行、外汇平准基金组织或其他类似的国家机构。②贷款的用途仅限于解决会员国国际收支不平衡,一般用于贸易和非贸易的经常项目支付。③贷款额度受其所缴纳的份额的限制,并与其份额大小成正比。④贷款无论采用什么货币,都以特别提款权计值,利息也用特别提款权支付。⑤贷款的期限短,一般为 3 ~5 年。

5. 国际租赁

国际上关于国际租赁(International Lease)的概念有广义和狭义之分。广义的概念包括跨国租赁和间接对外租赁。跨国租赁是指分别处于不同国家或法律体制下的出租人与承租人之间的一项租赁交易。间接对外租赁是指一家租赁公司的海外法人企业,与承租人达成的一项租赁交易;不管承租人是否为当地用户,对这家租赁母公司而言是间接对外租赁。狭义的国际租赁仅指跨国租赁。

国际租赁是在国内租赁的基础上产生的,租赁有融资性租赁和经营性租赁之分。融资性租赁又是金融租赁,是指当项目单位需要添置技术设备而又缺乏资金时,由出租人代其购进或租进所需设备,然后再出租给项目单位使用,按期收回租金,其租金的总额相当于设备价款、贷款利息、手续费的总和。租赁期满时,项目单位即承租人以象征性付款取得设备的所有权。在租赁期间,承租人只有使用权,所有权属于出租人。融资租赁的方式有:杠杆租赁、回租租赁、转租赁、直接租赁等。经营性租赁是指出租人根据市场需求而购进通用设备,通过不断地租给不同用户而逐步收回租赁投资并获得相应利润的一种租赁形式。

第三节　金融范畴的形成与界定

一、独立发展的货币与信用范畴

金融范畴的形成需从货币和信用的发展溯源。在现代资本主义市场经济之前,货币范畴的发展同信用范畴的发展保持着相对独立的状态。

流通中的货币形态,前面已经进行了描述。其发展的大致轮廓是:最初的实物形态,而后出现的金属货币形态(包括称量金属货币和铸币形态),再后来的代用货币与信用货币形态。货币在以实物货币和金属货币形态存在时,都不是信用的创造。作为货币的实物,如贝、布帛、盐等,都是劳动产品而非信用产品。金属货币的存在也不依存于信用。

信用的产生如前所述,是与财富非所有权转移的调剂需要相联系的。在前资本主义社会,信用一直是以实物借贷和货币借贷两种形式并存的,其中,实物借贷形式不与货币范畴发生关系。随着商品货币关系的发展,作为财富凝结的货币在借贷中日益占有重要地位。但在货币借贷迅速发展的同时,实物形态的借贷仍然大量存在。信用的发展,对于货币的流通确实起过很大的作用。如货币借贷,使不流动的贮藏货币变成流动的,加快了货币流通的速度;基于信用关系的汇兑业务,便利了货币在更广大地区的流动;北宋出现的“交子”是信用凭证,发挥了代替笨重铸币流通和补充铸币不足的作用,并引出了后来的国家强制行使的纸币;等等。这一切都说明货币、信用这两者的联系日益密切。但总的看来,货币与信用仍然保持着互相独立的状态。

在西欧前资本主义社会中,货币同信用的关系大体类似。

二、金融范畴的形成

随着资本主义经济的发展,在西欧产生了现代银行。银行家允许随时兑付金属铸币的银行券。银行券流通的规模迅速扩大,越来越多地代替铸币执行流通手段和支付手段功能。今天在世界各国流通的现钞都属于银行券范畴。同时,在银行存款业务的基础上,形成了既不用铸币也不用银行券的转账结算体系和在这个体系中流通的存款货币——用以结清大额交易的主要货币形态。

18～19世纪,在主要资本主义工业化国家中典型的现象是:一方面存在着金属铸币制度(金本位制、银本位制、金银复本位制),这是独立于信用活动之外并由国家直接制定管理的制度。另一方面,铸币流通范围急剧缩小,到19世纪末20世纪初,流通中的贵金属铸币已经很少,大量金银集中于中央银行:用于转账结算的存款需要提取现金时,以银行券支付;银行券的信誉则由随时可兑取金币、银币来保证。在经济繁荣时期,一国在中央银行集中的贵金属准备,可支持规模比它大几十倍甚至几百倍的银行券和存款货币的流通;一旦危机来临,公众普遍追求现钞,进而追求铸币,则会同时造成货币制度和信用制度的剧烈震荡。发展到这样的地步,货币制度与信用制度的联系,非常明显,已经不可分割。只是由于金属铸币的流通依然存在,货币制度相对于信用的独立性尚未完全泯灭。

第一次世界大战后,在发达的资本主义国家中,贵金属铸币全部退出流通。到20世纪30年代,则先后实施了彻底不兑现的银行券流通制度。这时,货币的流通与信用的活动,则变成了同一的过程。任何货币的运动都是在信用的基础上组织起来的:基于银行信用的银行券是日常小额支付的手段;转账结算中的存款货币则是大额支付的主要形式。完全独立于信用活动之外的货币制度已荡然无存。任何信用活动也同时都是货币的运动:信用扩张意味着货币供给的增加,信用紧缩意味着货币供给的减少,信用资金的调剂则时时影响着货币流通速度和货币供给在部门之间、地区之间和微观经济行为主体之间的分布。

当货币的运动和信用的活动虽有多方面联系却终归保持着各自独立发展的过程时,这是两个范畴;而当两者密不可分地结合到一起,那么,在货币范畴和信用范畴存在的同时,又增加了一个由这两个范畴长期相互渗透所形成的新范畴。我们习惯使用的"金融"词义正好符合这一范畴的外延。至于在历史上货币和信用相互渗透的种种形态则应视为金融范畴的萌芽、滥觞、早期形态。这个范畴在中国的最终形成较晚。到1935年,以法币改革为标志,完全排除了银圆的正式流通,完成了金融范畴形成的最后一步。

三、金融范畴的扩展

伴随着货币与信用相互渗透并逐步形成一个新的金融范畴的过程,金融范畴也同时向投资和保险等领域覆盖。

(1)投资(Investment)。其古典形式,是个人出资或合伙集资经营农工商业,将本求利。而伴随着金融范畴的形成过程,投资也同时发生了质的飞跃——形成了以股票交易为特征的资本市场。

(2)保险(Insurance)。无论是财产保险(Property Insurance)还是人身保险(Life and Health Insurance),其存在的根据,是危险、风险、生命周期,均独立于货币、信用之外。但早期的保险业务,往往是与贷款业务同处在一个金融机构之中——保险的集中货币资金与货币资金的贷放直接结合。很快,保险集中的货币资金虽然主要不再用以直接贷放,却主要投放于金融市场。在金融市场上,保险资金所占的份额有举足轻重的地位;保单之类的保险合约也成为金融市场上交易的重要金融工具之一。至于其中的人寿保险,其主要部分,从其产生伊始,就是保险与个人储蓄的结合;直到今天,依然如此。而在后来发展的相互人寿保险(Mutual Life Insurance)的形式中,保险又与投资结合起来。所以,从不同角度,保险均成为金融领域的重要组成因素。

此外,信托(Trust)与租赁(Leasing)等,或几乎完全与金融活动结合,或大多与金融活动结合,成为金融所覆盖的领域。

四、对金融范畴的界定

纵观金融范畴的形成与发展,大体包括两方面:①货币与信用——主要是银行信用——紧密结合为在现实经济生活中难以分开的统一过程。②这个统一的过程,从其形成之始就立即向一切它所可能覆盖的经济领域渗透。20世纪70年代以来,世界经济全球化、资本流动国际化、金融商品国际化,以及金融交易越发独立化的趋势极为强劲,不断创新的金融实践活动使得经济学家不得不从更为宽泛的视角来考察这一范畴。

就以上分析,金融或可界定为:凡是既涉及货币,又涉及信用,以及以货币与信用结合为一体的形式生成、运作的所有交易行为的集合;换一个角度,也可以理解为:凡是涉及货币供给,银行与非银行信用,以证券交易为操作特征的投资、商业保险,以及以类似形式进行运作的所有交易行为的集合。

五、金融学科的基本内容

在我国,讲金融学科,就其理论部分的内容来说,包括以下三部分:

(1)对有关金融诸范畴的理论论证,即关于货币、信用、利息与利率、汇率,乃至金融本身这些范畴的剖析和论证。

(2)对金融的微观分析,主要包括:①对金融市场的分析。②对金融中介机构的分析。③论证金融市场与金融中介机构相互渗透的必然趋势。④金融功能分析,即通过揭示稳定的金融功能来探讨金融在经济生活中的地位。等等。

(3)对金融的宏观分析,主要包括:货币需求与货币供给,货币均衡与市场均衡,利率形成与汇率形成,通货膨胀与通货紧缩,金融危机,国际资本流动与国际金融震荡,名义经济与实际经济,虚拟经济与实体经济,货币政策及其与财政政策等宏观调控政策的配合,国际金融的制度安排与国际宏观政策的协调,等等。

本章小结

1. 信用是一种以偿还和付息为条件的借贷行为。信用的职能有:促进社会资源再分配、节约社会流通费用、调节国民经济等。

2. 信用是商品货币经济发展到一定阶段的产物。信用产生之后,与其他的经济范畴一样不断地由低级向高级发展。从借贷对象上看,出现了实物借贷和货币借贷;从信贷性质上看,出现了高利贷信用、资本主义信用、社会主义信用。

3. 信用的形式主要有商业信用、银行信用、国家信用、消费信用等几种。其中,银行信用在绝大多数国家的信用体系中仍居主导地位。

4. 商业信用是指工商企业之间相互提供的,与商品交易直接相联系的信用形式。商业信用的特点有:商业信用的主体是工商企业;商业信用的客体主要是商品资本;商业信用与产业资本的变动是一致的。

5. 银行信用是由商业银行或其他金融机构授给企业或消费者个人的信用。银行信用的特点包括:银行信用是以货币形态提供的;银行信用的借贷双方是货币资本家和职能资本家;在产业周期的各个阶段上,银行信用的动态与产业资本的动态往往不相一致。

6. 所谓国家信用,是指以国家(政府)为债务人或债权人利用信用形式筹集和运用财政资金的一种再分配形式。国家信用的基本形式是发行政府债券。

7. 消费信用是企业、银行和其他金融机构向消费者个人提供的、直接用于生活消费的信用。典型方式包括:分期付款、消费信贷和信用卡。

【思考与练习】

一、名词解释

信用　银行信用　国际信用　出口信贷　国际租赁

二、简述题

1. 如何理解政府信用在现代经济中的作用?

2. 为什么银行信用是现代信用的主要形式?

3. 如何认识银行信用与商业信用的关系?

4. 你了解我国的商业信用吗?

5. 什么是出口信贷? 它的实施方式是什么?

6. 高利贷有没有它存在的积极意义?

7. 简述消费信用的典型方式。

三、论述题

论述消费信用的作用及制约因素。

第四章　中央银行

【学习目标】

1. 了解中央银行产生及发展的过程。
2. 熟悉中央银行的组织形式与职能。
3. 掌握中央银行主要的业务。
4. 辩证看待中央银行独立性。

【案例导入】

英格兰银行大楼是伦敦城区最重要的建筑物之一，它位于伦敦市的针线大街(Thread Needle Street)，因此又被称为“针线大街上的老妇人”或者“老妇人”。自1694年英国银行法产生，英格兰银行开始运作，之后逐步转换职能，1964年至今作为英国的中央银行，是全世界最大、最繁忙的金融机构之一。英国的中央银行作为世界上最早形成的中央银行，为各国中央银行体制的鼻祖。

英格兰银行于1694年成立，股本120万英镑，向社会募集。成立之初即取得不超过资本总额的钞票发行权，主要目的是为政府垫款。到1833年英格兰银行取得钞票无限法偿的资格。1844年，英国国会通过《银行特许条例》(即《比尔条例》)，规定英格兰银行分为发行部与银行部；发行部负责以1 400万英镑的证券及营业上不必要的金属贮藏的总和发行等额的银行券；同时也规定了其他已取得发行权银行的发行定额。

此后，英格兰银行逐渐垄断了全国的货币发行权，至1928年成为英国唯一的发行银行。与此同时，英格兰银行凭其日益提高的地位承担商业银行间债权债务关系的划拨冲销、票据交换的最后清偿等职能，在经济繁荣之时接受商业银行的票据再贴现，而在经济危机的打击中则充当商业银行的“最后贷款人”，由此而取得了商业银行的信任，并最终确立了“银行的银行”的地位。

如今，作为英国的中央银行，英格兰银行负责召开货币政策委员会(Monetary Policy Committee，MPC)会议，对英国国家的货币政策负责。

第一节　中央银行的产生

中央银行是指在一国金融体系中处于中心地位、代表一国政府调控金融、经济发展的特殊金融组织，它是商品经济、货币信用制度以及银行体系发展到一定阶段的产物，是为满足统一银行券发行、票据清算、稳定信用体系、金融监管以及政府融资等方面的客观需要而建立的。目前，世界上大多数国家均建立了中央银行制度。

一、中央银行的产生

随着信用关系的发展和信用经济的深化，中央银行的建立和完善逐渐引起了各国政府的重视。纵观世界各国中央银行的形成,大致有两种主要途径:一是由私人或国有商业银行逐渐演变而来,如英国的英格兰银行等一些老牌资本主义国家中央银行多以这种方式形成;二是由国家直接设立。20 世纪以来,许多国家吸取了资本主义国家中央银行制度的经验,结合本国的实际经济条件和特点,设计创立了自己的中央银行。这类银行从成立开始,就执行中央银行的职能。

现代商业银行是从银钱兑换业逐渐发展演变而来的,而中央银行又是从现代商业银行中分离出来而逐渐形成的。中央银行制度产生于 17 世纪中后期,最早可以追溯到 1656 年的瑞典银行。它是由私人创办的第一家发行银行券的银行,1668 年由政府改组为国家银行,对国会负责,但直到 1897 年才独享货币发行权,并不再与其他金融机构进行业务竞争,成为真正的中央银行。1694 年成立的英格兰银行比瑞典国家银行晚成立约 40 年,却是最早真正执行中央银行职能的机构,因此人们称其为中央银行的鼻祖。19 世纪后期,英格兰银行已成为中央银行的典范,西欧各国纷纷效仿,并相继成立了中央银行。到了 20 世纪,世界各国普遍实行中央银行制度。1920 年在布鲁塞尔举行的国际金融会议决定,凡是还未成立中央银行的国家,应尽快成立中央银行,以改变第一次世界大战后币值、汇率和金融混乱的局面,会议还决定:为稳定币值,应使各国财政收支平衡,以抑制通货膨胀;发行银行应脱离各国政府政治上的控制,按照稳健的金融政策进行独立的活动。这次会议的决议,是战后中央银行制度建立和完善的最重要的基础。

第一次世界大战前,各国大多采取金本位制,战时停止兑现,禁止黄金出口。对战后如何恢复金本位制,布鲁塞尔会议并无具体办法。1922 年在瑞士日内瓦召开的国际金融会议上,除重申财政收支平衡原则外,各国建议采取新平价,以稳定币值。在币制上,由于市场流通纸币而无金币,各国建议特别强调稳定币值必须依赖于中央银行。因此,在这次会议上又一次建议各国尽快成立中央银行。

二、中央银行的发展

1920 年在比利时布鲁塞尔及 1922 年在瑞士日内瓦召开的国际金融会议,推动了中央银行制度的发展。从 1921 年起,世界各国纷纷改组或新设立本国的中央银行。

中央银行制度得以推广的主要原因有:

(1)稳定币值,重建币制。第一次世界大战以后,参战国家普遍发生了币制混乱、币值不稳和严重的通货膨胀现象,为了稳定币值、重整币制,各国政府纷纷采取强化、改组或重建中央银行的措施。

(2)货币发行的制度化。第一次世界大战以前,货币发行已有集中于中央银行的趋势,但仍有商业银行发行钞票的现象。在第一次世界大战中,参战国为筹集战争经费,财政部也发行货币,使这些国家的货币发行更加混乱。战后各国新设或改组中央银行后,为解决混乱的货币发行制度,规定了财政部与商业银行不得发行钞票,由中央银行独享货币发行权,从而推动了中央银行制度的发展。

(3)新国家的成立。第一次世界大战以后,欧洲各国政治结构发生变化,产生了一些新国家。这些新成立的国家为解决国内经济和金融的需要,自 1922 年起至 1927 年止,先后成立了中央银行。

纵观中央银行的历史，它的产生和发展经历了三个阶段：

第一阶段，从17世纪末到19世纪70年代是中央银行的初创阶段。在这一时期，随着资本主义生产的发展，商业银行制度逐步形成，从而为中央银行制度的产生提供了必要的条件。一方面，由于银行券分散发行、货币流通混乱、银行破产的信用纠葛，政府迫切需要对银行及其金融活动进行有效的监督管理；另一方面，客观上已经出现一些大银行，它们拥有大量资本并在全国范围内享有较高的信誉，基本上垄断着全国的货币发行，控制着其他中小银行。因此，当政府谋求一个对全国银行和金融活动进行监督和管理的代理人时，便出面使这些大银行的特殊地位和职能合法化。这样，中央银行便应运而生了。除了英格兰银行以外，这个时期的中央银行还有法兰西银行（1800年）和德意志银行（1875年）。

第二阶段，从19世纪70年代到20世纪30年代是中央银行迅速发展阶段。从19世纪末开始，世界中央银行制度进入普遍推行时期，尤其是第一次世界大战后，主要资本主义国家先后放弃了金本位制，由于金融恐慌、货币制度混乱，各国都面临着重建货币制度的问题。大多数国家开始意识到建立中央银行对稳定金融和推动国民经济健康成长的重要性，尤其是布鲁塞尔会议后，中央银行制度普遍建立起来。这一时期成立的中央银行主要有日本银行（1882年）、美国联邦储备系统（1913年）、苏联国家银行（1935年）等。这一时期成立的中央银行，从一开始就掌管货币发行，管理商业银行业务，并充当最后贷款人角色。

第三阶段，20世纪30年代至今，是国家对中央银行的控制加强阶段。20世纪30年代末，尤其是第二次世界大战以后，世界中央银行迎来了它的第三个发展阶段，即西方中央银行的国有化和发展中国家的中央银行制度的兴起。

西方发达国家大多数通过国有化政策，从资本所有制上保证了中央银行作为国家机构的特殊地位，使国家对中央银行的控制不断强化，许多国家的中央银行已成为政府宏观调控的重要工具。现代中央银行不仅掌握货币发行的权利，代理国库，而且负责制定和执行政府货币政策，监督和管理整个银行体系的金融活动。

发展中国家在这一时期纷纷建立自己的中央银行制度，大部分以国家资本为主要形式，并把“贯彻执行货币政策，维持货币稳定”当作中央银行的主要职责。这一时期成立的中央银行有多米尼亚中央银行（1947年）、巴基斯坦中央银行（1948年）、印尼联邦发行银行（1952年）等。

中国的中央银行是在1948年合并华北银行、西北农民银行、北海银行后在石家庄成立的中国人民银行。但这时以及后一段时期内的中央银行兼具中央银行和商业银行的职能与业务，即所谓的“大一统”“一身兼二任”的监管式中央银行。1983年9月17日，国务院决定：中国人民银行专门行使中央银行的职能，不再兼办工商信贷和储蓄业务，以加强信贷资金的集中管理和综合平衡，更好地为宏观决策和经济调控服务。

第二节　中央银行的制度与职能

一、中央银行的性质

中央银行的性质一般表述为,中央银行是国家赋予其制定和执行货币政策、对国民经济进行宏观调控和管理的特殊的金融机构。具体如下:

(一)中央银行是特殊的金融机构

中央银行虽然也称为银行,也办理银行固有的“存、贷、汇业务”,但与普通的商业银行和金融机构相比,在业务经营目标、经营对象和经营内容上都有着本质的区别:

(1)从经营目标来看,商业银行以及其他的金融机构作为经营货币业务的机构,一般以追求利润最大化为其经营目标;而中央银行不以营利为目的,原则上也不从事普通商业银行的业务,而是以金融调控为己任,以稳定货币、促进经济发展为宗旨。虽然中央银行在业务活动中也会取得利润,但盈利不是目的。

(2)从服务对象来看,普通商业银行和其他金融机构一般以企业、社会团体和个人为其主要的服务对象;而中央银行在一般情况下不与这些对象发生直接的业务关系。中央银行只与政府和商业银行等金融机构发生资金往来关系,并通过与这些机构的业务往来,贯彻和执行政府的经济政策,并履行其管理金融的职责。

(3)从经营内容来看,中央银行独占货币发行权,通过制定和实施货币政策,控制货币供应量,使社会总供给和总需求趋于平衡,而商业银行和其他金融机构则没有这种特权;中央银行接受银行等金融机构的准备金存款和政府财政性存款,但其吸收存款的目的不同于商业银行等金融机构,既不是为了扩大信贷业务规模,而是为了调节货币供应量,因此,其接受的存款具有保管、调节性质,一般不支付利息。中央银行负有调节信用的职能,其资产具有较大的流动性和可清偿性,一般不含有长期投资的成分,可随时兑付清偿,以保证其调节功能的正常发挥。

(二)中央银行是管理金融事业的国家机关

虽然各国中央银行在制度上存在着差异,但其本质都是一样的,中央银行都是国家机构的一个组成部分。大多数国家的法律明文规定:中央银行对行政、司法、立法部门负责,是国家管理金融的机关。中央银行大多属于国家和政府权力机关。例如,美国联邦储备系统直接对国会负责,是国会的一个部门;我国的中国人民银行隶属国务院,是政府的一个部委单位。无论中央银行隶属于国家权力机关,还是政府的一个部门,它都是国家在金融领域的代理人。

中央银行作为管理金融事业的国家机关,主要表现在:①中央银行是全国金融事业的最高管理机构,是代表国家管理金融事业的部门。②中央银行代表国家制定和执行统一的货币政策,监管全国金融机构的业务活动。③中央银行的主要任务是代表国家运用货币政策对经济生活进行直接或间接的干预。④中央银行代表国家参加国际金融组织和国际金融活动。

中央银行具有国家机关的性质，但与一般的行政机关又有很大的不同：①中央银行履行其职责主要是通过特定金融业务进行的，对金融和经济的管理调控基本上是采用经济手段，如调整利率和准备金率、在公开市场上买卖有价证券等方式实现的，这些手段的应用更多地具有银行业务操作的特征，这与主要依靠行政手段进行管理的国家机关有明显不同。②中央银行对宏观经济的调控是分层次实现的，即通过货币政策工具操作调节金融机构的行为和金融市场运作，然后再通过金融机构和金融市场影响到各经济部门，其作用比较平缓，市场的回旋空间较大，这与一般国家机关的行政管理直接作用于各微观主体而又缺乏弹性的方式有较大的不同；中央银行在政策制定上有一定的独立性，这在后面还将专门论及。

二、中央银行的组织形式

各国政治、经济、社会状况存在差异，各国中央银行的形成历史、现实地位不同，因而形成了不同的中央银行组织形式。

（一）单一的中央银行制

单一的中央银行制是指国家设立单独的中央银行机构，纯粹地行使中央银行职能的制度。这是最主要、最典型的中央银行组织形式。这种类型又可以分为两种不同的情况：

1. 一元制

它是指一国由独家中央银行及其众多的分支机构来执行中央银行职能。中央银行的总行或总部通常都设在首都，根据客观经济需要和本国有关规定在全国范围内设立若干分支机构。这种由总分行构成的中央银行制度的特点是：权力集中、职能齐全、分支机构众多。世界上绝大多数国家如英国、法国、日本、意大利等中央银行都采用这种形式。我国自 1984 年之后也实行这种体制，中国人民银行是我国的中央银行，专门行使中央银行职能。1998 年以前按行政区划在全国设立分支机构，1998 年开始改为以经济区划为主、兼顾行政区划设立分支机构。目前的情况是：1 个总行，9 个分行，2 个营业管理部，25 个中心支行。

2. 二元制

它是指在一国内建立中央和地方两级相对独立的中央银行机构。中央级机构是最高权力和管理机构，地方级机构受中央级机构的监督管理，但是在它们各自的辖区内，对货币政策的具体实施、金融监督和中央银行有关业务的操作方面有较大的独立性。实行联邦制的国家多采用这种组织形式，如美国、德国等。

（二）复合的中央银行制

复合的中央银行制是指在一个国家内没有单独设立的中央银行，而是把中央银行的业务和职能与商业银行的业务和职能集于一家银行来执行，也就是所谓的“一身二任”。这种中央银行制度往往与国民经济的计划体制相联系。苏联以及 1990 年前多数东欧国家都实行这种体制。我国在 1984 年以前也实行这种中央银行制度。

（三）准中央银行制

准中央银行制是指一个国家或地区没有建立通常意义上的中央银行制度，或者由政府授权一家或几家商业银行行使部分中央银行的权力,如新加坡属于这种体制。新加坡设有金融管理局和货币委员会两个机构来行使中央银行职能。金融管理局在法律上并不具有中央银行的地位,其履行除货币发行以外的中央银行的主要职能,被称为"不发行货币的中央银行"。货币委员会的常设机构是新加坡货币局,其职责是发行货币。

(四)跨国中央银行制

跨国中央银行制是指若干国家联合组建一家中央银行,在成员国范围内行使全部或部分中央银行职能。其中有两种情况,一种是没有建立中央银行的数个国家组建一家联合中央银行;另一种情况是联合建立跨国中央银行的各国本来就建立了中央银行。不管情况如何,建立这种中央银行制度多数是为了与区域性经济联合和货币联盟体制相适应。跨国中央银行的主要职能是为成员国发行共同使用的货币,制定统一的货币政策,监督成员国的金融机构和金融市场,对成员国政府进行融资以及办理成员国共同商定并授权的其他金融业务。20 世纪 70 年代实行跨国中央银行体制的西非货币联盟、中非货币联盟,其成员国没有中央银行。

欧洲中央银行则是成员国本来就存在中央银行,为了加强区域的经济合作,又建立了跨国中央银行的例子。欧洲中央银行的起源可以追溯到 1950 年 7 月 1 日成立的欧洲支付同盟,经过近 50 年的摸索和稳步发展,在 1998 年 7 月 11 日成立了欧洲中央银行。欧洲中央银行在 1999 年发行欧盟统一货币——欧元,2002 年 1 月 1 日欧元不仅作为结算手段,还作为支付手段开始全面流通,成为欧盟区域内的统一流通手段。欧洲中央银行的最高决策机构是理事会,理事会由欧洲中央银行执行委员会的 6 名成员和加入欧元区成员国的中央银行组成。理事会的职能是制定货币政策和监督成员国中央银行是否根据欧洲中央银行的指导行事。与一般中央银行相比,欧洲中央银行的职能主要表现在货币政策方面,中央银行的其他职能继续由各国中央银行承担。

三、中央银行的职能

尽管随着中央银行制度的不断发展,中央银行的职能也得到不断完善,内容也更加丰富,但是,中央银行作为发行的银行、银行的银行、政府的银行,仍然是对中央银行基本职能的经典概括。

(一)发行的银行

所谓"发行的银行",主要具有两个方面的含义:一是指国家赋予中央银行集中与垄断货币发行的特权,是国家唯一的货币发行机构;二是指中央银行必须以维护本国货币的正常流通与币值稳定为宗旨。

中央银行集中与垄断货币发行权是其自身之所以成为中央银行最基本、最重要的标志,也是中央银行发挥其全部职能的基础。中央银行垄断货币发行权是统一货币发行与流通和稳定货币币值的基本保证。货币发行是中央银行的重要资金来源,也为中央银行调节金融活动和全社会货币、信用总量,促进经济增长提供了资金力量。因此,具有"发行的银行"这一基本职能是中央银行实施金融宏观调控的充分与必要条件。中央银行作为一国发行货币和创造信用货币的机构,在发行现钞、供给货币的同时,必须履行保持货币币值稳定的重要职责，将货币量和信贷规模控制在适当的水平，使社会经济能正常运行与发展。

例如，人民币现金的发行具体由中国人民银行设置的发行基金保管库执行。发行库在中国人民银行总行设总库，下属分支行设分库和支库，发行库中保管的是已印制好而未进入流通的人民币票券，称为发行基金。商业银行及其基层行设业务库，业务库保存的人民币现金是商业银行日常收付业务的备用金。为了避免业务库现金过多或不足带来的浪费和支付困难，通常由上级行和同级中国人民银行为业务库核定库存限额。当商业银行的现金不足以支付时，可以从本行在中国人民银行存款账户的余额内提取现金，提取的现金由中国人民银行的发行库转移到商业银行的业务库，意味着这部分现金进入流通领域。相反，如商业银行收入的现金超过其业务库库存限额时，则超过部分应自动送交中国人民银行，向发行库回流，意味着这部分现金退出流通领域。

（二）银行的银行

所谓“银行的银行”，其一，是指中央银行的业务对象不是一般企业和个人，而是商业银行和其他金融机构及特定的政府部门；其二，中央银行与其业务对象之间的业务往来仍具有“存、贷、汇”业务的特征；其三，中央银行为商业银行和其他金融机构提供支持、服务的同时，对其进行管理。具体表现在以下几个方面。

1. 集中存款准备金

实行中央银行制度的国家通常以立法的形式，要求商业银行和其他金融机构将其吸收的存款按法定的比率向中央银行缴存存款准备金，存款准备金集中于中央银行的“法定存款准备金”账户，成为中央银行的资金来源，并由中央银行集中统一管理。中央银行集中保管存款准备金的意义在于：一方面确保存款机构的清偿能力，从而保障存款人的资金安全，以防止商业银行等存款机构因发生挤兑而倒闭。另一方面中央银行通过调整存款准备金的上缴比率，来控制商业银行的货币创造能力和信用规模，以达到控制总体货币供应量的目的。

2. 充当商业银行等金融机构的“最后贷款人”

当商业银行和其他金融机构发生资金困难而无法从其他银行或金融市场筹措时，可通过再贴现或再贷款的方式向中央银行融通资金，中央银行则成为整个社会信用的“最后贷款人”。中央银行向商业银行发放贷款的资金主要来源于国库存款和商业银行缴存的存款准备金，如果中央银行资金不足，则可以通过增发货币的方式加以解决。中央银行作为最后贷款人向商业银行和其他金融机构提供资金融通，一方面可以增强整个货币供应的弹性，提高商业银行和其他金融机构的资金流动性；另一方面也可以通过调整再贴现率，起到调控货币供应量和信用规模的作用。充当最后贷款人是中央银行极其重要的职能之一，也确立了中央银行在整个金融体系中的核心地位。

3. 全国资金清算中心

在存款准备金制度建立以后，各商业银行都在中央银行开设了存款准备金账户和超额准备金账户，各银行之间发生的资金往来或应收、应付款项，都要通过中央银行划拨转账，中央银行遂成为全国的清算中心。清算时只要通过各商业银行在中央银行的存款账户进行转账、轧差，直接增减其存款金额便可完成。中央银行办理金融机构之间的清算具有安全、快捷、可靠的特点。中央银行通过组织全国银行系统的清算，一方面为各家银行提供服务，提高了清算效率，加速了资金周转；另一方面也便于中央银行利用清算系统强化对整个金融体系的监管和控制。

（三）国家的银行

中央银行是“国家的银行”是指：一方面代表国家制定并执行有关金融法规、代表国家监督管理和干预各项有关经济和金融活动，另一方面还为国家提供多种金融服务。另外，许多国家中央银行的主要负责人是由政府任命；绝大多数国家中央银行的资本金为国家政府所有或由政府控制股份；还有些国家的中央银行直接是政府的组成部门。

中央银行具有“国家的银行”的职能，主要通过以下几个方面得到具体体现：

1. 代理国库

国家财政收支一般不另设机构，而交由中央银行代理。财政的收入和支出均通过财政部在中央银行内开设的各种账户进行。具体包括按国家预算要求代收国库库款，并根据财政支付命令拨付财政支出，向财政部门反映预算收支执行情况，代理国库办理各种收支和清算业务。因此中央银行又被称为国家的“总出纳”。

2. 代理政府债券的发行

当今世界各国政府均广泛利用发行国家债券的形式以弥补开支不足。中央银行通常代理国债的发行、推销以及发行后的还本付息等事宜。

3. 为政府融通资金、提供特定的信贷支持

当财政因先支后收而产生暂时性收支不平衡时，中央银行一般会向政府融通资金、提供信贷支持。各国中央银行一般不承担向财政提供长期贷款或透支的责任。因为向政府发放中长期贷款将会陷入弥补财政赤字而发行货币的泥潭，会导致通货膨胀，危及金融体系的稳定。同样中央银行也不宜在一级市场上承购政府债券。中央银行在二级市场上买卖政府债券虽然也是对政府的间接资金融通，但一般不会导致通货膨胀，反而是中央银行控制货币量的有效手段。

4. 保管外汇和黄金储备，进行外汇、黄金的买卖和管理

世界各国的外汇、黄金储备一般都由中央银行集中保管。中央银行可以根据国内国际情况，适时适量购进或抛售某种外汇或黄金，可以起到稳定币值和汇率、调节国际收支、实现国际收支平衡的作用。

5. 代表政府从事国际金融活动，并提供决策咨询

中央银行一般都作为政府的代表，参加国家的对外金融活动，如参加国际金融组织、代表政府签订国际金融协定、参加国际金融事务与活动等；同时，在国际、国内的经济和金融活动中，中央银行还充当政府的顾问，提供经济、金融情报和决策建议。

6. 对金融业实施金融监督管理

中央银行作为国家最高的金融管理当局，行使其管理职能。其主要内容包括：制定并监督执行有关的金融政策、金融法规、基本制度和业务活动准则等；监督管理金融机构的业务活动；管理和规范金融市场。

总之，发行的银行、银行的银行和国家的银行，体现了中央银行的基本职能，世界上绝大多数国家的中央银行一般都具备这三大基本职能。

第三节　中央银行的主要业务

一、中央银行经营业务的原则

（一）不经营一般银行业务

中央银行只同商业银行发生业务关系，原则上不经营一般银行业务。因为中央银行是代表政府监管金融的特殊机构，在金融活动中具有各种特权，例如垄断货币发行、集中法定存款准备金、执行货币金融政策、管理金融机构等。中央银行特殊的身份决定了它不同一般金融机构进行竞争，否则，就无法实现其对金融的调节和控制，难以完成它所承担的根本任务。

（二）不以营利为目的

中央银行在业务经营中，既要管理金融活动，又要推动金融的发展，这就决定了它在金融体系中必然居于领导地位。其直接经营目标在于运用各种信用工具调节宏观经济、稳定币值，促进经济的发展。因此，中央银行绝不能以营利作为经营目标。

（三）不支付存款利息

中央银行的存款主要是财政存款、商业银行交存的存款准备金和往来账户存款。财政存款是中央银行代理国家金库，属于保管性质；存款准备金和往来账户存款，是中央银行集中存款准备和便于清算，属于调节和服务性质。而且中央银行不以营利为目的，故对存款一般不支付利息。我国中央银行目前规定对法定存款准备金和商业银行的存款支付较低的利息，这主要是从加强资金管理的角度考虑的。

（四）资产具有较大的流动性

中央银行为了使货币资金能灵活调度、及时运用，必须保持本身的资产具有较大的流动性，不宜投放于长期性资产。

（五）业务活动公开化

中央银行为了使社会各界了解其所制定的金融政策和经营方针、策略等，一般定期向社会公众公布其资产负债情况和业务状况，并提供有关统计资料。这样做有利于提高中央银行的信誉，也便于外界分析这些金融政策对国民经济带来的影响，从而调整自己的经营计划和方针。

（六）在国内设立相应的分支机构

中央银行分支机构的设立一般根据经济区域进行，多将总行设在首都，并在主要的金融中心设立分行，以随时灵活地调控金融。此外，中央银行一般还要在国外设立代表处，进行国际金融交往，迅速获取国际金融信息，加强国际交流。

中央银行的经营原则既然不同于普通银行，因而对中央银行的业务活动需要有一定的限制。各国中央银行法规定的限制有:①不得从事商业票据的承兑业务。②不得直接从事不动产买卖业务。③不得直接从事不动产抵押放款。④不得直接对企业和个人发放贷款。⑤不得购买本行股票(当中央银行是以股份制形式组建时)。⑥不得以本行股票为抵押进行放款等。对中央银行的业务活动规定某些限制,目的在于保证中央银行的基本任务得以实现。

二、中央银行的主要业务

中央银行发挥其职能要通过资产、负债与清算业务的操作来实现。中央银行业务的操作过程,一方面是中央银行实施货币政策进行宏观经济调控的过程,体现了中央银行职能作用的发挥;另一方面业务操作会形成中央银行的资产负债结构,并且通过中央银行资产负债结构的变动对商业银行信用量施加影响,构成货币政策效果评价的基础。

(一)负债业务

中央银行的负债形成中央银行的资金来源,是中央银行资产业务的基础。其负债业务主要包括货币发行、存款业务、其他负债业务(中央银行债券、对外负债和资本业务)三方面的内容。

1. 货币发行

在不兑现的信用货币制度下,货币是一种债务凭证,它是货币发行人对货币持有者的一种负债。因此,货币发行是中央银行的负债业务,其有效性来自于国家对信用货币规定的法偿效力。货币发行是中央银行作为国家政府的代表向社会提供流通手段和支付手段,是中央银行对货币持有者的一种负债,货币发行构成了中央银行最重要的负债业务。

中央银行的货币发行是通过再贴现、贷款、购买有价证券、收购金银及外汇等中央银行的业务活动,将货币投放市场、注入流通,进而增加社会货币供应量的。货币发行都有法律规定的程序,各国不尽相同,但都是根据中央银行法的规定,依据经济发展的进程制定操作程序,以配合货币政策的执行。货币发行一般遵循以下原则:一是垄断原则,即货币发行权高度集中于中央银行;二是信用保证原则,指中央银行的货币发行必须要有一定的准备金作为保证,并建立发行准备制度;三是适度弹性原则,即中央银行要根据经济发展状况有伸缩性地供应货币,避免引起通货膨胀或通货紧缩。

我国法定货币人民币的发行业务有自己的特点:①发行准备。我国人民币发行准备是商品保证,即国家所充分掌握的能按照稳定价格投入市场的商品是人民币发行的准备资产。②发行基金。发行基金是中国人民银行为国家保管的待发行的货币,是通过人民银行的调拨命令而成为货币实现流通的。③发行计划。中国人民银行要依据国家社会经济发展状况编制货币的发行计划。④发行程序。人民币的发行围绕发行库和业务库来进行。发行库是存放发行基金即待发行的货币的金库,而业务库是商业银行办理收付业务存放现金的金库。通过一系列金融业务活动,使发行基金从发行库到业务库成为现金,或者使现金从业务库缴存发行库成为发行基金,进而实现货币发行的扩大或收缩。

2. 存款业务

经营存款业务是中央银行重要的负债业务。但是中央银行存款业务与一般商业银行的存款业务有所不同，中央银行经营存款业务主要有以下几方面的目的：一是有利于调控信贷规模与货币供应量；二是有利于维护金融业的安全；三是有利于国内的资金清算。中央银行的存款业务主要包括准备金存款业务和其他存款业务。

(1)准备金存款业务。存款准备金是商业银行为应付客户提取存款和划拨资金清算的需要而设立的专项准备金。中央银行集中的存款准备金由两个部分组成：一是法定存款准备金，二是超额存款准备金。法定存款准备金，是根据法律规定，商业银行必须按一定比例转存中央银行的部分；超额存款准备金，是商业银行在中央银行的存款超过法定准备金的部分。

表4.1　法定存款准备金与超额存款准备金的主要区别

	法定存款准备金	超额存款准备金
主要作用	中央银行调控信用规模和货币供给量的政策工具	商业银行用于支付清算、头寸调拨或资产运用的备用资金
规模决定因素	取决于中央银行法定存款准备金率	取决于商业银行资产结构的选择以及持有超额准备金的机会成本
主导方	中央银行	商业银行

在存款准备金制度下，中央银行通过对存款准备金的比率做出规定，影响商业银行向中央银行缴存的存款额度，进而影响商业银行的业务规模和创造派生存款的能力，以调节货币供应量。存款准备金的具体内容主要包括：存款准备金比率的设定；确定存款准备金计提的基础，包括确定计算存款准备金的数量和确定缴存存款准备金的基期；规定可充当法定存款准备金的内容。

(2)其他存款业务。一是政府存款，包括中央政府和各级地方政府的存款，其本质上是国家预算资金或与国家预算直接相关的资金，其数额仅次于商业银行缴存中央银行的存款准备金。二是非金融机构存款，是指那些没有法定存款准备金比率的非银行金融机构存放在中央银行主要用于清算的存款。三是特种存款，是指中央银行在货币政策工具发挥作用有限的情况下，根据信贷资金的营运情况和银根松紧以及宏观调控的需要，采用特种存款方式，集中部分金融机构一定数量资金而形成的存款，是中央银行调整信贷资金结构和信贷规模的重要工具。四是国外存款，是指外国中央银行或政府的存款，构成这些国家政府或金融机构的外汇，可以用于国际贸易结算或清算债务。

3. 其他负债业务

中央银行还可以通过发行中央银行债券、对外负债和筹措资本等方式获得资金。中央银行发行债券除了获得资金来源，更多是为了调节流通中的货币量。当金融机构的超额准备金过多，而中央银行又不便采用其他货币政策工具进行调节时，可以通过向金融机构发行中央银行债券回笼资金，减少流通中的货币；当公开市场操作规模有限时，可以发行中央银行债券作为公开市场操作的辅助工具，如中国人民银行发行的中央银行票据就是一个典型的例子。

中央银行对外负债的主要目的有三点：平衡国际收支、维持汇率稳定、应付危机。可以采取的形式主要有向外国银行借款、对外国中央银行负债、向国际金融机构借款等。

当然，中央银行也可以通过适当渠道筹集、维持和补充自有资本。由于各国法律对中央银行的资本来源和构成都有规定，因此，中央银行在资本业务方面并没有多大作为，仅仅在需要补充自有资本时按照有关规定进行。

（二）资产业务

中央银行通过资产业务操作来调控信用规模和货币供应量。资产业务主要包括贷款业务、再贴现业务、证券买卖业务、储备资产业务等内容。

1. 贷款业务

中央银行贷款业务主要包括两种：

（1）对商业银行贷款。这种贷款称为再贷款，是中央银行贷款的最主要渠道。它是中央银行为了解决商业银行在信贷业务中发生临时性资金周转困难而发放的贷款，是中央银行作为“银行的银行”职责的具体表现。在国外再贷款多为有政府债券或商业票据为担保的抵押放款。中央银行通常定期公布贷款利率，商业银行提出申请后，由中央银行对其数量、期限用途和申请者资信进行审查。

中国人民银行向国内金融机构再贷款多为短期贷款。自中国人民银行行使中央银行职能以来再贷款一直是中国人民银行的主要资产业务。目前中国人民银行对金融机构的再贷款由中国人民银行总行直接对商业银行总行发放。中国人民银行向商业银行发放再贷款也是我国实现货币政策目标的重要间接调控手段。

（2）对政府贷款。这种贷款是在政府财政收支出现失衡时，中央银行提供贷款支持的应急措施，多为短期的信用放款。由于这种贷款会威胁货币流通的正常和稳定，削弱中央银行宏观调控的有效性，因而各国法律对此都有严格的时间规定和数量限制。在我国，中国人民银行不得对政府财政透支，不得直接认购、包销国债和其他政府债券、不得向地方政府和各级政府部门提供贷款。

2. 再贴现业务

中央银行的再贴现业务是指商业银行以未到期的商业票据向中央银行申请贴现取得融资的业务。中央银行运用再贴现执行最后贷款人的职能。

我国于 1986 年由中国人民银行上海分行开办了再贴现业务，随后此业务在全国其他城市逐步推开，1994 年 10 月中国人民银行总行开始办理再贴现业务。

3. 公开市场业务

通过公开市场买卖证券是中央银行重要的资产业务。中央银行买卖证券的目的不是为了营利，而是调节和控制社会货币供应量，以影响整个宏观经济。当市场需要扩张时，中央银行即在公开市场买入证券,以增加社会的货币供应量,刺激生产;反之则相反。

中国人民银行于1996年开始在二级市场买卖短期国债。买卖对象不是个人与企业,而是由中国人民银行根据条件在参与国债交易的金融机构中选定的一级交易商,主要是采取公开投标方式,进行国债的回购交易。目前中国人民银行证券业务数量占资产的比例还很低,但已出现逐年增长趋势。

4. 经营国际储备资产

国际储备是指各国政府委托本国中央银行持有的国际广泛接受的各种形式资产的总称。目前国际储备主要由外汇、黄金组成,其中外汇储备是最重要的部分。

中央银行经营国际储备是中央银行作为政府的银行这一功能的又一表现。它能起到:弥补国际收支逆差,干预外汇市场、维持汇率稳定,增强国际信誉度、增强本国货币的国际信誉的作用。

(三)清算业务

中央银行清算业务又称中间业务,即中央银行为各金融机构之间,因经营活动而发生的资金往来和债权债务进行了结。它主要有以下内容。

1. 组织同城票据交换

工商企业、事业单位及消费者用票据进行债权债务清偿和支付时,要通过开户银行的转账结算系统实现资金收付。当各银行收到客户提交的票据后,通过票据交换的方式将代收的票据交付款行。所谓票据交换指将同一城市中各银行间收付的票据进行当日的交换。参加交换的各银行每日在规定时间内,在交换场所将当日收进的以其他银行为付款行的票据进行交换。这种票据交换的清算一般由中央银行组织管理,集中办理交换业务,结出各机构收付相抵后的差额,其差额通过各商业银行在中央银行的存款账户进行划转清算。

2. 办理异地资金汇划

办理异地资金汇划指办理不同区域、不同城市、不同银行之间的资金转移。如各行的异地汇兑形成各行间异地的债权债务需要进行跨行、跨地区的资金划转。这种跨地区的资金汇划,必须由中央银行统一办理。一般有两种方法:一是先由各金融机构内部组成联行系统、最后各金融机构的清算中心通过中央银行办理转账结算;二是将异地票据统一集中传至中央银行总行办理轧差头寸的划转。我国的清算通常也采用这两种方法。通过中央银行的异地资金汇划,减少了各行运送现款的麻烦,加速了资金周转。同时中央银行还通过此业务了解各金融机构的资金营运情况,有利于中央银行加强对金融机构的监管。

3. 跨国清算

跨国清算指由于国际贸易、国际投资及其他方面所发生的国际债权债务,借助一定的结算工具和支付系统进行清算,实现资金跨国转移的行为。跨国清算通常是通过各国的指定银行分别向本国的中央银行办理。由两国中央银行集中两国之间的债权债务直接加以抵消,完成清算工作。

【金融视角】

中国人民银行资产负债表(2022年12月)　　**单位:亿元**

资产		负债	
国外资产	226 906.56	储备货币	360 956.03
外汇	214 712.28	货币发行	110 012.57
货币黄金	3 106.57	金融性公司存款	227 876.54
其他国外资产	9 087.71	其他存款性公司存款	227 876.54
对政府债权	15 240.68	其他金融性公司存款	
其中:中央政府	15 240.68	非金融机构存款	23 066.92
对其他存款性公司债权	143 132.29	不计入储备货币的金融性公司存款	5 208.41
对其他金融性公司债权	1 557.00	发行债券	950.00
对非金融性部门债权		国外负债	1 574.47
其他资产	29 947.25	政府存款	41 272.91
		自有资金	219.75
		其他负债	6 602.21
总资产	416 783.78	总负债	416 783.78

资料来源:中国人民银行官网

第四节　中央银行的独立性

一、中央银行独立性的含义

“中央银行独立性”是指中央银行履行自身职责时法律赋予或实际拥有的权力、决策与行动的自主程度。独立的含义通常被理解为将特殊的职能赋予特定的机构。在极端主义者眼里，独立于政府的中央银行的主张是,对货币的控制是可以与立法、司法或行政权力相提并论的政府(广义)的基本职责。这种主张的合理延伸便是,让中央银行具有大致与立法、行政、司法方面同等的权力,成为与立法、行政、司法部门同等的独立政府部门,其行为受制于司法部门对法律的解释,这便是中央银行独立性的最极端的解释。以此标准衡量,几乎没有独立的中央银行,只有德意志联邦银行等少数几家接近这一标准。

如何衡量中央银行独立性有不同的方法。1980 年英国考察金融机构职能委员会提出了 5 个条件:一是归谁所有,是私有还是国有;二是其总裁与理事的职权及其任命和任期;三是其在执行货币政策方面有哪些法定职责,履行这些职责时是否受政府支配,双方有矛盾时如何解决;四是其同政府有关部门是否有人员交换或人员之间的联系，政府在中央银行理事会中有无直接代表;五是是否直接向议会汇报工作。1990 年,国际中央银行研讨会指出:"中央银行独立性的具体体现是,必须独享货币发行权;发行货币根据经济的客观需要而不受政府财政透支的干扰;能独自解决严重的通货膨胀而无须向财政部报告自己的工作;重大决策不由某一部门或个人决定,而由中央银行理事会决定;享有充分的权力对金融系统进行监督和管理;拥有资金来源与运用的支配权而不依赖财政拨款。"一般认为,中央银行独立性应是指中央银行能够免受政府和其他政治力量的干预;享有确定货币政策最终目标及选取恰当的货币政策工具来达到所选目标的自由。理论的表述大致可归纳为以下几类。

一是政治独立与经济独立。中央银行的独立性首先应体现为政治上的独立,这主要包括中央银行权力机构———理事会主席及其成员的任命程序和中央银行主要官员的任期、中央银行章程中是否明确载明其职责是维持物价稳定等内容。政治独立反映了中央银行在何种程度上可以自由追求稳定物价的目标而免受其他政治权力干预。经济上独立则指中央银行是否有权决定向政府提供信贷的规模,并自主确定对这些贷款的利率水平。中央银行经济上的独立性还体现在能控制货币政策工具、对银行的监管和再贴现率水平的确定等方面。

二是工具独立和目标独立。工具独立意指中央银行没有义务直接或间接地为政府预算赤字融资,并且应享有决定利率的权力。目标独立意指中央银行有权不受干预地决定货币政策最终目标,这也意味着中央银行有可能认为产出稳定比物价稳定更重要,进而采取相应行动。

三是法律上的独立与事实上的独立。一般认为,工业化国家法律上的独立性至关重要,而发展中国家主要看其事实上是否独立。在各国的立法实践中,中央银行的法律地位所体现的独立性主要有以下三种模式:第一种,中央银行在法律地位上独立于政府,直接向最高权力机构(国会、议会等)负责,典型者如美国、德国、瑞典等,这样的国家主要是一些联邦制国家,为数不多。第二种,中央银行与财政部平行,等于内阁的一个部,都向政府首脑负责,如苏联、丹麦等国,我国现在的人民银行也是如此。第三种,中央银行在名义上隶属于财政部但实际上独立性较大,如法兰西银行、英格兰银行、日本银行等均属此类,日本银行直属大藏省,大藏省派员作为政府代表参加日本货币政策最高决策机构——银行政策委员会的会议,但政府代表无表决权。英格兰银行本不是一个政府部门,1946 年英格兰银行法规定,财政部对英格兰银行负最后责任,财政部有权向该行发布命令,但财政部几乎没有使用过该项权力。也有的国家中央银行隶属财政部,但实际独立性较小,如意大利和韩国,韩国银行始终隶属于政府之下的韩国财政经济院,无独立制定宏观货币政策的权力。不难看出,上述关于独立性的提法并非完全不同,许多方面是相互包含或交叉的。

二、中央银行独立性的意义

(一)独立的中央银行是稳定货币的必要保障

稳定货币是中央银行的活动宗旨与主要目标,是多数国家中央银行法的一个基本原则。但是,如果中央银行不能抑制来自政府的不合理融资要求和对货币政策的干预,稳定货币的目标便难以实现。

第一,货币政策与政府宏观经济政策在目标上可能存在差异。货币政策的目标有单一目标说和多重目标说两种观点和立法模式。单一目标说主张货币政策只以稳定货币为目标,舍此无它。德国弗莱堡学派持此观点,德国中央银行法也是这样规定的。多重目标说主张货币政策有两个或两个以上的目标。我国中央银行法持双重目标说,即以稳定币值与经济增长为目标,但以稳定币值为首要目标。政府宏观经济政策一般采取多重目标说。理论与实践均证明,稳定货币与经济增长、充分就业、国际收支平衡等目标之间虽然具有一定程度上的一致性,但更多的则是冲突性,即为实现稳定货币这一目标所采取的政策措施可能与为实现另一个目标所采取的政策措施发生矛盾,如为稳定货币需要采取紧缩政策,而为扩大就业又需采取扩张政策。而且政府的经济政策的主要目标是经常变化的,政府要根据发展状况和政治需要,在不同的时期使某一目标占据政策的主导地位。当政府选择的主要目标与稳定货币不一致时,如果中央银行不具有独立性,必须服从政府的指令,那么稳定货币的目的便会落空。因此,以稳定货币为货币政策的首要目标,要求中央银行必须独立。

第二,政府有采取通货膨胀政策的倾向。这是因为政府有时为刺激经济发展和维持庞大的政府开支,会采取赤字财政政策,当赤字是以中央银行借款的方式弥补时,便导致财政赤字货币化和货币供应量增加,这实际上是向社会增收了"通货膨胀税"。"通货膨胀税"的主要受益者是政府,其收益主要包括:直接增加了政府持有的通货量,政府可以此抵补其支出;由于单位货币购买力下降减少了尚未偿还的国债的实际价值,变相取消或减轻了国家所欠公众的债务;企业和个人因通货膨胀而增加了名义收入,在累进所得税制下,纳税等级自动上升,政府因此而增加了税收收入。有人认为只要政府将因通货膨胀而增加的财政收入用于增加实际投资,同时采取各种措施保证私人部门的投资不因此减少,就会使全社会的实际投资有所增加,从而刺激经济的实际增长。因此,在通货膨胀条件下取得成就,显然是有贻害的。短视的政府在通货膨胀税的诱惑下,具有采取通货膨胀政策的动机,因此,只有独立的中央银行,才能抵制对政府财政进行不合理融资的要求,并以稳定的货币政策时刻进行防范。有美国学者指出:"独立的货币当局唯一的目标就是防止政府求助于通货膨胀政策的必然倾向的里特和西尔伯曾"。

第三,独立的中央银行是实现稳定货币目标的一种制度安排。曼瑟·奥尔森的经济学第二定律指出,在某种情况下个人的理性行为并不能导致社会的理性结果,这时只有借助于"引导之手"或适当的制度安排,才能实现有效的集体结果。在发生严重通货膨胀时,作为理性的个人不会缩减开支以降低通货膨胀率,原因是理性人都知道,对于降低通货膨胀,单枪匹马是无济于事的,如果别人这样做,并降低了通货膨胀,自己仍会享受价格稳定的利益。但是,基于人人都存有搭便车心理,则降低通货膨胀的集体理性结果就不会出现,这一结果是典型的"囚徒困境"博弈。就企业、地方政府和中央政府有关部门而言,它们也常常会出现这种理性的无知,例如,它们常常以投资品价格上涨、本币贬值、成本上升为理由要求更多贷款。同时反对上调利率,以补偿通货膨胀损失和风险,这样做的结果只能是导致更严重的通货膨胀。因此,要求独立的中央银行能够运用"引导之手"抑制通货膨胀,抵制不合理要求。

(二)独立的中央银行是政府经济决策的一个制衡力量

在现实经济生活中，需要对政府行为进行约束。经济学中一个经常发生争议的问题是政府在实际经济活动中,到底以什么为目标。“公共利益假设”认为政府是以公共利益为目标的;“特殊利益假设”认为政府行为实际上是满足某些特殊利益集团的特殊利益;“自身利益假设”则认为政府行为目的是为了自身利益,其中最基本的是提高政治支持率,巩固自己的权利和地位,争取自身福利最大化。

“公共利益假设”和“特殊利益假设”都属利他主义假设,它们均有一定的现实性。前者的现实性在于,政府是由公众选举产生的,它必须在一定程度上代表公众的利益。后者的现实性在于,有的政府确实在选举中得到了某些特殊经济利益集团的支持或资助,掌权后不可避免将在一定程度上为特殊利益集团服务。“自身利益假说”属利己主义假设,它不仅得到了现代官僚主义理论的支持,而且在现实中也不乏可以说明问题的实例。利己主义假设并不排斥政府的利他行为,一般而言,政府的利己目的要通过利他行为来实现,否则,公众就不会接受该政府。

三种假设各有其合理性,但任一假设均不足以反映全部现实。在现实经济生活中,政府的利己行为与利他行为,为公众服务行为与为特殊人服务的行为错综复杂地糅合在一起。正因为如此,政府的经济行为需要一个约束和监督机制,需要有制衡力量。

独立的中央银行对政府的制衡,与议会、法院的制衡不同,中央银行不具有为政府活动立法、选举和监督政府领导人、对政府行为进行司法监督等职能,中央银行的制衡主要是经济政策上的制衡，即用独立的货币政策约束或限制偏颇的政府经济政策的负效应。例如,稳定的货币政策是政府通货膨胀政策的有效制约。当议会从立法和人事上,法院从司法角度对政府进行制衡时，独立的中央银行是从经济政策的角度防止政府的不当行为。从更深层次讲,中央银行应成为市场经济运行的坚定的稳定力量和制动系统。任何一种市场经济的运行,客观上都需要有一种内在稳定装置发挥制动作用，即当一种经济趋势形成时,应有一种相反的力量对其加以约束,以防止这种经济趋势的变化超越社会可以容忍的范围，保证经济的平稳运行和健康发展。一般而言,政府是经济增长的推动器,尤其是在我国这样的发展中国家,赶超战略和快速发展往往成为政府经济决策的中心议题和全社会的兴奋点,在这种情况下,在宏观经济领域,需要一种内在稳定制动系统,当驱动系统与制动系统失衡时,保持整个系统的稳定。而货币政策正是扮演“逆经济风向行事”和“反经济周期”角色的社会稳定制动器。如果货币政策不能由独立的中央银行所掌握,那么经济决策制衡系统便是有缺陷的。应该讲，独立的中央银行是经济决策制衡结构中重要的一极。

(三)中央银行的独立性是相对的

在讲究分权和制衡的法治社会,绝对的权力是不存在的,同样,绝对的独立性也不存在。中央银行独立性也是这样。首先,中央银行制度的建立有赖于议会的立法,而且议会有权随时修改法律,赋予或取消中央银行的职权,同时,中央银行也应向议会报告工作。其次,中央银行的领导人或由政府任命,或由政府提名议会任命,中央银行有义务与政府进行经济政策上的协调,在稳定货币的前提下,有义务支持政府的经济政策。再次,中央银行的资本部分或全部由政府持有，中央银行的盈利要按规定上缴政府财政部。因此，中央银行只具有相对独立性。即使这种相对独立性，不同的国家也有程度上的差异，严格地讲，一点独立性没有的中央银行是不存在的，或许应该说，不同国家的中央银行只是在独立性程度的高低上有所差别而已，中央银行独立性的实质是政府部分职能的分离和独立。在政府首脑频繁更迭的不稳定政局中，增加中央银行的独立性尤其具有意义。明确这一点，对于完整理解中央银行的独立性是十分必要的。

三、中央银行独立性与货币政策效果的关系

中央银行独立性与货币政策效果间的关系，可以通过事后的观察结果来分析并得出结论，但此前必须考虑另一个问题，即如何刻画中央银行独立程度从而使之具有可比性。这就是衡量中央银行独立性的指标或者方法。目前，在理论上主要考虑的因素包括：中央银行决策机构官员的任免及其任期情况；中央银行法是否以物价稳定作为其首要的宏观经济目标；中央银行是否完全控制三大货币政策工具；对向政府直接融资是否有明确的立法限制；在运用货币政策工具时是否受政府的指导、政府代表是否列席决策机构的会议、是否享有投票权甚至否决权；等等。这些一般是从目前公认为独立性较强的中央银行，如德意志银行和美国联邦储备系统行为模式中分离出来作为参照标准的。

有关中央银行独立性问题引起争论以后，西方不少学者通过经验资料来检验独立性与物价稳定的关系，其中具代表性的有 Cukierman（1992）、Alesina 和 Summers（1993）以及 Loungani 和 Sheets（1997）的工作，虽然他们检验的全部结果并不一致，但有一点却是共同的，即通货膨胀与央行独立程度负相关。Alesina 和 Summers 使用“经济独立”和“政治独立”的概念，利用 16 个工业化国家在 1955 ~ 1988 年间的通货膨胀资料检验的结果表明，中央银行独立性和通货膨胀间存在几乎完美的负相关关系，独立性强的国家如美国、法国、瑞士在此期间的平均通货膨胀率较小，但是中央银行独立性大小与平均失业率、国民生产总值(GNP)平均增长率等实际变量之间关系却不明显。

而 Cukierman 对 72 个发展中国家的检验发现，中央银行法律上的独立性与平均通货膨胀率之间的负相关关系并不存在，反而呈现某种正相关。持独立论观点的人对此的解释是，发展中国家的上述立法常常没有得到严格的遵守，而有关中央银行独立的关键因素也并非是名义上的独立，有关中央银行不得向政府预算融资的条款可能缺失。他用中央银行行长的更换速率与通货膨胀关系的检验却发现正的相关关系。Loungani 和 Sheets 仍然利用 Tabellini 和 Fischer 的指标并以德国中央银行的同类指标为参照，使用“目标独立”“经济独立”“政治独立”的概念，对 12 个处于转轨过渡的国家，主要是东欧和苏联的上述关系进行了检验，结果发现转轨过渡中的中央银行独立程度较高的国家，通货膨胀率较低，即两者呈负相关关系。

因为在这些国家里，通货膨胀的主要来源是政府预算赤字，独立性较强的中央银行一般能杜绝赤字融资，因而，通货膨胀率一般较低。他们同时也检验了通货膨胀同经济增长的联系，通货膨胀因增大交易成本，增大了经济运行的不确定性，使经济当事人不愿做出长期承诺而损害投资进而阻碍了经济增长。而也有其他检验发现(Stanley Fischer，1995)，中央银行独立性不仅与通货膨胀负相关，而且对经济增长而言中央银行亦无成

本，平均而言独立程度较高的国家，其通货膨胀和经济增长的波动都很小。

本章小结

1. 中央银行是指在一国金融体系中处于中心地位、代表一国政府调控金融、经济发展的特殊金融组织，它是商品经济、货币信用制度以及银行体系发展到一定阶段的产物，是为满足统一银行券发行、票据清算、稳定信用体系、金融监管以及政府融资等方面的客观需要而建立的。它由商业银行改制或国家直接设立产生，其功能逐渐向监管过度。

2. 中央银行的组织形式包括：单一的中央银行制、复合的中央银行制、准中央银行制、跨国中央银行制。其职能可以概括为：发行的银行、银行的银行、政府的银行。

3. 中央银行的业务主要包括负债业务、资产业务和清算业务。

4. “中央银行独立性”是指中央银行履行自身职责时法律赋予或实际拥有的权力、决策与行动的自主程度。对于其自主程度的大小，要辩证地去理解，它既相对独立于国家行政，又担负着替国家执行政策的职能。

【思考与练习】

1. 中央银行是怎样产生和发展的？它有哪些主要职能？
2. 如何看待中央银行是“银行的银行”这一说法？
3. 中央银行的资产业务、负债业务、中介业务主要有哪些？
4. 如何理解中央银行的独立性问题？

第五章　商业银行

【学习目标】

1. 了解商业银行产生与发展的过程。
2. 掌握商业银行的性质及主要职能。
3. 了解现代商业银行的组织与管理结构。
4. 掌握商业银行主要的资产负债业务。
5. 掌握商业银行经营管理的主要原则、方法。

【案例导入】

2023 年 3 月 9 日美国硅谷银行股价暴跌 60%,3 月 10 日被“挤兑”,从危机发生到宣布破产不超过 48 小时,美国排名第 16 位的硅谷银行“光速”倒闭,随后美国的另一家资产千亿的银行 Signature Bank,以及第一共和银行等美国中小银行风险持续发酵,风暴袭来。

作为美国中小商业银行中的一员,硅谷银行专注服务科技类初创企业,得益于此前宽松的货币环境,营收、资产规模在美元潮水中水涨船高。数据显示,2021 年末硅谷银行的存款近 1 900 亿美元,较两年前扩张了 2 倍多。同期贷款扩张了 1 倍多,规模在 659 亿美元。不过,在潮水快速退却时,美联储加息政策导致硅谷银行在负债端,面临存款大规模流失风险。初创公司融资渠道萎缩,不断消耗银行存款,同时加息导致存在银行里的低息存款机会成本不断提升,撤出动作不断。同时,对于硅谷银行来说,在低利率时期资产端配置的多为固定利率资产,定价偏低,久期(持续期)也被迫拉长。最终资产负债严重错配引爆风险。

而拥有 167 年历史的瑞信,是全球银行业监管机构认定的 30 家全球系统重要性银行之一,被视为“大到不能倒”的金融机构,作为大型投行,为机构投资者、高净值客户提供财务管理和投行服务。其国际地位和作用要远超于硅谷银行,如果瑞信彻底坍塌,那么全球市场也将迎来更加惨烈的景象。

第一节　商业银行的产生和发展

商业银行的起源源远流长。早期银行业的产生与国际贸易的发展有着密切联系。现代商业银行的最初形式是资本主义商业银行,它是资本主义生产方式的产物。商业银行发展到今天,与其当时因发放基于商业银行行为的自偿性贷款而获得的商业银行称谓相比,已相去甚远。今天的商业银行已经被赋予更广泛、更深刻的内涵,逐渐成为多功能、综合性的“金融百货公司”。

一、商业银行的产生

西方银行的原始状态可以追溯到公元前的古巴比伦文明古国时期。据英国大百科全书记载，早在公元前16世纪，在古巴比伦就有一家里吉比银行。考古学家在阿拉伯大沙漠发现的石碑证明，在公元前2000年以前，古巴比伦的寺院对外放款，而且放款采用由债务人开具类似本票的文书交由寺院收执的方式，且此项文书可以转让。公元前4世纪，希腊的寺院、公共团体、私人商号也从事各种金融活动，但这种金融活动只限于货币兑换业性质，还没有办理放款业务。罗马在公元前200年也有类似希腊银行业的机构出现，但较希腊银行业又有所进步，它不仅经营货币兑换业务，还经营贷放、信托等业务，同时对银行业的管理和监督有明确的法律条文。罗马银行业所经营的业务虽不属于信用贷放，但已具近代银行业务的雏形。人们公认的早期银行的萌芽，起源于文艺复兴时期的意大利。银行一词的英文为Bank，是由意大利文Banca演变而来的。在意大利文中，Banca是长凳的意思。最初银行家均为祖居在意大利北部伦巴第的犹太人，他们为躲避战乱，迁移到英伦三岛，以兑换、保管贵重物品、汇兑等为业。在市场上人各一凳，据以经营货币兑换业务。倘若有人遇到资金周转不灵，无力支付债务时，就会招致债主们群起捣碎其长凳，兑换商的信用也即宣告破碎。英文破产为Bankruptcy即源于此。

早期银行业的产生与国际贸易的发展有着密切的联系。中世纪的欧洲地中海沿岸各国，尤其是意大利的威尼斯、热那亚等城市商贾云集，市场繁荣，是著名的国际贸易中心。但是，由于当时的社会封建割据，货币制度混乱，各国商人所携带的铸币形状、成色、重量各不相同，为了适应贸易发展的需要，必须进行货币兑换。于是，单纯从事货币兑换业并从中收取手续费的专业货币商便开始出现和发展。随着异地交易和国际贸易的不断发展，来自各地的商人们为了避免长途携带铸币而产生的麻烦和风险，开始把自己的货币交存在专业货币商处，委托其办理汇兑与交付。这时候的专业货币商已具有银行萌芽的最初职能：货币的兑换与款项的划拨。

随着接受的存款数目不断增加，商人们发现多个存款人不会同时支取存款，于是他们开始把汇兑业务中暂时闲置的资金贷放给社会上的资金需求者。最初，商人们贷放的款项仅限于自有资金，随着代理支付制度的出现，借款者即把所有借款项存入贷出者之处，并通知贷放人代理支付。可见，从实质上，贷款已不仅仅限于现实的货币，有一部分变成了账面信用，这标志着现代商业银行的本质特征已经显现。

在当时，意大利的主要商业银行有1171年设立的威尼斯银行和1407年设立的乔治银行等。16世纪末至17世纪初，商业银行普及到欧洲其他国家。如1609年成立的阿姆斯特丹银行，1619年成立的汉堡银行，1621年成立的纽伦堡银行等都是欧洲早期著名的银行。在英国，早期的银行业是通过金匠业发展而来的。17世纪中期，英国的金匠业极为发达，人们为了防止金银被盗，将金银委托给金匠保存。当时金匠业不仅代人保管金银，签发保管凭条，还可按客户的书面要求，将金银划拨给第三者。金匠业还利用自有资本发放贷款，以获取利息。同时金匠们签发的凭条可以代替现金流通于市场，称为金匠券，开了近代银行券的先河。这样，英国早期银行就在金匠业的基础上产生了。

这种早期的银行业虽已具备了银行的本质特征，但它仅仅是现代银行的原始发展阶段。因为这时银行业的生存基础还不是社会化大生产方式，银行业的放款对象主要是政府和封建贵族，放款带有明显的高利贷性质，其提供的信用还不利于社会化再生产过程。但早期银行业的出现，完善了货币经营业务，孕育了信贷业务的萌芽。早期银行演变成为现代商业银行则是17世纪末至18世纪初的事情，而这种转变还要求具备经济发展过程中的某些特殊条件。

现代商业银行的最初形式是资本主义商业银行，它是资本主义生产方式的产物。随着社会生产力的发展、生产技术的进步、社会劳动分工的扩大，资本主义生产关系开始萌芽。一些手工场主同城市富商、银行家一起形成新的阶级——资产阶级。由于封建主义银行贷款具有高利贷性质，年利率平均在20%～30%，严重阻碍了社会闲置资本向产业资本的转化。另外，早期银行的贷款对象主要是政府等一批特权阶层而非工商业，新兴的资产阶级工商业无法得到足够的信用支持，而资本主义生产方式产生与发展的重要前提是要有大量的组织资本主义生产所必需的货币资本。因此，新兴的资产阶级迫切需要建立和发展资本主义银行。

现代商业银行主要通过两种途径产生。第一个途径是从旧的高利贷银行转变而来。早期银行如意大利的威尼斯银行等建立时资本主义生产方式尚未确立，当时的贷款主要是高利贷。随着资本主义生产关系的确立，高利贷因利息过高而影响了资本家的利润，不利于资本主义经济的发展。此时高利贷银行面临着贷款需求锐减的困境，要么关闭，要么顺应资本主义经济发展的需要，降低贷款利率，并主要为工商企业提供流动性贷款，从而转变为商业银行，不少高利贷银行选择了后者。这是早期商业银行产生的主要途径。

商业银行产生的第二个途径是根据资本主义经济发展，按照资本主义原则，以股份公司形式组建而成。大多数商业银行是按这一方式建立的。英国是最早设立股份制银行的国家。1694年英国政府为了同高利贷做斗争，维护新生的资产阶级发展工业和商业的需要，决定成立一家股份制银行——英格兰银行，并且规定英格兰银行向工商企业发放低利率（5%～6%）贷款，支持工商业发展。由于英格兰银行募集股份资本高达120万英镑，实力十分雄厚，很快就动摇了高利贷银行在信用领域内的垄断地位，英格兰银行的组建模式很快被推广到欧洲其他国家。从此，商业银行也开始在世界范围内得到普及。

与西方商业银行相比，中国的银行产生较晚。中国关于银行业的记载，较早的是南北朝时的寺庙典当业。到了唐朝，出现了类似汇票的“飞钱”，这是我国最早出现的汇兑业务。北宋时，四川富商发行的交子成为我国早期的纸币。到了明清以后，当铺是中国主要的信用机构。明朝末期，一些较大的经营银钱兑换业务的钱铺发展成为银庄。银庄产生初期，除兑换银钱外，还从事贷放，到了清朝，才逐渐开始办理存款、汇兑业务，但最终在清政府的限制和外国银行的压迫下，走向衰落。我国近代银行业是在19世纪中期外国资本主义银行入侵之后兴起的。最早到中国来的外国银行是英商东方银行（丽如银行），其后各主要资本主义国家纷纷来华设立银行。在华外国银行虽给中国国民经济带来巨大破坏，但在客观上也对我国银行业的发展起了一定的刺激作用。为了摆脱外国银行的支配，清政府于1897年在上海成立了中国通商银行，标志着中国现代银行的产生。此后，浙江兴业银行、交通银行相继建立。

二、商业银行的发展

尽管各国商业银行产生的具体条件不同，其称谓也不尽一致，但是它们的发展基本循着两种传统。

第一种是英国式融通短期资金传统，也称职能分工型银行。时至今日，英国和美国商业银行的贷款仍以短期商业性贷款为主。这一传统在英国形成有其历史渊源。英国是最早建立资本主义制度的国家，也是最早建立股份制企业的国家，所以英国的资本市场比较发达，企业的资金来源主要依靠资本市场的募集。另外，直到工业革命初期，企业生产设备都比较简单，所需长期占用资本在总资本中占的比重小，这部分资本主要由企业向资本市场筹集，很少向银行贷款。企业向银行要求的贷款主要用于商品流转过程中的临时性短期贷款。就银行方面来说，早期的商业银行处在金属货币制度下，银行资金来源主要是流动性较大的活期存款，银行本身的信用创造能力有限。为了保证银行经营的安全，银行也不愿意提供长期贷款，这种银行借贷资本的供求状况决定了英国商业银行形成了以提供短期商业性贷款为主的业务传统。英国式融通短期资金传统的优点是能较好地保持银行的清偿能力，银行经营的安全性较好；缺点是银行业务的发展受到限制。

第二种是德国式综合银行传统，也称全能型银行。依据这一传统发展的商业银行，除了提供短期同业性贷款外，还提供长期贷款，甚至投资于企业的股票和债券，替公司包销证券，参与企业的决策和发展，并为企业并购提供财务支持和财务咨询的投资银行服务。至今，不仅德国、瑞士、奥地利等少数国家仍一直坚持这一传统，而且自 20 世纪 90 年代以来，美国、日本等国的商业银行也开始朝着综合银行的方向发展。综合银行传统之所以会在德国形成，与德国历史发展有关。德国是一个后起的资本主义国家，在它确立资本主义制度时，便面临着英国、法国等老牌资本主义国家社会化大工业的有力竞争，这就要求德国的企业必须有足够的资本与之竞争。但是德国资本主义制度建立比较晚，其国内资本市场落后，德国企业不仅需要银行提供短期流动资金贷款，还需要其提供长期固定资产贷款，甚至要求银行参股。德国银行为了巩固和客户的关系，也积极参与企业经营决策，与企业保持密切的联系。因此，在德国最早形成金融资本、产生金融寡头也就理所当然了。德国式综合银行的优点是有利于银行展开全方位的业务经营活动，充分发挥商业银行在国民经济活动中的作用；缺点是会加大银行的经营风险，对银行经营管理提出了更高要求。

总而言之，商业银行发展到今天，与其当时因发放基于商业银行行为的自偿性贷款从而获得商业银行的称谓相比，已相去甚远。今天的商业银行已经被赋予更广泛、更深刻的内涵。特别是第二次世界大战以来，随着社会经济的发展，银行业竞争的加剧，商业银行的业务范围不断扩大，逐渐成为多功能、综合性的“金融百货公司”。

自 20 世纪 90 年代以来，国际金融领域出现了不少新情况，直接或间接地对商业银行的经营与业务产生了深远的影响。这些影响主要表现在，银行资本越来越集中，国际银行业出现竞争新格局；国际银行业竞争激化，银行国际化进程加快；金融业务与工具不断创新，金融业务进一步交叉，传统的分业经营模式朝着综合化、全能化模式转化；金融管制不断放宽，金融自由化趋势日益明显；证券市场蓬勃发展，国内外融资出现证券化趋势；出现了经济全球化的趋势。这些发展趋势和变化必将对今后商业银行制度与业务的发展产生更加深远的影响。

第二节　商业银行的性质及职能

商业银行是一种以追求最大利润为目标,以经营金融资产和负债为对象的特殊企业。它的基本职能包括信用中介、支付中介、信用创造、金融服务、调节经济等。

一、商业银行的性质

从商业银行的起源和发展历史来看,我们可以将商业银行的性质归纳为以追求最大利润为目标,以经营金融资产和负债为对象,向客户提供多功能、综合性服务的金融企业。

首先,商业银行是一种企业,它具有现代化企业的基本特征。同一般的工商企业一样,商业银行也具有业务经营所需的自有资金,也需独立核算、自负盈亏,也要把追求最大限度的利润作为自己的经营目标。获取最大限度的利润是商业银行产生和发展的基本前提,也是商业银行经营的内在动力。就此而言,商业银行与一般的工商企业没有差别。

其次,商业银行与一般的工商企业又有不同,它是一种特殊的企业。商业银行的特殊性主要表现在以下几个方面:①商业银行的经营对象和内容具有特殊性。一般工商企业经营的是物质产品和劳务,从事商品生产和流通;而商业银行以金融资产和负债为经营对象,经营的是特殊商品——货币和货币资本,经营的内容包括货币收付、借贷以及各种与货币运作有关的或者与之相联系的金融服务。②商业银行对整个社会经济的影响以及受社会经济影响的特殊性。通常,商业银行对整个社会经济的影响要远远大于其他企业,同时,商业银行受整个社会经济的影响也较任何一个具体企业更为明显。③商业银行责任特殊。一般工商企业只以营利为目标,只对股东和使用自己产品的客户负责;商业银行除了对股东和客户负责之外,还必须对整个社会负责。

最后,商业银行不同于其他的金融机构。商业银行是一种特殊的金融企业,它既有别于国家的中央银行,又有别于专业银行(西方指定专门经营范围和提供专门性金融服务的银行)和其他非银行金融机构。中央银行是国家的金融管理当局和金融体系的核心,具有较高的独立性,它不对客户办理具体的信贷业务,不以营利为目的。专业银行和各种非银行金融机构只限于办理某一方面或几种特定的金融业务,业务经营具有明显的局限性。而商业银行的业务经营则具有很强的广泛性和综合性,它既经营零售业务,又经营批发业务,其业务触角已延伸至社会经济生活的各个角落。随着金融自由化和金融创新的发展,商业银行的业务和所提供的服务范围越来越广泛,现代商业银行正朝着“金融百货公司”和“万能银行”的方向发展。

二、商业银行的职能

商业银行作为一国经济中最重要的金融中介机构,具有不可替代的作用,商业银行的经济职能恰恰能够说明这一点。

（一）信用中介职能

信用中介职能是商业银行最基本也最能反映其经营活动特征的职能。这一职能的实质是通过商业银行的负债业务，把社会上的各种闲散资金集中到银行，再通过商业银行的资产业务，投向社会经济各部门。商业银行作为货币资本的贷出者和借入者实现货币资本的融通。商业银行通过信用中介职能实现资本盈余与短缺之间的调剂，并不改变货币资本的所有权，改变的只是其使用权。这种使用权的改变，对经济活动可以起到多层面的调节转化作用。首先，可以把暂时从再生产过程中游离出来的闲置资金转化为可用资金，从而在不改变社会资本总量的条件下，通过改变资本的使用量，提供扩大生产手段的机会。其次，商业银行通过开办活期存款和储蓄存款等业务，把闲散在居民手中的货币集中起来，投放到生产和流通部门，成为生产资本、商品资本或货币资本。扩大了社会资本的规模，促进了生产和流通的发展，加速了经济增长。最后，续短为长，把短期货币资本转化为长期货币资本，满足社会对长期资本的需求。由于商业银行存款种类多样化，可以使众多短期资金来源在期限上相衔接，变成数额巨大的长期稳定余额，用于满足社会对长期借贷资本的需求。同时，在利润原则支配下，还可以把货币资本从效益低的部门引向效益高的部门，形成对经济结构的调节。

（二）支付中介职能

支付中介职能是指商业银行利用活期存款账户，为客户办理各种货币结算、货币收付、货币兑换和转账存款等货币经营业务的职能。支付中介职能是商业银行的传统职能，借助这一职能，商业银行成为工商企业、政府、家庭个人的货币保管者、出纳人和支付代理人，是社会经济活动的出纳中心和支付中心，并成为整个社会信用链的枢纽。

支付中介职能从逻辑上先于信用中介职能，它最早产生于货币经营时期。货币经营者在货币保管和办理支付中积聚了大量货币，为使货币增值而发放贷款，于是产生了信用中介职能。但支付中介职能的发展，也有赖于信用中介职能，因为只有在客户保存一定存款余额的基础上，才能办理支付。当存款金额不足时，客户会要求银行贷款，而贷款又转化为新的客户存款，又需办理新的支付。可见支付中介职能与信用中介职能是相互联系、相互促进的，两者的互动构成了银行借贷资本的整体运动。

商业银行在发挥其支付中介职能的过程中，具有两个明显的作用。第一，它可使商业银行持续拥有比较稳定的廉价资本来源。客户要想利用商业银行的支付中介职能，获得转账结算等服务便利，首先必须在商业银行开立活期存款账户，并存入一定的资金。这就使得商业银行能集中大量低息甚至无息资金，有利于降低银行资金成本。第二，它可节约社会流通费用，增加生产资本投入。商业银行广泛提供非现金转账结算和支票收付服务，既可加速资金周转，又可大大减少现金的使用量和流通量，进而使现金的保管费、铸造费、运转费等社会流通费用大大减少，从而可以将更多的资金投入生产，促进生产扩大，以提供更好的产品。

（三）信用创造职能

商业银行的信用创造职能是在信用中介职能与支付中介职能的基础上产生的，它是商业银行的特殊职能。所谓信用创造职能是指商业银行利用其可以吸收各类活期存款的有利条件,通过发放贷款、从事投资业务而衍生出更多存款,从而扩大社会货币供应量。当然,此种货币不是现金货币,而是存款货币,它只是一种账面上的流通工具和支付手段。

需要注意的是,商业银行不能够无限制地创造信用,更不能凭空创造信用。商业银行信用创造职能的发挥要受以下因素制约:首先,商业银行信用创造要以原始存款为基础。就每一个商业银行而言,要根据存款发放贷款和投资;就整个商业银行体系而言,也要在原始存款的基础上进行信用创造。因此,信用创造的限度,取决于原始存款的规模。其次,商业银行信用创造要受中央银行法定存款准备金率及现金漏损率的制约,创造能力与其成反比。最后,创造信用的条件是要有贷款需求,如果没有足够的贷款需求,存款贷不出去,就谈不上信用创造,因为有贷款才有派生存款;相反,如果归还贷款,就会相应地收缩派生存款,收缩程度与派生程度一致。因此,对商业银行来说,吸收存款的多少具有非常重要的意义。此外,影响商业银行信用创造功能发挥的因素还有很多,如公众的流动性偏好、市场利率预期等。

(四)金融服务职能

向社会中的个人、企业及政府部门提供优质的金融服务是商业银行的重要职能之一。商业银行可以利用其在国民经济活动中的特殊地位,以及在提供信用中介和支付中介业务过程中所获得的大量信息,运用计算机等先进工具,为客户提供多种金融服务。这些服务主要包括服务咨询、代理融通、信托、租赁、计算机服务、现金管理、经纪人业务、国际结算等。通过提供这些服务,商业银行一方面扩大了社会联系面和市场份额,另一方面也为银行取得不少的费用收入,同时也加快了信息传播,提高了信息技术的利用价值,促进了信息技术的发展。商业银行是各行各业中最先大规模使用计算机和信息技术的部门之一,也正是由于银行业和信息技术产业的紧密结合,才推动了信息技术的迅速发展,为人类社会进入信息经济时代创造了有利条件。借助于日新月异的信息技术,商业银行的金融服务职能也正在发挥着越来越大的作用,并使整个商业银行发生着革命性的变化,向着电子银行、网上银行的方向发展。与此同时,现代化的社会生活,也从多方面给商业银行提出了创新金融服务的要求。如何保持竞争优势、借鉴和吸收国际经验、不断开发新的业务领域和业务品种,是各国商业银行面临的一个新的艰巨任务。

(五)调节经济职能

调节经济职能是指商业银行通过其信用中介活动,调节社会各部门的资金余缺,同时在中央银行货币政策的指引下,在国家其他宏观政策的影响下,实现调节经济结构,调节投资与消费比例关系,引导资金流向,实现产业结构调整,发挥消费对生产的引导作用的功能。有时,商业银行还可以通过在国际市场上的融资活动来调节本国的国际收支变化。

第三节　现代商业银行的组织结构

商业银行自诞生以来,已经形成了多种组织形式,发挥着各种功能,满足社会公众不同的需要。然而无论采取何种组织形式,商业银行都必须以效率为原则。同时,由于商业银行与社会经济生活存在着紧密的联系,因此各国银行的经营均受到政府全面和广泛的监督。

商业银行的组织形式既与其发挥的功能有关,也受银行规模的影响。因为商业银行规模大小与商业银行的作用一般呈正相关关系,银行规模越大,所提供的金融服务就越多,对经济生活发挥的作用就越大,因此也决定了银行的组织形式。

商业银行的组织形式是指商业银行在社会经济生活中的存在形式。从全球的角度来看,商业银行主要有独家银行制、总分行制和银行控股公司制三种类型。

一、独家银行制

独家银行制又称为单一银行制,其特点是银行业务完全由各自独立的商业银行经营,不设或限设分支机构。这种银行制度在美国非常普遍,是美国最古老的银行形式之一,通过一个网点提供所有的金融服务。美国是各州独立性较强的联邦制国家,历史上经济发展很不平衡,东西部悬殊较大。为了适应经济均衡发展的需要,反对金融权力集中,各州都立法禁止或限制银行开设分支机构,特别是跨州设立分支机构。

独家银行制的优点是:①限制银行业垄断,有利于自由竞争。②有利于银行与地方政府的协调,能适合本地区需要,集中全力为本地区服务。③各银行独立性和自主性很大,经营较为灵活。④管理层次少,有利于中央银行管理和控制。

但是独家银行制度本身存在着严重的缺陷:①商业银行不设分支机构,与现代经济的横向发展和商品交换范围的不断扩大存在着矛盾;同时,在电子计算机等高新技术大量应用的条件下,其业务发展和金融创新受到限制。②银行业务多集中于某一地区、某一行业,容易受到经济波动的影响,筹资不易,风险集中。③银行规模较小,经营成本高,不易取得规模经济效益。

二、总分行制

总分行制的特点是:法律允许商业银行除了总行以外,在国内外各地普遍设立分支机构。通常,总行设在大中心城市,所有分支机构统一由总行领导指挥。总分行制度起源于英国的股份银行。按总行的职能不同,总分行制又可以进一步划分为总行制和总管理处制。总行制银行是指总行除管理控制各分支行外,本身也对外营业。总管理处制是指总行只负责控制各分支行,不对外营业,总行所在地另设对外营业的分支行或营业部。

总分行制的优点在于:①分支机构较多,分布广,业务分散,因而易于吸收存款,调剂资金,充分有效地利用资本;同时由于放款分散、风险分散,可以降低放款的平均风险,提高银行的安全性。②银行规模较大,易于采用现代化设备,提供多种便利的金融服务,取得规模效益。③由于银行总数少,便于金融当局的宏观管理。然而,总分行制的缺点在于容易造成大银行对小银行的吞并,形成垄断,妨碍竞争;同时,银行规模过大,内部层次、机构较多,管理困难。

目前,世界上大多数国家都实行总分行制,我国也是如此。对独家银行制和总分行制在经营效率方面的优劣是很难简单加以评判的。

三、银行控股公司制

银行控股公司制又叫集团银行制，即由一个集团成立股权公司，再由该公司收购或控制若干家独立的银行。在法律上，这些银行是独立的，但其业务与经营政策统属于股权公司控制。这种商业银行的组织形式在美国最为流行。它是 1933～1975 年美国严格控制银行跨州经营时期，立法方面和商业银行之间管制—逃避—再管制斗争的结果。在 20 世纪 90 年代，美国银行控股公司制银行超过了 8 700 家，占该行业总资产的 90% 以上。银行控股公司使得银行能更便利地从资本市场上筹集资金，并通过关联交易获得税收上的好处，也能够规避政府对跨州经营银行业务的限制。银行控股公司制的缺点是：容易形成银行业的集中和垄断，不利于银行业之间开展竞争，并在一定程度上限制了银行经营的自主性，不利于银行的创新活动。

银行控股公司有两种类型，即非银行性控股公司和银行性控股公司。前者为通过大企业控制某一家银行的主要股份而组织起来；后者为大银行直接组织一个控股公司，有若干家较小的银行从属于这一家大银行，例如著名的花旗集团就是银行控股公司，它已经控制着 300 多家银行。一般把控制一家银行的称为单一银行控股公司，把控制两家以上银行的称为多银行控股公司。

第四节 商业银行的业务

商业银行的主要业务一般包括负债业务、资产业务和中间业务。

一、商业银行的负债业务

负债业务，是商业银行组织资金来源的业务活动，是形成商业银行开展资产业务的资金基础，也是保证商业银行生存以及发展的关键业务。商业银行的负债，主要由存款性资金来源和非存款性资金来源构成。存款性资金来源是指商业银行所吸收的各种存款，而非存款性资金来源是指商业银行从其他资金来源渠道，如国内金融市场、中央银行以及国际金融市场等获取的资金。

（一）存款性资金来源

存款性资金来源包括的类型很多，常见的有活期存款、定期存款等。西方国家的商业银行，也常根据存款的特性，将其分为交易账户和非交易账户。

1. 交易账户

所谓交易账户，通常是指私人和企业为了交易目的而开立的支票账户，客户可以通过支票、汇票、电话转账、自动出纳机等提款或对第三者支付款项。主要包括活期存款、可转让支付命令账户、货币市场存款账户、自动转账制度等多种类型。

活期存款是指客户不需预先通知、可随时提取或支付的存款，由于其传统上提取的方式以开立支票的形式来完成，因此也常被称为支票存款。这种存款传统上只能由商业银行经营，是商业银行创造存款货币的基础。随着金融机构业务的不断创新，目前很多西方国家的储蓄银行和其他金融机构也能经营。

2. 非交易账户

非交易账户，一般也被称为储蓄账户，主要由储蓄存款和定期存款构成。储蓄存款一般是指个人为积蓄货币和取得利息收入而开立的存款账户。储蓄存款不使用支票，而是用存折或存单，手续比较简单。一般地，储蓄存款有活期存款和定期存款两种。

定期存款是相对于活期存款而言的，是一种由存户预先约定存储期限的存款。期限一般为3个月、6个月和1年不等，但也有1年以上、3年、5年甚至更长的。利率也随着期限的长短而高低不等，但总是高于活期存款利率。由于定期存款的存期固定，并且期限较长，所以为商业银行提供了稳定的资金来源，对商业银行进行长期放款和投资等都具有重要意义。

（二）非存款性资金来源

商业银行除了上述存款性资金作为主要的资金来源以外，还通过各种借入资金渠道获取所需要的资金，形成非存款性资金。非存款性资金来源主要包括同业拆借、中央银行的贴现借款、证券回购、国际金融市场融资和发行中长期债券等。

1. 同业拆借

同业拆借是商业银行常用的获取短期资金的简便方法。由于商业银行在日常的经营中有时会出现暂时的资金闲置，有时又会发生临时性的资金不足，同业拆借资金市场恰好满足了资金供求双方的需要：临时发生流动性不足的银行通过同业拆借获取资金；而临时有资金闲置的银行通过拆借方式使资金得以运用。通常，同业拆借要在会员银行之间通过银行间资金拆借系统完成。

在西方国家，由于中央银行对商业银行所存入的存款准备金不支付利息；同时，商业银行对一部分活期存款也不支付利息，这就更加刺激了商业银行将闲置的资金投放到同业拆借市场以获取盈利的行为。在我国，目前中央银行对商业银行的准备金支付存款利息，商业银行对各类存款，包括活期存款等也都支付相应的利息。因此，银行间同业拆借的主要目的，是补充准备金的不足和保持银行资金的流动性。只有当由拆借资金的投资所得高于中央银行存款准备金利率时，银行将拆借资金用于投资才是合算的。

2. 中央银行的贴现借款

商业银行为了满足资金需求，还可以从中央银行取得贴现借款。此时，商业银行须持中央银行规定的票据向中央银行申请抵押贷款。商业银行获得贴现借款的利率由中央银行规定，而这一利率恰是中央银行调节商业银行准备金的最重要的利率之一。如果中央银行调高它的贴现率，则意味着中央银行将实施紧缩的货币政策；相反，贴现率的降低则意味着货币政策的松动。因此，通过调节中央银行的贴现率，可以起到紧缩或放松银根的作用。

3. 证券回购

由于金融市场的快速发展，银行所持有的短期政府债券的规模随之越来越大。此时，商业银行可以用签订回购协议的方式进行融资。所谓回购协议，是指商业银行在出售证券等金融资产时与证券的购买者签订协议，约定在一定期限后按约定价格购回所卖证券，以获得即时可用资金的交易方法。回购协议可以是隔夜回购，也可以是较长时期的回购，但一般不超过半年。利用回购协议进行资金融通，不仅可以使商业银行充分利用这些流动性强、安全性好的优质资产进行融资;并且,由于其利率一般低于同业拆借的利率,因此,回购协议可以为商业银行带来更高的收益。当然,回购协议也不是绝对安全的,有时也会发生违约风险。

4. 国际金融市场融资

商业银行利用国际金融市场也可以获取所需的资金,最典型的是欧洲货币存款市场。当商业银行所接受的存款货币不是本国货币时,该存款就叫作国际货币存款。欧洲货币存款最早起源于欧洲,但是目前已经突破欧洲范围而遍及世界各地。商业银行从国际金融市场融资,既可以通过专门的机构进行,也可以通过自己的海外分支机构完成。

5. 发行中长期债券

发行中长期债券,是指商业银行以发行人的身份,通过承担债券利息的方式,直接向货币所有者举借中长期债务的一种融资方式。商业银行发行中长期债券的好处是能够保证商业银行资金的稳定,但是其所承担的利息成本较其他融资方式要高,并且资金成本的提高又会迫使商业银行不得不去经营风险较高的资产业务,这就从总体上增加了商业银行的经营风险。

对于商业银行发行中长期债券,各国都有自己的法规限制。一般来说,西方国家比较鼓励商业银行发行长期债券,尤其是资本性债券;而我国目前对此则仍有一定的限制,因此商业银行通过发行中长期债券获得的融资比例很低。

近年来,随着金融市场的蓬勃发展,各种金融创新不断出现,商业银行与非银行金融机构之间的业务竞争不断加剧,从而带来商业银行的存款性资金来源占负债的比重不断降低,非存款性资金来源比重不断提高。并且,存款负债中定期存款的比重在逐渐上升,交易性存款已不再是商业银行重要的资金来源。例如,美国银行业的负债中,交易存款在存款总额中的比重由20世纪50年代的四分之三下降到20世纪90年代初的三分之一左右,取而代之的是可转让大额存单的发行以及其他各种类型的货币市场工具的使用。这些变化,也导致了商业银行负债经营成本的提高与商业银行经营风险的增大。

二、商业银行的资产业务

商业银行的资产业务是指商业银行将通过负债业务筹集的货币资金加以运用的业务,这是取得收益的主要途径。从商业银行的资产负债表上看,除了房屋、设备等固定资产外,商业银行资产主要包括以下三类。

(一)现金资产

这是商业银行资产中最富流动性的部分,虽然不能直接产生收益,但却是商业银行日常经营所必需的。现金资产主要包括库存现金、法定准备金、存放同业的存款和托收未到款等。商业银行现金管理的基本目的是满足客户提取存款、进行日常交易的需求。现金资产通常不能为商业银行带来利息收入,因此,商业银行现金管理的原则应该是:尽量减少现金持有量,加快现金周转,以降低机会成本。但是商业银行也要注意因过少的现金储备而可能带来的风险。

(二)贷款

这是商业银行最主要的、最传统的资产业务,也是商业银行获得利润的重要途径。贷款的规模和结构,对商业银行经营的安全性、流动性、营利性具有重要的影响,因而成为商业银行经营管理的重心。近年来,随着国际银行业中金融创新步伐的加快以及直接融资市场的迅速发展,商业银行的贷款业务发生了很大变化,如主要的贷款对象由公司客户转向了个人客户,消费信贷得到了大规模发展,这些不仅使商业银行的贷款规模的扩张得以保持,同时也开拓了银行业务新的增长点和盈利点。

(三)投资

投资是商业银行获取收入的又一个重要来源,这里主要是指证券投资。由于各国法律和商业银行经营环境存在差异,商业银行参与证券投资的范围和程度也存在极大的差异,因此对商业银行总体经营的影响程度也是非常不同的。在实行综合经营的国家,商业银行的证券投资业务不仅是其保持流动性的重要手段,也是商业银行盈利的重要渠道,其在资产中所占份额的比重与贷款相差不大。而在分业经营的国家,如现阶段的我国,商业银行从事证券投资的范围很小,证券类资产占商业银行总资产的比重较低,既不能满足商业银行流动性管理的需求,也不构成商业银行盈利的主要份额。

由于商业银行需要通过对资产进行合理有效的运用,才能够获取预期收益,因此,商业银行在开展资产业务时,需要特别注意对资产风险的控制。这种风险控制可以通过多种方式进行,包括:建立健全科学、合理的决策体系;采用适宜的方法来分散风险、转移风险等;运用一定的风险管理方法,如对贷款进行分类管理,建立风险预警系统;建立相应的损失准备金,以尽可能地抵消资产的风险损失等。2023 年 1 月,中资全国性大型银行人民币信贷收支表如表 5.1 所示。

表 5.1　中资全国性大型银行人民币信贷收支表

2023 年 1 月　　单位:亿元

来源方项目	金额	运用方项目	金额
一、各项存款	1 234 219.64	一、各项贷款	1 054 827.36
(一)境内存款	1 225 624.24	(一)境内贷款	1 049 952.14
1. 个人存款	667 891.36	1. 短期贷款	206 262.48
其中:活期储蓄存款	251 866.85	2. 中长期贷款	800 753.97
定期储蓄存款	236 239.76	3. 票据融资	42 055.99
结构性存款	6 329.24	4. 融资租赁	
2. 单位存款	457 716.07	5. 各项垫款	879.70
其中:活期存款	168 378.60	(二)境外贷款	4 875.23
定期存款	93 907.75	二、债券投资	372 620.75
保证金存款	13 417.31	三、股权及其他投资	33 922.97
结构性存款	11 569.01	四、买入返售资产	34 923.27
3. 国库定期存款	2 945.04	五、存放中央银行存款	111 993.31
4. 非存款类金融机构存款	97 071.78	六、银行业存款类金融机构往来(运用方)	32 888.31

续表 5.1

来源方项目	金额	运用方项目	金额
(二)境外存款	8 595.39		
二、金融债券	141 479.15		
三、卖出回购资产	6 901.92		
四、向中央银行借款	59 027.04		
五、银行业存款类金融机构往来(来源方)	47 561.18		
六、其他	151 987.05		
资金来源总计	1 641 175.98	资金运用总计	1 641 175.98

数据来源:中国人民银行官网。

【金融视角】商业银行:乡村振兴金融服务的主力军

党的二十大报告指出:“全面建设社会主义现代化国家,最艰巨最繁重的任务仍然在农村。”2023 年《政府工作报告》提出:“稳定粮食生产和推进乡村振兴。…… 发展乡村特色产业,拓宽农民增收致富渠道。巩固拓展脱贫攻坚成果,坚决防止出现规模性返贫。推进乡村建设行动。”银行业金融机构探索形成了不少金融助力乡村振兴的有益经验。近年来,无论是国有大型银行,还是地方中小型银行,都加大了金融支持全面推进乡村振兴的工作力度,并取得了显著成绩。截至 2022 年 6 月末,我国涉农贷款余额 47.1 万亿元,比 2017 年末增长 52.2%;普惠型涉农贷款余额 9.91 万亿元,比 2017 年末增长 94.5%。推动大型商业银行适度下沉业务层级,立足本行优势,创新产品设计,优化网点布局,持续提升错位竞争能力,增加首贷客户数量,更好地服务好农业龙头企业。发挥好城商行、农村信用社、农村商业银行及村镇银行的主力军作用,坚守支农支小定位,切实满足小微企业、新型农业经营主体和村集体经济发展的金融需求。

资料来源:中国人民银行官网

三、商业银行的中间业务

除了负债业务和资产业务之外,商业银行的中间业务也是极其重要的,并且其在商业银行经营中的地位也正在不断上升。对于商业银行的中间业务,有着多种解释。一般比较常见的解释,是资产负债表以外的业务。从范围的宽窄情况来看,一般包括广义的表外业务与狭义的表外业务。

广义的表外业务,一般是指商业银行所从事的、按通行的会计准则不列入资产负债表内,不影响商业银行资产负债总额,但可能影响商业银行当期损益,改变银行资产报酬率的各种业务经营活动。广义的表外业务中,涵盖狭义的表外业务和金融服务类业务两种业务类型。

狭义的表外业务,是指未列入商业银行资产负债表内,但与银行资产负债表内的资产业务和负债业务联系密切,并在一定条件下会转变为表内资产业务和负债业务的经营活动。这部分业务通常也被描述为银行的或有债权与或有债务、或有资产与或有负债。狭义的表外业务,是商业银行所从事的具有风险的其他业务经营活动。主要包括:①承诺业务,包括回购业务、贷款承诺、票据发行便利等业务。②担保,包括各种保函、商业信用证、备用信用证、贷款出售、票据承兑等业务。③衍生金融工具,包括掉期、期权、期货、远期合约、各种利率交易等业务。④投资商业银行业务,包括证券代理、包销和分销等业务。

而广义的表外业务中的金融服务类业务,一般是指商业银行不运用或较少运用自己的资产,以中间人的身份替客户办理收付业务或其他委托事项,为客户提供各类金融服务并收取手续费的业务,即中间业务。主要包括:信托与咨询、支付结算、各种代理业务、与贷款有关的各种服务业务以及进出口服务业务(如代理行业务、出口保险业务)等。

根据中国人民银行2001年7月4日公布的《商业银行中间业务暂行规定》与2002年4月公布的《中国人民银行关于落实〈商业银行中间业务暂行规定〉有关问题的通知》的相关规定,我国将上述所说的商业银行的广义表外业务统称为中间业务。目前,我国商业银行可以从事的中间业务有如下九大类。

(一)支付结算类中间业务

支付结算类中间业务是指由商业银行为客户办理因债权债务关系引起的与货币支付、资金划拨有关的收费业务,包括国内外结算业务。

(二)银行卡业务

银行卡是由经授权的金融机构(主要指商业银行)向社会发行的具有消费信用、转账结算、存取现金等全部或部分功能的信用支持工具。银行卡业务包括信用卡和借记卡业务。

(三)代理类中间业务

代理类中间业务是指商业银行接受客户委托、代为办理客户指定的经济事务、提供金融服务并收取一定费用的业务,包括代理政策性银行业务、代理中国人民银行业务、代理商业银行业务、代收代付业务、代理证券业务、代理保险业务、代理其他银行的银行卡收单业务等。

(四)担保类中间业务

担保类中间业务是指商业银行为客户债务清偿能力提供担保,承担客户违约风险的业务。主要包括商业银行承兑汇票、备用信用证、各类保函等。

(五)承诺类中间业务

承诺类中间业务是指商业银行在未来某一日期按照事前约定的条件向客户提供约定信用的业务,主要指贷款承诺,包括可撤销承诺和不可撤销承诺两种。

(六)交易类中间业务

交易类中间业务是指商业银行为满足客户保值或自身风险管理等方面的需要,利用各种金融工具进行的资金交易活动,主要包括衍生金融业务。

（七）基金托管业务

基金托管业务是指有托管资格的商业银行接受基金管理公司委托，安全保管所托管的基金的全部资产，为所托管的基金办理基金资金清算款项划拨、会计核算、基金估值、监管管理人投资运作的业务。包括封闭式证券投资基金托管业务、开放式证券投资基金托管业务和其他基金托管业务。

（八）咨询顾问类业务

咨询顾问类业务是指商业银行依靠自身在信息、人才、信誉等方面的优势，收集和整理有关信息，并通过对这些信息以及银行和客户资金运动的记录和分析，形成系统的资料和方案，提供给客户，以满足其业务经营管理需要的服务活动。

（九）其他类中间业务

其他类中间业务包括保管箱业务以及其他不能归入以上八类的业务。

从以上规定中可以看出，目前我国商业银行中间业务发展空间很大。由于受到分业经营的限制，我国商业银行目前能够开展的中间业务品种和服务范围仍很少，主要局限于传统的收费以及结算类服务。

第五节　商业银行的经营原则与管理

商业银行是独立法人，是企业，但它是经营货币资金授受信用的特殊企业，其资金来源主要是负债，因此在经营管理上与一般工商企业不同，有其特殊性。商业银行如何处理好营利性、安全性和流动性三者的关系，是商业银行经营管理的永恒主题。

一、商业银行的经营原则

（一）营利性

营利性是商业银行的基本方针，能否盈利直接关系到商业银行的生存和发展，是商业银行从事各种活动的动因。充足的盈利可以扩充银行资本，扩大经营，增强商业银行信誉，提高商业银行的竞争实力。如果商业银行无法盈利，投资者将丧失信心，商业银行的信誉将下降，可能引发商业银行的信用危机，导致客户挤兑，危及商业银行的生存。

商业银行的盈利是贷款利息收入、投资收入以及各种服务收入，扣除付给存款人的利息、商业银行自身的运营成本和费用所得的差额。对商业银行利润影响较大的因素包括：存贷款利差、其他业务手续费收入和管理费用。

商业银行盈利的增加，总的来说可以通过增收、节支两方面来实现。商业银行增加收入的渠道包括：第一，提高贷款利率。只要商业银行拥有一定的利率自主权，贷款出现需求大于供给，或客户存在某种劣势，商业银行就可以相应提高贷款的利率。第二，扩大贷款数量，这取决于客户需求和商业银行资金。商业银行应该主动实行贷款营销，扩大贷款；同时扩大资金来源作为保证。第三，增加各种手续费收入，主要指大力发展中间业务，积极拓展各种服务业务。第四，增加资本积累，推进设备更新。这是提高未来盈利能力的长期行为。商业银行减少支出的手段有：第一，降低负债的利息水平。可以通过改善服务来间接达到这一目的。第二,提高管理水平,降低各种管理费用,减少非经营性支出,尽可能地把事故、差错损失降到最低限度。

(二)安全性

安全性指商业银行的资产、收入、信誉以及所有经营生存发展条件免遭损失的可靠性程度。商业银行的特点在于极其依赖于从外部借入资金经营,因此安全性对于商业银行非常重要。安全性不仅关系到商业银行的盈利,而且关系到商业银行的存亡。商业银行倒闭往往不是因为盈利不足,而是因为其安全性遭到破坏。对商业银行安全性的威胁主要来自商业银行资金运用中存在的各种类型的风险,如信用风险、市场风险、购买力风险、内部风险和政策风险等。风险是遭受损失的可能性,这些风险一旦转变为现实,就成为损失,从而直接威胁到商业银行的安全性。按照现代金融中介理论的观点,风险管理已经成为金融中介机构活动的核心。对于商业银行而言,对风险的完全规避是一种消极行为,如此,商业银行将无法获得盈利,因为风险和收益是成正比的,没有风险也就意味着没有收益。因此,对于商业银行而言,关键在于如何有效地度量和管理风险,适度承担风险,并采取有效措施转移和分散风险,同时针对风险建立一定的风险准备,如资本金、呆账准备等,以有效防范和化解风险。

(三)流动性

商业银行的流动性指的是一种在不损失价值情况下的变现能力,一种足以应付各种支付的、充分的资金可用能力。

商业银行的流动性体现在资产和负债两个方面。资产的流动性指商业银行持有的资产能够随时得以偿付或在不贬值的条件下确有销路。负债的流动性指商业银行能够轻易地以较低成本随时获得所需要的资金。

流动性缺乏普遍适用的衡量标准。在商业银行经营实践中,通常以下列指标来粗略衡量其流动性:

(1)贷款/存款比率。一般比率越高,流动性越低。然而这一比率和商业银行的大小、经营管理水平的高低都有关,并且它未能反映存贷的期限、质量,未能说明贷款之外的其他资产的性质。

(2)流动性资产/全部负债比率。它忽略了负债方面的流动性因素。

(3)超额准备金。局限于超额准备金,因此不能全面对流动性加以体现。

(4)流动资产减易变性负债。它在理论上比较恰当,但在项目划分和定量测算上存在一些问题。

(5)存款增长额(率)减贷款增长额(率)。这是一种趋势性的指标,但是没有考虑具体存款、贷款在结构和性能上的差异。

(四)"三性"原则的对立统一

营利性、安全性和流动性之间是既相互矛盾又相互统一的。

营利性与安全性和流动性呈反向变动,这种矛盾来源于具体的概念界定。营利性是对利润的追求,这种要求越高,往往风险越大,安全性、流动性就越低。安全性、流动性意味着商业银行资产期限短、易转让。显然,这会使营利性降低。

营利性与安全性和流动性的统一体现在：第一，在某个范围内，“三性”可以达到某种可被接受的程度。在保本和资产较小可能损失的区间之内，“三性”可以令人满意。第二，在一定条件下，营利性、安全性和流动性可以同向变化。例如，得到政府担保或可靠保险的项目，营利性和安全性都很高；对于行政干预要求支持，但经营管理水平又很低的企业贷款，其营利性、安全性和流动性都很低。

安全性和流动性通常是统一的，安全性越高，流动性越大。但在一定条件下它们也会有反向变动的可能。例如，由政府担保的长期贷款，虽然安全性较高，但流动性不足。

对于“三性”原则的矛盾和统一，商业银行经营的总方针就是谋求“三性”的尽可能合理的搭配协调。“三性”原则的相对地位是：营利性为商业银行的目标，安全性是一种前提要求，而流动性是商业银行的操作性或工具性的要求。商业银行经营的总方针，就是在保证安全性的前提下，通过灵活调整流动性，来提高营利性。

二、商业银行的管理理论

（一）资产管理理论

西方商业银行的管理理论，是在各个时期商业银行管理经验的基础上发展起来的，并经历了长期的演变。传统的商业银行信奉资产管理理论，认为商业银行的利润来源主要在于资产业务，商业银行能够主动地加以管理的也是资产业务，而负债则取决于客户是否愿意来存款，商业银行对此是被动的。因此，商业银行经营管理的重点在资产方面，着重于如何适当地安排资产结构，致力于在资产上协调营利性、安全性和流动性的统一。在这种理论思想指导下，相继出现了真实票据论、可转换理论、预期收入理论等，为拓展商业银行资产的经营奠定了理论基础，并发展出了一系列资产管理的办法。

资产管理理论强调负债是商业银行既定的前提，资产的规模受负债规模的制约，商业银行管理层所能做的只是在既定的资产规模基础上，努力实现资产结构的优化调整。它十分注重使资产在期限上同负债相匹配，注重保持资产的流动性及分层次的准备金，还注重银行资本的充足性。

1. 真实票据论

这种理论又叫作商业贷款理论，源于亚当·斯密 1776 年发表的《国富论》一书。该理论认为商业银行的资金来源主要是同商业流通有关的闲散资金，都是临时性的存款，为了保障随时偿付提存，商业银行资产必须具有较大的流动性，因而商业银行只适宜发放短期的与商品周转相联系的商业贷款。这种贷款具有自偿性，即随着物资周转和产销过程的完成，贷款自然地从销售收入中得到偿还。据此，该理论强调贷款必须以商业行为为基础，以真实的商业票据为抵押，一旦企业不能偿还贷款，商业银行即可根据所抵押的票据处理有关商品。根据这一理论，商业银行不能发放不动产贷款、消费贷款、长期设备贷款和农业贷款，更不能发放用于证券投资的贷款。在相当长的时期内，真实票据理论占据着商业银行资产管理理论的支配地位，对于自由竞争条件下商业银行经营的稳定起到了一定的作用。

然而，随着经济的发展，这一理论的缺陷也越来越明显。首先，它未考虑到短期存款的沉淀部分和长期存款比重的上升，忽略了商业银行资金来源的潜力。其次，它对贷款多样化的否定是不利于经济增长的。再次,自偿性贷款未必能保证贷款的收回,有时长期贷款更可靠。最后,自偿性贷款随商业周期而波动,将影响金融体系的稳定。

2. 可转换理论

第一次世界大战以后,由于政府借债的需要及金融市场的进一步发展和完善,商业银行持有的政府证券增多,金融资产流动性加强,银行家对资产管理有了新的认识,提出了资产转换理论。这种理论认为,商业银行能否保持流动性,关键在于商业银行持有的资产能否转让变现。只要商业银行所掌握的证券易于在市场上出售,或易于向中央银行再贴现;只要商业银行的贷款有可以拍卖的抵押品,或可转让给中央银行,那么,商业银行资产就不必非限于短期商业贷款。

这一理论为商业银行的证券投资、不动产贷款和长期贷款打开了大门,在转换理论的影响下,商业银行资产范围显著扩大,业务经营更加灵活多样。但转换理论片面强调证券的转手,而忽略证券和贷款资产的真正质量,忽略了物质保证,为信用膨胀创造了条件。同时,它没有重视经济发展状况的影响,未考虑到在危机期间证券的大量抛售和价格暴跌而引发商业银行资产的巨额损失的可能。

3. 预期收入理论

第二次世界大战之后,经济危机的阴影加深,为了刺激投资和扩大市场,出现了多样化的资金需求。不仅短期贷款的需求有增无减,而且产生大量的设备和投资贷款要求。随着生产过剩矛盾的突出,消费信贷的需求也在增长。旨在促进消费信贷和项目投资的预期收入理论应运而生。该理论认为,任何商业银行资产能否到期偿还或转让变现,归根到底是以未来的收入为基础的。只要预期的未来收入有保障,通过分期偿还的形式,长期项目贷款和消费信贷都会保持一定的流动性和安全性;反之,如果未来收入没有保障,即使短期贷款也有偿还不了的风险。这一理论意味着商业银行资产可以不受期限和类型的影响,可以不考虑资产的自偿性和转换性,只要强调预期收入就够了。正是在这种理论的影响下,第二次世界大战后,分期付款的中长期设备贷款、住宅抵押贷款、消费贷款和租赁等资产业务迅速发展起来,成为支撑经济增长的重要因素。

不过,预期收入理论也有缺陷。首先,它把资产经营完全建立在商业银行预测的基础上,缺乏足够的可靠性。其次,在资产期限很长的情况下,不确定性增加,债务人收入状况可能会恶化,未来的偿付能力可能比预期的要小。因此,预期收入理论必须慎重使用。

4. 超货币供给理论

商业银行购买资产,从来都被视作提供货币的行为,商业银行仅仅是用信贷方式供给货币的机构。但随着货币形式的多样化,能够提供货币的非银行金融机构越来越多,商业银行的信贷市场竞争的压力日益加剧,商业银行再也不能单纯地提供货币了。20 世纪六七十年代以来,出现了超货币供给理论,该理论认为,商业银行信贷提供货币只是达到它经营目标的手段之一,除此之外,它不仅有多种可供选择的手段,而且有广泛的同时兼达的目标,因此,商业银行资产管理应超越货币的狭隘眼界,提供更多的服务。根据这一理论,商业银行在购买证券和发放贷款以提供货币的同时,积极开展投资咨询、项目评估、市场调查、信息分析、管理顾问、计算机服务、委托—代理等多方面配套业务,使商业银行资产管理达到了前所未有的广度和深度。在非金融企业侵入金融竞争领域的时候,超货币供给理论使商业银行获得了与之相抗衡的武器，从而改善了商业银行的竞争地位。实际上，超货币供给理论就是提倡大力发展中间业务的理论。

（二）负债管理理论

20 世纪 60 年代以前，资产管理理论支配着商业银行的经营管理。在当时的情况下，非银行金融机构尚未形成气候，金融市场尚不发达，商业银行资金来源的渠道比较固定和狭窄，加之通货膨胀尚未成为普遍性的、长期性的问题，商业银行资金来源的数量比较稳定和充足。与此相适应的是资产管理的长期盛行。第二次世界大战以后，随着西方各国经济的稳定增长，金融体系迅速发展，形形色色的非银行金融机构茁壮成长，证券市场迅速成熟。商业银行的资金来源，无论在渠道上还是数量上，都受到越来越大的竞争威胁。尤其到了 20 世纪 60 年代，通货膨胀开始成为困扰各国经济的难题，普遍受到政府利率管制的商业银行，都深感吸收资金能力的衰弱。寻求资金、扩大负债，已成为当时银行界的第一需要。传统的资产经营管理理论受到怀疑：商业银行能不能左右存款，能不能以新的方式吸收存款来应付资金需要？美国花旗银行率先发行了可转让大额定期存单，取得显著效果，存款迅速回升。由此诱发负债管理理论的兴起。

负债管理理论认为，商业银行可以主动管理负债，商业银行通过积极的竞争去争取活期存款、定期存款和储蓄存款以及向欧洲美元、联邦资金借款来影响资金来源。这种理论一改过去的方针，主动调整负债结构，强调借入资金来满足存款的提取和增加贷款的需要，保持资金清偿能力和流动性，并获取最大利润。

负债管理理论的核心思想是，负债不是既定的，而是可以由商业银行加以扩张的，商业银行是可以控制资金来源的。要求商业银行经营的重点从资产方面转向负债方面，千方百计去扩大负债的能力。其认为商业银行一线准备和二线准备仍是商业银行流动性的重要组成部分，但同时资金来源也是流动性的来源。

负债管理理论盛行的一二十年间，一方面商业银行的活力大大增加，充实了商业银行的资金来源，扩大了经营规模；另一方面银行业的竞争也大大加剧了，提高了商业银行吸收资金的成本。到 20 世纪 70 年代，利率首次达到自大萧条以来的两位数，利率的波动也显著增加了，商业银行利差被压缩，商业银行盈利状况日益恶化。同时，更多的通货转化为存款，使货币乘数增大，加剧了通货膨胀，商业银行在资金运用上更冒险，风险因而增加。在金融创新和争夺存款的竞争中，大银行明显具有优势，而小银行处于劣势，这加剧了商业银行的倒闭兼并。这种情况又导致商业银行经营管理理论逐渐出现新的转变。

（三）资产负债联合管理理论

20 世纪 70 年代末，商业银行经营管理理论又一次出现重大转变，资产负债联合管理理论产生。该理论的基本思想是从资产和负债两方面综合考虑，对应地进行分析，根据商业银行经营环境的变化，协调各种不同的资产和负债在利率、期限、风险和流动性等方面的搭配，做出最优化的资产负债组合，以满足营利性、安全性和流动性的要求。

资产负债联合管理的核心内容在于分析资产、负债两方面之间的缺口，并围绕缺口探索解决途径。

1. 利率敏感性缺口

利率敏感性缺口指的是浮动利率资产与浮动利率负债之间的差额。可能出现如下三种情况：

浮动利率资产-浮动利率负债=0　零缺口

浮动利率资产-浮动利率负债>0　正缺口

浮动利率资产-浮动利率负债<0　负缺口

如果是零缺口，那么计划内收益变动最小，浮动利率资产和浮动利率负债在同一时间内重定利率可以消除变动的市场利率对净收益的影响。也就是说，在一家银行应用账面收支相抵战略时，净利息收益在整个利率周期内是固定不变的。

当浮动利率资产金额大于浮动利率负债金额时，银行有正的资金缺口。这种策略的预期收益较零缺口高，但利率风险也较大。当市场利率上升时，由于按较高收益重新制定利率的浮动利率资产金额超过浮动利率负债金额，盈利能力将提高。利率下降则对净收益有相反的作用。

资金负缺口状况的预期收益和变动性也大于收支相抵状况，只是其净利息收益按市场利率水平的变动而反向变动。

2. 流动性缺口

与利率敏感性缺口分析的实质一样，只是其分析的是流动性问题。具体内容在前文商业银行“三性”原则的流动性部分已有阐述此处不再赘述。

3. 期限匹配和利差

如果资产负债的期限是匹配的，则只要用到期资产来偿付到期负债，资产、负债之间的利差就是收益。如果期限不匹配(现实中多为这种情况)，则商业银行必须预测利率的变化趋势，调整利率敏感性不同的资产负债的搭配。例如，预计利率上升时吸收固定利率负债投入浮动利率资产，就能增加将来的收益。另外，一定的长期利率和短期利率、固定利率和浮动利率的组合，能够对市场变化做出有利于保持或扩大利差的反应。

4. 衍生金融工具交易

在利率频繁波动的时期，使用金融期货进行套期交易可以帮助商业银行对某一项资产或负债进行管理，但不能解决整个资产负债管理问题。

当预计利率将下降时，商业银行可通过多头套期来抵消资产收益的下降。商业银行购入合约，进行多头套期，在利率下降时，合约价格会上涨。这样，商业银行出售这份合约所获得的收益就可以抵消资产收益的下降。

在预计利率将上涨时，商业银行可通过空头套期来抵消借入成本的增加。商业银行出售一份合约，比如90天的国库券，此后如果利率上涨，则合约价格下降，这时商业银行再以较低的价格买进，通过在期货市场上的交易，商业银行获得的利润就可以抵消借款成本的上升。如果与预期的相反，利率下降了，那么商业银行在期货市场上的损失则可以通过借款成本的下降弥补。这样，商业银行在很大程度上锁定了借款成本，并避免因利率上升或下降带来的风险。

同样，衍生金融工具交易也可以消除汇率波动带来的风险。

总的来说，商业银行进行套期保值的一般做法是在期货市场上做一笔与现货市场金额相同但方向相反的交易，这样就可以锁定成本、减小损失，但同时也失去了获得更多利润的机会。

本章小结

1. 现代商业银行是各国经济活动中的主要资金集散机构和中心，是各国金融体系中最为重要的组成部分。现代商业银行的最初形式是资本主义商业银行，它是资本主义生产方式的产物。

2. 商业银行是一种以追求最大利润为目标，以经营金融资产和负债为对象的特殊企业。它的基本职能包括信用中介、支付中介、信用创造、金融服务、调节经济等。

3. 商业银行信用创造职能是指商业银行利用其可以吸收各类活期存款的有利条件，通过发放贷款、从事投资业务而衍生出更多存款，从而扩大社会货币供应量。当然，此种货币不是现金货币，而是存款货币，它只是一种账面上的流通工具和支付手段。

4. 商业银行的组织形式是指商业银行在社会经济生活中的存在形式。从全球的角度来看，商业银行主要有独家银行制、总分行制和银行控股公司制三种类型。

5. 商业银行的主要业务一般包括负债业务、资产业务和中间业务。

6. 商业银行在经营管理上要遵循三个基本原则，即营利性、安全性、流动性，也称为商业银行经营业务的“三性”原则。商业银行如何处理好营利性、安全性和流动性三者的关系，是商业银行经营管理的永恒主题。

【思考与练习】

1. 什么是商业银行，它具有哪些特征？
2. 试分析商业银行的性质和主要职能。
3. 什么是商业银行的负债业务，它的基本内容有哪些？
4. 什么是商业银行的资产业务，它的基本内容有哪些？
5. 商业银行的中间业务主要有哪些？
6. 试论述商业银行信贷经营的基本原则。

第六章　其他金融中介

【学习目标】

1. 掌握证券经营机构的含义、类型及主要业务。
2. 掌握保险经营机构的含义、类型及保险公司的主要业务。
3. 掌握政策性金融机构的含义、特征及主要业务。
4. 掌握其他非银行金融机构的相关知识。

【案例导入】

党中央、国务院高度重视高质量发展普惠金融。发展普惠金融,是市场主体和人民群众共享金融发展成果和以人民为中心的发展思想在金融领域的具体体现。2022 年 11 月 17 日,“融普惠 新金融——中国普惠金融创新发展峰会”于线上召开。评选出的 1 206 个案例,除银行外,还来自融资担保、小额贷款公司、企业集团财务公司、保险公司、金融租赁公司、汽车金融公司、消费金融公司、信托公司等持牌金融机构,以及数十家行业领先的金融科技公司。可见,除了商业银行这一当前融资主渠道外,其他金融机构也越来越发挥出应有的作用。

第一节　证券、保险经营机构

一、证券经营机构

(一)证券经营机构及其职能

1. 证券公司的概念及类型

证券经营机构是指依法经国家证券主管机关批准设立的从事证券经营业务的组织,它是证券市场沟通交易的中间环节。证券的发行、承销、交易一般都要通过证券经营机构来完成。

证券经营机构可分为证券专营机构和证券兼营机构,前者指证券公司,后者通常包括信托投资公司、基金管理公司、金融资产管理公司、证券投资咨询机构等。

证券经营机构中最主要的机构是证券公司,它是指依法设立的专门从事各种有价证券经营及相关业务的金融机构。由于各国的传统习惯、经济发展水平、证券市场的发达程度的差异,证券公司在不同的国家称谓也不尽一致。英国称之为商人银行,美国称之为投资银行,我国和日本则称之为证券公司。证券公司是证券市场结构中的重要组成部分,是资金盈余部门与资金赤字部门之间联系的重要桥梁。

2. 证券经营机构的职能

(1)充当融资中介。证券经营机构作为重要的金融中介机构之一,无疑具备融资中介职能。证券经营机构通过其业务活动为资金盈余部门提供证券投资服务,为资金赤字部门提供证券发行服务,从而实现资金的融通。

(2)实现资金转换。证券经营机构通过其业务活动,可以变小额零星的资金为巨额资金,变短期资金为长期资金,变消费基金为积累基金,从而动员社会方方面面闲置的资金为国民经济建设服务。

(3)分散证券市场风险。相对于间接融资而言,直接融资的市场风险相对更高。证券经营机构通过其业务活动可以帮助资金盈余部门选择适当的投资方式,帮助资金赤字部门选择适当的筹资方式,在一定程度上分散证券市场风险。

(4)促进证券市场稳健发展。证券经营机构从业人员素质普遍较高,市场信息来源及时广泛,通过为证券市场资金余缺双方提供真实、可靠的信息咨询服务,使交易双方信息对称,促成合理的证券交易价格的形成,避免证券行市大起大落,从而促进证券市场的稳健发展。

(二)证券公司的主要业务

1. 代理发行证券业务

代理发行证券业务是指证券公司通过与证券发行人即筹资者签订证券代理发行协议,在协议规定的时间内协助证券发行人发行证券的业务活动。它是证券公司传统的,也是最基本的业务。

代理发行证券主要包括两类,一是代理发行债券,包括国债等政府债券和公司债券。二是代理发行股票。作为股票承销商,证券公司所要做的工作不只是帮助企业将股票发售出去,还包括充当企业发行股票的财务顾问,协助企业提供发行股票的申报材料以及企业股票上市后进行指导等。

2. 代理证券交易业务

代理证券交易业务是指证券公司接受客户委托,以代理人的身份在证券市场上代买代卖有价证券,从中赚取佣金的业务活动。在进行代理买卖时,证券公司必须与顾客签订代理契约,明确双方的权利与义务。证券交易所内交易工具的种类多、数额大,而交易厅内的席位有限,一般投资者是不能进入证券交易所进行交易的,所以只能通过经批准设立的证券公司作为中介完成交易。

3. 证券自营业务

证券自营业务是指证券公司用自主支配的资金或证券直接以自身的名义从事有价证券买卖的业务活动。这种业务活动可以给证券公司带来差价、利息、股息及红利收入,但证券公司要承担证券交易的风险。证券公司的证券自营业务包括做市交易和自营交易业务两种。做市交易是指证券公司为证券交易制造市场,通过为证券交易报价而替证券市场创造流动性的业务。在做市业务中,证券公司被称为做市商,其在证券市场发生短暂买单或卖单数量上的不均衡时充当客户的买主或卖主,以维护证券交易的连续性和市场的稳定性。做市商买入报价与卖出报价之间的价差即为做市商提供做市服务的报酬。证券自营交易业务是指证券公司通过自己的账户,用自有或自筹资金在证券市场上进行交易以获取收益的业务活动。

除上述三类主要业务外,证券公司还从事其他业务,包括受理企业资产重组业务、财务顾问业务、海外融资顾问业务、代理债券还本付息业务、代理股票红利发放业务、代理保管有价证券业务等。

（三）我国的证券公司

1987 年 9 月，我国设立了改革开放以后的第一家证券公司——深圳特区证券公司。截至 2022 年底，全国共有证券公司（也称券商）140 家。证券公司分为综合类证券公司和经纪类证券公司，由中国证券监督管理委员会（简称证监会）对不同类别的券商颁发不同业务范围的许可证。只有资本实力强、管理规范、业务规模大、经营业绩优、信誉好的证券公司经证监会审核颁发综合类证券公司业务许可证后，方可从事证券的经纪、自营业务和承销业务，但其经纪业务和自营业务的人员、资金、账目必须分开，不允许混合操作。而资金实力较弱、业务规模小的证券公司，只能申领经纪类证券公司业务许可证，专门从事证券经纪业务。严禁证券公司挪用客户交易结算资金。

按照证监会对券商分类监管的新思路，全国券商根据净资本等方面的要求，划分为 A、B、C、D 四类。A 类即从事相关创新活动证券公司类，要求综合类券商的净资本要在 8 亿元以上，经纪类券商的净资本要在 1 亿元以上，获选 A 类的券商将在通过审批的前提下有资格从事各项创新活动。B 类即规范类，综合类券商和经纪类券商的净资本要求分别是 2 亿元以上和 2 000 万元以上，获选 B 类的券商有资格参与股票发行询价、开展资产管理、通过银行向市场融资等。C 类、D 类目前并无具体名称，也无优惠鼓励措施。

二、保险经营机构

（一）保险经营机构及其职能

1. 保险经营机构的概念及分类

保险经营机构一般包括保险公司和保险中介机构。

保险公司指通过收取保险费建立保险基金，并对发生保险事故进行经济补偿的金融机构。保险公司根据业务内容的不同可以分为财产保险公司和人寿保险公司；根据保险的对象不同分为保险公司和再保险公司；根据出资人的不同分为国有保险公司、股份制保险公司、外资保险公司、中外合资保险公司等。

保险中介机构指从事保险中介业务的组织。保险中介机构根据其主营业务的不同分为保险专业中介机构和保险兼业代理机构；根据从事业务的内容不同分为保险代理机构、保险经纪机构和保险公估机构。①保险代理机构是指根据保险人的委托，在保险人授权的范围内代为办理保险业务的单位。保险代理机构在保险人授权范围内代理保险业务时，其代理行为所产生的法律责任由保险人承担。保险代理机构不履行代理职责或履行代理合同义务不符合约定，而给被代理人造成损害的，应当依法承担法律责任。②保险经纪机构是指经营保险经纪业务的单位。保险经纪包括直接保险经纪和再保险经纪。直接保险经纪是指保险经纪机构与投保人签订委托合同，基于投保人或者被保险人的利益，为投保人与保险公司订立保险合同提供中介服务，并按约定收取佣金的行为。再保险经纪是指保险经纪机构与原保险公司签订委托合同，基于原保险公司的利益，为原保险公司与再保险公司安排再保险业务提供中介服务，并按约定收取佣金的行为。③保险公估机构是指接受保险当事人委托，专门从事保险标的的评估、勘验、鉴定、估损、理算等业务的单位。

2. 保险经营机构的职能

(1)基本职能。保险经营机构的基本职能主要包括两个方面：一是分摊经济损失职能。保险公司将在一定时期内可能发生的自然灾害和意外事故所致的经济损失的总额，在有共同风险的投保人之间平均化，使少数人的经济损失，由所有的投保人平均分担，从而使单个人难以承受的损失，变成多数人可以承担的损失。二是经济补偿职能。保险公司和被保险人之间订立保险合同，由保险公司在被保险人发生保险事故时给予经济补偿，即保险赔款。

(2)派生职能。保险经营机构的派生职能主要包括两个方面：一是投资职能。保险的补偿与给付的发生具有一定的时差性，这就为保险人进行投资活动提供了可能。同时，保险人为了使保险经营稳定，必须壮大保险基金，这就要求保险人必须从事投资活动。二是防灾防损职能。作为保险经营者，为了稳定经营，有必要对风险进行分析、预测、评估，通过人为的事前预防，可以减少损失的产生。

(二)保险公司的主要业务

保险公司的主要业务体现在其几大业务流程方面，包括承保、理赔和保险资金运用。

1. 保险承保

保险承保是指保险商品的交换过程或保险合同的签订过程，即投保人和保险人双方通过协商，对保险合同内容取得一致的过程。它主要分为投保人提交投保申请和保险人接受投保两个方面。

一方面，保险人应加强对投保环节的经营管理，为投保人提供良好的投保指导服务，使投保人在投保时能真正享受到合理选择保险的权利；另一方面，投保人有责任自觉地增强保险意识，为自身的利益考虑做出明智的选择。

2. 保险理赔

保险经营中，理赔是保险经济补偿功能的体现。在约定的责任范围内，保险责任事故发生后，被保险人有请求保险公司赔付保险金的权利；保险人应受理索赔申请，承担赔付保险金的义务。保险理赔就是这一权利和义务的实现过程。

保险理赔的程序包括接受损失通知书、审核保险责任、进行损失调查、赔偿给付保险金、损余处理及代位求偿等步骤。

3. 保险资金运用

保险资金运用是指保险公司在经营过程中，将积聚的保险资金部分地用于投资，使保险资金得到增值的业务活动。保险公司可运用的资金来源主要包括各项所有者权益资产、保险准备金以及其他资金。

保险资金运用形式主要包括购买债券、投资股票、投资不动产、贷款、银行存款、投资各类基金、同业拆借、黄金外汇等。

(三)我国的保险经营机构

近年来，我国保险业发展速度加快。由截至 2020 年 6 月底的《保险机构法人名单》

可知，已经在银保监会注册，并且有相关信息公开的正规保险机构一共有235家。其中包括保险控股公司14家、财险公司87家、寿险公司84家、再保险公司13家、健康险公司7家、资产管理公司27家，以及保险合作互助社3家。

2020年，我国保险业保费收入4.5万亿元，同比增长6.1%。保险业有效支持了经济社会发展，提供保险金额8 710万亿元，同比增长34.6%，赔付支出1.4万亿元，同比增长7.9%。截至2020年末，保险公司总资产23.3万亿元，同比增长13.3%。

第二节　政策性金融机构

一、政策性金融机构概述

（一）政策性金融机构的含义和特征

政策性金融机构是指那些由政府创立、参股或保证，不以营利为目的，专门为贯彻、配合政府的政策意图，在特定的业务领域内直接或间接地从事政策性融资活动的金融机构。政策性金融机构主要指各类政策性银行，也包括以公库、公司等命名的政策性金融机构。

与商业性金融机构相比，政策性金融机构有其自身的特征。

1. 特殊的经营目标

政策性金融机构在经营上重在配合政府的政策意图，考虑问题的出发点是国家整体利益和社会效益的实现，不以利润最大化为经营目标。当然，政策性金融机构作为金融机构，也实行独立核算、自主经营、自负盈亏，并不排除其在经营活动中取得合理的利润。

2. 特殊的资金来源

政策性金融机构一般由财政出资设立，或由政府参股与其他金融机构共同设立。政策性金融机构一般不吸收存款，往往通过向政府借款、向国内其他金融机构借款、向国际金融机构借款和向国内外发行由政府担保的债券等方式筹集资金。

3. 特殊的资金运用

政策性金融机构的贷款对象一般限于不能从其他金融机构得到贷款的企业或项目，贷款期限主要为中长期，贷款利率明显低于市场利率，甚至低于筹资成本。

4. 特殊的服务领域

政策性金融机构的服务领域是那些不易得到商业性金融机构资金支持的部门或行业，如农业、进出口贸易、中小企业、经济开发等部门或行业。这些部门或行业的许多建设项目建设周期长、所需资金量大、风险高、回报低，商业性金融机构往往不愿提供信贷支持。为促进国民经济的协调发展，政策性金融机构有必要为其提供金融支持。

（二）政策性金融机构的职能

政策性金融机构一般不吸收活期存款，因而不具备信用创造功能。但政策性金融机构具有商业银行所不具备的政策性职能：倡导性职能、选择性职能、补充性职能和服务性职能。

1. 倡导性职能

倡导性职能指政策性金融机构通过直接的资金投放间接地吸引商业性金融机构从事

符合政策意图的放款，从而发挥首倡和引导功能。正常情况下，政策性金融机构一旦决定向某些产业或部门提供资金，即表明了政府经济发展的长远规划和扶持意向，从而引起商业性金融机构的关注，继而增强商业性金融机构对这些产业或部门投资的信心，形成一种政策性资金对商业性资金投向的引导机制。

2. 选择性职能

选择性职能指政策性金融机构通过选择融资行业或部门以实现政策意图的职能。单纯依靠市场机制并不能完全实现资源的合理配置。当市场机制不予选择、某些重要的产业或部门得不到应有的发展，成为国民经济发展的瓶颈时，必须有选择地给予政策性融资支持。

3. 补充性职能

补充性职能指政策性金融机构以其政策性融资活动来弥补商业银行融资活动不足的职能，主要表现在对市场风险较高的领域进行倡导性投资，对投资周期长、回报率低的项目进行补充性融资，以弥补商业性金融机构以短期资金融通为主而长期资金融通不足的缺陷。

4. 服务性职能

服务性职能指政策性金融机构为政府或业务对象提供服务的职能。通常情况下，政策性金融机构都是高度专业性的金融机构，聚集了一批业务精通、经验丰富的专门人才，能够为企业或政府提供多方面的金融与非金融服务。

（三）政策性金融机构的种类

政策性金融机构通常按业务范围不同划分为以下几类。

1. 开发性政策金融机构

开发性政策金融机构指专门为政府经济开发和发展提供中长期贷款的政策性金融机构。其作用是加快基础设施和重点项目建设，服务于政府的产业政策。

2. 农业政策性金融机构

农业政策性金融机构指以经营农业或与农业有关的信贷业务，以贯彻政府支持农业发展政策的政策性金融机构。其作用是为农业提供资金支持，服务于政府的农业政策等意图，巩固农业的国民经济基础地位。

3. 进出口政策性金融机构

进出口政策性金融机构指经营与进出口有关的信贷业务，推动国家进出口贸易发展的政策性金融机构。其作用是服务于政府的外贸经济政策。

4. 住房政策性金融机构

住房政策性金融机构指专门为住房的生产、经营、分配和消费各个环节提供融资的政策性金融机构。其作用是促进房地产业的发展。

5. 中小企业政策性金融机构

中小企业政策性金融机构指服务于中小企业的政策性金融机构。其作用是支持中小企业增强市场竞争力，广开就业渠道，推动中小企业技术进步。

二、政策性银行的主要业务

由于各国的经济、金融环境不同，政府对金融的干预程度不同，政策性银行的业务活动也不尽一致。归纳起来，政策性银行的主要业务有以下三大类。

（一）负债业务

1. 政府预算拨款

政策性银行通常是由政府创设的，其资本金一般由政府预算拨款全额提供或部分提供。

2. 各种借款

政策性银行借入资金的渠道主要有：从财政借入、从中央银行借入、从其他政府部门借入、从国外借入。有些国家的政策性银行还从储蓄机构，尤其是国家兴办的储蓄银行借入中长期资金，以改善其资金结构，承担起中长期资金提供者的职责。

3. 发行债券

通过在金融市场上发行债券来筹集资金是一些发达国家政策性银行的主要筹资方式，也是发展中国家政策性银行的辅助筹资方式。这种差异是由金融市场的发育程度、金融交易的规模差异等因素决定的。

4. 吸收存款

政策性银行能否吸收存款，能够吸收哪些种类的存款，各国的规定不尽相同。大多数政策性银行不吸收任何种类的存款，以免同其他金融机构竞争，但有些国家的政策性银行被允许吸收存款，不过吸收存款的种类被严格限定。例如，有的国家规定政策性银行只允许吸收往来对象或会员的存款，不得吸收社会公众存款。

（二）资产业务

1. 贷款业务

贷款是政策性银行最主要的资产业务。政策性银行的贷款可分为普通贷款与特别贷款，其中普通贷款指由政策性银行承担的，商业性金融机构也可能发放的贷款；特别贷款指由政策性银行发放的，商业银行金融机构不能或不愿发放的贷款。特别贷款通常利率低、期限长，由政府担保，发生损失由政府补贴。政策性银行的贷款也可分为直接贷款与间接贷款，其中直接贷款是指政策性银行直接将款项贷给贷款对象；间接贷款是指政策性银行不直接向贷款对象贷款，而是通过其他机构转贷或委托贷款。

2. 投资业务

在政策性银行的资产业务中，投资业务处于次要地位。投资业务分为股权投资和债券投资。股权投资一般用于为贯彻政府社会经济发展意图而有必要进行控制的行业或企业。债券投资是指政策性银行对符合政府产业和地区政策的企业所发行的中长期债券进行认购。

（三）担保业务

担保业务指政策性银行对其他金融机构所发放的符合政府政策意图的贷款给予偿还保证的业务。贷款到期时借款人无力偿还贷款，由政策性银行承担全部或部分还款责任。

这项业务的开展降低了其他金融机构的贷款风险，鼓励和支持其他金融机构从事政策性贷款活动，引导更多的资金流向政策性融资项目，促进经济和社会的协调发展。

三、我国的政策性银行

1994 年以前，我国没有专门的政策性金融机构。国家的政策性金融业务分别由四家国有专业银行承担。1994 年，为适应经济发展需要，促进政策性金融与商业性金融的分离，我国相继建立了国家开发银行、中国进出口银行和中国农业发展银行三家政策性银行。

国家开发银行成立于 1994 年 3 月 17 日，总部设在北京，注册资本金为 500 亿元人民币，从国家财政逐年划拨的经营性建设基金和经营基金回收资金中安排。其主要任务是：按照国家法律、法规和方针、政策，筹集和引导境内外资金，向国家基础设施、基础产业和支柱产业的大中型基本建设和技术改造等政策项目及其配套工程发放贷款，从资金来源上对固定资产投资总量进行控制和调节，优化投资结构，提高投资效率。

中国进出口银行成立于 1994 年 7 月 1 日，总行设在北京，注册资本金为 33.8 亿元人民币，由国家财政全额拨付。其主要任务是：执行国家产业政策和外贸政策，为扩大机电产品和成套设备等资本性货物出口提供政策性金融支持。

中国农业发展银行成立于 1994 年 11 月 18 日，总行设在北京，注册资本金为 200 亿元人民币，由国家财政全额拨给。其主要任务是：按照国家的法律、法规和方针、政策，以国家信用为基础，筹集农业政策性信贷资金，承担国家规定的农业政策性金融业务，代理财政性支农资金的拨付，为农业和农村经济发展服务。

第三节 非银行金融机构

一、农村信用社

农村信用社是由社员入股组成、实行社员民主管理、主要为社员提供金融服务的农村合作金融机构。在国际上，农村信用社属于合作制。

合作制的农村信用社与股份制商业银行相比有以下差异：一是股份性质不同。商业银行的股份属于投资性质，股东入股的主要目的在于获得分红。农村信用社的入股资金一般称为股金或资格股，属于合作性质而非投资性质。社员入股主要是为了取得社员资格，为了获得信用社提供的贷款服务（或其他金融服务），而不仅仅是为了分红。二是组织形式不同。商业银行的组织形式一般为总分行制。它在大城市设立总行，然后由上而下在其他地方设立分支机构。农村信用社的组织形式从个体来讲是单元制，从整个体系来看则为联合制。农村信用社由基层信用社自下而上入股设立联合组织机构，上级机构为下级机构所拥有，最终为全体社员拥有。三是投票权不同。商业银行是资本的联合，其股东参与股东大会或其他管理决策的投票权，以股东投入的股本多少为标准，一股一票。农村信用社主要是人的联合，其社员无论入股数量多少，均人人平等，一人一票。现在有的农村信用社实行一人多票，但有最高票数的限制。四是股东范围和服务对象不同。商业银行以营利为目的,其入股对象没有明确的限制,因而其股东来自不同地区和不同行业。商业银行的服务对象也没有限制,服务对象与入股者往往不一致。农村信用社则着眼于互助互利,其入股对象限于同一社区,而且以农户为主。服务对象以社员为主,与入股对象基本一致。

我国的农村信用社普遍建立于20世纪50年代初,经历了一个曲折的发展过程。随着我国农村经济结构的巨变,农村信用社也因地制宜地推进着改革工作。2003年开始,我国逐步将农村信用社办成由农民、农村工商户和各类经济组织入股,为农民、农业和农村经济发展服务的社区性地方金融机构,逐渐组建省级农村信用社,将农村信用社管理权下放到省级政府。2004年开始,各地农村信用社逐渐改组为农村合作银行或农村商业银行。2019年初,国家提出要对基层农村信用社和省联社之间的关系进行明确的界定,强调了农村信用社的独立法人地位、经营的独立性,淡化省联社在人事、财务、业务等方面的行政管理职能,突出专业化服务功能。2021年中央一号文件《中共中央 国务院关于全面推进乡村振兴加快农业农村现代化的意见》指出:"保持农村信用合作社等县域农村金融机构法人地位和数量总体稳定,做好监督管理、风险化解、深化改革工作。"实际上已经否定了以合并为导向组建省级联社为一级法人机构的模式。

目前,国家鼓励农信系统继续完善现代县域农村信用社产权保护机制,完善农信机构的法人治理结构,因地制宜地推动不同形式的县域农村信用社以不同组织形式发展,为乡村振兴战略注入新活力。

二、财务公司

财务公司是一种在规定范围内经营部分银行业务的金融机构。财务公司最早出现于18世纪的法国,其后美、英等国相继设立,其主要业务有发放贷款、投资、经营耐用品租赁和分期付款的销售业务等。当代西方财务公司的业务已大大拓展,几乎与投资银行无异,在消费信贷、企业信贷、财务投资咨询等方面发挥着重要作用。

我国的财务公司与西方国家有所不同,它的全称是企业集团财务公司,是指依据《中华人民共和国公司法》(简称《公司法》)和《企业集团财务公司管理暂行办法》,由企业集团内部集资组建的、支持集团企业技术改造、新产品开发及产品销售的、以中长期金融业务为主的非银行金融机构。

我国的财务公司为集团内部成员提供金融服务,其业务范围、主要资金来源与运用限定在集团内部。我国财务公司的业务有:吸收成员单位3个月以上的定期存款,发行财务公司债券,同业拆借,对成员单位办理贷款及融资租赁,办理成员单位产品的消费信贷、买方信贷及融资租赁,办理成员单位商业汇票的承兑及贴现,办理成员单位的委托贷款及委托投资,承销成员单位的企业债券,对成员单位办理财务顾问、信用签证及其他咨询代理业务,对成员单位提供担保,境外借款。

我国财务公司在业务上受中国银行保险监督管理委员会(简称银保监会)监管,在行政上隶属于各企业集团,是实行自主经营、自负盈亏的独立企业法人。它们在支持与促进企业集团,特别是大型企业集团的改革中发挥着重要的作用。

三、邮政储蓄机构

邮政储蓄机构是邮政企业办理居民个人储蓄业务的机构。邮政储蓄由于可以充分利用邮政系统原有的网络资源,节约成本,因此在 1861 年首创于英国后,被世界各国仿效。据万国邮政联盟(Universal Postal Union,UPU)提供的数据,目前全世界有2/3 的邮局提供邮政金融服务,有60 个国家和地区的邮局提供邮政储蓄银行服务。

中华人民共和国成立以后,曾于 1951 年试办邮政储蓄业务,但由于种种原因,1953年邮局停办储蓄业务。邮政储蓄自 1986 年恢复开办,经过 30 多年的发展,现已建成全国覆盖城乡网点最广、交易额最多的个人金融服务网络。其中有近 60% 的储蓄网点和近 70% 的汇兑网点分布在农村地区,成为沟通城乡居民个人结算的主渠道。特别是在一些边远地区,邮政储蓄是当地居民唯一可获得的金融服务。2007 年 3 月 6 日,中国邮政储蓄银行有限责任公司依法成立,按照《商业银行法》的要求,可以全面办理商业银行业务,成为我国零售金融市场的重要组成部分。

中国邮政集团公司以全资方式出资组建中国邮政储蓄银行有限责任公司。中国邮政集团公司和中国邮政储蓄银行将充分发挥各自优势,在网络资源共享、产品交叉销售等方面开展合作,保证邮政企业和储蓄银行的稳定、协调发展。

中国邮政储蓄银行成立后的市场定位是:充分依托和发挥邮政的网络优势,完善城乡金融服务功能,以零售业务和中间业务为主,为城市社区和广大农村地区居民提供基础金融服务,支持社会主义新农村建设和城乡经济社会协调发展。

四、信托机构

信托机构是指从事信托业务的金融机构。所谓信托业务,是指信托公司以营业和收取报酬为目的,以受托人身份承诺信托和处理信托事务的经营行为。在我国,信托机构一般被称作信托投资公司。由于各国金融体制的不同,信托机构在各国的名称和组织形式也不尽相同。有的称之为信托银行,有的称之为信托公司,有的则列为商业银行的信托部。

信托机构一般具有以下职能:一是财产管理职能。信托机构最基本的职能是为经济主体提供财产管理服务。相对于较为简单的委托代理制度,信托以其更加完备的法律保障和更高的独立性使其更易于大规模商业化发展。随着社会的不断发展和社会分工的进一步细化,"代人理财"的信托机构也将有着更为广阔的发展前景。二是金融职能。金融职能是信托机构必然的、最主要的衍生职能。随着现代社会货币化程度的不断加深,交由信托机构行使财产管理职能的财产也日益增加,并越来越以货币资产为主。信托机构管理、运用这些货币资产所采用的方式和业务(如贷款、购买有价证券或者投资于某些行业)都属于金融业务的范畴,金融职能由此衍生。三是社会中介与咨询职能。社会中介与咨询职能是通过信托机构的财产管理职能衍生出来的,是信托机构作为非存款货币银行类金融机构的一种职能。信托业务是一种多边经济关系,信托机构在处理信托业务中,必然要成为委托人、受益人以及信托业务的交易方之间的桥梁和纽带,因此信托机构自然而然地发挥社会中介和咨询职能。

由于信托制度本身具有高度的灵活性和广泛的适应性,因此信托业务可以变化出多种形式。信托业务的基本种类如下：一是个人信托业务。个人信托业务是指信托机构以自然人为服务对象的信托业务，其主要目的是为自然人提供财产管理服务。由于信托机构可以针对个人需求提供相应的服务，因此个人信托业务种类繁多。目前开展比较广泛的有合同信托、遗嘱信托、财产监护信托及人寿保险信托等。二是法人信托业务。法人信托是指信托机构以法人为服务对象，为其提供专业的财产或者事务管理服务的信托业务。对于一般的财产管理，法人信托与个人信托并无很大差异，比较有特色的法人信托业务主要有抵押公司债信托、商务管理信托等。此外，信托机构还经营一些介于法人信托和个人信托之间的业务和其他信托类业务，比如投资基金、集合资金信托、职工持股信托、公益信托、房地产投资信托、MBO（管理层收购）信托等。

中国国际信托投资公司于 1979 年成立。为适应经济社会环境的变化，我国的信托业走上了“不断发展、不断整顿”的道路。近年来国家先后出台《中华人民共和国信托法》《信托投资公司管理办法》和《信托投资公司资金信托管理暂行办法》，信托机构逐步走上正轨。截至 2022 年年底，我国共有信托投资公司 68 家。

本章小结

1. 证券经营机构是指依法经国家证券主管机关批准设立的从事证券经营业务的组织，包括证券专营机构和证券兼营机构。证券公司是依法设立的专门从事各种有价证券及相关业务的金融机构。证券公司具有充当融资中介、实现资金转换、分散证券市场风险和促进证券市场稳健发展四大功能。证券公司的主要业务包括代理发行证券业务、代理证券交易业务、证券自营业务及其他业务。

2. 保险经营机构一般包括保险公司和保险中介机构。保险公司是指通过收取保险费建立保险基金，并对保险事故进行经济补偿的金融机构。保险公司的业务主要包括承保、理赔和保险资金运用。

3. 政策性金融机构是指那些由政府创立、参股或保证，不以营利为目的，专门为贯彻、配合政府的政策意图，在特定的业务领域内直接或间接地从事政策性融资活动的金融机构。与商业性金融机构相比，政策性金融机构具有特殊的经营目标、特殊的资金来源、特殊的服务领域和特殊的融资原则。

4. 农村信用社是由社员入股组成、实行社员民主管理、主要为社员提供金融服务的农村合作金融机构。财务公司是一种在规定范围内经营部分银行业务的金融机构。邮政储蓄机构是邮政企业办理居民个人储蓄业务的机构。信托机构是指从事信托业务的金融机构。

【思考与练习】

1. 简述证券公司的主要职能和主要业务。
2. 简述保险公司的业务内容。
3. 政策性金融机构有哪些特征？
4. 信托机构有哪些职能？
5. 目前我国农村信用社改革的主要内容有哪些，你有何看法？

第七章　金融市场概述

【学习目标】

1. 理解金融市场的基本概念与功能。
2. 了解金融市场的参与者和金融市场的分类。
3. 掌握有效金融市场理论。
4. 了解金融市场的发展趋势。

【案例导入】

上海证券交易所（简称上交所）积极探索实践，初步构建了类型丰富、运行稳健的私募 REITs（不动产投资信托基金）市场。截至 2020 年底，上交所私募 REITs 产品已经覆盖高速公路、仓储物流、产业园区、租赁住房、商业物业等多种不动产类型；推出了首单基础设施私募 REITs，引领了境内市场储架式产品、可扩募产品等多轮创新，为试点公募 REITs 积累了丰富的实践经验。此外，上交所基金市场规模占比超过交易所市场的 70%，品种覆盖股票、债券、黄金、货币等多种资产类别，连接场内、场外，跨越境内、境外。上交所 ABS（资产支持证券）资产类型覆盖应收账款、融资租赁、消费金融、基础设施等全部大类基础资产，发行规模超过 3 万亿元，市场规模约占交易所市场的 70%。当前，我国的金融市场正以前所未有的速度与规模正不断创新，在社会经济发展中发挥着重要的作用。

第一节　金融市场的基本概念

在现代经济系统中，产品市场和要素市场这两种类型的市场对经济的运行起着重要的主导作用。产品市场是商品和服务进行交易的场所，要素市场是分配土地、提供劳动力、资金等生产要素的市场。而正是金融市场（Financial Market）将这两个原本独立的市场联系起来。

一、金融市场的概念

Financial 一词，本身会在不同的场合，根据不同的需要或者被翻译成金融，或者被翻译成融资，或者翻译成财务，又或者翻译成理财，使得我们不太容易对金融市场形成统一认识。再加上金融市场的种类非常多，广泛地存在和起作用于我们的经济和日常生活中。就学生而言，家庭理财大概都了解的比较多，企业理财就未必清楚。自然而然地，很多人对金融市场的概念内核有着不同的描述和理解。

因此有必要在金融市场的学习之前，首先弄清楚金融市场的含义。当然，为了今后工作、学习和生活的方便，我们需要一个简单、清晰而又为大多人理解和接受的描述。

经济学家对于金融市场有许多不同的定义，例如：“金融市场是金融工具转手的场所。”“金融市场是金融资产交易和确定价格的场所或机制。”“金融市场应理解为对各种金融工具的任何交易。”“金融市场是金融工具交易的领域。”“金融是资金融通的交易活动。”等等。

把握金融市场的概念的关键在于，我们要清楚，金融市场简单说，是一个为资金借贷双方提供便利的市场。现实生活中有规范的交易场所的金融市场，例如我国沪深证券交易所为企业融资提供股票公开发行和交易便利，这样的市场我们称其为“有形”的市场。而交易所之外的市场，例如通过通信网络完成的投资和融资交易，大多数我们都可以认为是“无形”的市场。并不是说这些交易不需要借助任何实体场所，而是说这些交易活动的完成相对于交易所而言不拘泥于场所的限制。也即是说只要资金供需双方可以就资金筹措和贷出的价格（利率、汇率、股票价格或者债券价格等）达成一致，就能通过金融中介的帮助或者双方直接完成该笔交易。这告诉我们，金融市场的运行、投融资活动的顺利开展关键的要素不在于场所，而在于价格机制。换言之，金融市场作为服务家庭、企业、政府投融资活动需要的中介，理应尽可能地去满足资金供需双方的各种需求，金融市场的作用范围越大，越灵活，对经济的推动力量也就越强，越能在全社会范围内更有效地匹配和盘活资金的盈余和赤字。

综上所述，我们对金融市场的定义为：金融市场是资金融通的场所和机制，它对经济生活有非常重要的作用。

二、金融市场的参与者

金融市场的参与者是指金融市场的资金的供给和需求双方，也包括起中介作用的金融机构。另外，鉴于维持金融市场稳健和高效运行的需要，中央银行等机构也以监管者的身份参与金融市场。

（一）企业

一般来说，工商企业通常是金融市场中主要的资金需求者。一方面，工商企业需要通过市场筹集短期资金从事生产经营，以提高企业财务杠杆比例、增加盈利；另一方面，工商企业需要筹措长期资金用于扩大再生产和经营规模。因此，工商企业会通过申请短期银行贷款、发行商业票据或通过贴现银行承兑汇票等方式获得暂时性资金供给；同时通过发行股票或中长期债券的方式获得长期资金支持。

另外，工商企业有时也会充当金融市场中的资金供给者。他们会将在生产过程中游离出的一部分暂时性闲置资金用于购买国库券等货币市场工具，通过短期过渡这部分资金的使用权，来获得资金的流动性和保值性、增值性兼得。还有一些企业出于自身长期经营运作的考虑，会将一部分资金通过金融市场进行长期性投资，如持有其他企业的股票、债券等，以实现一定的规模经济和范围经济。

（二）家庭和个人

通常个人和家庭一般是金融市场上的主要资金供给者。一方面，个人和家庭会由于当期收入大于当期支出而有暂时性的资金盈余；另一方面，个人和家庭会为了医疗、养老或购买大件商品如住房、汽车而存集一定资金。因此，个人会通过在金融市场上合理购买各种有价证券来进行组合投资，既满足日常的流动性需求，又能获得资金的增值。对于暂时性资金盈余，个人可以通过购买各种货币市场工具来实现流动性和收益性的兼得；对于相对中长期的闲置资金，个人可以通过购买各种资本市场工具来追求高收益性，如购买债券或股票，或通过金融中介机构进行间接投资（如存入银行、购买共同基金或保险等）。

当然，个人和家庭的金融市场供给角色并不是一成不变的，有时他们也会充当资金需求者。例如有时个人会有暂时性资金短缺，这时他会通过短期消费信贷来弥补资金缺口，如用信用卡透支消费。有时个人会有中长期的资金需求，用以购买住房等耐用消费品，这时他会通过申请住房等大额耐用品抵押贷款等方式来从金融市场上获得资金。总体而言，个人和家庭更多的还是金融市场中的资金供给者，而充当资金需求者的时候较少。

近几年，个人消费信贷成为支撑居民购买住房、汽车和日常消费的有力信用形式，这成为银行的主要业务和利润来源。消费信贷对改善居民的生活质量起了重要的作用，也成为经济增长的一个推动力量。可以预见，消费者作为金融市场的消费贷款需求者的角色以后会越来越强。消费拉动经济增长将成为一个新的足以引起企业家和政府关注的主题。

（三）金融中介和金融机构

金融中介主要是指各种金融机构，它们是金融市场不可或缺的参与者。金融中介既是资金的批发机构，又是资金的零售机构。但其本身并不是资金的所有者和最终使用者。金融中介起一个借贷中介的作用。它将盈余部门的资金通过存款或者发行长短期债务、权益凭证的方式吸收进来，再将其提供给资金的需求者，从中赚取存贷款利差或者非利差（例如手续费）收入。通过金融机构（通常是银行）来进行的融资活动，我们称之为“间接金融”。因为资金的借贷双方是“背对背”——不了解也不需要见面的，他们都直接和金融机构打交道。同理，家庭、个人和机构直接去购买公司发行的股票和债券，这样的投融资活动，我们称之为“直接金融”。因为，资金的供给者和需求者是没有通过银行中介直接交易的。虽然直接金融活动中也需要一些服务性的金融中介，例如资产评估机构等。但考虑到它的融资特点，我们仍将其界定为直接融资活动。直接金融和间接金融共同构成一个国家金融市场的运作体系，促进经济发展。一般而言，由于投资者的非理性因素，以及直接融资市场股票市场和债券市场的发展程度限制，大多数发展中国家的金融市场都是以间接金融，即银行为主。因为银行在解决资金借贷双方的信息不对称难题上有着巨大的优势。而特别成熟和发达的西方国家，直接金融即股票市场和债券市场往往占据主流地位，例如美国、日本和欧盟等国家和地区。但无论是发达国家还是发展中国家，金融机构中介的重要作用都是无法忽视的。金融中介可能也是我们关注的关于金融市场的最多的元素之一。

（四）政府部门

政府部门（包括中央政府、中央政府的代理机构和地方政府）是金融市场上资金的需求者，主要通过发行财政部债券或者地方政府债券来筹集资金，用于国家基础设施建设、弥补财政预算赤字等；同时，国家财政筹集的大量收入在支出前形成的资金盈余又可以使其成为资金的供给者。在国际金融市场上，不同国家的政府部门可以是资金的需求者，也可以是供给者。此外,很多国家的政府部门同时担负金融市场的调节和监督职能,也是金融市场的监管者。

(五)中央银行

中央银行在金融市场中具有双重角色,它既是金融市场的行为主体,又是金融市场的主要监管者。中央银行在金融市场中担任着最后贷款人的职责,从而成为金融市场的资金供给者。中央银行参与金融市场是以实现国家货币政策、稳定货币调节经济为目的。中央银行通过买卖金融市场工具、投放或者回笼货币来调整和控制货币供应量,并会对金融市场上资金的供求以及其他经济主体的行为产生影响。一些国家的中央银行还接受政府委托,代理政府债券的还本付息,以及接受外国中央银行的委托在金融市场上买卖金融工具,参与金融市场活动。

(六)外国政府、家庭和企业

外国家庭、非金融机构、政府以及中央银行通常都愿意到发达国家的金融市场去投资和筹集资金。因为国际性金融市场通常提供多元化的投融资渠道供双方选择,有成熟的利率形成机制,几乎能满足任何资金借贷双方的需求。例如英国的伦敦、新加坡和我国的香港地区都是国际性的金融市场,吸引了大量的外国投融资者。目前,我国正在全力将上海打造为国际性金融市场,其国际化进程将不断向纵深发展。

三、金融市场运作机制

图7.1经常被用来描述金融市场的运作机理,适当地分析它们可以加深我们对金融市场的基本运作原理的认识。

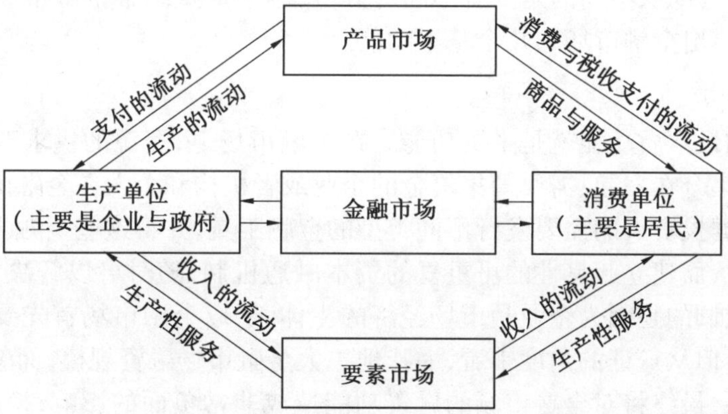

图7.1　金融市场同产品市场和要素市场

由此可见,金融市场是统一市场体系的一个重要组成部分,它与产品市场、要素市场相互联系、相互依存,共同形成统一市场的有机整体。在整个市场体系中,金融市场是最基本的组成部分之一,是联系其他市场的纽带。从这个意义上说,金融市场的发展对整个市场体系的发展起着举足轻重的制约作用,市场体系中其他各市场的发展则为金融市场的发展提供了条件和可能。

如图7.2所示,金融体系中的一些参与者是拥有多余资金的"储蓄者",他们是市场上的贷款人。其他参与者是“资金需求者”,经常需要借钱,他们是借款人。一般把前者称为盈余单位(Surplus Unit),将后者称为赤字单位(Deficit Unit),例如企业就是典型的赤字单位。企业不可能单纯通过公司内部利润的积累来支撑资产规模的扩大,那是远远不能适应现代化社会大生产的基本要求的。所以他们有两种外部融资的途径。一种是发行股票和债券,并承诺给予购买公司股票和债券的投资者即资金盈余单位(通常是家庭)相应的权益。这就是直接金融。另一种途径是银行起一个中介的作用,将资金盈余贷给企业并收取一定贷款利息,同时银行也会给予存款人一定存款利息,二者的利差收入就成为银行机构的主要利润来源。这就是间接金融。显然,企业的两种融资途径都需要金融市场的帮助,否则就很难弥补资金缺口。

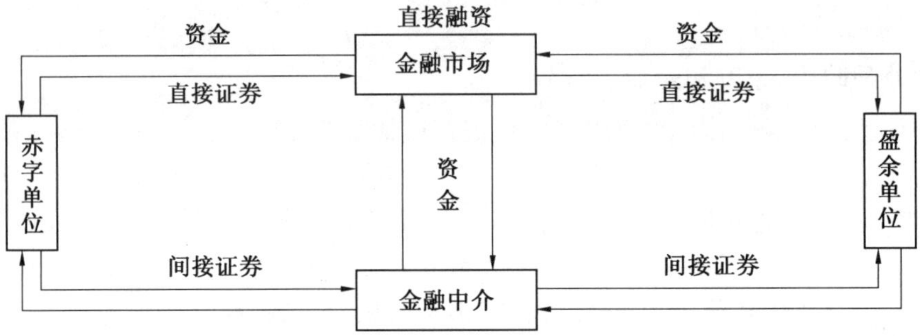

图 7.2　金融市场的运作机理

四、金融市场的功能

金融市场的功能从不同的角度有不同的分析,本书重点结合金融市场的参与者和运作机制来考虑,给出金融市场的几个基本功能。

(一)融资功能

金融市场的最本质功能就是融资功能。在金融市场上,资源的供求双方能够跨越时间、空间的距离集合在一起;需要筹集资金的企业或者机构和个人在金融市场上根据相应的法定程序,根据投资人的需要发行不同类型的金融工具,并将这些金融工具销售到不同的投资者手中,从而建立起良性的可重复的资本融通机制,随时可以解决资金缺口问题。在这里我们要强调的是因为企业是市场经济的主体,所以金融市场首先要满足的就是企业的融资需求。但从辩证的角度来看,一味地扩大金融市场融资规模,而忽视中小投资者的利益保护问题,最终将对金融市场的融资功能造成非常负面的影响,换言之,投资者的活跃和积极参与会增益金融市场的融资功能,金融市场的低迷反过来会影响企业的融资和经济的发展。

(二)投资和储蓄功能

投资和储蓄功能是金融市场的又一个基本功能。正因为金融市场的存在,公众延期消费才成为可能。严格来说,储蓄也是一种投资。存款的利息就是这项投资的回报。但为什么通常百姓都觉得储蓄不是投资,投资是购买股票等活动呢?这源于两种投资活动截然不同的风险水平。通常储蓄能够获得固定的收益,风险很小甚至为 0,而购买股票则要承担很大的风险,对股票投资活动也需要相当的了解。公众通常要在两种投资活动之间进行选择。这种资产选择行为使得居民在存款不足以抵御通货膨胀侵蚀的时候,将存款转移到股票市场和债券市场去,反之亦然。由于大众受制于未必科学的投资技能以及有限的精力和时间,多是风险厌恶者,不愿意冒险,所以大多都有很强的储蓄倾向,选择储蓄这种资产形式。但一旦实际利率为负,居民的存款缩水的情况出现,很多居民就应该而且也会主动寻求转换投资形式。

可以这么说,资金盈余的一方都是抱着投资的心态进入金融市场。而筹集资金的一方也可以满足自己融通资金的需求。这看起来像是借贷双方做了一个等价交换。借方为贷方提供一种投资选择,贷方为借方提供资金融通,而金融中介为双方提供融通服务和便利。

除了个人投资者以外,企业有时候也会成为资金盈余的一方,会将自己暂时闲置的资金储存在货币市场,不但安全,而且通常还会获得比银行存款更高的收益。货币市场工具的流动性也非常好,近似于货币。企业也几乎不用担心风险问题会影响这些暂时闲置的资金不能用于将来的生产和产业投资活动。有的企业也会出于长期投资目的在资本市场上购买长期债券和股票。另外许多企业是直接通过金融市场上并购其他企业来支持企业扩张和发展的。并购一直都是一个企业投资与理财的热门趋势和话题。

(三)储存和提供流动性

储存和流动性是金融市场必备的功能之一,这一功能是金融市场运转的基本要求。

首先,金融市场为投资者出售金融资产提供了便利。由于这个特点,它对被迫或主动出售金融资产的投资者有很大的吸引力。如果缺乏流动性便利,投资者将被迫持有债务工具直至其到期或者持有权益工具直至公司自愿或破产清算,那么损失可能非常大。我们很难想象投资者购买的工具难以出售,还会有哪个资金盈余的一方愿意进入金融市场,企业的融资需求自然成为空谈。通常某些国家和政府都会亲自或者鼓励人为地去为某种金融工具创造流动性,从而保证该种工具的融资功能。

其次,伴随着对流动性含义的多角度理解,金融市场的这一功能日益突出。首先对货币供给量而言,流动性过于充足,通常意味着货币超发,可能引起物价过快上涨,这部分超发的货币因投资者的保值需要进入资本市场,就发挥了金融市场的资金蓄水池作用,便于央行货币政策的开展,为国家刺激经济的宽松的货币政策操作提供了可行空间。

再次,对于银行等金融中介来说,流动性充足意味着随时可以满足客户的提现和贷款要求,这对于银行的盈利和保持公众对其信任有着非凡的意义。而主动负债意识强的银行可以通过去货币市场临时筹措资金来满足银行的流动性需要。

最后,对于企业来说,流动性意味着公司上市之后,其资产可以通过出售和增持股票的方式转让和交易,从而公司资产具备了流动性。股东获得一种正常的投资和退出机制。

(四)套期保值和组合投资功能

风险管理是现代市场经济的又一大主题。现代企业经营的不确定性与传统企业相比越来越强。企业通过进入发达的金融衍生产品市场购买期货合约等方式来锁定成本和利润,从而回避汇率和利率风险。

另外股票等金融市场工具的高风险特征令许多投资者无所适从。现代投资组合理论告诉我们无论单项资产的风险水平有多么高,组合投资可以有效分散掉这些风险。从而为因投资目的进入资本市场的资金盈余机构和个人提供了一种科学规范的方法和工具。

(五)解决信息不对称,降低交易成本

在投资者和储蓄者之间要实现高效的资金转移和配置,金融资产价格信号的引导和调控作用就显得十分重要。金融资产的价格必须充分反映及影响各备选项目的风险收益等所有因素的信息,才能确保资金配置的效率。而金融市场在解决信息不对称和降低交易成本方面具有无可比拟的优势。

【金融视角】信息不对称

信息不对称是指会引起出借的资金信用风险(即债务人违约)的逆向选择和道德风险。

逆向选择,是指当借款人考虑是否出借资金时,要先弄清楚借款人是否会违约。而往往最有可能违约的人,无论贷款人要求多么高的利率,都会接受该笔贷款。反而那些资信相对较好的人不会接受高利率的贷款。使得贷款人最后不愿意出借资金。

道德风险是在交易发生后由于不对称信息产生的问题。金融市场中的道德风险是指借款者可能会从事一些放贷者并不希望的活动,这些活动可能使得贷款偿还的可能性降低。因为道德风险降低了贷款偿还的可能性,放贷者可能会宁可选择不发放贷款。

逆向选择和道德风险带来的问题是可能阻碍资金融通交易的可持续良性运行。而金融中介的存在可以减缓它们带来的问题。小额储蓄者可以通过把资金借给信誉良好的银行来给金融市场提供资金。成功的金融中介可以比个人通过投资获得更高的收益,因为它们能够比个人更好地识别信贷风险,也就降低了逆向选择带来的损失。同时,金融中介具有一定的专业技能,能够监控借款人的行为,从而会因为降低了道德风险的损失而获得更高的收益。结果就是金融中介在给储蓄者提供利息或者很多服务的同时,仍然可以获取利润。由于金融中介为资金从储蓄者转移到投资者那里提供了渠道,因此它对于提高经济的效率有着重要的作用。如果没有职能完备的金融中介,经济就无法发挥出它最大的潜能。

(六)公司治理

金融市场可以有效监督现代公司的“代理问题”,改善公司的治理结构。市场监督主要包括两类:一类是作为投资者的股东通过“用手投票”和“用脚投票”等方式对公司进行直接干预。“用手投票”的主动型监控是指股东可以参加股东大会,选举董事会成员,或就公司有关经营管理的重大事项进行投票表决,从而对管理层的经营构成直接约束;股东也可以实施“用脚投票”的被动型监控,也就是说,股东大量抛售股票所引发的股价下跌,会影响公司在市场上的再筹资,也会向市场传递该公司经营不善的信号,因此就会给信息驱动交易者提供盈利机会,他们通过外部接管行动或恶意收购等行为,直接威胁管理层的生存以及在职业经理人市场上的声誉。另一类是金融市场提供了激励公司管理层的有效机制，即对经理人的报酬采取股票期权制度，从而使职业经理人自身的效用最大化行为与公司的最大化利润重合起来。

第二节　金融市场的结构

多层次的资本市场对金融市场的有效运行有着重要的意义。我国政府和监管机构一直致力于建立多层次的资本市场体系，以满足不同层次的投资者的投融资需求。这一问题其实就是金融市场的分类或者金融市场的结构问题。按照不同的分类标准可以对金融市场进行不同的分类。

一、按金融工具的到期期限划分——货币市场和资本市场

如图7.3中所示的下半部分。货币市场被称为短期金融资产市场，是指以期限在一年或一年以下的金融资产为交易标的物的市场。而期限在一年以上的金融资产则称为资本市场。

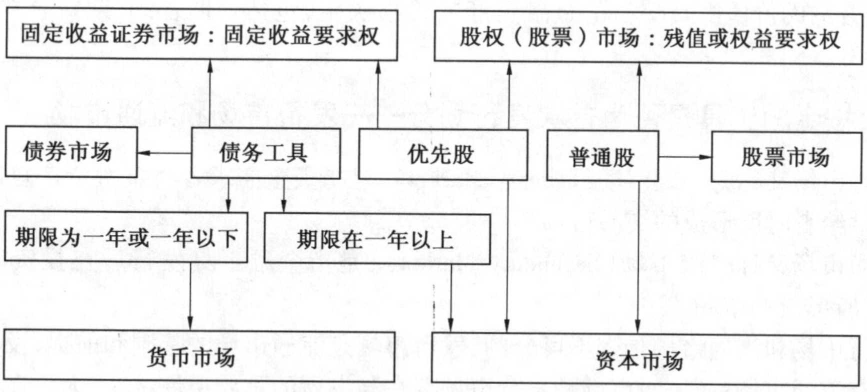

图7.3　按要求权的期限和种类不同划分的金融市场

货币市场的主要功能是保持金融资产的流动性。货币市场主要进行国库券、商业票据、银行承兑汇票、可转让定期存单、回购协议等短期金融工具的买卖，交易量庞大。政府、金融机构、工商企业等是货币市场的主体。货币市场是无形市场，交易量巨大，因此也是批发市场。货币市场又是公开市场，按照市场价格进行交易，具有很强的竞争性。

资本市场被称为长期资金市场，是专门融通期限在一年以上的中长期资金的市场。资本市场包括两大部分：银行中长期存贷款市场和有价证券市场，证券市场是资本市场最重要的部分。

二、按要求权的种类划分——债券市场和股票市场

如图7.3中所示的上半部分。金融市场上金融资产的收益要求权可以是固定的，也可以是变动的。前一种金融资产称为债务工具，交易这些工具的市场被称为债券市场；后一种金融资产称为权益工具，交易这些工具的市场被称为权益市场或股票市场。

三、按交割期限划分——现货市场、期货市场和衍生品市场

现货市场(Spot Market)是须在交易协议达成后的若干个交易日内办理交割的金融交易市场。现货交易是金融市场上最普遍的一种交易方式,包括现金交易、固定方式交易以及保证金交易。现金交易是指成交日和结算日在同一天的交易;固定方式交易是成交日和结算日相隔七天以内的交易;保证金交易也叫垫头交易,是在投资者资金不足但又想获得较多投资收益时,采取交付一定比例的现金,其余资金由经纪人贷款垫付买卖金融工具的交易方式。目前现货市场上主要是固定方式交易。

期货市场(Futures Market)是指交易协议虽然已经达成,但是交割还要在某一特定时间进行的市场。期货市场上成交和交割是分离的,交割要按照成交时的协议价格进行,而成交与交割期间金融工具价格的波动变化可能会使交易者获利或受损,因此期货市场上交易者需要对市场进行判断,并要承担一定的市场风险。期货市场最主要的功能是价格发现和风险管理功能。

衍生品市场(Derivatives Market)是各种衍生金融工具进行交易的市场。衍生金融工具是指由原生性金融商品或者基础性金融工具创造出的新型的金融工具,一般表现为一些合约,合约的价值由其交易的金融资产的价格决定,包括远期合约、期货合约、期权合约、互换等。

四、按金融工具是否为首次发行划分——发行市场和流通市场

发行市场又称为一级市场(Primary Market),是指资金需求者将金融资产首次出售给资金的供给者时所形成的交易市场。

流通市场又称二级市场(Secondary Market),是指金融工具发行后在投资者之间买卖、转让所形成的市场。

发行市场和流通市场是密不可分的,发行市场是流通市场的基础和前提,没有发行市场就没有流通市场;而流通市场是发行市场存在与发展的重要条件之一,无论在流动性上还是在价格的确定上,发行市场都要受到流通市场的影响。

在发达的市场经济国家还存在第三市场甚至第四市场,它们都是场外市场的一部分。第三市场是原来在交易所上市的证券转移到场外进行交易所形成的市场,相对于交易所来说,其交易限制更少、成本更低。第四市场是投资者和证券的出卖者直接交易形成的市场,其形成的主要原因是机构投资者在证券交易中所占的比重越来越大,买卖数额巨大,因此希望避开经纪人直接交易以降低成本。

五、按金融工具的交易组织方式划分——交易所市场和柜台市场

金融市场的组织方式是指把交易双方和交易对象通过金融机构媒介联系起来,共同确定交易价格,最终实现转让交易对象目的的形式。

交易所市场是最主要的证券交易场所,是流通市场的核心。交易所交易必须根据国家有关的证券法律规定,有组织地、规范地进行,其交易一般采用持续双向拍卖的方式,是一种公开竞价的交易。证券交易所有严密的组织管理机构,只有交易所的会员才能在市

场内从事交易活动,投资者则必须通过会员经纪人进行交易。

柜台市场,是在股票交易所以外的各种证券交易机构柜台上进行的股票交易市场(也就是没有集中场所的资产交易网络),又称店头市场或场外交易市场。柜台市场是按标购标售方式进行交易的市场,其典型代表是美国的纳斯达克系统。它与交易所共同构成一个完整的证券交易市场体系。场外交易市场实际上是由千万家证券商行组成的抽象的证券买卖市场。在场外交易市场内,每个证券商行大都同时具有经纪人和自营商双重身份,随时与买卖证券的投资者通过直接接触或电话、电报等方式迅速达成交易。这种制度是典型的做市商制度。作为自营商,证券商具有创造市场的功能。证券商往往根据自身的特点,选择几个交易对象。作为经纪证券商,证券商替顾客与某证券的交易商行进行交易。在这里,证券商只是顾客的代理人,他不承担任何风险,只收少量的手续费作为补偿。

第三节　金融市场的价格

价格机制是市场经济发挥配置资源作用的基本机制。资产定价是金融市场的基本功能,也是衡量金融市场能否有效发现价格、有效配置资源的根本标准。

一、金融市场的常见价格形式

(一)利率

利率是利息和本金的比率。对投资者而言它是收益率的一种基本形式,对企业而言它是资金使用的资金成本。利率包括许多种类,例如市场利率和官方利率等。对此,前面的章节已有详细介绍。利率受许多因素的影响。也有许多关于利率的理论集中阐述利率的合理性和利率决定问题。理解利率问题是理解所有的金融价格指标的起点。无论利率如何决定的,有一点是肯定的,只有不断地推进我国利率市场化进程,才能充分发挥利率在我国金融市场中有效配置资本的作用。

(二)汇率

汇率是国际金融市场另一种重要的价格。全球经济贸易一体化的趋势,决定了全球金融市场的一体化和联动效应。几种主要货币之间,两两互相表示对方的价格,使得汇率这一问题理解起来颇为吃力,但也令人着迷。简单说,无论是用本币去表示外币,还是用外币表示本币,汇率本质上是一种货币价格。不管直接标价法还是间接标价法,汇率意味着,两种货币将以该种价格或者比率兑换。汇率也受制于国际收支和一国经济状况以及利率等因素的影响。

(三)股票价格和债券价格

股票价格和债券价格是资本市场最为重要的两种价格。股票价格相对于债券价格的决定虽然原理相似,但是复杂得多。虽然理论上我们已经具备普遍应用的各种估值模型。但是股票的估值问题始终是一个仁者见仁,智者见智的活动。因为价格是在市场中形成的,任何一个时刻,股票价格往往和我们计算出来的理论价格不一致。我们也无法简单地认定理论价格和市场价格之间一定有哪一个价格是正确的,同时另一个价格是错误的。

(四)发行价格与流通价格

发行价格是股票和债券发行时所使用的价格。现实中往往是股票的发行价格由发行公司和证券承销商综合考虑多种因素共同决定的。发行价格的确定有许多特定的方法。流通价格是指已经发行的股票和债券流通转让时所使用的价格,其实就是股票和债券二级市场的价格。这种价格随供求关系而变动。价格的上升和下降形成了资本市场繁荣或者低迷的局面,从而使金融市场成为反映经济运行和投资者预期好坏的“晴雨表”。

二、金融市场的交易组织方式

金融市场的交易组织方式是指把交易双方和交易对象通过金融机构媒介联系起来,共同确定交易价格,最终实现转让交易对象目的的形式。金融市场的组织方式主要有拍卖方式和柜台方式两种。

(一)拍卖方式

金融市场上的拍卖方式(Auction)是指所有的金融交易都采取拍卖的方式成交,买卖双方通过公开竞价来确定买卖的成交价格。目前,公开竞价有两种方式,一种是人工拍卖,即由金融工具的出售方呼喊加手势报出要价,购买方之间激烈竞争报出买价,出价最高的购买方将最终获得所售金融工具。另一种方式是计算机自动撮合,即买卖双方不必直接见面,而是分别将欲买和欲售金融工具的价格输入计算机,由计算机按照时间优先、价格优先的原则自动配对,实现成交。时间优先是指同样的价格先提出优先成交;价格优先是指对购买方而言,同一时间价格高的优先成交,对出售方而言,同一时间价格低的优先成交。金融市场工具的拍卖在交易所内进行。但交易所内除了真正要买卖金融工具的市场参与者之外,还有受人委托代理买卖的经纪人和股票交易商。他们由作为交易所会员的经纪人公司和证券公司派出,这些公司受实际投资人、筹资人、保值人或者投机人的委托,按照委托人的要求以尽可能有利的价格进行交易。这是拍卖方式的一大特点。

拍卖方式可以分为单向拍卖(One-Way Auction)和双向拍卖(Two-Way Auction)。单向拍卖方式的交易双方中一方是一个交易群体(Trading Crowd),例如一批要购买或要出售的同一金融工具,而另一方是一个交易单位。后者报出买卖金融工具的出价或要价,前者中的各个交易单位围绕报价展开竞争,竞相抬价以求买进或者竞相压价以求售出。最后,后者将要出售的金融工具卖给出价最高的交易方,或以最低的价格购得要购买的金融工具。双向拍卖方式的交易双方都是交易群体,交易双方在买卖某种交易工具时,以该种工具上次成交的价格为基础,分别提出各自的出价和要价。买方希望以较低价格买入,卖方希望以较高价格卖出。买方群体中不断有人为买进而提高出价,卖方群体中不断有人为卖出而降低要价,这样双方的报出价格逐渐接近,到双方群体中最高出价和最低要价相等时便可以成交。

利用拍卖方式组织金融市场活动必须具备以下几个条件。

(1)要有一个集中的场所和相应的设施,能够把所有的交易都集中在一起以便于相互竞价,这个场所就是交易所。

(2)要有大量的可交易工具,否则无法形成大规模的拍卖交易。

(3)要有相当规模的同质工具,否则交易工具的种类多而数量少,会造成拍卖成本过高、拍卖条件过于苛刻。

(4)要有大量的市场中介机构,否则无法代理大量的实际交易者,也难以进行有效的价格竞争。

(二)柜台方式

柜台方式(Over-the-Counter)是指通过作为交易中介的证券公司来买卖金融工具,而不是通过交易所竞价方式确定交易价格。这种方式中金融工具的买卖双方都分别同证券公司进行交易,或者将出售的金融工具卖给金融公司,或者从金融公司买进欲购买的金融工具。

在柜台方式组织的金融交易当中,买卖价格不通过交易双方直接竞争来确定,而是由证券公司根据市场行情和供求关系自行确定。对于同意交易的某种金融工具,证券公司以双价制(Ask and Bid System)的方式进行挂牌,即同时报出该工具的买入价格(Bid Price)和卖出价格(Asked Price),表示愿意以所报出价格买入或者卖出金融工具。证券公司一旦对某种金融工具报出双价,则在报出新的价格之前,不得拒绝以已经报出的买入或者卖出的价格来买卖该种工具。一般证券公司的报价中买入价格低于卖出价格,价差(Spread)就是证券公司的主要利润来源。

三、金融市场价格的决定

首先我们来看一个很特别的例子:假设你去参加一个汽车拍卖会。在拍卖开始前可以对汽车进行检查,你发现了一辆喜欢的车。在停车场试驾之后注意到它发出一些奇怪的噪声,但你仍然确定你很喜欢这辆车。你觉得 5 000 元是一个公平的价格,如果噪声变大的时候你可以花钱做一些维修。你看到拍卖快要开始了,因此你进入拍卖场等待拍卖。假设有另外一个买家也发现了。它试驾之后觉得有噪声只是因为刹车垫用旧了而已,他可以以很低的成本修好这辆车。他觉得这辆车值 7 000 元。他也进入拍卖场等待拍卖。谁会购买这辆跑车呢?价格又是多少?假设只有你们两个人对这辆车有兴趣。你开始的出价是 4 000 元。他将出价提高到 4500 元。你提出你的最高价 5 000 元。他将筹码提高到 5 100 元。现在价格高于你愿意支付的价格,所以你会停止出价。跑车就以 5 100 元的价格卖给了信息更充分的买家。

这个简单的例子说明了几点道理。首先,价格由愿意出价最高的买家来设定。成交价格不一定是资产可以取得的最高价格,但却比其他买家愿意付出的价格要高一些。其次,市场价格由那些能够最好利用资产的人来设定。购买跑车的买家知道他能很轻易地以很低的成本修好噪声。因为这个原因,他愿意支付的价格比你要高。最后,这个例子显示了信息在资产定价中的作用。对有关资产的信息方面的优势能够增加其价值并减少其风险。如果你决定购买一只股票,将来的现金流会有很多不确定性。相比不确定的买家,有更好信息的买家在贴现现金流的时候使用的利率(价格即现金流量的折现值,所以和利率成反比)会低一些。

下面我们将上述概念应用到股票估值。假设你在考虑购买下一年预期分红为 2 元的一只股票。公司预期会以 3% 的增长率持续增长。你对分红的持续性和增长率的准确性都十分不确定,你的必要收益率为 15%。现在假设另外一个投资人老王和行业内人士交流之后觉得对预测的现金流更有信心。老王只要求 12% 的收益率。而小李则正在和公司的首席运营官见面。他几乎明确地知道公司未来实际会是什么样子。他觉得估算的增长率和现金流都会比将来的实际情况低。因此在他看来投资几乎没有风险,他的必要收益率仅为 7%,如表 7.1 所示。

【金融视角】戈登模型

每个投资人对股票给出的定价是多少?运用戈登模型得到下面的股票价格。

戈登模型又称为固定增长模型。如果股利增长率等于零,即 $g=0$,未来的股利按一个固定数量支付。戈登模型实际上是不变增长模型的一个特例。它是一个广泛使用的股票估值模型。戈登模型的计算公式为

$$P=\frac{D_0(1+g)}{r-g}=\frac{D_1}{r-g}$$

其中,D_0是 0 期的股利;D_1是第一年的股利;g 是股利在估值期间内假设的公司股利的不变的增长率;r 是公司综合考虑各种因素而要求的必要报酬率,是公司估值所使用的折现率。

表 7.1　信息对不同投资者的估值影响

准备购买该公司股票的人	根据自己掌握的信息确定 r	戈登模型估值结果
你	15%	16.16 元
老王	12%	22.22 元
小李	7%	50 元

你愿意为该股票支付大约 16 元,老王愿意出 22 元,而小李则愿意出 50 元。感觉风险最低的投资人愿意为股票支付最高的价格。如果你已经持有了该股票,你会将它出售给小李。

这一例子的关键在于,市场上的买家通过相互竞价建立了市场价格。当公司有新的信息披露的时候,预期随之改变,股价也就随之改变。新的信息会让买家对将来红利水平和红利风险的预期发生变化。由于市场的参与者不断收到新的消息,并不断改变其预期,因此股票价格不断变化是合理的。

另外这个例子的特别的地方在于它试图将市场竞争性定价(你可以试想一下大家哄抢一种产品的时候可能会是什么情形)和理性估值结合起来分析问题。当然,由于投资者对公司预期的不同很有可能会产生估值误差,因为最终公司的结果只能是某一位投资者预期正确。所以市场发现公允价格也是一个不断发展的动态过程。

第四节　金融市场的效率

有效资本市场理论是金融学和经济学中的理论基石。资本资产定价模型(Capital Asset Pricing Model,CAPM)、套利定价理论(Arbitrage Pricing Theory,APT)以及期权定价模型(Option Pricing Model,OPT)都是在有效市场假设之上建立起来的。如果市场价格是无效的,就不能实现资本的优化配置。有效资本市场理论将人们最熟悉的股票市场作为研究对象,去考察股票市场的有效性问题。股票市场的有效性问题等价于股票价格的变动一定是人们对可用信息预期的相应变化。也就是说人们根据可用信息的变化,对公司的盈利前景的预期产生变化,这种变化反映到投资行为上来,就造成了股票价格的相应变动。除此之外,股票价格不应该存在其他变动的理由,否则我们就视之为市场"噪声"。有效的市场应当具备很小的市场"噪声"。有效的股票市场价格反映了人们的信息预期,也就不可能存在相应的超额回报。一切回报都建立在风险的考量之上,而风险的大小正是未知信息的多少问题。有效资本市场理论通常包括有效资本市场的定义和分类、有效资本市场的检验以及有效资本市场的行为、金融学的挑战等理论内容。

一、有效市场理论的产生

有效市场理论(Efficient Markets Hypothesis,EMH)是西方主流金融市场理论,又称为有效市场假设。第一篇讨论有效市场问题的论述可追溯到经济学家吉布森于 1889 年出版的《伦敦、巴黎和纽约的股票市场》一书,该书对市场有效性的思想进行了描述并在当时产生了一定的影响。而真正研究市场有效性问题的是法国经济学家和数学家路易斯·巴切利尔对随机游走的研究。1900 年巴切利尔在其博士论文《投机理论》中对法国商品价格走势进行研究时发现,这些商品的价格呈随机游走,也就是说某种商品的当前价格是其未来价格的无偏估计值,投机是种"公平游戏",即投机者的期望利润应为零。并在该文中首先提出了"市场收益是独立同分布(IID)的随机变量"。但他并没有使用"随机游走"这一术语。而真正界定"随机游走"定义的是 1905 年美国《自然》杂志在关于醉汉游走的问题中提出的。

巴切利尔之后,虽然沃尔金研究了随机游走在时间序列分析中的应用,考尔斯和琼斯对股票价格的序列相关性进行了研究,但对证券价格的行为的研究停滞了多年,直到计算机的出现。

1953 年英国统计学家肯德尔在其《经济时间序列分析》的第一篇:价格一文中研究 19 种英国工业股票价格指数和纽约、芝加哥商品交易所的棉花、小麦的价格以寻找其周期变化的规律时,令他惊奇的是找不到价格变化的周期性规律。通过广泛的序列相关分析后,他发现这些序列就像在随机漫步一样,下一周的价格是前一周的价格加上一个随机数构成。一系列随机有序数字构成了与美国股票价格相同的时间序列,因而提出了股票价格遵循一种随机游走(Random Walk)模式。肯德尔的实证研究极大地推进了市场有效假说的研究。

1959 年哈瑞·罗伯茨揭示了这些股票市场研究和金融分析的结论所隐含的意义,并最先提出了弱势和强势检验。尽管肯德尔、沃尔金和罗伯茨提出了投机价格序列可以由随机游走进行很好描述的观点,但他们并没有对这些假设进行合理的经济学解释。直到萨缪尔逊和曼德尔布罗特两位经济学家在仔细研究了随机游走理论后,才较为严密地研究了“公平游戏”的预期收益模型在有效市场理论中的作用以及这些“公平游戏”模型与随机游走理论之间的关系。

对股票价格的随机游走理论进行系统研究的是芝加哥大学的尤金 · 法马教授,他在1965 年的博士论文《股票市场价格行为》中将随机游走理论与市场有效理论连接起来,提出了著名的市场有效性理论:如果在一个证券市场中,证券价格完全反映了所有可能获得或利用的信息,每一种证券的价格永远等于其投资价值,那么就称这样的市场为有效市场。在他的博士论文中,不仅对随机游走理论进行了翔实的讨论和总结,而且进行了深入的检验,对股票市场的技术分析(图表)学派和基本面分析学派提出了挑战。

1967 年,罗伯茨在芝加哥大学举行的一次证券价格讨论会上,根据“所有可得到的信息”所包含的不同内容,首次将信息分为“历史信息”“公开信息”和“内部信息”三类,提出了证券市场弱式有效、半强式有效和强式有效的区分方法,并得到一致赞同。

法马是有效市场理论的集大成者,他为该理论的最终形成和完善做出了卓越的贡献。法马 1970 年的一篇经典论文《有效资本市场:理论和实证研究回顾》不仅对过去有关 EMH 的研究作了系统的总结,还提出了研究 EMH 的一个完整的理论框架。从此之后,EMH 蓬勃发展,其内涵不断加深、外延不断扩大,最终成为现代金融经济学的支柱理论之一。

二、有效市场的假设前提

有效市场理论有以下四个假设前提。

(1)市场信息是被充分披露的,每个市场参与者在同一时间内得到等量等质的信息,信息的发布在时间上不存在前后相关性。

(2)信息的获取是没有成本或几乎是没有成本的。

(3)存在大量的理性投资者,他们为了追逐最大的利润,积极参与到市场中来,理性地对证券进行分析、定价和交易:第一,假设投资者是理性的,因此投资者可以理性评估资产价值;第二,即使有些投资者不是理性的,但由于他们的交易随机产生,交易相互抵消,不至于影响资产的价格;第三,即使投资者的非理性行为并非随机而是具有相关性,他们在市场中将遇到理性的套期保值者,后者将消除前者对价格的影响。

(4)投资者对新信息会做出全面的、迅速的反应,从而导致股价发生相应变化。

三、有效市场理论的内容

在上述的前提条件下,有效市场理论的主要内容包括以下几点。

(1)在证券市场上,信息以随机的、独立的方式进入市场,面对刚公布的新信息价格调整通常是独立进行的。证券价格的变动是市场对各种信息做出的反应,因此价格的每次变动也是独立的,与前一次价格变化没有联系。

(2)市场存在着众多投资者,他们基于利润最大化的目的,各自独立地对证券价格进行理性的分析和评价。

（3）投资者面对新信息，能够迅速、准确地调整价格反映新信息对价格产生的影响。由于投资者能够迅速、准确地调整价格，市场对新信息的反应速度足够快，因此投资者不能获得非正常报酬，而只能赚取风险调整的平均市场报酬率。

这样，如果在一个证券市场中，证券价格完全反映了所有可能获得或利用的信息，每一种证券的价格永远等于其投资价值，那么就称这样的市场为有效市场。

四、有效市场理论的三种形式

既然证券价格作为一种正确的信号能充分反映一切可获得的信息，那么，可获得的有关信息就成为价格能否有效的决定因素了。按照可获得的信息分类不同，有效市场理论将有效率的资本市场分为弱有效市场、半强型有效市场和强有效市场。

（一）弱有效市场

在该市场中，证券的现行价格所充分反映的是过去价格和过去收益的一切信息。在该类市场中，任何投资者都不能利用过去的信息制定投资策略进行证券买卖而获取异常收益（在有效市场中，与风险水平相当的证券收益率为正常收益率，实际收益率与正常收益率的差额为异常收益率）。

（二）半强型有效市场

在该市场中，现行的证券价格不仅能反映过去价格和过去收益的一切信息，而且还包括一切可以公开得到的信息（如公司的盈利宣告、股票分割、红利宣告等）。因此完全利用可公开获得信息行事的投资者在扣除他们购买信息的成本后无法获得超额利润。

（三）强有效市场

在该市场中证券价格所包括的信息面最广，即价格在充分反映过去收益和报酬、一切可获得的公开信息之外，还对非公开的信息敏感，能即刻反映全部公开的和非公开的有关信息。因此，任何投资者都无法凭借其地位和某种信息渠道来获得超额的预期收益。

有效市场的三种类型都有一个共同的特征，即证券的价格反映一定的信息。其区别在于：不同的市场反映信息的范围各异。

五、有效市场理论的检验方法及部分检验结果

（一）弱有效市场的检验

弱有效市场强调证券价格的随机游走，不存在任何可以识别和利用的规律。因此，对弱有效市场的检验主要侧重于对证券价格时间序列的相关性研究。具体来讲，这种研究又包括时间序列的自相关、操作检验、过滤法则检验和相对强度检验等不同方面。

（1）时间序列的自相关是指时间序列的数据前后之间存在着相互影响。如果股票价格的升降对后来的价格变化存在着某种影响，那么在时间序列上应表现出某种自相关关系。

（2）操作检验是一种非参量统计检验方法。这一方法将股票价格的变化方向用正负号表示，价格上升为正，下降为负。如果价格变化的自相关性强，应能看到一个较长的同

号序列，表示价格的连续下降或连续上升。

（3）过滤法则检验是通过模拟股票买卖过程来检验随机游走理论的可信性。这一方法将股票价格变化作为买入卖出股票的指示器。如果价格上升，表明股市看好，则在次日买入一定比例的股票；如果价格下降，表明股市看跌，次日卖出一定比例的股票。如果股价变化存在着某种相关关系，这种买入卖出方法的收益应显示出一定的特性。

（4）相对强度检验也是模拟证券投资过程对随机游走理论进行检验的。检验者首先选择一个与股票价格变化有关的指标，然后按照这一指标数值的指示决定买入卖出某种股票的数额。

根据以上检验的方法，有效市场理论的研究者做了大量的实验。如：①利用相关性检验方法，摩尔发现股票价格的前后期变动序列之间的相关系数平均为-0.06，表示股价变动的前后期之间不存在序列相关关系。②法马以 1957～1962 年期间道琼斯工业指数的 30 种股票作为样本，计算出价格序列残差的相关系数为 0.03，表明各期股价不存在相关性。③格兰杰和摩根斯坦采用一种谱分析方法对股票价格波动进行研究，他们发现股票价格运动没有依赖性。

总的来说，20 世纪 80 年代以前对西方多数证券市场的大量经验研究表明证券市场是弱态有效的，而 80 年代以来的多数经验分析却出现了一些不支持市场是弱态有效的经验证据，表现为有效市场中的异常现象，被称为异象。

（二）半强型有效市场的检验

对半强型有效市场的检验，主要侧重于市场反应速度的研究，即研究股票价格对各种最新公布的消息，如拆股、股利政策的变化、盈余信息等的反应速度。其检验往往采用“事件研究”方法，即通过对某一特定事件发布前后的股价表现进行统计分析，研究股价在什么时候对该事件做出反应及做出何种反应，从而确定股价对公开信息做出的反应是否符合半强式有效假设。如果某事件出现以后，股价能在短时期内得以迅速调整并自动恢复到均衡，从而使得任何以该事件为基础的交易不能获得超额利润，则表明市场是有效的；反之，市场是失效的。

检验结果如：波尔和布朗运用累计超常收益分析法对年度会计盈余信息的公布对公司股价的影响进行了研究，认为美国的股票市场系满足半强式有效市场。科文和平克顿对公司接管前后的收益率进行的研究发现，在消息公布之前目标公司的股价开始上升，这表示信息进入价格；在消息公布的当天股价发生向上阶跃，反映出目标公司的股东所获得的接管溢价；而在消息公布以后价格没有继续上升或者发生反转，说明价格对信息的反应是正确的。这个结论与半强式有效假设一致。

（三）强有效市场检验

对强有效市场的检验目前尚无比较成熟的、规范的方法，这方面的研究主要集中在观察那些特定的交易者，如专业投资者或内幕人员，他们依赖于某些特定的公开或内幕消息进行交易，看其能否获得超额收益。而由于对内幕人员交易难以获取数据，因此，通常是对专业投资者的业绩进行检验，检验专业投资者在不占有内幕信息的条件下，是否能凭借专业技能（包括技术面分析和基本面分析能力）获得超额收益，也可检验投资咨询机构建议的效果，即检验采纳投资咨询机构的建议的交易策略，是否能比不采纳其建议的交易策略收益更高。

检验结果如：迈克尔·詹逊，运用资本资产定价模型（CAPM）来衡量经风险调整的互助基金经营实绩。研究发现，即使不考虑运营成本，多数基金业绩无法超越指数业绩。因而，满足强有效市场的结论。格里姆布拉特和提特曼，义普利托对互助基金业绩做了进一步研究。其研究结论都是相类似的：过去业绩表现好的基金并不表明未来也经营得比较好。

本章小结

1. 金融市场是指以金融资产为交易对象而形成的供求关系及其机制的总和。它是金融资产进行交易的一个有形和无形的场所，反映了金融资产的供应者和需求者之间所形成的供求关系，揭示了资金从集中到传递的过程，包含了金融资产交易过程中所产生的各种运行机制。

2. 金融市场作为金融资产交易的场所，从整个经济运行的角度来看，具有融资功能、投资和储蓄功能、储存和提供流动性功能等功能。

3. 金融市场的参与者可以划分为政府部门、中央银行、金融中介、企业和居民个人几大类。

4. 不同的具体的子市场组成的金融市场体系，便构成了金融市场的结构。金融市场按照要求权的期限划分为货币市场和资本市场，按照要求权的种类划分为债券市场和股票市场，按照交割方式划分为现货市场、期货市场和衍生品市场，按照交易的功能划分为发行市场和流通市场。按照不同标准划分的子市场互相联系、互相依存。

5. 金融市场的组织方式是指把交易双方和交易对象通过金融机构媒介联系起来，共同确定交易价格，最终实现转让交易对象目的的形式。金融市场的组织方式主要有拍卖方式和柜台方式两种。

6. 有效金融市场包括弱有效、半强型有效和强有效市场三种类型。

【思考与练习】

1. 金融市场的含义是什么？
2. 金融市场的功能表现在哪些方面？
3. 如何划分金融市场的主体？各主体在金融市场中的主要作用是什么？
4. 货币市场与资本市场有哪些区别和联系？
5. 发行市场与流通市场有哪些区别和联系？
6. 金融市场的两大组织方式是什么？各自是如何实现交易目的的？

第八章　货币市场

【学习目标】

1. 掌握货币市场的概念、功能以及主要参与者。
2. 掌握国库券市场的定义、国库券一级市场与二级市场的交易程序。
3. 掌握回购协议与逆回购协议的概念。
4. 掌握同业拆借市场的定义、商业票据市场的定义、存单的定义及其分类。
5. 掌握银行承兑汇票市场的定义及其交易过程。
6. 掌握欧洲货币市场的定义及分类。

【案例导入】

上海银行间同业拆放利率(Shanghai Interbank Offered Rate，简称 Shibor)，以位于上海的全国银行间同业拆借中心为技术平台计算、发布并命名，是由信用等级较高的银行组成报价团自主报出的人民币同业拆出利率计算确定的算术平均利率，是单利、无担保、批发性利率。目前，对社会公布的 Shibor 品种包括隔夜、1 周、2 周、1 个月、3 个月、6 个月、9 个月及 1 年。Shibor 报价银行团现由 18 家商业银行组成。报价银行是公开市场一级交易商或外汇市场做市商，在中国货币市场上人民币交易相对活跃、信息披露比较充分的银行。中国人民银行成立 Shibor 工作小组，依据《上海银行间同业拆放利率(Shibor)实施准则》确定和调整报价银行团成员、监督和管理 Shibor 运行、规范报价行与指定发布人行为。作为当前国内货币市场中最重要的利率报价系统，Shibor 越来越在市场中发挥出基准利率的作用，反映着短期资金供求市场中的价格。

资源来源：Shibor 官方网站

第一节　同业拆借市场

同业拆借市场也称同业拆放市场，是银行及其他金融机构之间进行短期、临时性资金拆借的市场。在这个市场中相互拆借的资金主要是各级银行和其他金融机构经营过程中暂时闲置的资金和准备金，拆借的目的是补足存款准备金和轧平票据交换头寸。

一、同业拆借市场的形成与发展

同业拆借市场的形成，源于银行之间运用多存于中央银行的存款准备金而进行的余额调剂。它最早出现于美国，形成的根本原因在于法定存款准备金的实施。按照美国 1913 年通过的《联邦储备法》的规定，加入联邦储备银行的会员银行，必须按存款数额的一定比例向联邦银行缴纳法定存款准备金，以应付有可能发生的银行客户挤兑提存的需要。这种存款准备金，联邦储备银行是不付利息的，但如缴存不足，则会受到严厉惩罚。

由于清算业务活动和日常收付数额的变化，一些银行会出现准备金多余，有的银行则会不足。在同业拆借市场形成前，存款准备金多余的银行如找不到用途，只能暂存中央银行，法定存款准备金不足的银行一般通过向中央银行再贴现来取得短缺资金。但存款准备金多余的银行需要运用多余部分来获得利息收入，而存款准备金不足的银行又需要以比向中央银行再贴现低的成本为资金弥补缺口，于是美国在1921年形成以调剂联邦储备银行会员银行的准备金头寸为内容的联邦基金市场。联邦基金就是指商业银行存在联邦储备银行准备金账户上的存款准备金。在英国伦敦，同业拆借市场的形成则是由于在银行间票据交换过程中，各家银行为了轧平票据交换的差额而需相互拆借。

西方各国在20世纪30年代的经济大危机后，普遍强化了中央银行的作用，相继引入了法定存款准备金制度，从而大大促进了同业拆借市场的发展。当今西方国家的同业拆借市场在交易内容、开放程度、融资规模、作用功能方面都发生了深刻变化。从市场参与者来看，拆借不仅仅发生在银行之间，还扩展到银行与其他金融机构之间。例如在美国，同业拆借市场在形成之初的参与者仅限于联邦储备银行的会员银行，后来增加了互助储蓄银行和储蓄贷款协会等。20世纪80年代后，外国银行在美国的分支机构也可以参与该市场活动，参与者的扩大直接导致了市场融资规模的大大增加。从拆借目的看，已不仅仅局限于补足存款准备金和轧平票据交换头寸，还可以弥补金融机构在经营过程中出现的暂时的、临时的资金短缺。更重要的是同业拆借已成为银行实施资产负债管理的有效工具。由于同业拆借期限短、风险低，还可获得利息收入，许多银行都把短期资金投放于该市场，以利于及时调整资产负债结构，保持资产的流动性，尤其是市场份额有限，承受风险能力弱的中小银行更是把短期资金经常应用于该市场，以降低风险，增加利息收入。

二、同业拆借的主要交易种类

银行间同业拆借市场一般没有固定场所，主要通过通信手段成交，交易种类通常有以下两种。

（一）头寸拆借

“头寸”一词源自我国金融业早期的习惯用语，是指资金或款额。头寸拆借是指金融同业之间为了轧平头寸、补足存款准备金或减少超额准备进行短期资金融通活动，一般为日拆，今借明还，期限一天。

由于银行等金融机构存款业务量极大，资金收支频繁，资金的不足或多余情况变化快，常常出现短暂的资金时间差、空间差。即有的银行支大于收，有的收大于支，或者有些银行今天支大于收，明天收大于支，于是出现多头寸即资金有余，或少头寸即资金缺少的情况。多头寸的银行要借出多余资金生息，少头寸的银行则要拆入资金补足差额，保证清算顺利进行。对少头寸的银行来讲，虽然也可以用现金抵补差额，或向中央银行请求再贴现或再贷款，但均不如向同业拆入资金方便，而且向中央银行请求再贴现或再贷款的利率往往比同业拆借高。

（二）同业借贷

银行等金融机构之间因为临时性或季节性的资金余缺而相互融通调剂，以利业务经营,这就产生了同业借贷。对借入银行来说,同业借贷是其扩大资金来源、增加贷款能力以取得更多收益的又一资金来源。对贷出银行来讲,同业借贷是其投放部分闲散资金的手段,以增加其资产的流动性和收益。同业借贷因其借贷金额较大,属于金融机构之间的批发业务。

同业借贷与头寸拆借的最大区别,在于融通资金的用途。同业借贷是调剂临时性、季节性的业务经营资金余缺;头寸拆借则是为了轧平交换头寸、补足存款准备金。由于两种拆借方式融通的资金在用途上存在差别,所以同业借贷较之头寸拆借的期限要长。

三、同业拆借的交易方式

(一)直接拆借方式

所谓直接拆借就是指拆借双方不通过中介人,由一方主动通过银行往来关系,直接寻找对象。在拆借市场上,当拆入一方与拆出方能及时洞察信息且相互了解时,便可直接协商成交。这种拆借方式交易成本低,成交迅速,拆借利率弹性也较大。

头寸拆借如采取直接拆借方式,一般是由拆出银行开出支票交拆入银行存在中央银行,使拆入银行在中央银行的存款准备金增加,补足资金差额。同时,拆入银行开出一张同等金额并加利息的支票给拆出银行,并写明兑付日期(一般为出票日的第二天)。到期,拆出银行将支票通过票据交换清算收回本息,整个拆借过程即告完成。

(二)间接拆借方式

间接拆借方式是指拆出方或拆入方通过中介人,间接寻找交易对象进行拆借。当拆入方拆入资金数额较大,需要多个拆出方提供时,或拆借双方对市场上的资金供求信息不甚了解时,则往往需要借助中介人来完成成交过程。由中介人参与拆借活动,交易双方省时省力,但要支付中介人佣金,所以成本较高。

同业拆借市场中介人可分两类:一类是专门从事拆借市场及其他货币子市场中介业务的专业经纪商,如日本短资公司;另一类是非专门从事拆借市场中介业务的兼营经纪商,大多由商业银行担当。中介人收集储存各种行情信息,沟通双方并促成交易,其在引导资金合理流动、平衡市场供求关系方面,发挥着重要作用,对同业拆借市场的正常运行和健康发展是必不可少的。

在间接拆借方式中,买卖双方先将其需要拆出或拆入的金额、利率、期限等告知经纪商,由经纪商为其寻找交易对象,一旦成交,即由买卖双方按规定的交易程序完成交易。

四、同业拆借市场的拆借期限与拆借利率

同业拆借市场是货币市场的重要组成部分,其拆借期限最长不超过一年。但由于拆借目的的不同,拆借期限存在明显差别。头寸拆借通常都是以 1 ~ 10 天为期,以 1 日期为多,即今日借款,明日还款。这种以 1 日为期的交易,在美国称为一日放款或隔夜放款,我国则称为日拆,最短的只有半日,如日本的半日拆,从上午票据交换清算后到当日营业结束为限。同业借贷的期限相对较长,最长可达一年。

同业拆借市场的拆借利率又叫拆息,和外汇买卖有两个价格一样,同业拆借也有两个

利率。同业拆借的利率报价表上写在前面的利率是拆进利率,表示银行愿意借款的利率;后面的是拆出利率,表示银行愿意贷款的利率。一家银行的拆进,实际上也就是另一家银行的拆出。同一家银行的拆进和拆出利率相比较,拆进利率小于拆出利率,其差额就是银行的收益。

同业拆借利率要么由拆借双方直接议定,要么由双方借助于中介人,通过市场公开竞价确定。无论哪种情况,拆借利率要受制于当时市场资金的供求状况、货币市场其他金融工具的收益率水平、拆借期限、拆入方资信等多方面因素。一般而言,同业拆借利率低于中央银行的再贴现或再贷款利率。否则,资金需求者宁可向中央银行申请贷款。但当中央银行实行从紧的货币政策,金融机构向中央银行申请贷款较为困难时,只能从同业拆借资金以应急需,这样就有可能出现同业拆借利率高于再贴现或再贷款利率的现象。

同业拆借利率是货币市场的核心利率,也是整个金融市场上具有代表性的利率,能够及时、准确地反映货币市场乃至整个金融市场的资金供求关系,对货币市场上其他金融工具具有重要的导向和牵引作用,是市场利率走势的风向标。中央银行将其作为把握宏观金融动向、调整和实施货币政策的指示器,并通过货币政策工具的运用,影响同业拆借利率这个金融变量,进而影响长期利率和货币供应量,以实现其既定的货币政策目标。

在国际货币市场上,有代表性的利率有三种:伦敦银行同业拆借利率(LIBOR)、新加坡银行同业拆借利率(SIBOR)和香港银行同业拆借利率(HIBOR)。其中伦敦银行同业拆借利率影响最大,是指在伦敦欧洲货币市场上在银行之间相互拆借英镑、欧洲美元及其他欧洲货币的利率。拆借期限有1、3、6个月和1年等几个档次。目前,世界上一些重要的金融市场和许多发达国家均以该利率为基础确定自己的资金借贷利率。有些浮动利率的金融工具在发行时,也以该利率作为浮动的依据和参照物。

五、同业拆借利息的计算

在同业拆借中,当拆借金额和拆借利率确定后,同业拆借的利息就取决于生息的天数和基础天数。基础天数是指一年的天数,生息天数就是指借款的实际使用的天数。同业拆借利息计算的基本公式是

$$拆借利息=拆借金额\times拆借利率\times生息天数/基础天数$$

【例8.1】 拆入一笔金额为10 000 000元、利率为10%、期限为6月1日到9月1日的资金,首先计算生息天数为92天,则

$$利息=10\,000\,000\times10\%\times92/360=255\,555.56(元)$$

六、我国同业拆借市场发展概况

1981年4月,中国人民银行下发了《信贷差额包干办法》,首次提出了其分行的多余资金可以拆放。但当时信贷资金实施统存统贷,金融机构之间的拆借活动很难开展起来。

1984年1月1日,中国工商银行成立,中国人民银行专门行使中央银行职能,初步形成了以中央银行为主体、专业银行为主导、其他金融机构并存的金融组织体系,改革了长期以来实行的信贷资金计划管理体制,中央银行、金融机构相互之间的资金往来相互计息、有借有还,为专业银行进行系统内资金头寸管理创造了条件,资金拆借开始出现;同

时，经济横向联合的发展，迫切需要消除信贷资金按专业银行系统和地区条块分割的问题，发展横向资金拆借。为此，中国人民银行出台了一系列管理办法，鼓励发展拆借市场。1984 年 2 月，中国人民银行颁发《关于中国人民银行专门行使中央银行职能的若干具体问题的暂行规定》，规定专业银行出现资金不足，可向其他专业银行拆借。1984 年 10 月，中国人民银行颁发《信贷资金管理办法》，明确允许资金横向调剂，搞好资金融通和各银行之间的相互拆借。

1986 年 1 月，中华人民共和国国家经济体制改革委员会、中国人民银行在广州召开金融体制改革工作会议，会上正式提出发展同业拆借市场。1 月 7 日国务院颁布的《中华人民共和国银行管理暂行条例》也对专业银行之间的资金拆借做出了具体的规定。此后，同业拆借市场在全国各地迅速开展起来。至 1987 年 6 月底初步形成了一个以大中城市为依托、多层次、纵横交错的同业拆借市场。

1988 年，国家实行了严厉的“双紧”政策，对经济采取了治理整顿的宏观措施，对同业拆借也做出了一些限制规定，结果同业拆借市场的融资规模大幅下降，1990 年为 2 641 亿元，较 1988 年的 5 247 亿元下降了 2 606 亿元。

经过全面治理整顿后，拆借市场获得高速成长，1993 年的交易规模是 3 000 亿元，1994 年达到 5 000 亿元。

1996 年 1 月 3 日，全国统一拆借市场开始运行，这一市场由两级网络组成：一级网络为中国人民银行总行直接管理的全国性交易网络，由国有商业银行总行、股份制商业银行总行和行政上挂靠各地方的中国人民银行的省市级分行的融资中心组成，交易平台为中国外汇交易系统，实行计算机联网交易形式；二级网络由各地的融资中心组织当地商业银行分支机构及其他各类金融机构参与区域内交易。

1996 年 1 月 4 日，中国人民银行第一次发布了全国统一拆借市场的加权利率，即 CHIBOR，并于当年的 6 月 1 日全面放开拆借市场。

但是，由于二级交易网络中的融资中心是一个经营实体，具有营利动机，导致拆借资金通过非银行金融机构进入股市，使大量资金不能及时回收，拖欠严重。为此，1998 年上半年中国人民银行将所有融资中心撤离拆借市场。此举规范了市场，也带来了矛盾：一是成交量萎缩，1998 年成交量仅为 989.58 亿元，为历史低点；二是市场面猛然收窄，将为数众多的中小金融机构排除在市场之外。

1999 年上半年起，拆借市场逐步走出低谷，交易量显著上升，当年 9 月后批准入市的证券公司及基金管理公司，参与相当积极。2000 年上半年，交易更为活跃，共成交 2 743 亿元，同比增长 179%，利率继续全面下调，尤其是成交品种结构更趋合理，7 天品种交易额占比达到 56.7%，表明融资期限趋向于短期化，改变了以往拆借期限长的特点，拆借市场正在向真正的头寸调剂市场发展。中小主体活跃度进一步提高，证券公司成为最大的资金需求者，市场秩序良好，未出现重大违规行为。拆借市场的基础设施建设已经开始全面走上正轨，中国外汇交易中心在试运行成功的基础上，正式开通了中国货币网，使信息披露逐步走向多元化，信息交流渠道大为拓宽。

2007 年 1 月，上海银行间同业拆放利率（Shibor）正式开始报价，参与报价的银行均为在我国货币市场上人民币交易相对活跃、信息披露比较充分的银行，该利率也代表着我国金融市场中短期资金的供求状况。经过10余年的实践,Shibor与货币市场发展已经形成了良性互动的格局,在市场化产品定价中得到广泛运用。

【金融视角】上海银行间同业拆放利率(Shibor)实施准则

第一章 总则

第一条 为规范中国货币市场基准利率的形成机制、信息发布机制和监督管理机制,中国人民银行特制定本准则。

第二条 上海银行间同业拆放利率(Shanghai Interbank Offered Rate,简称Shibor)是由信用等级较高的银行自主报出的人民币同业拆出利率计算确定的算术平均利率,是单利、无担保、批发性利率。

第三条 市场利率定价自律机制成立Shibor工作组(以下简称工作组),依据本准则确定和调整报价银行团成员、监督和管理Shibor运行、规范报价行与指定发布人行为。

第二章 报价银行团构成

第四条 报价银行团由符合条件的商业银行组成。

第五条 报价行原则上应具备以下条件:

(一)是市场利率定价自律机制成员;

(二)具有公开市场一级交易商资格或外汇市场做市商资格;

(三)货币市场交易活跃,即交易量较大、交易连续性较好、价差较小。交易量指报价行在中国货币市场所有交易的总量,包括公开市场交易、同业拆借交易、债券回购交易、现券交易、货币市场衍生品交易等;

(四)信用等级较高;

(五)已建立内部收益率曲线和内部转移定价机制,具有较强的利率定价能力;

(六)通过上海银行间同业拆放利率网(www.shibor.org)等工作小组指定的媒体每年披露经注册会计师审计的上年年度报告;

(七)有利于开展报价工作的其他条件。

第六条 符合上述条件、并愿意成为报价行的商业银行应于每年12月1日前向工作组提交申请及相关材料。

经审核合格后可成为场外报价行,在场外进行SHIBOR报价。工作组结合报价等情况,在报价一年以上的场外报价行中,择优选取下一年的SHIBOR报价行。工作组根据本准则于每年年初公布当年的报价银行团成员名单。

第三章 报价行职责

第七条 提供拆出报价。该报价是基于市场情况的报价,是单利、无担保、批发性利率。报价行当日货币市场交易利率都以其报价利率为基准。报价行应独立报价,当日不得相互参照报价。

第八条 每个交易日(以下简称每日)上午10:55前通过上海银行间同业拆放利率网提供的报价界面完成报价。报价行每日应按时报价,保证质量。

第九条 每日对隔夜、1 周、2 周、1 个月、3 个月、6 个月、9 个月及 1 年八个品种进行报价。利率品种代码按期限长短排列为 O/N、1W、2W、1M、3M、6M、9M、1Y(O/N 代表隔夜,W 代表周,M 代表月,Y 代表年)。

第十条 以年利率(%,ACT/360,T+0)对各期限品种报价,保留 4 位小数。

第十一条 报价行应加强内控,建立流程清晰、权责明确的定价机制和报价程序,建立报价记录留存制度。报价行 报价要做到专人专岗,并及时向市场利率定价自律机制备案。

第十二条 建立应急机制,确保每日按时报出各期限品种的利率。

第四章 指定发布人及其职责

第十三条 全国银行间同业拆借中心受权为 SHIBOR 的指定发布人。

第十四条 负责提供报价界面,对接收到的每一期限品种的拆出利率数据,剔除最高、最低各 4 家报价,对其余报价进行算术平均计算后,得出每一期限品种的 SHIBOR,于每日上午 11:00 对外公布,同时公布各报价行的拆出报价。

第十五条 在上午 10:55 前鉴别报价行报价的可能差错,及时进行提示。如有报价行未报价,指定发布人根据已报的数据确定 SHIBOR,同时将此情况以书面形式报告工作组。

第十六条 负责维护上海银行间同业拆放利率系统。

第十七条 建立 SHIBOR 的备份、应急机制,确保每日 SHIBOR 的正常运行和历史资料储存。

第十八条 组织 SHIBOR 场外报价行报价。

第五章 工作组的运行机制

第十九条 根据商业银行的申请,按照本准则确定和调整报价银行团成员和场外报价银行团成员。

第二十条 组织报价行和场外报价行按本准则要求开展报价,对指定发布人发布 SHIBOR 信息等行为进行日常管理。

第二十一条 按月、季、年评估报价行有关报价行为,通报 SHIBOR 运行情况,对报价行报价质量进行考评。

第六章 监督管理

第二十二条 对报价行实行淘汰制。工作组建立报价考评指标体系,并定期对报价行的报价质量、定价机制和报价程序等进行现场检查和非现场检查。工作组每年对所有报价银行团成员的报价记录进行考评,确定淘汰更新方案并公布。

第二十三条 工作组负责监督管理指定发布人,每年对指定发布人履行职责的各项情况进行考核。

第二十四条 指定发布人根据工作组授权,对报价行报价质量进行现场监督和考核。如果报价行出现违反本准则行为,应及时发出警告,要求其改正,并报告工作组。指定发布人应及时记录、披露报价行违反本准则的行为和改正情况,按月向工作组报告 SHIBOR 的运行情况。

资料来源:http://www.shibor.org

第二节　票据市场

票据市场包括单纯融资性的商业票据市场和票据贴现市场。

一、商业票据市场

商业票据多为以出票人为付款人的本票，是由出票人承诺在一定时间、地点，支付一定金额给一定收款人的票据，是出票人的债务凭证，它属于短期、无担保的票据。以美国为例，商业票据期限一般在270天以内，如超过这个期限，在发行前要向美国的证券管理委员会申请登记，面额一般不低于25万美元。商业票据近年来发展迅速，已被视为银行短期贷款的有效替代形式。

(一)商业票据的产生

商业票据最初是由于商品交易而产生的，也是商业信用的一种工具。通常，商业票据是在交易成交后，由买方开出，卖方持有票据，在付款到期时向买方收取现款，也可以在到期日前到票据贴现市场贴现，取得现款。这时的票据是双名票据(买方和卖方)，买方要对卖方负责。后来，商业票据不限于在商业信用中使用，逐渐演变成为金融市场上筹措资金的一种工具，即金融机构和非金融机构通过发行商业票据而筹措资金。这使商业票据与商品交易相分离。由于不是商品买卖双方的关系，也就不再列明收款人，出票人就是付款人，于是演变成为单名票据，金额也从原来因商品交易需要而出现的零整不一的金额而变成整数金额。

(二)商业票据的特点

1. 发行成本较低

商业票据的利率加上发行成本，通常低于银行的同期贷款利率，这是由于商业票据由发行人直接发行，不必由银行充当中介人，因此发行人可以节省一笔原应付给银行的中介费用。

2. 足额运用资金

借款人向银行借款，往往不能足额运用借款资金，因为西方国家的银行通常要求借款人将借款金额的一定比例存在该银行往来账户上，而发行商业票据就可以足额动用这笔资金。

3. 对利率变动反应灵敏

在西方金融市场上，市场利率随资金供需情况变化而随时变动。在市场利率上升时，银行贷款利率立即跟着上升；在市场利率下降时，银行贷款利率并不立即做出反应，有一定的时滞。商业票据对利率变动会做出及时反应，调整其利率。

4. 提高发行企业的信誉

由于在货币市场发行商业票据的都是有一定知名度的企业，否则投资者不会购买。因此，一家企业如能在货币市场上发行自己的商业票据，就足以证明并提高其名誉和声望，这也是很多大企业愿意利用这种货币市场工具的原因。

5.一级市场发行量大而二级市场交易量很小

这主要是由于大多数商业票据的偿还期都很短，直接销售的商业票据的平均偿还期通常是20~40天，间接销售的商业票据的平均偿还期限通常是30~45天。另外，商业票据的投资者基本上都是用剩余资金进行投资的，一旦买入一般不会再卖出。

（三）商业票据的市场主体

1.发行人

（1）大企业的子公司。一些大型工业企业，自己组建财务公司，发行商业票据筹资，然后用所得资金向其母公司产品的销售商购买其分期付款的债权，销售商可用这笔资金再向工业企业进货。美国的通用汽车公司、福特汽车公司、通用电气公司等，都有这样的子公司。另外还有些大型百货零售商，也组织子公司经营商业票据的发行，以支持其母公司的赊销业务。

（2）银行控股公司。一些银行的控股公司也直接发行商业票据，筹措资金支援其子银行经营其他金融业务，如租赁、代收账款、消费者信贷等。著名的有花旗、梅隆、汉华等银行控股公司。

（3）获得银行信用支持的企业。这是近年来增长最快的一个类型。形式有由银行对发行企业提供可以循环使用的信贷额度，以备发行的商业票据到期无款支付时使用。还有由银行开立备用信用证，承担第二手责任（第一手责任由发行人承担），在发行人不能偿付时，由银行负责偿付，这种类型等于在发行人本身信誉之外，又间接增加了银行信用。

（4）外国企业。一些外国企业或跨国公司在美国市场上发行商业票据，为它们在美国经营业务筹资，或用作从美国进口的货物和劳务费用。

2.投资者

商业票据的投资者为各种机构，个人所占的比例不大。商业银行是商业票据的传统投资者，当其资金超过直接贷款需求时买进票据。其他投资者如股份公司、非银行金融机构以及退休基金会则是为剩余资金寻找安全的获利机会而投资商业票据的。

3.经纪商

在美国，工商企业、公用事业公司和交通运输公司所发行的商业票据多是通过作为投资代理人的经纪商出售的。经纪商有时代理发行商业票据，有时代理客户买卖商业票据，从中收取佣金或手续费。

商业票据的发行有两种方式，一是发行人直接销售给投资者，二是发行人通过经纪商间接售给投资者。采用哪种方式，取决于发行人的经济实力及所发行票据的吸引力。信用等级高的大公司，一般都设立专门机构负责发行工作，直接向投资者销售商业票据，因为这些大公司通常是以发行票据作为筹资的主要手段，有了专设机构发行比较方便，而且专设机构的费用占发行成本的比例很小。较小的公司因为不具备以上的条件，往往是通过经纪商来寻找买主，即采用间接发行。在采取间接发行时，发行人通常要付给经纪商1.25‰~2.5‰的手续费，并获取在转售前的拥有期间折价票据利息。在采用这种方式发行时，经纪商首先要分析、考察和评估发行人的信用情况，以帮助确定票据折扣或价格；然后，以一定的价格从发行者那里买入商业票据；最后，再转售给最终投资者。

（四）商业票据的收益率

商业票据均为贴现发行，即以低于面值的价格出售，到期按面值偿还，其利率就是贴现率。其收益率的计算是以360天为基础的。

【例8.2】　假设某投资者以985 000美元的价格购买了一份期限为95天、面值为100万美元的商业票据，则商业票据的贴现收益率为

$$(1\ 000\ 000-985\ 000)\times360/(1\ 000\ 000\times95)=5.68\%$$

折算成实际收益率，则为

$$(1\ 000\ 000-985\ 000)\times365/(985\ 000\times95)=5.85\%$$

在公开市场上商业票据的行情是以收益率或贴现率来表示的。影响商业票据收益率或贴现率的主要因素有以下几点。

1. 发行者的信用

信用高的公司发行的商业票据由于安全性高，其贴现率也就较低。如在美国，票据的资信等级主要由标准普尔和穆迪公司评定，在《商业票据评论》和《债券报告》上予以公布。为商业票据评定级别主要依据发行人的管理质量、经营能力和风险、资金周转速度、竞争能力、流动性、债务结构、经营前景等。根据这些项目的评价把发行人分成若干等级。上等商业票据的贴现率通常低于银行优惠贷款利率。

2. 同期贷款利率

商业票据的贴现率与同期贷款利率特别是优惠利率之间有着重要的联系。优惠利率是商业银行向它最好的或信用最高的客户收取的贷款利率。商业银行非常乐于向大公司、信用好的公司贷款，以降低贷款风险。因此，大公司、信用好的公司可以在发行商业票据和向银行借款两种筹资方式之间自由选择，这就促使商业票据的贴现率和贷款利率不可能有大的差距。

3. 货币市场资金供求情况

商业票据市场是货币市场的一个组成部分，因此必然受到货币市场资金供求情况的影响，当货币资金严重紧缺时，商业票据的投资者就会减少，导致商业票据的贴现率上升，甚至高于优惠贷款利率。

此外，商业票据的贴现率一般高于国库券利率，这反映商业票据的风险比国库券大，流动性不如国库券，同时投资商业票据必须缴纳一定的收益所得税。

二、票据贴现市场

票据贴现是商业汇票的持票人在需要资金时，将其持有的未到期商业汇票转让给银行，银行扣除贴息后将余款支付给持票人的行为。票据贴现是银行的一项古老业务，其实质是商业信用向银行信用转化的一种形式。

（一）商业汇票的承兑及其种类

商业汇票只有经过承兑后才可以获准贴现。所谓承兑是指远期汇票的付款人承诺在汇票到期日按出票人的指示付款。从法律上讲，承兑行为必须包括两部分：一是汇票付款人在汇票正面填写“承兑”字样或盖上“承兑”戳记，并由承兑人签章，注上承兑日期，有时

还加注汇票到期日;二是把承兑的汇票交还持票人,有时承兑人在承兑后留下承兑汇票,另发承兑通知书,则应将承兑通知书交给持票人。这样才算在法律上完成承兑行为。从这时开始,承兑正式生效而且是不可撤销的。因汇票而产生的债权债务关系也因此而有所变动。持票人仍为债权人,承兑人由于其承兑行为却成为首先应承担付款责任的主债务人。

承兑银行对商业汇票进行承兑,提供承兑信用,并不需要垫付资金,却能从中赚取承兑手续费,通常为汇票金额的0.5%,承兑也构成了银行的中间业务。英国伦敦有17家第一流的承兑所,即商业银行专门从事承兑业务。美国也按银行本身的资信度,将承兑银行分成几类,凡属第一流的承兑银行,因其承兑汇票风险小,在市场上贴现可获得较低的贴现率。

按承兑人不同,商业汇票可分为商业承兑汇票和银行承兑汇票。前者是由收款人或付款人签发,经作为付款人的企业承兑的远期汇票;后者则是由收款人或付款人出票,经付款人委托其开户银行承兑的远期汇票。由于银行的信誉较之企业为高,所以银行承兑汇票的安全性、流动性要比商业承兑汇票要好,银行都乐于贴现,且贴现率也比商业承兑汇票低。

持票人在得到经承兑的汇票后,可以持有到期,但大多数是将汇票在市场上贴现。

(二)票据贴现的性质及其与银行贷款的区别

如前所述,票据贴现是票据持有者将票据转让给贴现银行,以取得资金。从表面上看是一种票据转让行为,但从性质上看,银行买入未到期票据,体现了贴现银行对贴现申请人的授信行为,这种授信行为是商业信用与银行信用有机结合的产物,体现的是银行信用与商业信用交叉的双重信用关系。

票据贴现属于银行的资产业务,但与一般的银行贷款不同,主要区别如下:

(1)法律关系不同。一般银行贷款体现的是放款银行与借款人的借贷契约关系,票据贴现则体现的是对票据上债权的买卖关系。

(2)流动性不同。贷款必须到期才能收回而贴现在票据到期之前可以转让,即进行转贴现和再贴现,较贷款灵活。

(3)融资期限不同。票据贴现时间较短,多为3~6个月,而一般银行贷款的期限较长。短期贷款在1年以下,长期贷款最长可达10年以上。

(4)利率水平不同。一般情况下,贴现利率低于贷款利率。

(5)利息收取时间不同。贷款利息一般是到期收取,先用款后计算;贴现利息在贴现日先从票面金额中扣除,未用款先付息。

(6)关系人不同。贷款的关系人,仅有贷款人、借款人、担保人,而贴现则因票据的背书或承兑,关系人较多。

(7)资金所有权不同。贷款只是资金使用权的让渡,借款人只有使用权而无所有权,到期应归还借款资金,资金所有权仍属银行。贴现则是银行用资金买入票据获取债权,这笔资金就归属申请贴现人。银行只是在将买入票据再转让时,或在票据到期日才能收回资金,但这笔资金并不是来自贴现人。

（三）票据贴现的种类

票据贴现按贴现关系人和贴现环节的不同，可分为贴现、转贴现和再贴现。

转贴现是指贴现银行在需要资金时，将已贴现的票据再向同业其他银行办理贴现的票据行为，它是银行之间的资金融通，涉及的双方当事人都是银行。这种资金融通方式安全性强、期限短，为银行的流动性管理提供了便利，因而得到商业银行的普遍接受。

再贴现又叫重贴现，是指商业银行将已贴现的未到期汇票再转让给中央银行的票据转让行为。与贴现和转贴现相比，再贴现具有更为重要的宏观经济意义。它是中央银行对商业银行融通短期资金的一种方式，是中央银行最终贷款人角色的具体体现，是中央银行调节市场银根、实施金融宏观调控的重要手段。无论是贴现还是再贴现，只是贴现资金在企业与银行、银行与银行之间发生位移，并不对总的社会货币供应量产生影响，而中央银行的再贴现，则是中央银行的货币政策工具之一，是中央银行调节基础货币投放的重要渠道。中央银行通过调节再贴现率影响商业银行的融资成本，实施对商业银行的信用调控。通过再贴现流入商业银行的资金在整个商业银行体系的派生机制下形成数倍于自身的货币供应量，从而对物价上涨率、经济增长率等宏观经济指标产生影响。

需要指出的是，票据的流通形式不仅仅包括贴现、转贴现和再贴现，特别是银行承兑汇票，是一种安全性、流动性、收益性均佳的短期投资工具，各银行十分愿意以贴现方式购买这种汇票，赚取贴息。汇票交易商充分掌握银行承兑汇票的优点，于是积极开展买卖银行承兑汇票的业务，同时汇票经纪人也进入市场促成交易，使银行承兑汇票市场更为活跃。在西方国家，多数持有银行承兑汇票的银行在调度头寸时，一般不再将汇票转贴现或再贴现，而是直接把银行承兑汇票卖给汇票交易商。投资者如共同基金、恤养基金、保险公司、其他公司、政府机构和非银行金融机构，都向汇票交易商购买银行承兑汇票进行投资。

（四）票据的贴现率

票据的贴现率是票据贴现市场运作机制的一个重要环节，贴现率是指商业银行办理贴现时预扣的利息与票面金额的比率。从理论上讲，合理的贴现率水平应比照相同档次的贷款利率水平来确定。不过，由于票据贴现率是提前预扣利息，等于是占有了客户贴息的时间价值，因而利率水平应比同档次贷款利率低一些。实际上，在确定贴现率的具体水平时，票据贴现期限、票据信用度、短期资金供求关系以及中央银行的再贴现率水平等，也都是必须考虑的因素。至于转贴现率和再贴现率，前者主要由贴现双方参照有关利率自由商定，或由金融同业公会加以规定，后者则主要取决于中央银行的货币政策意图和金融宏观调控政策。

（五）票据价格计算

票据价格也就是票据贴现时银行付给贴现申请人的实付贴现金额。计算公式为

$$贴现利息=票面金额\times贴现率\times贴现天数/360$$

$$票据贴现价格=票面金额-贴现利息$$

其中，票据贴现天数是指办理票据贴现日起至票据到期日止的时间。

【例 8.3】　某企业持有一张 100 万元的银行承兑汇票请求贴现，时间为某年 5 月 20

日，该票据于该年8月20日到期，当时贴现率为10.2%，则

$$贴现利息=1\ 000\ 000\times10.2\%\times90/360=25\ 500（元）$$

$$票据价格=1\ 000\ 000-25\ 500=974\ 500（元）$$

如果承兑汇票直接卖给交易商或投资者，则票据价格不再是依据票面计算的贴现价格，而是根据市场的汇票供求、汇票承兑人信誉高低而形成的买卖价格。

（六）主要西方国家的票据贴现市场概况

在西方，由于不同国家在票据贴现市场的融资规模、结构状况及中央银行对再贴现政策的重视度方面存在差异，因而票据贴现市场也具有不同的运行特点，现以英日两国为例加以简要介绍。

英国贴现市场历史悠久，在金融市场中的地位非常重要和独特。20世纪50年代以前，票据贴现市场是英国唯一的短期资金市场。尽管50年代以后货币市场增加了银行同业拆借、欧洲美元、可转让大额定期存单等子市场，但票据贴现市场在英国货币市场中仍居核心地位。

英国票据贴现市场的参与者有票据贴现所、承兑所、企业、商业银行和英格兰银行。票据贴现所在贴现市场上起着极其重要的作用，成为英国贴现市场的一大特点。

票据贴现所在伦敦贴现市场上有13家，是贴现市场的主要成员。最初，它只充当商业汇票交易的中介人，从中赚取佣金。后来，它们开始从事商业汇票的贴现业务，一方面，票据贴现所接受客户的商业票据，为其办理贴现；另一方面，它们又把手中的未到期汇票拿到商业银行或英格兰银行那里去办理转贴现或再贴现。因为英格兰银行只对贴现所办理再贴现，所以英格兰银行再贴现政策效能的发挥，主要是通过贴现所这个窗口实现的。票据贴现所的独特地位，使其成为连接贴现市场各类经济主体的桥梁和纽带。

日本票据贴现市场上用来贴现的票据，主要是期票和承兑汇票。所谓期票，是由一些资信度较高的大企业签发的，以自身为付款人，以银行为收款人的一种票据。承兑汇票则主要是指国际贸易中出口商持有的经过承兑的出口贸易票据。按照日本的中央银行——日本银行的规定，出口商持出口贸易票据向商业银行贴现，或商业银行持同类票据向中央银行办理再贴现时，均可获得低于商业银行短期普通贷款利率的优惠利率。此举的目的在于刺激出口，增强日本商品的国际竞争力。

在日本，不仅一些大的城市银行将票据贴现作为放款业务的主要内容，就是经营长期金融业务的长期信用机构，基于调整资产结构、保持资产流动性的目的，也十分重视票据承兑与贴现业务，将其作为放款业务管理的重要方面。

三、我国的票据市场

1981～1994年是我国票据市场起步探索阶段。1981年第一笔同城商票贴现及跨省市银票贴现顺利完成，开启了票据融资业务办理的先河。此后，全国越来越多的省、市、自治区开始试点票据承兑、贴现业务。在此期间，我国陆续发布了商业汇票承兑贴现、再贴现的相关办法和规定，体现了国家推动票据市场制度完善的决心，但由于当时市场经济刚刚起步以及相关规章制度不够完善等原因，票据业务的发展比较缓慢。

1995～2015年是我国票据市场快速发展阶段。1995年《中华人民共和国票据法》的

颁布标志着票据市场进入到了有法可依的新发展阶段。此后，一系列相关配套规章制度陆续出台，我国票据市场制度体系框架基本形成。在此阶段，得益于我国经济的高速发展、法律制度的进一步完善、电票系统的顺利建成以及票据作为重要信贷资产得到商业银行的广泛重视，票据市场规模快速增长，并且增速超过宏观经济增速。

2016 年至今是票据市场规范发展阶段。上海票据交易所于 2016 年 12 月 8 日成立，整治行业乱象、规范市场发展成为票据交易所自成立之初就肩负的重要使命之一。2017 年，得益于票据交易所的成立，票据风险得以有效控制，票据市场可持续增长有了坚实基础。此后票据市场规模始终保持着稳健增长的态势。40 年来，票据市场结构也发生了巨大变化，由最初的全部为银票到如今市场中商票银票并存，并且商票占比正在逐年提升。

目前，我国票据市场有了长足发展，在有效服务实体经济，尤其是助力中小微企业发展方面发挥着重要的作用。2022 年全年，商业汇票承兑发生额 27.4 万亿元，贴现发生额 19.5 万亿元。截至 2022 年末，商业汇票承兑余额 19.1 万亿元，同比增长 15.2%；贴现余额 13.0 万亿元，同比增长 29.1%。2022 年，签发票据的中小微企业 21.3 万家，占全部签票企业的 94.5%，中小微企业签票发生额 17.8 万亿元，占全部签票发生额的 64.9%。贴现的中小微企业 32.7 万家，占全部贴现企业的 97.1%，贴现发生额 14.2 万亿元，占全部贴现发生额的 72.9%。

第三节　存单市场

一、可转让大额定期存单的含义及特点

这里的存单主要是指可转让大额定期存单，它是定期存款证券化、市场化的产物，是银行发行的有固定面额、按一定期限和约定利率计息、到期前可以转让流通的证券化的存款凭证。

与普通定期存款相比，可转让定期存单有两个特点：一是具有流动性，即可以在到期日之前转让。普通存款的存单是记名的，不能转让，更不能在金融市场上流通，利息固定，如果提前支取，须承受利息损失。可转让大额定期存单多数采用不记名式，可以在到期日之前拿到货币市场上出售。二是存单金额较大。普通定期存单的金额不固定，而可转让大额定期存单的金额一般固定，多为大面额。如美国一般为 10 万美元到 100 万美元之间，日本规定的最低面额为 1 亿日元。

可转让大额定期存单的期限通常在一年以内，以 3 个月和 6 个月居多。在美国，最低期限不得少于 7 天。

二、可转让大额定期存单的产生与发展

可转让大额定期存单首创于美国，实际上是美国银行界为逃避“Q 条例”而推出的金融创新措施。20 世纪 50 年代后期，美国货币市场利率上升，而银行利率受美联储“Q 条例”的限制，低于市场利率。一些存款人纷纷把存款资金转移到金融市场上，投资于货币市场上的票券或货币市场共同基金，形成所谓的存款非中介化现象，或叫“脱媒”，对商业

银行的资金来源形成很大的威胁。为此,一些商业银行开始进行存款金融工具的创新,设计了一些新的类似于货币市场工具的存单,开辟新的资金来源渠道。花旗银行于 1961 年 2 月首先推出可转让大额定期存单,并获得波士顿第一证券公司的支持,开辟了广大的二级市场,使得存单持有人在急需资金时可随时在市场上售出。结果数月之内,这种存单就发展成为美国货币市场上的重要工具。

1968 年,英国开始发行这种存单;1973 年,日本建立起可转让大额定期存单市场。近 20 年来,西方各国的商业银行都开办了这种存单业务。

可转让大额定期存单面世后,经历了不断创新的发展过程。比较典型的存单创新有两次:第一次是在 20 世纪 70 年代中期。为使投资者获得较为稳定的投资收益,减少利率变动的风险,市场推出了浮动利率存单。这类存单的利率以国库券利率、英国伦敦同业拆放利率等为参照系定期调整。第二次创新是摩根保信托公司于 1977 年发行的到期转期可转让大额定期存单。这类存单的期限一般为 2 ~ 5 年。投资者购买存单时,首先要确定买何种期限的存单。如买 3 年期的存单,银行就发给投资者一组 6 个月期限的存单,并要求投资者按商定的利率,在存入资金后连续 6 次(6 个月 1 次,3 年共 6 次)对 6 个月的大额存单在到期日办理转期手续。如投资者需要资金,可随时出售手中的存单,但在存单到期之前必须将与出售数额相等的资金重新存入银行。此种存单兼顾了长期大额存单的营利性和短期大额存单的流动性,既考虑到了银行的利率,又照顾到投资者的利益,因而在市场上很受欢迎。

三、可转让大额定期存单的发行与流通

在西方国家,可转让大额定期存单的发行主要采取两种形式:一是批发式发行,即发行银行集中发行一批存单,发行时把发行总额、利率、期限等予以公布,供投资者认购;二是零售式发行,即发行银行为适应客户的需要随时发行,发行条件由发行银行与客户协商议定。存单一般都由发行银行直接销售,而不须借助发行中介机构。存单的发行价格一般都采用平价,即按面额发行。在确定存单的发行利率时,要考虑存单期限、其他短期金融工具的利率水平、市场利率的变动预期、发行者自身的资信程度以及金融当局的限制性规定等。

可转让大额定期存单在二级市场上转让流通时,一般需要交易商作为中介。在日本,充当二级市场中介的是短资公司,其在买卖双方之间沟通信息,促成交易。由于大额存单利率较高,转手容易,交易商很乐意从事这种交易业务。

大额存单的转让方式,可分为交付转让和背书转让两种。前者适用于不记名式存单,后者适用于记名式存单。

四、可转让大额定期存单的价格和收益率

可转让大额定期存单在发行时的价格就是它的面额。在二级市场中,存单的价格和收益率则受制于同期市场利率(即新发行存单的利率)。存单利率和收益率都是以 360 天为一年计算的。下面分别介绍二级市场上存单的价格和收益率的计算方法。

（一）存单的价格

可转让大额定期存单在二级市场的价格计算公式为

$$存单流通价格=\frac{面额\times(1+存单利率\times\frac{存单发行日至到期日的实际天数}{360})}{1+市场利率\times\frac{存单买入日至到期日的实际天数}{360}}$$

其中，存单利率是存单发行时确定的存单利率，市场利率是买入存单时新发行存单的同期利率。

【例 8.4】　对于期限为 60 天，本金 100 万美元、利率为 10% 的存单，如果投资者在存单发行 30 天后才买入，当时的市场利率为 9%，则

$$存单流通价格=\frac{1\ 000\ 000\times(1+10\%\times\frac{60}{360})}{1+9\%\times\frac{30}{360}}=1\ 009\ 100(美元)$$

（二）存单的收益率

可转让大额定期存单的收益率计算公式为

$$存单实际收益率=\left[\frac{面额\times\left(1+存单利率\times\frac{存单发行日至到期日天数}{360}\right)}{存单购买价格}-1\right]\times\frac{360}{买入日至到期日天数}$$

【例 8.5】　对于期限为 60 天、本金为 1 000 000 美元、利率为 10% 的存单，如果投资者在存单发行后 30 天才买入，并持有至到期日，已知买入价为 1 009 100 美元，则

$$存单实际收益率=\left[\frac{1\ 000\ 000\times\left(1+10\%\times\frac{60}{360}\right)}{1\ 009\ 100}-1\right]\times\frac{360}{60-30}=9\%$$

第四节　短期证券市场

一、国库券市场

（一）国库券市场的产生和特点

国库券是中央政府为满足财政需要发行的期限不超过一年的短期证券。国库券产生的直接原因是各国政府为筹措短期资金、解决财政困难而采取的一种融资方式。由于西方国家时常发生严重的通货膨胀，众多的投资者为避免货币贬值，也愿意购买短期债券，而国库券的流动性很强，可以随时变现，有仅次于现金的凭证或准货币之称，从而受到投资者的欢迎。国库券最早于 1877 年在英国出现，1929 年 12 月美国第一次发行了国库券。

国库券与其他债券相比，主要有以下特点。

(1)信誉程度高、风险小。国库券的直接债务人是国家,其信用基础是国家主权和全社会的资源与财富。一般来说,只要国家存在,投资者就无须顾虑其利益的安全性。

(2)净收益较高。投资国库券的收益依照有关税法可以免缴个人所得税,故净收益较高,有金边债券的美称。

(3)流动性强。在国外,国库券在流通市场上易手方便,流动性非常强。如美国,二级市场每天的国库券交易量达30亿~50亿美元,商业银行也将其视为理想的二级储备。

(4)结算、投资方便。国库券种类很多,面额有大有小,期限有长有短,能满足不同投资者的需求,同时,完善的通信系统又可以为投资者提供快捷的服务,非常方便。

(二)国库券市场的作用

(1)利于国家用经济方法弥补国家收支差额,发挥国家财政在国家经济建设中的主导作用。目前,世界上大多数国家的财政部一身兼二任,既要支付国家庞大的行政开支,同时又要为经济建设投入资金。在国家财政收入有限的条件下,发行国库券,有利于国家财政定期集中巨额资金,应付各种行政开支和经济建设投资需要,这一措施比用发行货币弥补财政收支缺口的方法有效。

(2)对投资者来讲,国库券市场是短期资金投资的重要市场。国库券在市场上之所以受到欢迎,是由它本身的特征所决定的。因此,国库券成为各企业、商业银行、政府机构以及个人的主要短期投资工具。在西方国家,国库券一般占各商业银行持有的政府证券的三分之一左右。同时,由于国库券极易转手,它的二级市场极为活跃,是投资者进行投资或变现的一种理想的流动资产,故而对于投资者,国库券市场为其起到降低风险、增强安全、提高收益、增加流动性的作用。

(3)国库券市场还是中央银行贯彻其货币政策的首要场所。虽然国库券最初的发行目的是弥补财政收支缺口,但后来由于国库券的发行有其新的目的,而且发行数额不断增多,中央银行也成为国库券市场的主要参与者,从而使国库券成为中央银行调控货币供应量的重要工具。中央银行根据其货币政策的要求,通过国库券市场上利率的变动,可以随时测定货币政策的执行情况。同时,根据市场上银根松紧程度,中央银行可以通过开展公开市场业务买卖国库券以调节货币供应量,实现其货币政策目标。

(三)国库券的发行

1.国库券的发行方式

国库券主要采用拍卖方式,也称竞价投标方式。这是一种在金融市场上通过公开招标发行国库券的方式。财政部门或中央银行作为发行机构在每次发行前,向社会公众发出通知,由认购者按照自己的需要量,对准备发行的国库券价格进行投标,按出价高低顺序,依次卖出,直到最后售完。具体拍卖方法包括:价格拍卖、收益拍卖、竞争性出价、非竞争性出价。这一发行方式的优点在于可以避免因市场利率的不稳而影响国库券发行的情况。按照这种方式,各认购者的购买价格和收益是不同的。也有一些购买人,一般是规模较小的企业和银行,不愿意参加这种竞争性购买,而是按照最高价和最低价的平均数,从中央银行购买一定数量的国库券。

在美国,国库券发行的次数频繁,3个月和6个月期的国库券每周发行一次,9个月和

12个月期的国库券每月发行一次。由于国库券发行次数频繁，发行量又大，而流通时间又短，为节省印刷费用，一般不发给正式国库券。除了按照法律规定，对必须持有实际国库券的机构才正式发行国库券外，其他都由财政部发给收据代替。进行买卖或到期还本，都可凭收据办理。异地交易则可通过联邦储备系统的收账电划制度，以电报或电子计算机转账代替交割。

2. 国库券的发行价格

国库券的发行价格一般采用贴现价格，即发行时以低于票面金额发行，到期按面额兑付。也就是票面金额减去贴现利息作为发行价格，到期再按票面金额足值偿付。发售价格与票面金额之差额即为国库券的利息。

发行价格计算公式为

$$发行价格=面值\times(1-贴现率\times发行期限/360)$$

【例8.6】　发行某面值为100元的国库券，发行期限为60天，贴现率为10%，则其发行价格为

$$发行价格=100\times(1-10\%\times60/360)=98.33(元)$$

3. 国库券贴现率的确定

国库券的贴现率既牵涉到政府的付息负担，同时又是投资者确定是否投资及投资多少的重要尺度。它受物价水平、中央银行的货币政策、其他短期金融工具的利率水平、国库券的发行期限及规模等多种因素的综合制约，是货币市场中反映短期资金供求关系的有代表性的短期利率，对整个货币市场的利率水平具有重要的牵动作用。

（四）国库券的流通

国库券的流通市场又叫国库券的二级市场或次级市场，是指国库券买卖、转让交易活动的总称。在国库券的流通市场上，交易的参与者有证券经销商、中央银行、商业银行、企业和个人投资者。买卖的国库券都是已发行而尚未到期的国库券。

国库券在二级市场上的转让仍然是按照贴现方式进行的。计算公式为

$$实付金额=国库券面值-贴现利息$$

$$贴现利息=国库券面值\times贴现率\times贴现期/360$$

【例8.7】　某人持有186天后到期、贴现率为8%的国库券，则100元面额的实付金额和贴现利息为

$$贴现利息=100\times8\%\times186/360=4.13(元)$$

$$实付金额=100-4.13=95.87(元)$$

在实际交易中，一般以公式计算的贴现利息为参考，由买卖双方自由商定。在国库券的二级市场上，国库券的价格高低主要由离到期日的远近决定，离到期日越近，价格越接近面值。证券经销商按牌价吞吐证券，例如，美国的国库券在柜台市场进行交易，经销商对国库券交易通常以现值为基础，采用双向式挂牌报价，即经销商在报出交易单位国库券买入价时，也报出交易单位的卖出价，从买卖差价中赚取收入。但挂牌只是挂出国库券的买入贴现率和卖出贴现率。

例如，面值为1000美元还有100天到期的国库券，买入贴现率为4.86%，卖出贴现率为4.82%，买卖价格按这两个贴现率算出。

交易商在进行交易时,一般都按净价买卖,不附加任何佣金或手续费,对于国库券零星小额交易和登记方式的交易,有时酌情收取手续费或略微调整买卖价格。

在英国,票据贴现所是国库券二级市场上最为活跃的市场主体。持有国库券的机构和个人如需转让,可向贴现所申请贴现。英格兰银行实施公开市场业务操作,也以贴现所为中介,先向贴现所买进或卖出国库券,然后贴现所再对商业银行进行买卖。

二、回购市场的基本原理

回购市场是一个颇具特色的短期融资市场。所谓回购是指按照交易双方的协议,由卖方将一定数额的证券卖给买方,同时承诺若干日后按约定价格将该种证券如数买回。如果从买方的角度来看同一笔回购协议,则是买方按协议买人证券,并承诺在日后按约定价格将该证券卖回给卖方,即买入证券借出资金的过程,这一过程一般称逆回购。回购实质上是一种以证券为质押品的短期融资金形式。无论在我国还是在西方,国债都是主要的回购对象。

回购的期限分隔夜、定期、连续性三种,其中以隔夜为多。隔夜是指卖出和买回证券相隔一天,相当于日拆。定期是指卖出和买进的时间规定为若干天,一般不超过 30 天。连续性合约是指每天按不同利率连续几天的交易。这种方式使投资者能较好地管理现金,同时也能减少利率风险。

回购交易的期限很短,因为有证券作质押,所以风险小,但利率一般低于同业拆借利率,故收益较低。因此,回购是一种安全有效的短期融资工具,投资者和筹资者都愿意利用这一工具获利或筹资。

回购市场的参加者比较广泛,包括中央银行、商业银行、非银行金融机构、非金融机构(主要是企业),在美国还有州和地方政府。各类金融机构可以通过回购交易增强融资的安全性和营利性,实施有效的流动性管理,通过回购取得的资金由于是出售证券的收入,故无须缴纳存款准备金;非金融机构在回购市场上使短期资金得到合理有效的运用;中央银行参加回购市场则是为了实行公开市场业务操作,调节货币供应量,贯彻货币政策。以美国为例,当联邦储备银行发现金融机构的存款准备金有大量剩余,预计一天或几天后趋于正常,于是就进行回购交易,出售它持有的政府债券如国库券等,约定一天或几天后买回,从而吸收过剩的存款准备金,减少联邦基金;如发现金融机构的存款准备金大量紧缺,于是就利用逆回购,买入金融机构持有的政府债券从而增加联邦基金,缓解存款准备金的紧缺状况。

回购交易的主要问题是利率风险或市场风险,即由于利率变动而导致的所持有质押证券的市价波动,回购的期限越长,这种可能性越大。回购交易一般都按照证券的市场价格,但其售价应低于市价,差价作为保证金交与买方,以保护买方利益,也就是说,卖方出售证券所得的资金是售价减去保证金。在回购期限内,如买方手中持有质押证券的市价大幅度下跌,下跌幅度已高于保证金数额,买方可要求卖方追加保证金,使其免遭损失。当然,如果由于利率下跌造成质押证券的市价大幅度上升,卖方认为保证金过多时,也可以向买方要回一部分保证金。

【金融视角】票据利率与各期银行间国债回购利率

银行间国债回购利率，是指银行间以国债作为质押借贷资金，回购交易时所产生的利率。目前中国人民银行公布的国债回购利率品种与同业拆借利率相同，包括隔夜、1周、2周、3周、1个月、2个月、3个月、4个月、6个月、9个月及1年共11个品种。此处选取1周、1个月、3个月和6个月四个期限债券回购利率(Z)与票据利率进行比较：(1)与Shibor、同业拆借利率情况相似，国债回购利率与票据回购利率相关程度更好，在信贷宽松环境下与票据转贴利率走势一致，但信贷紧张时走势差异较大。这说明国债回购利率仅能体现资金价格的变化，无法反映信贷规模的供需状况。(2)与Shibor报价市场、同业拆借信用市场不同，债券回购和票据同属实物市场，并都受宏观调控的影响，因此在利率走势相似性上应该要优于前两者，但由于图形的感官性无法予以量化，这将在实证部分的相关性检验得到验证。

第五节　欧洲货币市场

欧洲货币是指在某种货币发行国境外银行体系所创造的该种货币存款。最重要的欧洲货币是欧洲美元。欧洲货币市场是国际货币市场的主要组成部分。

一、欧洲美元的定义

由于美元的相对重要性，许多国际金融合约都要求以美元作为支付货币。因此，外国政府和公司长期以来一直在美国之外储存以美元计价的资金存款。另外，为了支出和购买上的便利，从事国际贸易的美国公司时常在海外银行有美元存款。欧洲美元是指外国银行或美国银行的国外分支机构中的美元存款，而从事此类存款交易的市场就称为欧洲美元市场。将银行设置于美国以外的地区，银行就可免受美国联邦储备委员会的管制。尽管冠以“欧洲”二字，但这些账户并不一定要设在欧洲地区的银行内。但欧洲是除美国本土之外首先接受美元存款的地区。

二、欧洲美元市场

绝大多数欧洲美元是数额巨大、期限少于6个月的定期存款。欧洲美元定期存款的衍生物之一是欧洲美元大额存单。欧洲美元大额存单类似于美国国内银行的大额存单，区别仅在于它是某银行的非美分支机构(例如，由伦敦分行所拥有)所拥有的债务。欧洲美元大额存单优于欧洲美元定期存款之处在于：持有人在到期前即可将其出售，取得现金。与国内的大额存单相比，欧洲美元大额存单的流动性要差些，风险要大些，因此，它提供更高的收益率。伦敦的大银行之间建立起了一个欧洲美元市场。这一市场为全球银行的隔夜拆借提供了资金来源。其借贷的利率就是伦敦银行同业拆借利率。该利率已成为欧洲货币市场最主要的短期利率报价，并成为许多金融交易的参考利率。

本章小结

1. 金融市场按流通于其间的金融工具的期限、性质、特点及作用不同,可大致划分为货币市场和资本市场两大类。货币市场,是指一年期以内的短期金融工具交易所形成的供求关系和运行机制的总和。

2. 国库券是政府部门以债务人身份承担到期还本付息的、期限在一年以内的债务凭证。政府通过向公众出售债券而筹集资金。政府发行国库券的目的是满足政府部门短期资金周转的需求,并且是中央银行进行公开市场操作的有力工具。

3. 回购市场是指回购协议进行交易的场所。回购协议是指交易的一方在向对方出售证券时,承诺在将来某一时间按固定的价格将所出售证券购回的协议,其实质是一种以证券为质押物的质押贷款。与回购协议相对应的概念是逆回购协议。

4. 同业拆借市场是金融机构之间进行借贷转移短期资金的市场。同业拆借的资金主要用于弥补短期资金的不足、票据清算的差额以及解决临时性的资金短缺需求。在中央银行制度下,同业拆借市场实质上是银行间买卖它们在中央银行存款的余额或其他超额准备。

5. 商业票据是大公司为了筹措短期资金,以贴现方式出售给投资者的一种短期无担保的承诺凭证。

6. 大额可转让定期存单是银行发行的一种定期存单。它有固定的利率和固定的到期期限,而且可以在二级市场上转让出售。

7. 银行承兑汇票是获得某家银行付款承诺的远期汇票,其收款人是商品的销售方。银行承兑汇票由银行承诺承担最终付款责任,实际上是银行将其信用出借给企业。银行承兑汇票大多源于与国际贸易有关的信用证或远期汇票业务。

8. 随着国际投资者将其资金转向收益上更具吸引力的货币市场,资金的跨国流动也开始增加,国际货币市场的规模和重要性都在上升。

9. 欧洲美元是指外国银行或美国银行的国外分支机构中的美元存款,而从事此类存款交易的市场就称为欧洲美元市场。尽管冠以“欧洲”二字,但这些账户并不一定要设在欧洲地区的银行内。

【思考与练习】

1. 货币市场证券具有哪些特征?

2. 回购协议与逆回购协议之间有什么区别?

3. 同业拆借市场的主要参与者、交易对象及有代表性的同业拆借市场利率有哪些?

4. 假设可以按 495 000 美元的价格从一家美国公司购买到一份商业票据。该票据的面值为 500 000 美元,距到期日还有 45 天。请计算该票据的贴现收益率和债券等值收益率。

5. 什么是短期融资券?为什么要注重短期融资券的信用评级?

6. 大额可转让定期存单与传统定期存款相比,具有哪些特征?

7. 什么是欧洲美元、欧洲美元定期存单及欧洲美元市场?

第九章　资本市场

【学习目标】

1. 熟悉股票的概念、种类以及股票市场的运作。

2. 熟悉债券的概念、种类以及债券市场的运作。

3. 掌握投资基金的运作。

【案例导入】

美的集团股份有限公司通过发行A股股份吸收合并无锡小天鹅股份有限公司，实现两家上市公司的资产整合，并同步解决小天鹅B股问题。该项目是中国资本市场首例A股上市公司换股吸收合并A+B股上市公司的重组项目，交易规模达到143.83亿元，居2019年以来国内消费行业重组交易规模前列。小天鹅可以摆脱产品线单一的限制，借助于美的集团在全球多个领域的战略布局和渠道优势，融入美的集团智慧家居系统全品类发展的广阔平台，充分发挥协同效应实现长远发展，提升小天鹅股东的整体利益。小天鹅将更多地向中高端市场发起冲击，全面整合后可依靠美的集团全品类优势，加强对高端品牌的资源投入以及品类协同。可见，资本市场对于企业而言具有较强的资源协同效应，是当前我国重要的融资渠道。

第一节　股票市场

资本市场是市场上交易的金融工具的到期期限超过一年的市场。相比较货币市场工具的种类繁多，资本市场常见的工具比较有限，例如股票、债券和投资基金。资本市场尤其是股票市场是公众更关心的市场，这不仅是因为诸多新闻媒体总是在报道资本市场的相关运行情况，还因为股票市场为公众提供了一个长期投资的场所。

一、股票的定义

股票是一种有价证券，它是股份有限公司签发的证明股东所持股份的权益凭证。股份有限公司的资本划分为股份，每一股份的金额相等。公司的股份采取股票的形式。股份的发行实行公平、公正的原则，同种类的每一股份具有同等权利。股票一经发行，购买股票的投资者即成为公司的股东。股票实质上代表了股东对平分公司净资产的所有权，股东凭借股票可以获得公司的股息和红利，参加股东大会并行使自己的权利，同时也承担相应的责任与风险。

股票作为一种所有权凭证，有一定的格式。从股票的发展历史来看，最初的股票票面格式既不统一，也不规范，由各发行公司自行确定。随着股份制度的发展与完善，许多国家通过相关法律对股票的票面格式作出规定，明确票面应载明的事项和具体要求。《中华人民共和国公司法》(简称《公司法》)第一百二十八条规定:“股票采用纸面形式或者国务院证券监督管理机构规定的其他形式。股票应当载明下列主要事项:(一)公司名称;(二)公司成立的日期;(三)股票种类、票面金额及代表的股份数;(四)股票的编号。股票由法定代表人签名,公司盖章。发起人的股票应当标明发起人股票字样。”

二、股票的性质

(一)股票是有价证券

有价证券是财产价值和财产权利的统一表现形式。持有有价证券,一方面表示拥有一定价值量的财产,另一方面也表明有价证券持有人可以行使该证券所代表的权利。

(二)股票是要式证券

股票应具备《公司法》规定的有关内容,如果缺少规定的要件,股票就无法律效力。

(三)股票是证权证券

证券可以分为设权证券和证权证券。设权证券是指证券所代表的权利本来不存在,而是随着证券的制作而产生,即权利的发生是以证券的制作和存在为条件的。证权证券是指证券是权利的一种物化的外在形式,它是权利的载体,权利是已经存在的。股票代表的是股东权利,它的发行是以股份的存在为条件的,股票只是把已存在的股东权利表现为证券的形式,它的作用不是创造股东的权利,而是证明股东的权利。

(四)股票是资本证券

发行股票是股份公司筹措自有资本的手段。因此,股票是投入股份公司资本份额的证券化,属于资本证券。但是,股票又不是一种现实的资本,股份公司通过发行股票筹措的资金,是公司用于营运的真实资本。股票独立于真实资本之外。在股票市场上进行着独立的价值运动,是一种虚拟资本。

(五)股票是综合权利证券

股东权是一种综合权利,股东依法享有资产收益、重大决策、选择管理者等权利。股东虽然是公司财产的所有人,享有种种权利,但对于公司的财产不能直接支配处理,而对财产的直接支配处理是物权证券的特征,所以股票不是物权证券。另外,一旦投资者购买了公司股票,即成为公司部分财产的所有人,但该所有人在性质上是公司内部的构成分子,而不是与公司对立的债权人,所以股票也不是债权证券。

【金融视角】中华人民共和国第一支股票

1984 年 11 月 18 日,上海飞乐音响股份有限公司正式成立(人称小飞乐)。当日下午,《新民晚报》第一版刊登了此消息:上海飞乐音响公司 18 日开业接受个人和集体认购股票发行1 万股,每股 50 元。其中 35% 由法人认购,65% 向社会公众公开发行。这是我国 1949 年以来第一支比较规范的股票。

三、股票的特征

(一)收益性

收益性是股票最基本的特征。股票的收益来源可分成两类:一是来自股份公司。认购股票后,持有者即对发行公司享有经济权益,其实现形式是公司派发的股息、红利,数量多少取决于股份公司的经营状况和营利水平。二是来自股票流通。当市场价格高于买入价格时,股票持有人卖出股票就可以赚取差价收益。

(二)风险性

投资者在买入股票时,对其未来收益会有一个预期,但真正实现的收益可能会高于或低于原先的预期,这就是股票的风险。

(三)流动性

流动性是指股票可以通过依法转让而变现的特性,即在本金保持相对稳定、变现的交易成本很小的条件下,股票很容易变现的特性。股票持有人不能从公司退股,但股票转让为其提供了变现的渠道。

(四)永久性

永久性是指股票代表着股东的永久性投资,当然股票持有者可以出售股票而转让其股东身份。相对于债券有固定的到期期限,我们称之为永久性,或者股票不存在到期偿还本息的问题。

(五)参与性

参与性是指股票持有人有权参与公司重大决策的特性。股票持有人作为股份公司的股东,有权出席股东大会,行使对公司经营决策的参与权。

四、股票的类型

(一)按股东享有权利的不同,股票可以分为普通股票和优先股票

1. 普通股票

普通股票是最基本、最常见的一种股票,其持有者享有股东的基本权利和义务。普通股票的股利完全随公司盈利的高低而变化。在公司盈利较多时,普通股票股东可获得较高的股利收益,但在公司盈利和剩余财产的分配顺序上列在债权人和优先股票股东之后,故其承担的风险也较高。与优先股票相比,普通股票是标准的股票,也是风险较大的股票。

(1)普通股股东的权利。

普通股票的持有者是股份公司的基本股东,按照《公司法》第四条的规定:"公司股东依法享有资产收益、参与重大决策和选择管理者等权利。"

①公司重大决策参与权。作为普通股票股东,行使这一权利的途径是参加股东大会、行使表决权。股东会议由股东按出资比例行使表决权,但公司章程另有规定的除外。股东出席股东大会,所持每一股份有一份表决权。股东大会选举董事、监事,可以依照公司

章程的规定或者股东大会的决议,实行累积投票制。

②公司资产收益权和剩余资产分配权。表现为两个方面:一是普通股票股东有权按照实缴的出资比例分取红利;二是普通股票股东在股份公司解散清算时,有权要求取得公司的剩余资产。普通股票股东行使资产收益权有一定的限制条件。第一,法律上的限制。股份公司只能用留存收益支付红利;红利的支付不能减少其注册资本;公司在无力偿债时不能支付红利。第二,其他方面的限制。如公司对现金的需要,股东所处的地位,公司的经营环境,公司进入资本市场获得资金的能力等。普通股票股东行使剩余资产分配权也有一定的先决条件。第一,普通股票股东要求分配公司资产的权利不是任意的,必须是在公司解散清算之时。第二,公司的剩余资产在分配给股东之前,已对公司债务进行了清偿。

③其他权利。除了上述两种基本权利外,普通股票股东还可以享有由法律和公司章程所规定的其他权利。《公司法》规定,股东还有以下主要权利:第一,股东有权查阅公司章程、股东名册、公司债券存根、股东大会会议记录、董事会会议决议、监事会会议决议、财务会计报告,对公司的经营提出建议或者质询。第二,股东持有的股份可以依法转让。第三,公司为增加注册资本发行新股时,股东有权按照实缴的出资比例认购新股。股东的这一权利又被称为"优先认股权"或"配股权"。

(2)普通股股东的义务。

《公司法》第二十条规定:"公司股东应当遵守法律、行政法规和公司章程,依法行使股东权利,不得滥用股东权利损害公司或者其他股东的利益;不得滥用公司法人独立地位和股东有限责任损害公司债权人的利益。公司股东滥用股东权利给公司或者其他股东造成损失的,应当依法承担赔偿责任。公司股东滥用公司法人独立地位和股东有限责任,逃避债务,严重损害公司债权人利益的,应当对公司债务承担连带责任。"第二十一条规定:"公司的控股股东、实际控制人、董事、监事、高级管理人员不得利用其关联关系损害公司利益。违反前款规定,给公司造成损失的,应当承担赔偿责任。"

2. 优先股票

优先股票是一种特殊股票,在其股东权利、义务中附加了某些特别条件。优先股票的股息率是固定的,其持有者的股东权利受到一定限制,但在公司盈利和剩余财产的分配顺序上比普通股票股东享有优先权。

(1)优先股票的特征。

①股息率固定。普通股票的红利是不固定的,它取决于股份公司的经营状况和盈利状况。而优先股票在发行时就约定了固定的股息率,无论公司经营状况和盈利水平如何变化,该股息率不变。

②股息分派优先。在股份公司盈利分配顺序上,优先股票排在普通股票之前。各国公司法对此一般都规定:公司盈利首先应支付债权人的本金和利息,缴纳税金;其次是支付优先股股息;最后才分配普通股红利。因此,从风险角度看,优先股票的风险小于普通股票。

③剩余资产分配优先。当股份公司因解散或破产进行清算时,在对公司剩余资产的分配上,优先股票股东排在债权人之后、普通股票股东之前。也就是说,优先股票股东可

优先于普通股票股东分配公司的剩余资产，一般是按优先股票的面值清偿。

④一般无表决权。优先股票股东权利是受限制的，最主要的是表决权限制。普通股票股东参与股份公司的经营决策主要通过参加股东大会行使表决权，而优先股票股东在一般情况下没有投票表决权，不享有公司的决策参与权。只有在特殊情况下，如讨论涉及优先股票股东权益的议案时，他们才能行使表决权。

（2）优先股票的种类。

优先股票根据不同的附加条件，大致可以分成以下几类。

①累积优先股票和非累积优先股票。这种分类的依据是优先股票股息在当年未能足额分派时，能否在以后年度补发。累积优先股票是指历年股息累积发放的优先股票。股份公司发行累积优先股票，主要是为了保障优先股票股东的收益不因公司盈利状况的波动而减少，由于规定未发放的股息可以累积起来，待以后年度一起支付，这就有利于保护优先股票投资者的利益。非累积优先股票是指股息当年结清、不能累积发放的优先股票。非累积优先股票的特点是股息分派以每个营业年度为界，当年结清。如果本年度公司的盈利不足以支付全部优先股股息，对其所欠部分，公司将不予累积计算，优先股票股东也不得要求公司在以后的营业年度中予以补发。

②可转换优先股票和不可转换优先股票。这种分类的依据是优先股票在一定的条件下能否转换成其他品种。可转换优先股票是指发行后在一定条件下允许持有者将它转换成其他种类股票的优先股票。在大多数情况下，股份公司的转换股票是由优先股票转换成普通股票，或者由某种优先股票转换成另一种优先股票。不可转换优先股票是指发行后不允许其持有者将它转换成其他种类股票的优先股票。不可转换优先股票与可转换优先股票不同，它没有给投资者提供改变股票种类的机会。

③可赎回优先股票和不可赎回优先股票。这种分类的依据是在一定条件下，该优先股票能否由原发行的股份公司出价赎回。可赎回优先股票是指在发行后一定时期，可按特定的赎买价格由发行公司收回的优先股票。一般的股票从某种意义上说是永久的，因为它的有效期限是与股份公司的存续期并存的。而可赎回优先股票却不具有这种性质，它可以依照该股票发行时所附的赎回条款，由公司出价赎回。股份公司一旦赎回自己的股票，必须在短期内予以注销。不可赎回优先股票是指发行后根据规定不能赎回的优先股票。这种股票一经投资者认购，在任何条件下都不能由股份公司赎回。由于股票投资者不能再从公司抽回股本，这就保证了公司资本的长期稳定。

（二）按是否记载股东姓名，股票可以分为记名股票和无记名股票

1. 记名股票

记名股票是指在股票票面和股份公司的股东名册上记载股东姓名的股票。《公司法》第一百二十九条规定："公司发行的股票可以为记名股票，也可以为无记名股票。公司向发起人、法人发行的股票，应当为记名股票，并应当记载该发起人、法人的名称或者姓名，不得另立户名或者以代表人姓名记名。"第一百三十条规定："公司发行记名股票的，应当置备股东名册，记载下列事项：（一）股东的姓名或者名称及住所；（二）各股东所持股份数；（三）各股东所持股票的编号；（四）各股东取得股份的日期。"

记名股票有如下特点。

(1)股东权利归属于记名股东。对于记名股票来说,只有记名股东或其正式委托授权的代理人才能行使股东权。除了记名股东以外,其他持有者(非经记名股东转让和经股份公司过户的)不具有股东资格。

(2)可以一次或分次缴纳出资。缴纳股款是股东基于认购股票而承担的义务。一般来说,股东应在认购时一次缴足股款。但是,基于记名股票所确定的股份公司与记名股东之间的特定关系,有些国家允许记名股东在认购股票时可以无须一次缴足股款。

(3)转让相对复杂或受限制。记名股票的转让必须依据法律和公司章程规定的程序进行,而且要服从规定的转让条件。一般来说,记名股票的转让都必须由股份公司将受让人的姓名或名称、住所记载于公司的股东名册,办理股票过户登记手续,这样受让人才能取得股东的资格和权利。而且,为了维护股份公司和其他股东的利益,法律对于记名股票的转让有时会规定一定的限制条件,如有的国家规定记名股票只能转让给特定的人。

(4)便于挂失,相对安全。记名股票与记名股东的关系是特定的,因此,如果股票遗失,记名股东的资格和权利并不消失,并可依据法定程序向股份公司挂失,要求公司补发新的股票。

2. 无记名股票

无记名股票是指在股票票面和股份公司股东名册上均不记载股东姓名的股票。无记名股票也称不记名股票,与记名股票的差别不是在股东权利等方面,而是在股票的记载方式上。无记名股票发行时一般留有存根联,它在形式上分为两部分:一部分是股票的主体,记载了有关公司的事项,如公司名称、股票所代表的股数等;另一部分是股息票,用于进行股息结算和行使增资权利。《公司法》规定,发行无记名股票的,公司应当记载其股票数量、编号及发行日期。

无记名股票有如下特点。

(1)股东权利归属股票的持有人。确认无记名股票的股东资格不以特定的姓名记载为根据,所以,为了防止假冒、舞弊等行为,无记名股票的印制特别精细,其印刷技术、颜色、纸张、水印、号码等均须符合严格的标准。

(2)认购股票时要求一次缴纳出资。无记名股票上不记载股东姓名,若允许股东缴纳部分出资即发给股票,以后实际上无法催缴未缴纳的出资,所以认购者必须缴足出资后才能领取股票。

(3)转让相对简便。与记名股票相比,无记名股票的转让较为简单与方便,原持有者只要向受让人交付股票便发生转让的法律效力,受让人取得股东资格不需要办理过户手续。《公司法》第一百四十条规定:"无记名股票的转让,由股东将该股票交付给受让人后即发生转让的效力。"

(4)安全性较差。因无记载股东姓名的法律依据,无记名股票一旦遗失,原股票持有者便丧失股东权利,且无法挂失。

(三)按是否在股票票面上标明金额,股票可以分为有面额股票和无面额股票

1. 有面额股票

有面额股票是指在股票票面上记载一定金额的股票。这一记载的金额也被称为票面金额、票面价值或股票面值。大多数国家的股票都是有面额股票。《公司法》第一百二十

五条规定:“股份有限公司的资本划分为股份,每一股的金额相等。”有面额股票具有如下特点。

(1)可以明确表示每一股所代表的股权比例。例如,某股份公司发行1 000万元的股票,每股面额为1元,则每股代表着公司净资产千万分之一的所有权。

(2)为股票发行价格的确定提供依据。《公司法》第一百二十七条规定:“股票发行价格可以按票面金额,也可以超过票面金额,但不得低于票面金额。”这样,有面额股票的票面金额就成为股票发行价格的最低界限。

2. 无面额股票

无面额股票也被称为比例股票或份额股票,是指在股票票面上不记载股票面额,只注明它在公司总股本中所占比例的股票。20世纪早期,美国纽约州最先通过法律,允许发行无面额股票,以后美国其他州和其他一些国家也相继仿效,但目前世界上很多国家(包括中国)的公司法规定不允许发行这种股票。无面额股票有如下特点。

(1)发行或转让价格较灵活。由于没有票面金额,因而发行价格不受票面金额的限制。在转让时,投资者也不易受股票票面金额影响,而更注重分析每股的实际价值。

(2)便于股票分割。如果股票有面额,分割时就需要办理面额变更手续。由于无面额股票不受票面金额的约束,发行该股票的公司能够比较容易地进行股票分割。

(四)我国的股票类型

1. 按投资主体的不同性质,将股票划分为国家股、法人股、社会公众股和外资股等不同类型

国家股是指有权代表国家投资的部门或机构以国有资产向公司投资形成的股份,包括公司现有国有资产折算成的股份。

法人股是指企业法人或具有法人资格的事业单位和社会团体以其依法可支配的资产投入公司形成的股份。法人持股所形成的也是所有权关系,是法人经营自身财产的一种投资行为。法人股股票以法人记名。

社会公众股是指社会公众依法以其拥有的财产投入公司时形成的可上市流通的股份。在社会募集方式下,股份公司发行的股份,除了由发起人认购一部分外,其余部分应该向社会公众公开发行。

外资股是指股份公司向外国和我国香港、澳门、台湾地区投资者发行的股票。外资股按上市地域可以分为境内上市外资股和境外上市外资股。境内上市外资股原来是指股份有限公司向境外投资者募集并在我国境内上市的股份,投资者限于外国的自然人、法人和其他组织;我国香港、澳门、台湾地区的自然人、法人和其他组织;定居在国外的中国公民等。这类股票被称为“B股”。B股采取记名股票形式,以人民币标明股票面值,以外币认购、买卖,在境内证券交易所上市交易。境外上市外资股是指股份有限公司向境外投资者募集并在境外上市的股份。它也采取记名股票形式,以人民币标明面值,以外币认购,在境外上市时,可以采取境外存股凭证形式或者股票的其他派生形式。境外上市外资股主要由H股、N股、S股等构成。H股是指注册地在我国内地、上市地在我国香港的外资股。在纽约、新加坡、伦敦上市的外资股分别被称为“N股”“S股”“L股”。需要说明的是,红筹股不属于外资股。红筹股是指在中国境外注册、在香港上市,但主要业务在中国内地或大部分股东权益来自中国内地公司的股票。早期的红筹股，主要是一些中资公司收购香港的中小型上市公司后重组而形成的；此后出现的红筹股，主要是内地一些省市或中央部委将其在香港的窗口公司改组并在香港上市后形成的。现在，红筹股已经成为内地企业进入国际资本市场筹资的一条重要渠道。

2. 按流通受限与否分类

已完成股权分置改革的公司，按股份流通受限与否可分为以下类别：①有限售条件股份。有限售条件股份是指股份持有人依照法律法规规定或按承诺有转让限制的股份，包括因股权分置改革暂时锁定的股份，内部职工股，董事、监事、高级管理人员持有的股份等。②无限售条件股份是指流通转让不受限制的股份。

未完成股权分置改革的公司，按股份流通受限也可如此分类：未上市流通股份是指尚未在证券交易所上市交易的股份。已上市流通股份是指已在证券交易所上市交易的股份。

【金融视角】股票发行注册制

股票发行注册制（Registration-Based IPO Regime）主要是指发行人申请发行股票时，必须依法将公开的各种资料完全准确地向证券监管机构申报。证券监管机构的职责是对申报文件的全面性、准确性、真实性和及时性进行形式审查，不对发行人的资质进行实质性审核和价值判断而将发行公司股票的良莠留给市场来决定。股票发行注册制的核心是要求证券发行人提供的材料不存在虚假、误导或者遗漏。这类发行制度的代表是美国和日本。这种制度的市场化程度最高。

2023 年 2 月 1 日，我国全面实行股票发行注册制改革正式启动。2023 年 2 月 17 日，证监会发布全面实行股票发行注册制相关制度规则，自公布之日起施行。证券交易所、全国股转公司、中国结算、中证金融、证券业协会配套制度规则同步发布实施。

五、股票的价值与价格

（一）股票的票面价值

股票的票面价值又被称为面值，即在股票票面上标明的金额。该种股票被称为有面额股票。股票的票面价值在初次发行时有一定的参考意义。如果以面值作为发行价，称为平价发行，此时公司发行股票募集的资金等于股本的总和，也等于面值总和。发行价格高于前值称为溢价发行，募集的资金中等于面值总和的部分计入资本账户，以超过股票票面金额的发行价格发行股份所得的溢价款列为公司资本公积金。随着时间的推移，公司的净资产会发生变化，股票面值与每股净资产逐渐背离，与股票的投资价值之间也没有必然的联系，尽管如此，票面价值代表了每一份股份占总股份的比例，在确定股东权益时仍有一定的意义。

（二）股票的账面价值

股票的账面价值又称股票净值或每股净资产，在没有优先股的条件下，每股账面价值等于公司净资产除以发行在外的普通股票的股数。公司净资产是公司资产总额减去负债总额后的净值,从会计角度说,等于股东权益价值。股票账面价值的高低对股票交易价格有重要影响,但是,通常情况下,股票账面价值并不等于股票的市场价格。主要原因有两点:一是会计价值通常反映的是历史成本或者按某种规则计算的公允价值,并不等于公司资产的实际价值;二是账面价值并不反映公司的未来发展前景。

(三)股票的清算价值

股票的清算价值是公司清算时每一股份所代表的实际价值。从理论上说,股票的清算价值应与账面价值一致,实际上并非如此。只有当清算时公司资产实际出售价款与财务报表上的账面价值一致时,每一股份的清算价值才与账面价值一致。但在公司清算时,其资产往往只能压低价格出售,再加上必要的清算费用,所以大多数公司的实际清算价值低于其账面价值。

(四)股票的内在价值

股票的内在价值即理论价值,也即股票未来收益的现值。股票的内在价值决定股票的市场价格,股票的市场价格总是围绕其内在价值波动。研究和发现股票的内在价值,并将内在价值与市场价格相比较,进而决定投资策略;是证券研究人员、投资管理人员的主要任务。由于未来收益及市场利率的不确定性,各种价值模型计算出来的内在价值只是股票真实的内在价值的估计值。经济形势的变化、宏观经济政策的调整、供求关系的变化等都会影响上市公司未来的收益,引起内在价值的变化。

(五)股票的市场价格

股票的市场价格一般是指股票在二级市场上交易的价格。股票的市场价格由股票的价值决定,但同时受许多其他因素的影响。其中,供求关系是最直接的影响因素,其他因素都是通过作用于供求关系而影响股票价格的。由于影响股票价格的因素复杂多变,所以股票的市场价格呈现出高低起伏的波动性特征。

六、股票价格平均数与股票价格指数

股票价格平均数反映一定时点上市股票价格的绝对水平,它可分为简单算术股价平均数、修正的股价平均数、加权股价平均数三类。人们通过对不同时点股价平均数的比较,可以看出股票价格的变动情况及趋势。

(一)简单算术股价平均数

简单算术股价平均数是将样本股票每日收盘价之和除以样本数得出的,即

$$简单算术股价平均数=(p_1+p_2+\cdots+p_n)/n$$

【例9.1】 假设从某一股市采样的股票为A、B、C、D四种,在某一交易日的收盘价分别为10元、16元、24元和30元,计算该市场股价平均数。将上述数置入公式中,即得

$$股价平均数=(10+16+24+30)/4=20(元)$$

简单算术股价平均数虽然计算较简便,但它有两个缺点:一是它未考虑各种样本股票的权数,从而不能区分重要性不同的样本股票对股价平均数的不同影响。二是当样本股

票发生股票分割派发红股、增资等情况时,股价平均数会产生断层而失去连续性,使时间序列前后的比较发生困难。例如,【例 9.1】中 D 股票发生以 1 股分割为 3 股时,股价势必从 30 元下调为 10 元,这时平均数就不是按上面计算得出的 20 元,而是(10+16+24+10)/ 4 =15(元)。这就是说,由于 D 股分割技术上的变化,导致股价平均数从 20 元下跌为 15 元(这还未考虑其他影响股价变动的因素),显然不符合平均数作为反映股价变动指标的要求。

(二)修正的股价平均数

修正的股价平均数有两种:除数修正法和股价修正法。

除数修正法,又称道式修正法,是美国道 · 琼斯在 1928 年创造的一种计算股价平均数的方法。该法的核心是求出一个常数除数,以修正因股票分割、增资、发放红股等因素造成股价平均数的变化,以保持股份平均数的连续性和可比性。具体做法是以新股价总额除以旧股价平均数,求出新的除数,再以计算期的股价总额除以新除数,就可得出修正的股价平均数。即

新除数=变动后的新股价总额/旧的股价平均数

修正的股价平均数=报告期股价总额/新除数

【例 9.1】中除数是 4,经调整后

新的除数=(10+16+24+10)/20 =3

将新的除数代入下列式中,则

修正的股价平均数=(10+16+24+10)/3 =20(元)

得出的平均数与未分割时计算的一样,股价水平也不会因股票分割而变动。

股价修正法就是将股票分割等变动后的股价还原为变动前的股价,使股价平均数不会因此变动。美国《纽约时报》编制的 500 种股价平均数就采用股价修正法来计算股价平均数。

(三)加权股价平均数

加权股价平均数是根据各种样本股票的相对重要性进行加权平均计算的股价平均数,其权数(Q)可以是成交股数、股票总市值、股票发行量等。

(四)股票指数的计算

股票指数是反映不同时点上股价变动情况的相对指标。通常是将报告期的股票价格与定的基期价格相比,并将两者的比值乘以基期的指数值,即为该报告期的股票指数。股票指数的计算方法有三种:一是相对法,二是综合法,三是加权法。

1. 相对法

相对法又称平均法,就是先计算各样本股票指数。再加总求总的算术平均数。英国的杂志《经济学人》普通股票指数就使用这种计算法。其计算公式为

股票指数=n 个样本股票指数之和/ n

2. 综合法

综合法是先将样本股票的基期和报告期价格分别加总,然后相比求出股票指数。即

股票指数=报告期股价之和/基期股价之和

从平均法和综合法计算股票指数来看，两者都未考虑到由各种采样股票的发行量和交易量的不相同，而对整个股市股价的影响不一样等因素，因此，计算出来的指数亦不够准确。为使股票指数计算精确，需要加入权数，这个权数可以是交易量，亦可以是发行量。

3. 加权法

加权股票指数是指根据各期样本股票的相对重要性予以加权，其权数可以是成交股数、股票发行量等。按时间划分，权数可以是基期权数，也可以是报告期权数。以基期成交股数（或发行量）为权数的指数称为拉斯拜尔指数；以报告期成交股数（或发行量）为权数的指数称为派许指数。拉斯拜尔指数偏重基期成交股数（或发行量），而派许指数则偏重报告期的成交股数（或发行量）。世界上大多数股票指数都是派许指数。

第二节　债券市场

一、债券的定义、票面要素和特征

（一）债券的定义

债券是一种有价证券，是社会各类经济主体为筹集资金而向债券投资者出具的、承诺按一定利率定期支付利息并到期偿还本金的债权债务凭证。债券所规定的资金借贷双方的权责关系主要有：第一，所借贷货币资金的数额；第二，借贷的时间；第三，在借贷时间内的资金成本或应有的补偿（即债券的利息）。

债券所规定的借贷双方的权利义务关系包含四个方面的含义：第一，发行人是借入资金的经济主体；第二，投资者是出借资金的经济主体；第三，发行人必须在约定的时间付息还本；第四，债券反映了发行者和投资者之间的债权债务关系，而且是这一关系的法律凭证。

债券有以下基本性质。

（1）债券属于有价证券。首先，债券反映和代表一定的价值。债券本身有一定的面值，通常它是债券投资者投入资金的量化表现；另外，持有债券可按期取得利息，利息也是债券投资者收益的价值表现。其次，债券与其代表的权利联系在一起，拥有债券就拥有了债券所代表的权利，转让债券也就将债券代表的权利一并转移。

（2）债券是一种虚拟资本。债券尽管有面值，代表了一定的财产价值，但它也只是一种虚拟资本，而非真实资本。因为债券的本质是证明债权债务关系的证书，在债权债务关系建立时所投入的资金已被债务人占用，债券是实际运用的真实资本的证书。债券的流动并不意味着它所代表的实际资本也同样流动，债券独立于实际资本之外。

（3）债券是债权的表现。债券代表债券投资者的权利，这种权利不是直接支配财产权，不以资产所有权表现，而是一种债权。拥有债券的人是债权人，债权人不同于公司股东，是公司的外部利益相关者。

（二）债券的票面要素

债券作为证明债权债务关系的凭证，一般以有一定格式的票面形式来表现。通常，债券票面上有以下四个基本要素。

1. 债券的票面价值

债券的票面价值是债券票面标明的货币价值,是债券发行人承诺在债券到期日偿还给债券持有人的金额。在债券的票面价值中,首先要规定票面价值的币种,即以何种货币作为债券价值的计量标准。确定币种主要考虑债券的发行对象。一般来说,在本国发行的债券通常以本国货币作为面值的计量单位;在国际金融市场筹资,则通常以债券发行地所在国家的货币或以国际通用货币为计量标准。此外,确定币种还应考虑债券发行者本身对币种的需要。币种确定后,则要规定债券的票面金额。票面金额大小不同,可以适应不同的投资对象,同时也会产生不同的发行成本。票面金额定得较小,有利于小额投资者购买,持有者分布面广,但债券本身的印刷及发行工作量大,费用可能较高;票面金额定得较大,有利于少数大额投资者认购,且印刷费用等也会相应减少,但使小额投资者无法参与。因此,债券票面金额的确定也要根据债券的发行对象。市场资金供给情况及债券发行费用等因素综合考虑。

2. 债券的到期期限

债券到期期限是指债券从发行之日起至偿清本息之日止的时间,也是债券发行人承诺履行合同义务的全部时间。不同债券有不同的偿还期限,短则几个月,长则几十年,习惯上有短期债券、中期债券和长期债券之分。发行人在确定债券期限时,要考虑以下几种因素的影响。

(1)资金使用方向。债务人借入资金可能是为了弥补临时性资金周转之短缺,也可能是为了满足对长期资金的需求。在前者情况下可以发行短期债券,在后者情况下可以发行中长期债券。这样安排的好处是既能保证发行人的资金需要,又不因占用资金时间过长而增加利息负担。

(2)市场利率变化。债券偿还期限的确定应根据对市场利率的预期,相应选择有助于减少发行者筹资成本的期限。一般来说,当未来市场利率趋于下降时,应选择发行期限较短的债券,可以避免市场利率下跌后仍须支付较高的利息;而当未来市场利率趋于上升时,应选择发行期限较长的债券,这样能在市场利率趋高的情况下保持较低的利息负担。

(3)债券的变现能力。这一因素与债券流通市场发育程度有关。如果流通市场发达,债券容易变现,长期债券比较能被投资者接受;如果流通市场不发达,投资者买了长期债券而又急需资金时不易变现,长期债券的销售就可能不如短期债券。

3. 债券的票面利率

债券的票面利率也称名义利率,是债券年利息与债券票面价值的比率,年利率通常用百分数表示。利率是债券票面要素中不可缺少的内容。

在实际经济生活中,债券利率有多种形式,如单利、复利和贴现利率等。债券利率亦受很多因素影响,主要有以下几点。

(1)借贷资金市场利率水平。市场利率较高时,债券的票面利率也相应较高,否则,投资者会选择其他金融资产投资而舍弃债券;反之,市场利率较低时,债券的票面利率也相应较低。

(2)筹资者的资信。如果债券发行人的资信状况好,债券信用等级高,投资者的风险小，债券票面利率可以定得比其他条件相同的债券低一些；如果债券发行人的资信状况差，债券信用等级低，投资者的风险大，债券票面利率就需要定得高一些。此时的利率差异反映了信用风险的大小，高利率是对高风险的补偿。

(3)债券期限长短。一般来说，期限较长的债券流动性差，风险相对较大，票面利率应该定得高一些；而期限较短的债券流动性强，风险相对较小，票面利率就可以定得低一些。但是，债券票面利率与期限的关系较复杂，它们还受其他因素的影响，所以有时也会出现短期债券票面利率高而长期债券票面利率低的现象。

4. 债券发行者名称

这一要素指明了该债券的债务主体，既明确了债券发行人应履行对债权人偿还本息的义务，也为债权人到期追索本金和利息提供了依据。

需要说明的是，以上四个要素虽然是债券票面的基本要素，但它们并非一定在债券票面上印制出来。在许多情况下，债券发行者是以公布条例或公告形式向社会公开宣布某债券的期限与利率，只要发行人具备良好的信誉，投资者也会认可接受。

此外，债券票面上有时还包含一些其他要素。例如，有的债券具有分期偿还的特征，在债券的票面上或发行公告中附有分期偿还时间表；有的债券附有一定的选择权，即发行契约中赋予债券发行人或持有人具有某种选择的权利，包括附有赎回选择权条款的债券、附有出售选择权条款的债券、附有可转换条款的债券、附有交换条款的债券、附有新股认购权条款的债券等。

(三)债券的特征

(1)偿还性。偿还性是指债券有规定的偿还期限，债务人必须按期向债权人支付利息和偿还本金。债券的偿还性使资金筹措者不能无限期地占用债券购买者的资金，换言之，他们之间的借贷经济关系将随偿还期结束、还本付息手续完毕而不复存在。这一特征与股票的永久性有很大的区别。在历史上，债券的偿还性也有例外，曾有国家发行过无期公债或永久性公债。这种公债无固定偿还期，持券者不能要求政府清偿，只能按期取息。当然，这只能视为特例，不能因此而否定债券具有偿还性的一般特性。

(2)流动性。流动性是指债券持有人可按需要和市场的实际状况，灵活地转让债券，以提前收回本金和实现投资收益。流动性首先取决于市场为转让所提供的便利程度；其次取决于债券在迅速转变为货币时，是否在以货币计算的价值上蒙受损失。

(3)安全性。安全性是指债券持有人的收益相对稳定，不随发行者经营收益的变动而变动，并且可按期收回本金。一般来说，具有高度流动性的债券同时也是较安全的，因为它不仅可以迅速地转换为货币，而且还可以按一个较稳定的价格转换。

(4)收益性。收益性是指债券能为投资者带来一定的收入，即债券投资的报酬。在实际经济活动中，债券收益可以表现为三种形式：一是利息收入，即债权人在持有债券期间按约定的条件分期、分次取得利息或者到期一次取得利息。二是资本损益，即债权人到期收回的本金与买入债券或中途卖出债券与买入债券之间的价差收入。三是再投资收益，即投资债券所获现金流量再投资的利息收入。再投资收益主要受市场收益率变化的影响。

二、债券的分类

债券种类很多,在债券的历史发展过程中出现过许多不同品种的债券,各种债券共同构成了债券体系。债券可以依据不同的标准进行分类。

(一)按发行主体分类

根据发行主体的不同,债券可以分为政府债券、金融债券和公司债券。

1. 政府债券

政府债券的发行主体是政府。中央政府发行的债券被称为“国债”,其主要用途是解决由政府投资的公共设施或重点建设项目的资金需要和弥补国家财政赤字。根据不同的发行目的,政府债券有不同的期限,从几个月至几十年不等。政府债券的发行和收入的安排使用是从整个社会经济的范围和发展来考虑的。政府债券的发行规模、期限结构、未清偿余额,关系着一国政治、经济发展的全局。除了政府部门直接发行的债券外,有些国家把政府担保的债券也划归为政府债券体系,称为“政府保证债券”。这种债券由一些与政府有直接关系的公司或金融机构发行,并由政府提供担保。

2. 金融债券

金融债券的发行主体是银行或非银行金融机构。金融机构一般有雄厚的资金实力,信用度较高,因此,金融债券往往也有良好的信誉。银行和非银行金融机构是社会信用的中介,它们的资金来源主要靠吸收公众存款和金融业务收入。它们发行债券的目的主要有:筹资用于某种特殊用途;改变本身的资产负债结构。对于金融机构来说,吸收存款和发行债券都是它的资金来源,构成了它的负债。存款的主动权在存款人,金融机构只能通过提供服务条件来吸引存款,而不能完全控制存款,是被动负债;发行债券则是金融机构的主动负债,金融机构有更大的主动权和灵活性。金融债券的期限以中期较为多见。

3. 公司债券

公司债券是公司依照法定程序发行、约定在一定期限还本付息的有价证券。公司债券的发行主体是股份公司,但有些国家也允许非股份制企业发行债券,所以,归类时,可将公司债券和企业发行的债券合在一起,称为“公司(企业)债券”。公司发行债券的目的主要是满足经营需要。由于公司的情况千差万别,有些经营有方、实力雄厚、信誉高,也有一些经营较差,甚至可能处于倒闭的边缘,因此,公司债券的风险性相对于政府债券和金融债券要大一些。公司债券有中长期的,也有短期的,视公司的需要而定。

(二)按付息方式分类

根据债券发行条款中是否规定在约定期限向债券持有人支付利息,债券可分为贴现债券、附息债券、息票累积债券三类。

1. 贴现债券

贴现债券又被称为“贴水债券”,是指在票面上不规定利率,发行时按某一折扣率,以低于票面金额的价格发行,发行价与票面金额之差额相当于预先支付的利息,到期时按面额偿还本息的债券。

2. 附息债券

附息债券的合约中明确规定,在债券存续期内,对持有人定期支付利息(通常每半年或每年支付一次)。按照计息方式的不同,这类债券还可细分为固定利率债券和浮动利率债券两大类。固定利率债券是在债券存续期内票面利率不变的债券。浮动利率债券是在票面利率的基础上参照预先确定的某一基准利率予以定期调整的债券。有些附息债券可以根据合约条款推迟支付定期利率,故被称为"缓息债券"。

3. 息票累积债券

与附息债券相似,这类债券也规定了票面利率,但是,债券持有人必须在债券到期时一次性获得本息,存续期间没有利息支付。

(三)按募集方式分类

1. 公募债券

公募债券是指发行人向不特定的社会公众投资者公开发行的债券。公募债券的发行量大,持有人数众多,可以在公开的证券市场上市交易,流动性好。

2. 私募债券

私募债券是指向特定的投资者发行的债券。私募债券的发行对象一般是特定的机构投资者。2011 年 4 月 29 日,中国银行间市场交易商协会制定的《银行间债券市场非金融企业债务融资工具非公开定向发行规则》正式发布实施,我国非金融企业可以发行私募债券。

(四)按担保性质分类

1. 有担保债券

有担保债券指以抵押财产为担保发行的债券。按担保品不同,分为抵押债券、质押债券和保证债券。

抵押债券以不动产作为担保,又称不动产抵押债券,是指以土地、房屋等不动产作为抵押品而发行的一种债券。若债券到期不能偿还,持券人可依法处理抵押品受偿。

质押债券以动产或权利做担保,通常以股票、债券或其他证券为担保。发行人主要是控股公司,用作质押的证券可以是它持有的子公司的股票或债券、其他公司的股票或债券,也可以是公司自身的股票或债券。质押的证券一般应以信托形式过户给独立的中介机构,在约定的条件下,中介机构代全体债权人行使对质押证券的处置权。

保证债券以第三人作为担保,担保人或担保全部本息,或仅担保利息。担保人一般是发行人以外的其他人,如政府、信誉好的银行或举债公司的母公司等。

2. 无担保债券

无担保债券也被称为"信用债券"仅凭发行人的信用而发行,不提供任何抵押品或担保人而发行的债券。由于无抵押担保,所以债券的发行主体须具有较好的声誉,并且必须遵守一系列的规定和限制,以提高债券的可靠性。国债、金融债券、信用良好的公司发行的公司债券,大多为信用债券。

(五)按债券形态分类

债券有不同的形式,根据债券券面形态可以分为实物债券、凭证式债券和记账式债券。

1. 实物债券

实物债券是一种具有标准格式实物券面的债券。在标准格式的债券券面上，一般印有债券面额、债券利率、债券期限、债券发行人全称、还本付息方式等各种债券票面要素。有时债券利率、债券期限等要素也可以通过公告向社会公布，而不在债券券面上注明。无记名国债就属于这种实物债券，它以实物券的形式记录债权、面值等，不记名，不挂失，可上市流通。实物债券是一般意义上的债券，很多国家通过法律或者法规对实物债券的格式予以明确规定。

2. 凭证式债券

凭证式债券是债权人认购债券的一种收款凭证，而不是债券发行人制定的标准格式的债券。我国于 1994 年开始发行凭证式国债。

我国的凭证式国债通过各银行储蓄网点和财政部门国债服务部向社会发行，券面上不印制票面金额，而是根据认购者的认购额填写实际的缴款金额，是一种国家储蓄债，可记名、挂失，以凭证式国债收款凭证记录债权，不能上市流通，从购买之日起计息。在持有期内，持券人如遇特殊情况需要提取现金，可以到原购买网点提前兑取。提前兑取时，除偿还本金外，利息按实际持有天数及相应的利率档次计算，经办机构按兑付本金的 1‰收取手续费。

3. 记账式债券

记账式债券是没有实物形态的票券，利用证券账户通过电脑系统完成债券发行、交易及兑付的全过程。我国于 1994 年开始发行记账式国债。目前，上海证券交易所和深圳证券交易所已为证券投资者建立了电子证券账户，发行人可以利用证券交易所的交易系统来发行债券。投资者进行记账式债券买卖，必须在证券交易所设立账户。记账式国债可以记名、挂失，安全性较高，同时由于记账式债券的发行和交易均无纸化，所以发行时间短，发行效率高，交易手续简便，成本低，交易安全。

三、债券与股票的比较

（一）债券与股票的相同点

（1）债券与股票都属于有价证券。尽管债券和股票有各自的特点，但它们都属于有价证券。债券和股票作为有价证券体系中的一员，是虚拟资本，它们本身无价值，但又都是真实资本的代表。持有债券或股票都有可能获取一定的收益，并能行使各自的权利和流通转让。债券和股票都在证券市场上交易，是各国证券市场的两大支柱类交易工具。

（2）债券与股票都是筹措资金的手段。债券和股票都是有关经济主体为筹资需要而发行的有价证券。经济主体在社会经济活动中必然会产生对资金的需求，从资金融通角度看，债券和股票都是筹资手段。与向银行贷款间接融资相比，发行债券和股票筹资的数额大，时间长，成本低，且不受贷款银行的条件限制。

（3）债券与股票收益率相互影响。从单个债券和股票看，它们的收益率经常会发生差异，而且有时差距还很大。但是，总体而言，如果市场是有效的，则债券的平均收益率和股票的平均收益率会大体保持相对稳定的关系，其差异反映了两者风险程度的差别。这是因为，在市场规律的作用下，证券市场上一种融资手段收益率的变动，会引起另一种融资手段收益率发生同向变动。

(二)债券与股票的区别

(1)权利不同。债券是债权凭证,债券持有者与债券发行人之间的经济关系是债权债务关系,债券持有者只可按期获取利息及到期收回本金,无权参与公司的经营决策。股票则不同,股票是所有权凭证,股票所有者是发行股票公司的股东,股东一般拥有表决权,可以通过参加股东大会选举董事,参与公司重大事项的审议和表决,行使对公司的经营决策权和监督权。

(2)目的不同。发行债券是公司追加资金的需要,它属于公司的负债,不是资本金;发行股票则是股份公司创立和增加资本的需要,筹措的资金列入公司资本。发行债券的经济主体很多,中央政府、地方政府、金融机构、公司企业等一般都可以发行债券,但能发行股票的经济主体只有股份有限公司。

(3)期限不同。债券一般有规定的偿还期,期满时债务人必须按时归还本金,因此,债券是一种有期证券。股票通常是无须偿还的,一旦投资入股,股东便不能从股份公司抽回本金,因此,股票是一种无期证券,或被称为"永久证券"。但是,股票持有者可以通过市场转让收回投资资金。

(4)收益不同。债券通常有规定的票面利率,可获得固定的利息。股票的股息红利不固定,一般视公司经营情况而定。

(5)风险不同。股票风险较大,债券风险相对较小。这是因为:第一,债券利息是公司的固定支出,属于费用范围;股票的股息红利是公司利润的一部分,公司有盈利才能支付,而且支付顺序列在债券利息支付和纳税之后。第二,倘若公司破产,清理资产有余额偿还时,债券偿付在前,股票偿付在后。第三,在二级市场上,债券因其利率固定、期限固定,市场价格也较稳定;而股票无固定期限和利率,受各种宏观因素和微观因素的影响,市场价格波动频繁,涨跌幅度较大。

【金融视角】债券创新演变

年份	政府信用债券	金融债券	企业信用债
1981	国债		
1984			企业债
1985		特种贷款金融债	
1986			
1989			短期融资券
1992			城投债
1994		政策性金融债(摊派发行);以一年定存为基准的浮动利率债券	

年份	政府信用债券	金融债券	企业信用债
1996	贴现国债；央行融资券；人民银行利用国债开展公开市场操作	特种金融债	
1998		政策性金融债（市场化招标发行）	
2000			以一年定存为基准的浮动利率企业债
2001		非银行金融机构债	
2002	央行票据；商业银行柜台发行的记账式国债		
2003		境内美元债	中小企业集合债
2004	凭证式国债（电子记账）	商业银行次级债；证券投资短期融资券；以7天回购利率为基准的浮动利率金融债	
2005		商业银行普通债；国际机构债（熊猫债）	信贷资产支持证券；企业资产支持证券
2006	储蓄国债		可转债
2007	特别国债	以Shibor为基准的浮动利率金融债	公司债；以Shibor为基准的浮动利率企业债、短期融资券
2008			可交换债；中期票据
2009	地方政府债		中小企业私募债
2010	政府支持机构债		企业资产支持票据
2011			非公开定向债务融资工具
2012			中小企业私募债
2013		二级资本债	可续期债券
2014		证券公司短期公司债券；保险公司次级债；三农专项金融债；商业银行柜台发行的政策性金融债	永续中期票据；项目收益债；项目收益票据

年份	政府信用债券	金融债券	企业信用债
2015	定向承销地方政府债	专项金融债	非公开发行的项目收益债券
2016	明珠债（自贸区离岸债券）	绿色金融债；SDR 计价债券；扶贫专项金融债；ESG 主题债券	绿色企业债；绿色资产支持证券；"双创"公司债；项目集合企业债券；ESG 主题债券
2017	地方政府专项债券创新品种		企业债券的专项债券品种；市场化债转股专项企业债券
2018	跨市场交易铁道债		PPP 项目专项债券；"一带一路"债券；优质企业债券
2019	在澳门发行的人民币国债；在商业银行柜台发行的地方政府债	无固定期限资本债券；以 LPR 为基准的浮动利率金融债	以 LPR 为基准的浮动利率超短期融资券、信贷资产支持证券、明珠债（自贸区离岸债券）
2020	"抗疫"特别国债	"抗疫"主题金融债	"疫情防控"主题的公司债、债务融资工具、资产支持证券
2021	在港澳发行地方债	转股型资本债券；小微企业专项金融债券	碳中和债券；社会责任债券；可持续发展债券；可持续发展挂钩债券；科技创新债券；高成长债券
2022	超短期国债	使用区块链数字债券系统试点发行金融债券、明珠债（自贸区离岸债券）	使用区块链数字债券系统是试点发行企业债券

资料来源：《中国债券市场概览》(2022 年版)

第三节 证券投资基金市场

一、证券投资基金含义

证券投资基金是指通过公开发售基金份额募集资金，由基金托管人托管，由基金管理人管理和运用资金，为基金份额持有人的利益，以资产组合方式进行证券投资的一种利益共享、风险共担的集合投资方式。美国称共同基金，英国和我国香港地区称单位信托基金，日本和我国台湾地区则称证券投资信托基金等。

对中小投资者来说，存款或购买债券较为稳妥，但收益率较低；投资于股票有可能获得较高收益，但风险较大。证券投资基金作为一种新型的投资工具，将众多投资者的小额资金汇集起来进行组合投资，由专家来管理和运作，经营稳定，收益可观，为中小投资者提供了较为理想的间接投资工具，大大拓宽了中小投资者的投资渠道。基金由专业投资人士经营管理，其投资经验比较丰富，收集和分析信息的能力较强，投资行为相对理性，客观上能起到稳定市场的作用。同时，基金一般注重资本的长期增长，多采取长期的投资行为，较少在证券市场上频繁进出，能减少证券市场的波动。

二、证券投资基金的特点

证券投资基金之所以在许多国家受到投资者的广泛欢迎，发展迅速，与证券投资基金本身的特点有关。作为一种现代化投资工具，证券投资基金所具备的特点是十分明显的。

（一）集合投资

基金的特点是将零散的资金汇集起来，交给专业机构投资于各种金融工具，以谋取资产的增值。基金对投资的最低限额要求不高，投资者可以根据自己的经济能力决定购买数量，有些基金甚至不限制投资额大小，因此，基金可以最广泛地吸收社会闲散资金，集腋成裘，汇成规模巨大的投资。在参与证券投资时，其享有大额投资在降低成本上的相对优势，从而获得规模效益的好处。

（二）分散风险

以科学的投资组合降低风险、提高收益是基金的另一大特点。在投资活动中，风险和收益总是并存的，因此，“不能将鸡蛋放在一个篮子里”。基金可以在法律规定的投资范围内进行科学的组合，分散投资于多种证券，实现资产组合多样化。通过多元化的投资组合，达到分散投资风险的目的。

（三）专业理财

将分散的资金集中起来以信托方式交给专业机构进行投资运作，既是证券投资基金的一个重要特点，也是它的一个重要功能。基金实行专业理财制度，由受过专门训练、具有比较丰富的证券投资经验的专业人员运用各种技术手段收集、分析各种信息资料，预测金融市场上各个品种的价格变动趋势，制订投资策略和投资组合方案，从而可以避免投资决策失误，提高投资收益。

三、证券投资基金与股票、债券的区别

（一）反映的经济关系不同

股票反映的是所有权关系，债券反映的是债权债务关系，而基金反映的则是信托关系，但公司型基金除外。

（二）筹集资金的投向不同

股票和债券是直接投资工具，筹集的资金主要投向实业，而基金是间接投资工具，筹集的资金主要投向有价证券等金融工具。

（三）收益风险水平不同

股票的直接收益取决于发行公司的经营效益，不确定性强，投资于股票有较大的风险。债券的直接收益取决于债券利率，而债券利率一般是事先确定的，投资风险较小。基金主要投资于有价证券，投资选择灵活多样，从而使基金的收益有可能高于债券，投资风险有可能小于股票。因此，基金能满足那些不能或不宜直接参与股票、债券投资的个人或机构的需要。

四、证券投资基金的分类

（一）按基金的组织形式划分，分为契约型基金和公司型基金

契约型基金又称为单位信托基金，是指将投资者、管理人、托管人三者作为信托关系的当事人，通过签订基金契约的形式发行受访凭证而设立的一种基金。契约型基金是基于信托原理而组织起来的代理投资方式，没有基金章程，也没有公司董事会，而是通过基金契约来规范三方当事人的行为。基金管理人负责基金的管理操作；基金托管人作为基金资产的名义持有人，负责基金资产的保管和处置，对基金管理人的运作实行监督。

公司型基金是依据基金公司章程设立，在法律上具有独立法人地位的股份投资公司。公司型基金以发行股份的方式募集资金，投资者购买基金公司的股份后，以基金持有人的身份成为投资公司的股东，凭其持有的股份依法享有投资收益。公司型基金在组织形式上与股份有限公司类似，由股东选举董事会，由董事会选聘基金管理公司，基金管理公司负责管理基金的投资业务。

契约型基金与公司型基金的主要区别在于以下几点。

（1）资金的性质不同。契约型基金的资金是通过发行基金份额筹集起来的信托财产；公司型基金的资金是通过发行普通股票筹集的公司法人的资本。

（2）投资者的地位不同。契约型基金的投资者购买基金份额后成为基金契约的当事人之一，投资者既是基金的委托人，即基于对基金管理人的信任，将自己的资金委托给基金管理人管理和营运，又是基金的受益人，即享有基金的受益权。公司型基金的投资者购买基金公司的股票后成为该公司的股东，因此，公司型基金的投资者对基金运作的影响比契约型基金的投资者大。

（3）基金的营运依据不同。契约型基金依据基金契约营运基金，公司型基金依据投资公司章程营运基金。

由此可见，契约型基金和公司型基金在法律依据、组织形式以及有关当事人的地位等方面是不同的，但它们都是把投资者的资金集中起来，按照基金设立时所规定的投资目标和策略，将基金资产分散投资于众多的金融产品上，获取收益后再分配给投资者的投资方式。目前我国的基金全部是契约型基金。

（二）按基金运作方式划分，分为封闭式基金和开放式基金

封闭式基金是指经核准的基金份额总额在基金合同期限内固定不变，基金份额可以在依法设立的证券交易场所交易，但基金份额持有人不得申请赎回的基金。由于封闭式基金在封闭期内不能追加认购或赎回，投资者只能通过证券经纪商在二级市场上进行基金的买卖。封闭式基金的期限是指基金的存续期，即基金从成立起到终止之间的时间。基金期限届满即为基金终止，管理人应组织清算小组对基金资产进行清产核资，并将清产核资后的基金净资产按照投资者的出资比例进行公正合理的分配。

开放式基金是指基金份额总额不固定，基金份额可以在基金合同约定的时间和场所申购或者赎回的基金。为了满足投资者赎回资金、实现变现的要求，开放式基金一般都从所筹资金中拨出一定比例，以现金形式保持这部分资产。这虽然会影响基金的盈利水平，但作为开放式基金来说是必需的。

封闭式基金与开放式基金有以下主要区别。

（1）期限不同。封闭式基金有固定的存续期，通常在 5 年以上，一般为 10 年或 15 年，经受益人大会通过并经监管机构同意可以适当延长期限。开放式基金没有固定期限。投资者可随时向基金管理人赎回基金份额，若大量赎回甚至会导致基金清盘。

（2）发行规模限制不同。封闭式基金的基金规模是固定的，在封闭期限内未经法定程序认可不能增加发行。开放式基金没有发行规模限制，投资者可随时提出申购或赎回申请，基金规模随之增加或减少。

（3）基金份额交易方式不同。封闭式基金的基金份额在封闭期限内不能赎回，持有人只能在证券交易场所出售给第三者，交易在基金投资者之间完成。开放式基金的投资者则可以在首次发行结束一段时间后，随时向基金管理人或其销售代理人提出申购或赎回申请，绝大多数开放式基金不上市交易，交易在投资者与基金管理人或其销售代理人之间进行。

（4）基金份额的交易价格计算标准不同。封闭式基金与开放式基金的基金份额除了首次发行价都是按面值加一定百分比的购买费计算外，以后的交易计价方式不同。封闭式基金的买卖价格受市场供求关系的影响，常出现溢价或折价现象，并不必然反映单位基金份额的净资产值。开放式基金的交易价格则取决于每一基金份额净资产值的大小，其申购价一般是基金份额净资产值加一定的购买费，赎回价是基金份额净资产值减去一定的赎回费，不直接受市场供求影响。

（5）基金份额资产净值公布的时间不同。封闭式基金一般每周或更长时间公布一次，开放式基金一般在每个交易日连续公布。

（6）交易费用不同。投资者在买卖封闭式基金时，在基金价格之外要支付手续费；投资者在买卖开放式基金时，则要支付申购费和赎回费。

（7）投资策略不同。封闭式基金在封闭期内基金规模不会减少，因此可进行长期投资，基金资产的投资组合能有效地在预定计划内进行。开放式基金因基金份额可随时赎回，为应付投资者随时赎回兑现，所募集的资金不能全部用来投资，更不能把全部资金用于长期投资，必须保持基金资产的流动性，在投资组合上须保留一部分现金和高流动性的金融工具。

（三）按基金的投资标的划分，可分为债券基金、股票基金、货币市场基金等

（1）债券基金。债券基金是一种以债券为主要投资对象的证券投资基金。在我国，根据《证券投资基金运作管理办法》的规定，80%以上的基金资产投资于债券的，为债券基金。

（2）股票基金。股票基金是指以上市股票为主要投资对象的证券投资基金。在我国，根据《证券投资基金运作管理办法》的规定，60%以上的基金资产投资于股票的，为股票基金。

（3）货币市场基金。货币市场基金是以货币市场工具为投资对象的一种基金，其投资对象期限较短，一般在 1 年以内，包括银行短期存款、国库券、公司短期债券、银行承兑票据及商业票据等货币市场工具。根据《证券投资基金运作管理办法的规定》，仅投资于货币市场工具的，为货币市场基金。货币市场基金的优点是资本安全性高，购买限额低，流动性强，收益较高，管理费用低，有些还不收取赎回费用。因此，货币市场基金通常被认为是低风险的投资工具。

（4）衍生证券投资基金。衍生证券投资基金是一种以衍生证券为投资对象的基金，包括期货基金、期权基金、认股权证基金等。这种基金风险大，因为衍生证券一般是高风险的投资品种。

（四）按基金的资产配置划分，可分为偏股型基金、偏债型基金、股债平衡型基金、灵活配置型基金等

基金通常同时投资于股票和债券，但依投资目标不同，将基金资产在股票和债券之间进行配比，统称混合型基金。偏股型基金对股票的配置比例较高，一般为50%～70%，债券的配置比例为20%～40%。债券型基金对债券的配置比例较高，对股票的配置比例相对较低。股债平衡型基金对股票和债券的配置较为均衡，约为40%～60%。灵活配置型基金对股票和债券的配置比例会依市场状况进行调节。

（五）按基金的投资理念划分，可分为主动型基金和被动型基金

（1）主动型基金。主动型基金是指力图取得超越基准组合表现的基金。

（2）被动型基金。被动型基金一般选取特定指数作为跟踪对象，因此通常又被称为“指数基金”。指数基金是 20 世纪 70 年代以来出现的新的基金品种。由于其投资组合模仿某一股价指数或债券指数，收益随着即期的价格指数上下波动，因此当价格指数上升时，基金收益增加；反之，收益减少，基金因始终保持即期的市场平均收益水平，因而收益不会太高，也不会太低。

（六）按基金的募集方式划分，可分为公募基金和私募基金

（1）公募基金。公募基金是可以面向社会公众公开发售的基金。公募基金可以向社会公众公开发售基金份额和宣传推广，基金募集对象不固定；基金份额的投资金额要求较低，适合中小投资者参与；基金必须遵守有关的法律法规，接受监管机构的监管并定期公开相关信息。

(2)私募基金。私募基金是向特定的投资者发售的基金。私募基金不能进行公开发售和宣传推广，只能采取非公开方式发行；基金份额的投资金额较高，风险较大，监管机构对投资者的资格和人数会加以限制；基金的投资范围较广，在基金运作和信息披露方面所受的限制和约束较少。

(七)特殊类型的基金

(1)交易所交易基金(Exchange Traded Funds，简称 ETF 基金)。上海证券交易所将其定名为“交易型开放式指数基金”。ETF 是一种在交易所上市交易的、基金份额可变的基金运作方式。ETF 结合了封闭式基金与开放式基金的运作特点，一方面可以像封闭式基金一样在交易所二级市场进行买卖，另一方面又可以像开放式基金一样申购、赎回。不同的是，它的申购是用一篮子股票换取 ETF 份额，赎回时也是换回一篮子股票而不是现金。

(2)上市开放式基金(Listed Open-ended Funds，简称 LOF 基金)是一种既可以同时在场外市场进行基金份额申购、赎回，又可以在交易所进行基金份额交易和基金份额申购或赎回，并通过份额转托管机制将场外市场与场内市场有机地联系在一起的一种开放式基金。

尽管同样是交易所交易的开放式基金，但就产品特性看，深圳证券交易所推出的 LOF 在世界范围内具有首创性。与 ETF 不同的是，LOF 不一定采用指数基金模式，也可以是主动管理型基金；同时，申购和赎回均以现金进行，对申购和赎回没有规模上的限制，可以在交易所申购、赎回，也可以在代销网点进行。LOF 所具有的可以在场内外申购、赎回，以及场内外转托管的制度安排，使 LOF 不会出现封闭式基金大幅度折价交易的现象。

(3)保本基金。保本基金是指通过采用投资组合保险技术，保证投资者在投资到期时至少能够获得投资本金或一定回报的证券投资基金。保本基金的投资目标是在锁定下跌风险的同时力争有机会获得潜在的高回报。

投资保本基金并不等于将资金作为存款存放在银行或存款类金融机构，保本基金在极端情况下仍然存在本金损失的风险。保本基金可以投资于股票、债券、货币市场工具、权证、股指期货及中国证监会允许投资的其他金融工具。

(4)QDII 基金。合格境内机构投资者(Qualified Domestic Institutional Investors，QDII)基金是指在一国境内设立，经该国有关部门批准从事境外证券市场的股票、债券等有价证券投资的基金。它为国内投资者参与国际市场投资提供了便利。2007 年我国推出了首批 QDII 基金。

(5)分级基金。分级基金又被称为“结构型基金”“可分离交易基金”，是指在某一基金内部通过结构化的设计或安排，将普通基金份额拆分为具有不同预期收益与风险的两类(级)或多类(级)份额并可分离上市交易的一种基金产品。分级基金通常分为低风险收益端(优先份额)和高风险收益端(进取份额)两类份额。

五、证券投资基金当事人

（一）证券投资基金份额持有人

基金份额持有人即基金投资者，是基金的出资人、基金资产的所有者和基金投资回报的受益人。

（二）证券投资基金管理人

基金管理人是负责基金发起设立与经营管理的专业性机构，不仅负责基金的投资管理，而且承担着产品设计、基金营销、基金注册登记、基金估值、会计核算和客户服务等多方面的职责。《中华人民共和国证券投资基金法》（简称《证券投资基金法》）第十二条规定："基金管理人由依法设立的公司或者合伙企业担任。"基金管理公司通常由证券公司、信托投资公司或其他机构等发起成立，具有独立法人地位。基金管理人作为受托人，必须履行"诚信义务"。基金管理人的目标是受益人利益的最大化，因而，不得出于自身利益的考虑损害基金持有人的利益。

（三）证券投资基金托管人

基金托管人又被称为基金保管人，是根据法律法规的要求，在证券投资基金运作中承担资产保管、交易监督、信息披露、资金清算与会计核算等相应职责的当事人。基金托管人是基金持有人权益的代表，通常由有实力的商业银行或信托投资公司担任。基金托管人与基金管理人签订托管协议，在托管协议规定的范围内履行自己的职责并收取一定的报酬。

（四）证券投资基金当事人之间的关系

（1）持有人与管理人之间的关系。在基金的当事人中，基金份额持有人通过购买基金份额或基金股份，参加基金投资并将资金交给基金管理人管理，享有基金投资的收益权，是基金资产的终极所有者和基金投资收益的受益人。基金管理人则是接受基金份额持有人的委托，负责对所筹集的资金进行具体的投资决策和日常管理，并有权委托基金托管人保管基金资产的金融中介机构。因此，基金份额持有人与基金管理人之间的关系是委托人、受益人与受托人的关系，也是所有者和经营者之间的关系。

（2）管理人与托管人之间的关系。基金管理人与托管人的关系是相互制衡的关系。基金管理人是基金的组织者和管理者，负责基金资产的经营，是基金运营的核心；托管人由主管机关认可的金融机构担任，负责基金资产的保管，依据基金管理机构的指令处置基金资产并监督管理人的投资运作是否合法合规。对基金管理人而言，处理有关证券、现金收付的具体事务交由基金托管人办理，就可以专心从事资产的运用和投资决策。基金管理人和基金托管人均对基金份额持有人负责。

（3）持有人与托管人之间的关系。基金份额持有人与托管人的关系是委托与受托的关系，也就是说，基金份额持有人将基金资产委托给基金托管人保管。对持有人而言，将基金资产委托给专门的机构保管，可以确保基金资产的安全；对基金托管人而言，必须对基金份额持有人负责，监管基金管理人的行为，使其经营行为符合法律法规的要求，为基金份额持有人的利益而勤勉尽责，保证资产安全，提高资产的报酬。

六、证券投资基金的费用与资产估值

(一)证券投资基金的费用

基金从设立到终止都要支付一定的费用。通常情况下,基金所支付的费用主要有以下几个方面。

1. 基金管理费

基金管理费是指从基金资产中提取的、支付给为基金提供专业化服务的基金管理人的费用,即管理人为管理和运作基金而收取的费用。基金管理费通常按照每个估值日基金净资产的一定比率(年率)逐日计提,累计至每月月底,按月支付。管理费率通常与基金规模成反比,与风险成正比。基金规模越大,风险越小,管理费率就越低;反之,则越高。不同的国家及不同种类的基金,管理费率不完全相同。我国基金的年管理费率最初为2.5%,随着基金规模的扩大和竞争的加剧,管理费有逐步调低的倾向。目前,我国股票基金大部分按照1.5%的比率计提基金管理费,债券基金的管理费率一般低于1%,货币基金的管理费率为0.33%。管理费通常从基金的股息、利息收益中或从基金资产中扣除,不另向投资者收取。

2. 基金托管费

基金托管费是指基金托管人为保管和处置基金资产而向基金收取的费用。托管费通常按照基金资产净值的一定比率提取,逐日计算并累计,按月支付给托管人。托管费从基金资产中提取,费率也会因基金种类不同而异。目前,我国封闭式基金按照0.25%的比率计提基金托管费,开放式基金根据基金合同的规定比率计提,通常低于0.25%;股票型基金的托管费率高于债券型基金及货币市场基金的托管费率。在我国,基金托管人可磋商酌情调低基金托管费,经中国证监会核准后公告,无须为此召开基金持有人大会。

3. 基金交易费

基金交易费是指基金在进行证券买卖交易时所发生的相关交易费用。目前,我国证券投资基金的交易费用主要包括印花税、交易佣金、过户费、经手费、证管费。交易佣金由证券公司按成交金额的一定比例向基金收取,印花税、过户费、经手费、证管费等则由登记公司或交易所按有关规定收取。参与银行间债券交易的,还需向中央国债登记结算有限责任公司支付银行间账户服务费,向全国银行间同业拆借中心支付交易手续费等服务费用。

4. 基金运作费

基金运作费是指为保证基金正常运作而发生的应由基金承担的费用,包括审计费、律师费、上市年费、信息披露费、分红手续费、持有人大会费、开户费、银行汇划手续费等。按照有关规定,发生的这些费用如果影响基金份额净值小数点后第5位的,即发生的费用大于基金净值十万分之一,应采用预提或待摊的方法计入基金损益。发生的费用如果不影响基金份额净值小数点后第5位的,即发生的费用小于基金净值十万分之一,应于发生时直接计入基金损益。

5. 基金销售服务费

基金销售服务费是指从基金资产中扣除的用于支付销售机构佣金以及基金管理人的

基金营销广告费、促销活动费、持有人服务费等方面的费用。目前只有货币市场基金以及其他经中国证监会核准的基金产品收取基金销售服务费，基金管理人可以按照相关规定从基金财产中持续计提一定比例的销售服务费。收取销售服务费的基金通常不再收取申购费。

（二）证券投资基金资产估值

1. 基金资产净值

基金资产总值是指基金所拥有的各类证券的价值、银行存款本息、基金应收的申购基金款以及其他投资所形成的价值总和。基金资产净值是指基金资产总值减去负债后的价值。基金份额净值是指某一时点上某一投资基金每份基金份额实际代表的价值。基金资产净值和基金份额净值计算公式如下

$$\text{基金资产净值}=\text{基金资产总值}-\text{基金负债}$$

$$\text{基金份额净值}=\text{基金资产净值}\div\text{基金总份额}$$

基金份额净值是衡量一个基金经营业绩的主要指标，也是基金份额交易价格的内在价值和计算依据。一般情况下，基金份额价格与份额净值趋于一致，即资产净值增长，基金份额价格也随之提高。尤其是开放式基金，其基金份额的申购或赎回价格都直接按基金份额净值计价。封闭式基金在证券交易所上市，其价格除取决于基金份额净值外，还受到市场供求状况、经济形势、政治环境等多种因素的影响，其价格与资产份额净值常发生偏离。

2. 基金资产估值

基金资产估值是指通过对基金所拥有的全部资产及所有负债按一定的原则和方法进行估算，进而确定基金资产公允价值的过程。

按照我国企业会计准则和中国证监会相关规定，估值的基本原则如下。

（1）对存在活跃市场的投资品种，如估值日有市价的，应采用市价确定公允价值。估值日无市价的，但最近交易日后经济环境未发生重大变化，应采用最近交易市价确定公允价值；估值日无市价的，且最近交易日后经济环境发生了重大变化的，应参考类似投资品种的现行市价及重大变化因素，调整最近交易市价，确定公允价值。有充分证据表明最近交易市价不能真实反映公允价值的（如异常原因导致长期停牌或临时停牌的股票等），应对最近交易的市价进行调整，以确定投资品种的公允价值。

（2）对不存在活跃市场的投资品种，应采用市场参与者普遍认同且被以往市场实际交易价格验证具有可靠性的估值技术确定公允价值。运用估值技术得出的结果，应反映估值日在公平条件下进行正常商业交易所采用的交易价格。采用估值技术确定公允价值时，应尽可能使用市场参与者在定价时考虑的所有市场参数，并应通过定期校验，确保估值技术的有效性。

（3）有充足理由表明按以上估值原则仍不能客观反映相关投资品种的公允价值的，基金管理公司应根据具体情况与托管银行进行商定，按最能恰当反映公允价值的价格估值。

七、证券投资基金的收入、风险与信息披露

（一）证券投资基金的收入来源

证券投资基金收入是基金资产在运作过程中所产生的各种收入，主要包括利息收入、投资收益以及其他收入。基金资产估值引起的资产价值变动作为公允价值变动损益计入当期损益。

（二）证券投资基金的利润分配

证券投资基金利润是指基金在一定会计期间的经营成果，利润（收益）包括收入减去费用后的净额、直接计入当期利润的利得和损失等，也被称为“基金收益”，证券投资基金在获取投资收入扣除费用后，须将利润分配给受益人。基金利润分配通常有两种方式：一是分配现金，这是最普遍的分配方式；二是分配基金份额，即将应分配的净利润折为等额的新的基金份额送给受益人。

按照《证券投资基金管理办法》第三十五条的规定：“封闭式基金的收益分配，每年不得少于一次，封闭式基金年度收益分配比例不得低于基金年度已实现收益的百分之九十。”封闭式基金一般采用现金方式分红。

开放式基金的基金合同应当约定每年基金利润（收益）分配的最多次数和基金利润收益分配的最低比例。开放式基金的分红方式有现金分红和分红再投资转换为基金份额两种。根据规定，基金利润收益分配应当采用现金方式。开放式基金的基金份额持有人可以事先选择将所获分配的现金利润（收益）按照基金合同有关基金份额申购的约定转为基金份额；基金份额持有人事先未做出选择的，基金管理人应当支付现金。

货币市场基金的份额净值固定在 1 元人民币，对货币市场基金的利润（收益）分配，中国证监会有专门的规定。《货币市场基金管理暂行规定》第九条规定：“对于每日按照面值进行报价的货币市场基金，可以在基金合同中将收益分配的方式约定为红利再投资，并应当每日进行收益分配。”2005 年 3 月 25 日中国证监会下发的《关于货币市场基金投资等相关问题的通知》规定：“当日申购的基金份额自下一个工作日起享有基金的分配权益；当日赎回的基金份额自下一个工作日起不享有基金的分配权益。”具体而言，货币市场基金每周五进行利润（收益）分配时，将同时分配周六和周日的利润（收益）；每周一至周四进行分配时，则仅对当日利润（收益）进行分配。投资者于周五申购或转换转入的基金份额不享有周五和周六、周日的利润；投资者于周五赎回或转换转出的基金份额享有周五和周六、周日的利润。

（三）证券投资基金的投资风险

证券投资基金是一种集中资金、专家管理、分散投资、降低风险的投资工具，但投资者投资于基金仍有可能面临风险。证券投资基金存在的风险主要有以下几点。

（1）市场风险。证券市场价格因经济因素、政治因素等各种因素的影响而产生波动时，将导致基金收益水平和净值发生变化，从而给基金投资者带来风险。

（2）管理能力风险。不同的基金管理人的基金投资管理水平、管理手段和管理技术存在差异，从而对基金收益水平产生影响。

(3)技术风险。当计算机、通信系统、交易网络等技术保障系统或信息网络支持出现异常情况时,可能导致基金日常的申购或赎回无法按正常时限完成、注册登记系统瘫痪、核算系统无法按正常时限显示基金净值、基金的投资交易指令无法及时传输等风险。

(4)巨额赎回风险。这是开放式基金所特有的风险。若因市场剧烈波动或其他原因而连续出现巨额赎回,并导致基金管理人出现现金支付困难时,基金投资者申请赎回基金份额,可能会遇到部分顺延赎回或暂停赎回等风险。

(四)基金的信息披露

为了加强对基金投资运作的监管,提高基金运作的透明度,保障基金份额持有人合法权益,基金必须履行严格的信息披露义务。《证券投资基金法》第七十四条规定:"基金管理人、基金托管人和其他基金信息披露义务人应当依法披露基金信息,并保证所披露信息的真实性、准确性和完整性。"公开披露的基金信息包括:基金招募说明书、基金合同、基金托管协议、基金份额发售公告;基金募集情况;基金份额上市交易公告书;基金资产净值和基金份额净值公告;基金份额申购、赎回价格;基金财产的资产组合季度报告、财务会计报告及中期和年度基金报告;临时报告;基金份额持有人大会决议;基金管理人、基金托管人的专门基金托管部门的重大人事变动;涉及基金管理人、基金财产、基金托管业务的诉讼;依照法律、行政法规有关规定,由国务院证券监督管理机构规定应予披露的其他信息。

公开披露基金信息,不得有下列行为:虚假记载、误导性陈述或者重大遗漏;对证券投资业绩进行预测;违规承诺收益或者承担损失;诋毁其他基金管理人、基金托管人或者基金份额发售机构;依照法律、行政法规有关规定,由国务院证券监督管理机构规定禁止的其他行为。

八、证券投资基金的投资范围与限制

《证券投资基金法》第七十二条规定:"基金财产应当用于下列投资:(一)上市交易的股票、债券;(二)国务院证券监督管理机构规定的其他证券及其衍生品种。"因此,证券投资基金的投资范围为股票、债券等金融工具。目前我国的基金主要投资于国内依法公开发行上市的股票、非公开发行股票、国债、企业债券和金融债券、公司债券、货币市场工具、资产支持证券、权证等。

对基金投资进行限制的主要目的,一是引导基金分散投资,降低风险;二是避免基金操纵市场;三是发挥基金引导市场的积极作用。目前,对证券投资基金的限制主要包括对基金投资范围的限制、投资比例的限制等方面。按照《证券投资基金法》第七十三条规定:"基金财产不得用于下列投资或者活动:(一)承销证券;(二)违反规定向他人贷款或者提供担保;(三)从事承担无限责任的投资;(四)买卖其他基金份额,但是国务院证券监督管理机构另有规定的除外;(五)向其基金管理人、基金托管人出资;(六)从事内幕交易、操纵证券交易价格及其他不正当的证券交易活动;(七)依照法律、行政法规和国务院证券监督管理机构规定禁止的其他活动。"

本章小结

1. 资本市场通常由股票市场、债券市场和投资基金市场三个子市场构成。

2. 股票是投资者向公司提供资金的权益合同，是公司的所有权凭证，按剩余索取权和剩余控制权的不同有不同种类的股票，最基本的分类是普通股和优先股。

3. 债券是投资者向政府、公司或金融机构提供资金的债权债务合同，它具有与股票不同的特征，其可分为政府债券、公司债券和金融债券三大类。

4. 股票市场和债券市场的组织结构可分为一级市场和二级市场。一级市场是发行新的股票和债券的市场；二级市场是买卖已发行股票和债券的市场。

5. 股票的一级市场通常由咨询与管理、认购与销售两个阶段构成；相比之下，债券的一级市场多了一个偿还环节，并在限制性条款和债券评级两个方面具有其特点。

6. 二级市场通常可分为证券交易所和场外交易市场，以及具有混合特征的第三市场和第四市场等层次。

7. 投资基金是资本市场的一个新的形态，它本质上是股票、债券及其他证券投资的机构化，即通过发行基金股份（或受收益凭证）将投资者分散的资金集中起来，由专业管理人员分散投资于股票、债券或其他金融资产，并将投资收益分配给基金持有者的一种投资制度。

【思考与练习】

1. 简述股票的种类有哪些。
2. 简述债券的含义、特点及种类。
3. 简述普通股和优先股的区别。
4. 简述投资基金的含义及分类。
5. 简述股票、债券和投资基金的比较。
6. 简述投资基金的费用包括哪些。
7. 思考全面推行注册制，对我国深化证券市场改革中有哪些深远影响？

第十章　金融衍生工具市场

【学习目标】

1. 了解金融衍生产品市场的产生与发展过程。

2. 了解金融衍生市场的主要功能、主要参与者及主要品种。

3. 掌握金融远期、金融期货、金融期权、金融互换等衍生工具的概念、应用范围、特点及运作模式。

【案例导入】

2010 年底，美国一家设备制造公司向英国出口一批价值 3 000 万英镑的机械设备，双方约定 6 月底以英镑进行结算，交货日与付款日相差 3 个月。交货日的外汇现货汇率为 1 英镑 = 1.676 0 美元，依此汇率，这批机械设备货款折合 5 028 万美元。但是，根据当时经济状况以及世界经济的基本情况，外汇市场预期英镑兑美元的汇率在 3 个月后将下浮。根据这种预期，该公司在 6 月底把收到的货款兑换为美元时，可能会面临兑换损失，即 3 000万英镑货款到时兑换到的美元数额要少于 5 028 万美元。为了避免这种损失，公司决定在外汇市场实施套期保值交易。事实证明，利用金融衍生品开展套期保值，可以有效管理市场风险。

第一节　金融衍生工具市场概述

金融衍生工具（Derivative Instruments）之所以称为“衍生”，是因为这些类型的金融工具的价值是从另一些金融工具的价值衍生或派生出来的。这“另一些”金融工具，俗称原生工具（Underlying Instruments），包括即期交易的商品合约、债券、股票、外汇等。衍生金融工具之所以复杂，就在于其品种纷繁复杂，并且还在不断创新、演变之中。20 世纪 70 年代以来，现代金融衍生工具的兴起与迅猛发展是全球金融领域发生的最引人注目的变革，以衍生金融工具为核心的金融工程已经并且持续改变着整个金融体系。

一、金融衍生工具的概念和分类

（一）金融衍生工具的概念

金融衍生工具，是在原生金融工具基础上衍生出来的，根据当前约定的条件在未来规定时间就规定的原生金融工具或变形金融工具进行交易的合约，其价值建立在基础金融工具（如股票、债券、货币等）或基础金融变量之上，价格的变动取决于基础金融工具价格变动。最初的衍生产品交易中通常以一种商品，如大米、郁金香球茎或小麦作为基础工具。今天，尽管部分金融衍生产品交易仍以商品和商品指数作为基础工具，但占主导地位的基础工具是各种金融工具或金融变量，如股票、债券、股票指数、货币、利率甚至其他衍生合约。

（二）金融衍生工具的分类

衍生金融工具可以按照基础金融工具的种类、自身的交易性质以及合约类型的不同进行分类。

（1）按照基础金融工具的种类不同，金融衍生工具可以分为股权式衍生工具、货币衍生工具和利率衍生工具。股权式衍生工具是指以股票或股票指数为基础金融工具的金融衍生工具，主要包括股票期货、股票期权、股票指数期货、股票指数期权以及上述合约的混合交易合约。货币衍生工具是指以各种货币作为基础金融工具的金融衍生工具，主要包括远期外汇合约、货币期权、货币互换以及上述合约的混合交易合约。利率衍生产品是指以利率或利率的载体为基础金融工具的金融衍生工具，主要包括远期利率协议、利率期货、利率期权、利率互换以及上述合约的混合交易合约。

（2）按照金融衍生工具的交易性质不同，金融衍生工具可以分为两大类：第一类是市场交易双方的风险收益对称，都负有在将来某一日期按一定条件进行交易的义务。属于这一类的有远期合约、期货合约、互换合约。第二类是市场交易双方风险收益不对称，合约购买方有权选择履行合约与否。属于这一类的有期权合约、认股权证、可转换债券等。

（3）按照金融衍生工具的合约类型不同，可以分为远期合约、期货合约、期权合约和互换。

远期合约是指合约双方约定在未来的某一确定时间，按照确定的价格买卖一定数量的某种金融工具的合约。远期合约不在规范的交易所内交易，也没有标准化的条款，合约条款因合约双方的需要不同而不同，一般不可以转让。远期合约最大的优点是它锁定了未来某一时间的价格而且合约条款可以根据双方的需要进行协商，比较灵活。但远期合约的履约没有保证，违约风险较高。常见的金融远期合约有远期利率协议、远期外汇协议和远期股票协议。

期货合约是指合约双方在有组织的交易所内签订的，约定在未来的某个日期按照确定的价格买卖一定标准数量的特种金融工具的标准化合约。主要包括货币期货、利率期货和股票指数期货等。

期权合约是指赋予其购买者在规定期限内按照双方约定的价格购买或出售一定数量某种金融工具的权利的合约。根据期权交易买进和卖出的不同，分为看涨期权和看跌期权。

互换是指两个或两个以上的当事人按共同商定的条件，在约定的时间内交换一系列现金流的合约，主要有货币互换和利率互换两类。

二、金融衍生工具的产生与发展

金融衍生商品市场可谓源远流长。17 世纪上半叶荷兰掀起的郁金香球茎投资狂潮，开创了衍生商品交易的先河；19 世纪中叶以来，谷物、肉类、金属、原油等衍生交易陆续出现并迅速扩大，1922 年美国通过了第一部联邦期货法，即 1922 年谷物期货交易方法，这标志着商品的价格变化太大，通过衍生交易可以锁定价格，规避风险；20 世纪 70 年代起，世界金融商品或金融工具的主要价格形式——汇率、利率开始较大波动，金融市场风险急剧放大。用衍生交易规避风险，也成为金融发展的客观要求。

20世纪70年代，维系全球的以美元为中心的固定汇率制——布雷顿森林体系连续出现危机，并于1973年正式瓦解，各国纷纷实行浮动汇率制，汇率的波动幅度随之加剧。频繁而大幅度的汇率波动给进出口商、银行金融机构等多方面带来了风险。1972年5月16日，芝加哥商品交易所开辟了国际贸易市场部分，办理澳元、英镑、加元、瑞士法郎等6种主要外币的期货交易，这是全世界第一个能够转移汇率风险的集中交易市场，也是金融衍生商品诞生的标志之一。两次石油危机以后，西方工业化国家通货膨胀或滞胀问题越发严重，为了调控经济发展，各国中央银行纷纷利用利率杠杆控制货币供应量，实行宽松或紧缩的货币政策，利率从相对稳定转向频繁波动，利率风险加大。

货币利率、汇率的变化，对债权、股票等金融资产等有着根本的影响，全面加剧了金融商品的内在风险，同时为金融衍生商品的发展提供了契机。1975年，芝加哥期货交易所率先开办了抵押协会债券利率期货。1982年2月24日，美国堪萨斯市推出了第一份股票指数期货合约。

股票选择权是金融期权最早出现的品种，20世纪20年代美国就有了股票选择权交易，不过由于长期以来只是场外交易，规模不大，影响力极小。1973年4月26日，全世界第一家选择权集中交易所——芝加哥期货交易所成立，该所初期交易16种以股票为标的物的买权契约。1977年6月，芝加哥期货交易所、美国证券交易所、费城交易所、太平洋证券交易所及中西部证券交易所共5个交易所同时开始交易卖权。1982年10月1日，芝加哥期货交易所推出第一份利率选择权合约。同年12月，费城交易所推出英镑选择权合约。1983年，芝加哥期货交易所推出了股票指数选择权即标准普尔100指数选择权、标准普尔500指数选择权。1984年1月，芝加哥商业交易所开办期货合同选择权交易，期货与期权两种金融衍生商品出现。1981年8月，世界银行发行了2.9亿美元欧洲债券，并决定将其本金与利息同IBM公司进行法国法郎和德国马克的货币交换，开创了互换市场的先河。1992年，第一笔利率互换在美国完成，随后，又出现了期货互换、期权互换等。

衍生工具极强的派生能力和高度的杠杆性使其发展速度惊人。2020年全球场内衍生品市场成交量为467.67亿手，同比增加35.59%，成交规模大幅增长。从标的资产种类看，金融类和商品类衍生品交易规模均同比增长，增幅分别为36.34%和32.74%，市场份额分别占79.50%和20.50%。从地区看，亚太与北美地区市场份额合计超过70%，全球各地区场内衍生品成交规模均呈增长趋势。从具体国家或地区看，中国大陆地区是全球第四大场内衍生品交易地区，成交61.53亿手，同比增加55.29%。

面对如此规模庞大、变幻莫测的衍生品市场，有人曾经为之欢欣鼓舞，认为衍生工具的发展充分分散了金融风险，增强了金融体系的健全性；但也有不少人认为衍生工具不但未从根本上化解金融风险，还带来了额外的风险，最终将导致金融危机爆发和金融体系的崩溃。

三、金融衍生工具的功能

(一)基本功能

1. 避险功能

金融衍生工具诞生的原动力就是风险管理。金融衍生工具可以将市场风险、信用风险等分散在社会经济每个角落的风险集中在几个期货期权市场或互换、远期等场外交易市场上,将风险先集中、再分割,然后重新分配,使套期保值者通过一定方法规避常规经营中的大部分风险,而不承担或只承担极少一部分风险(如通过期货套期保值要承担基差风险,通过期权保值要付出少量权利金等),从而能专心于生产经营。由于衍生市场中套期保值者的头寸并不恰好是互相匹配对冲的,所以市场中需要一部分投机者来承担保值者转嫁出去的风险,从而博取较高额的投机利润。而且,由于衍生交易的杠杆比率非常高,可以使套期保值者以极小的代价占用较少的资金,实现有效的风险管理,因而比证券组合投资更能满足市场需求。金融衍生工具的出现使汇率、利率、价格等因素的变化被限定在较小范围内,即使出现不利情况发生风险,损失也将大为减少。

2. 价格发现功能

一方面金融衍生工具交易特别是场内交易,拥有众多交易者,他们通过类似于拍卖的方式确定价格。这种情形接近完全竞争市场,能够在相当程度上反映出交易者对金融工具价格走势的预期,使真正的价格得以被发现。另一方面,衍生商品的价格通过行情揭示和各种媒体广泛传播,为各界了解汇率、利率及金融趋势提供了重要的参考信息,使这一价格成为指导生产、合理配置社会生产要素的重要依据。同时,所有参与者集中到交易所,使寻找价格和交易对象的信息成本大大降低。根据被揭示出来的市场价格预期,各交易主体可以相应地制订生产与经营计划,使经济社会每一个成员都能更好地从远期价格预测中获益。实际上,期货市场从信息上主导了现货市场以及远期现货商品市场的行情。

3. 盈利功能

衍生工具的盈利,既包括交易本身所带来的收入,也包含提供经纪人服务的收入。金融衍生工具的价格变化会产生盈利。由于存在着明显的杠杆效应,投资者操作正确就可以得到很高的利润率。

(二)延伸功能

在广泛的使用中,金融衍生工具的功能不断地被挖掘、拓展,应用的范围也越来越广。下面仅介绍几项最常见的衍生功能。

(1)资产负债管理。利率、汇率的波动,既影响金融机构的资产,又影响其负债。保持适宜的资产负债结构,对于金融机构特别是商业银行而言可谓生存发展之本。品种繁多的金融衍生工具,为资产负债管理提供了多种有效的方法和工具。商业银行就经常运用金融期货、金融期权对资产负债进行缺口管理,用利率互换来回避资产与负债到期时间不匹配而产生的利率风险。

(2)筹资投资。因为存在许多不确定因素,不少投资项目都令投资者望而却步,恰当地运用衍生交易,往往能降低投资风险,使筹资由难变易。

(3)产权重组。通过产权重组提高企业的经营效益,这在现代市场经济中十分普遍。其中,民营化和职工持股又是最常见的方式。然而,有时受个人购买力的限制,或者因个人对企业前景缺乏信心,投资欲望不强,产权重组障碍重重,用银行的融资功能向投资者提供资金,再用衍生交易手段避险,可以帮助个人投资者参与产权交易。

(4)激励功能。一些企业所有者用期权作为激励经营管理人员的工具,给予经营管理人员较长期限内的该企业股票的买入期权,合约规定的买入价一般与当时的股价接近。这样,经营管理人员只要努力工作使企业经济效益不断提高,股价也会随之上扬,股票买入期权的价格同样会上升,经营管理人员便可从中获益。

四、金融衍生工具市场的参与者

金融衍生工具市场的参与者可划分为套期保值者、投机者和套利者。

套期保值者(Hedger)参与市场交易的目的不在于投资获利,而是希望通过买卖相关工具对冲现在或是将来可能面临的风险。以此来锁定将来的收益。如股票和外汇的远期合约,都是采用现时的约定去规避将来市场价格逆向运动时可能会带来的损失。

投机者(Speculator)行为类似于赌徒,他们相信自己对未来市场价格走势的预期,在认为价格会上升时买入,而在将来价格真的上升时卖出,获取可观的价差收益;价格会下降时,则作相反操作,仍可获取价差收益。由此可见,投机者参与衍生市场的目的刚好与套期保值者的目的相反,未来不确定性越大,投机者在市场上就越活跃。

套利者(Arbitrageur)通过瞬间进入一个或两个市场进行同一种相关工具的交易从而获得一个无风险的收益。当然也可以是基于不同时点利用时间差导致的价格差进行套利,即所谓的跨时套利。若交易者在伦敦市场上以低价买入与此同时在纽约市场上高价卖出,利用两个地点汇率的不同而进行的套利即是一种跨市套利。跨市套利与跨时套利的最终结果都会使不同地点或不同时点的市场价格趋于一致,这便是"一价定理"在金融市场的推广。

第二节　金融远期市场

一、金融远期市场概述

(一)金融远期市场及合约的定义

金融远期市场是商品经济发展的产物,是生产者和经营者在商品经济实践中创造出来的一种规避或减少交易风险、保护自身利益的商品交换形式。也正是由于远期交易具有的避险功能,在金融资产价格出现大幅度波动以后,人们很自然将远期合约也应用于规避金融资产的交易风险,形成当今国际金融市场上重要的金融远期市场。金融远期合约(Forward Contracts)是一种最为简单的金融衍生工具。它是指双方约定在未来某一个确定的时间,按照某一确定的价格买卖一定数量的某种金融资产的协议。在合约中,双方约定买卖的资产称为"标的资产",约定的成交价格称为"协议价格"或"交割价格",同意以约定的价格在未来卖出标的资产的一方称作"空头"或"空方",同意以约定的价格在未来买入标的资产的一方称作“多头”或“多方”。金融远期合约最主要的优点在于它是由交易双方通过谈判后签署的非标准化合约,因此合约中的交割时间、交割价格、合约的规模等细节都可由双方协商决定,具有很大的灵活性,可以尽可能地满足双方的需要。但金融远期合约也有明显的缺点:首先,远期合约不在交易所内交易,没有固定集中的交易场所,不利于信息的交流和传递,从而不利于形成统一的市场价格,市场效率较低。其次,由于合约的具体条款都由交易双方协商决定,因此每份远期合约千差万别,给远期合约的流通造成了较大的不便,流动性较差。再次,远期合约到期时必须履行实物交割的义务,而无法在到期前通过反向对冲等手段来解除合约义务。最后,远期合约的违约风险较高,当价格变动对一方有利时,对方可能无力或无诚意履行合约。

(二)金融远期合约的损益

金融远期合约双方的损益取决于合约到期时该标的资产的现货市场价格与协议价格之差。假设用S_T表示合约到期时标的资产的现货价格,用P_T表示双方损益,用K表示该合约的协议价格,那么对于多头而言,一单位资产远期合约的损益应该等于S_T-K,当$S_T>K$时,多头盈利;当$S_T<K$时,多头亏损。相应地,空头损益应该等于$K-S_T$,当$S_T>K$时,空头亏损;当$S_T<K$时,空头盈利。由此可见,多头与空头之间实质上是一种零和博弈。利用损益图(见图10.1)可以清晰地将多头和空头在合约到期时的损益状况表示出来。

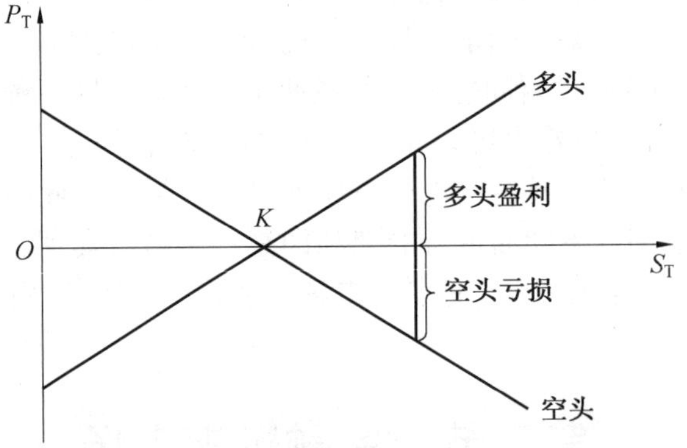

图10.1　金融远期合约双方在到期日时的损益图

二、金融远期合约的种类

金融远期合约可分为远期利率协议、远期外汇合约和远期股票合约等。远期外汇交易已经在前面外汇市场中进行了介绍,而远期股票合约实际运用较少,故这里只介绍远期利率协议。

(一)远期利率协议的含义

远期利率协议(Forward Rate Agreements)是合同双方在名义本金的基础上进行协议利率与参照利率差额支付的远期合约。协议利率为双方在合同中同意的固定利率,参照利率为合同结算日的市场利率(国际金融市场上通常为LIBOR)。

从本质上看,远期利率协议是以固定利率授予的一笔远期贷款,但没有实际贷款义务,在远期利率协议条件下,撇开了本金流动问题,所以远期利率协议就成为资产负债表外的金融工具。协议的交易双方中,一方是为了避免利率上升的风险,另一方是希望防范利率下跌的风险,双方约定在未来某一个期限一笔资金使用时事先商定一个利率。支付该协议利率者为买方,反之,收到该协议利率者为卖方。双方在结算日根据当天的市场利率(通常是在结算日前两个营业日内使用 LIBOR 来决定结算日的市场利率)与协议利率结算利差,由利息金额大的交易一方支付一个利息差额现值给利息差额较小的交易一方。

远期利率协议交易的币种主要有:美元、英镑、欧元和日元。美元的利率协议交易占整个市场交易量的 90% 以上,而英镑等利率交易就较少。主要原因是美元利率波动较大,而且美元一直是国际结算的主要计价货币。

远期利率协议的报价最初以“3 个月对 6 个月”期限的报价最为普遍,到 1985 年,远期利率协议报价期限从“3 个月对 6 个月”扩大到“6 个月对 9 个月”和“6 个月对 12 个月”,近来更扩大到 1 年至 2 年,并且不是整数期限也可以通过交易双方的协商而达成交易。

远期利率协议给银行提供了一种管理利率风险而无须改变银行资产负债表的有效工具。银行能够在不改变资产负债表的流动性的情况下调整其利率风险。由于远期利率协议的本金并未实际流动,以利息差额结算,故资金流动较小。远期利率协议还可以用来削减银行同业往来账项,这样对增加资本比例和改善银行业务的资产收益率十分有益。

(二)远期利率协议的重要术语和报价

远期利率协议与互换交易一样,有一个标准化文件,即英国银行家协会远期利率协议(简称 FRABBA)。该协议制定于 1985 年,文件中除了确定远期利率协议交易的合法范畴之外,还规定了一系列重要的术语:

合同金额(Contract Amount):名义上借款的本金总额;

合同货币(Contract Currency):表示合同数额的货币币种;

交易日(Dealing Date):远期利率协议成交的日期;

结算日(Settlement Date):名义贷款或存款开始的日期;

确定日(Fixing Date):参考利率确定的日期;

到期日(Maturity Date):名义贷款或存款到期的日期;

合同期(Contract Period):结算日至到期日之间的天数;

合同利率(Contract Rate):在远期利率协议条件下商定的固定利率;

参考利率(Reference Rate):在确定日用以确定结算金的以市场为基础的利率;

结算金(Settlement Sum):在结算日,根据合同利率和参考利率之间的差额,由交易一方付给另一方的金额。

远期利率协议的时间流程见图 10.2。

如图 10.2 所示,在交易日,远期利率协议的双方同意交易的所有条件。我们假定交易日 2022 年 4 月 11 日星期一,双方同意成交一份 1×4 金额为 100 万美元,利率为 6.25% 的远期利率协议。那么合同货币是美元,合同金额是 100 万美元,合同利率为 6.25%。

“1×4”是指起算日和结算日之间为 1 个月,起算日至名义贷款到期日之间的时间为 4 个月,交易日和起算日时隔一般为两天。在此例中,起算日是 2022 年 4 月 13 日星期三,就是说名义贷款在 2022 年 5 月 13 日星期五开始,恰好是起算日之后的一个月。到期日

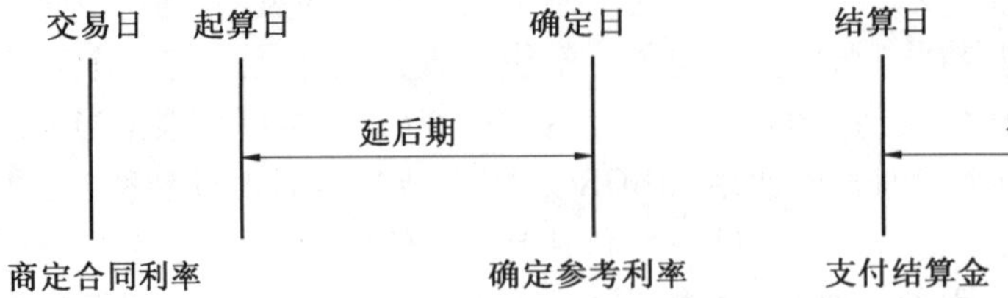

图 10.2　远期利率协议时间流程图

为 2022 年 8 月 13 日星期三,即 3 个月之后。因此,结算日是 2022 年 5 月 13 日,到期日为 8 月 13 日,合同期 92 天。

远期利率协议报价以远期利率为基础,这种利率包含了现货市场收益率曲线和利率期货价格因素。远期利率协议市场定价可以通过路透社终端机的“FRAT”画面得到。该市场价格仅作为参考之用,实际交易价格由各报价银行决定。

例如,2022 年 4 月 12 日的美元远期利率协议市场定价如表 10.1 所示。

表 10.1　美元远期利率协议市场定价

3×6	3.07~3.15	2×8	3.16~3.22
6×9	3.03~3.09	3×9	3.15~3.21
9×12	3.14~3.20	4×10	3.15~3.21
12×18	3.52~3.58	5×11	3.15~3.21
18×24	3.83~3.89	6×12	3.17~3.23

表中前面一列表示期限,如果一笔远期利率协议的期限为 3×6,那么该协议从交易日后的第 3 个月开始计息,到交易日后的第 6 个月结束,整个期限为 3 个月。后一列表示利率价格,如 3×6 的远期利率协议价格即合同利率为 3.07%~3.15%,前者是银行买价,后者是银行卖价。

(三)远期利率协议的结算

【例 10.1】　假设 A 银行计划在 3 个月后筹集 3 个月短期资金 1 000 万美元,为避免市场利率上升带来筹集成本增加的损失,该行作为买方参与远期利率协议。设协议利率为 8%,协议金额为 1 000 万美元,协议天数为 91 天,参照利率为 3 个月 LIBOR。如果到了结算日 LIBOR 为 8.10%,那么该行从事远期利率协议的结果如何呢?

首先,我们可以计算出这笔价值为 1 000 万美元、为期 91 天的 A 银行短期资金借款的额外利息支出,即

$$\text{利率变动所增加的利息支出}=(8.10\%-8.00\%)\times 10\ 000\ 000\times\frac{91}{365}=2\ 493.15(\text{美元})$$

在借款最后到期日的这一天,要对借款利息进行结算,由利率变动引起的这样一笔额外的利息支出对 A 银行来说是一种损失。不过,在远期利率协议下,如果市场利率即参考利率超过了原先双方确定的协议利率(合同利率),那么作为远期利率协议的卖方要补偿远期利率协议的买方(A 银行),这笔补偿就是结算金。如果结算金的支付与额外利息

支出在同一天进行，那么借方的利息损失可以从获得的结算金中得到完全补偿。因此，上例中的结算金数额为 2 493.15 美元。

但在实际交易中，交易方一般在结算日支付结算金，也即在贷款开始之日进行支付。由于这笔起补偿作用的结算金交付日期早于利率差支付日期，因此这笔结算金还可被用于投资以获取利息，这笔利息的计算期限应是结算日至到期日。为了对这种时差进行调整，结算金总额应再减去结算金在支付时间上所得的利息额，即将额外利息支出额从到期日贴现到结算日。这样一来，我们就可以列出计算结算金的标准公式

$$SS=\frac{(i_r-i_c)\cdot A\cdot\dfrac{D}{B}}{1+i_r\times\dfrac{D}{B}} \tag{10.1}$$

上式中，SS 为结算金；i_r为参考利率；i_c为协议利率；A 为合同金额；D 为合同天数；B 为天数计算惯例（如 360、365）。

式(10.1)中，分子表示交易双方一开始商定的合同利率与最终到期日参考利率的差异所造成的额外利息支出；分母是对分子的贴现，反映结算金的支付是在合同期开始之日而不是在合同期结束之时。如果把【例 10.1】中的数值代入式(10.1)，我们可以得出贴现后的结算金为 2 443.79 美元，这笔资金应在结算日支付给远期利率协议的买方。

式(10.1)计算出来的结算金若是正数，表示远期利率协议的卖方支付给买方结算金；反之，则由远期利率协议的买方向卖方支付结算金。

【金融视角】远期价格与期货价格相等吗？

当无风险利率对所有期限均为常数时，具有某一期限的合约的远期价格与具有同一期限合约的期货价格相等。这个结论可以推广到利率为时间的已知函数的情形。

当利率变化无法预测（正如现实世界中那样），远期价格与期货价格从理论上讲会有所不同。通过考虑标的资产价格 S 与利率高度相关的情形，我们会对两者之间的关系有一个感性的认识。当 S 上升时，一个期货长头寸的持有者因为期货的每日结算会马上获利。期货价格与利率的正相关性造成利率也可能马上上升，这时获得的利润将会高于以平均利率作为回报的投资所带来的利润。同样，当 S 下跌时，投资者马上会遭受损失。这时亏损的融资费用会低于平均利率。持有远期长头寸而不是期货长头寸的投资者将不会因为利率的这种上下变动而受到影响。因此，在其他条件相同的情况下，期货的长头寸比远期的长头寸更具吸引力。因此，当 S 与利率有正的相关性时，期货价格会稍稍高于远期价格；当 S 与利率有负的相关性时，通过类似的讨论我们可以得出远期价格稍稍高于期货价格。

在期限小于几个月时，期货价格及远期价格的理论差异在大多数情形下可以忽略。在实践中，理论模型中没有纳入的几个因素会造成远期价格及期货价格不同。这些因素包括税务、交易费用及对于保证金的处理等。因为交易所清算中心的作用，期货合约中的对手违约风险很小。还有，有时期货合约的市场流动性要比远期合约好。

虽然有这么多不定因素,对于大多数情形,我们仍然可以比较合理地假定远期价格等于期货价格。

资料来源:约翰·赫尔.期权、期货及其他衍生产品[M].王勇,索吾林,张翔,译.北京:机械工业出版社,2023.

第三节　金融期货市场

一、金融期货市场概述

(一)金融期货合约的概念和主要内容

金融期货合约(Financial Futures Contracts)是指协议双方同意在约定的未来某个日期按约定的条件(包括价格、交割地点、交割方式)买入或卖出一定标准数量的某种金融工具的标准化协议。金融期货合约的一大特点就是标准化的合约条款。期货合约的合约规模、交割日期、交割地点等都是标准化的,即在合约上有明确的规定,无须双方再商定,交易双方所要做的唯一工作是选择适合自己的期货合约,并通过交易所竞价确定成交价格。

一般来说,金融期货合约包括以下几方面主要内容。

1. 交易的标的物

每份合约都必须指明以何种金融工具作为标的物。如外汇期货的标的物是外汇,具体又有美元、英镑、欧元、日元、澳元、加元等不同币种之分。

2. 交易单位

期货交易每份合约的交割数量都是确定的,但对于不同的交易所又有不同的规定。如一张英镑期货合约,在芝加哥国际货币市场为 25 000 英镑,在中美洲商品交易所为 12 500英镑,在阿姆斯特丹欧洲期货交易所则为 10 000 英镑。

交易单位的大小视期货市场交易规模、参与者资金实力、合约商品价格波动性等因素而定。交易单位的标准化极大地简化了期货交易的过程,提高了市场效率,使期货交易成为一种只记录期货合约买卖数量的交易。

3. 最小变动价位

最小变动价位也称最小波幅,是期货交易所公开竞价过程中商品和金融期货价格报价的最小变动金额。期货品种不同,最小变动价位乘以合约交易单位,就可以得到期货合约的最小变动金额。期货品种不同,最小变动价位也不一样。如英镑期货合约为0.000 5 美元,即 5 个基本点;而加元期货为 0.000 1 美元,即 1 个基本点。最小变动价位大小的确定一般取决于该金融工具的种类、性质、市场价格波动状况及商业习惯等因素。有了最小变动价位,期货交易就以最小变动价位的整数倍上下波动,便于交易者核算盈亏。

4. 每日最高波动幅度

每日最高波动幅度即期货交易所规定的单个交易日内期货价格的最高允许涨跌幅度。在我国又称涨跌停板制度。当单日期货价格波动幅度超过这一限制时,期货交易所将会停止当天交易,进一步的交易将在第二天进行。设置涨跌停板的目的主要是为了限制风险,但阻碍了价格迅速移向新的均衡水平。

5. 标准交割时间

标准交割时间包括标准交割月份和标准交割日期。

(1)标准交割月份指各个交易所规定的期货合约交割的未来月份,又称合约月份。不同的交易所对交割月份的规定也不尽相同,例如伦敦国际金融期货交易所(LIFFE)规定货币期货合约的交割月份为3月、6月、9月和12月;芝加哥国际货币市场(IMM)规定除上述月份外,还有少量货币期货合约的交割月份是在1月、4月、10月。

(2)标准交割日期指交割月份的具体交割日,又称最后交易日。伦敦国际金融期货交易所规定为交割月的第二个星期三;芝加哥国际货币市场则规定为交割月的第三个星期三,合约的交易在交割日前两个营业日(星期一)停止。在芝加哥商品交易所,股票期货合约的最后交易日为交割月的第三个星期五,抵押证券期货合约则为交割月第三个星期三之前的星期五。

6. 初始保证金

初始保证金又称原始保证金,是指期货交易双方为保证合约得以履行而向清算会员存储的保证金,以保证价格变化时亏损一方能即时支付。设置初始保证金是为了有效控制期货市场风险,为在交易所内进行的期货交易提供履约担保,保证交易所的财务安全性、完整性和健全性。因此,初始保证金是期货保障机制的最重要环节。

除了初始保证金外,交易所一般还规定了维持保证金制度,即交易者为维持自己的交易部分所必须持有的保证金最低限额,低于此限,交易所就会向交易者发出通知,要求交易者于次日开盘前补交至初始保证金水平。维持保证金金额一般为初始保证金金额的75%~80%。

(二)金融期货市场

20世纪70年代开始,汇率、利率、证券价格急剧波动,金融期货应国际经济形势而生。为规避汇率风险,1972年5月在美国芝加哥商业交易所(CME)的国际期货市场(IMM)部分诞生了世界上第一份金融期货合约;为规避利率风险,1975年芝加哥期货交易所(CBOT)推出了第一张抵押贷款凭证的期货合约,以后又开始交易美国政府国库券期货合约。此后,多伦多、伦敦等地也展开了利率期货交易。在借鉴了欧洲美元利率期货的现金结算方式的成果后,第一份股票指数期货于1982年在堪萨斯期货交易所(KCBT)展开。至此,所有主要的金融期货创新继续问世,有力地推动了世界市场的深入发展,而期货市场具有的杠杆效应,又吸引了大量的投机者,投机者的加入大大推动了金融期货市场的发展,如今金融期货市场已成为国际金融市场不可缺少的重要组成部分。

二、金融期货市场结构

金融期货合约交易是市场主体在集中性的场内交易所内完成的。一个完整的金融期货市场至少由四个部分构成,即交易所、结算机构、期货经纪公司以及交易者,这样才能完成交易。

（一）交易所

所谓交易所，是指专门为金融期货交易提供交易场所和所需各种软硬件设备、组织、管理金融期货的机构。它们大体分为两种类型，一种是专门为了金融期货交易而设立的，如伦敦国际金融期货交易所（LIFFE）和新加坡国际金融交易所（SIMEX）等；另外一种是传统的期货交易所或者证券交易所因开设金融期货而形成的金融期货部分，如芝加哥期货交易所（CBOT）和东京证券交易所（TSE）等。

表 10.2　世界主要期货交易所一览

交易所及其建立时间	主要合约类型			
	商品期货	外汇期货	利率期货	股指期货
芝加哥期货交易所（CBOT），1848 年	√		√	√
芝加哥商业交易所（CEM），1919 年	√	√	√	√
堪萨斯期货交易所（KCBT），1856 年	√			√
纽约商业交易所（NYMEX），1872 年	√			√
伦敦国际金融期货交易所（LIFFE），1982 年	√		√	√
伦敦金融交易所（LIM），1877 年	√			
法国国际期货交易所（MATIF），1986 年	√		√	√
多伦多期货交易所，1983 年				√
悉尼期货交易所，1972 年	√		√	√
东京谷物交易所，1952 年	√			
东京证券交易所，1949 年			√	√
新加坡国际金融交易所，1984 年	√	√	√	√
香港期货交易所，1977 年	√	√	√	√

（二）结算机构

结算机构通常被称为结算所或者清算所。在期货交易中，结算机构除了办理日常的清算和交割外，还充当买卖双方的中间人，即是所有买者的卖者、所有卖者的买者。因此，期货交易的双方在不知实际交易对方到底为谁的情况下就实现了交易。

（三）期货经纪公司

期货经纪公司是依法设立的、接受客户委托、按照客户的指令、以自己的名义代理客户进行交易并收取交易手续费的中介组织。期货经纪公司通常都是交易所会员。交易所会员是指拥有期货交易所的会员资格、可以在期货交易所内直接进行期货交易的机构或自然人。一般可分为两类：一类是为自己进行套期保值或投机交易的期货自营会员；另一类则是专门从事金融期货经纪代理业务的期货经纪公司。非会员的交易者只能通过委托属于交易所会员的经纪公司或经纪人参与交易。

（四）交易者

按参加期货交易的动机不同，可将交易者分为三类：套期保值者、投机者、套利者。他们(除本身就是期货交易所的自营会员外)通过期货经纪公司在期货交易所进行期货交易。金融期货本来就是为了满足套期保值者的避险需求而产生的,但是自从金融期货产生以后形形色色的套利者和投资者不请自来,而且从此与经济期货市场相伴长随,以后的每次金融危机再也离不开金融期货投机客们的身影了。

金融期货市场除了上述四类主体外还有各国的行政监管当局,它们的主要职责是起草与期货有关的法律法规、制定管理规则、监管各类市场主体、查处违法违规行为。

三、金融期货市场基本交易规则

金融期货交易是在高度组织化、有严格规则的金融期货交易所进行的。金融期货交易所的主要规则可概括如下。

(一)保证金制度和逐日结算制

保证金制度和逐日结算制是金融期货市场交易安全的重要保证。与远期交易不同,期货交易是每天进行结算的,而不是到期一次性进行的。这就是所谓的逐日结算制度,目的是减少信用风险。

保证金的支付可分为客户向会员支付的保证金和会员向结算公司支付的保证金。买卖双方在交易之前都必须在经纪公司开始专门的保证金账户(Margin Account),并存入一定数量的保证金,这个保证金也称为初始保证金(Initial Margin)。初始保证金可以用现金、银行信用证或短期国库券等形式缴纳。保证金的比例因合约而不同,也可能因经纪人而不同。对大多数的期货合约而言,初始保证金通常仅为基础金融工具价值的5%～10%。

在每天交易结束时,结算公司根据当日的结算价格(结算价格由交易所规定,它有可能是当天的加权平均价,也可能是收盘价,还有可能是最后几秒钟的平均价),对投资者未结清的合约进行重新评估,保证金账户将根据期货结算价格的升跌而进行调整,以反映交易者的浮动盈亏,这就是所谓的逐日盯市(Marking to Market)。

当保证金账户的余额超过初始保证水平时,交易者可随时提取现金或用于开新仓,而当保证金账户的余额低于交易所规定的维持保证金(Maintenance Margin)时(维持保证金通常是初始保证金的75%),经纪公司就会通知交易者先期将保证金账户余额补足到初始保证金水平,这就是保证金追加。如果客户不能及时存入追加保证金,就会被强制平仓。

以经纪人要求开设保证金账户一样,清算所也要求其会员在清算所开设保证金账户,我们称其为清算保证金(Clearing Margin)。与投资者保证金账户的操作方式类似,清算所会员的保证金账户也实行每日结算制度,但对清算所会员来说,只有初始保证金,没有维持保证金,即每天保证金账户的余额必须大于或等于初始保证金余额。

(二)涨跌停板制度

涨跌停板制度是将每日价格波动限定在一定的幅度之内的规定。这种人为的制度安排是为了防止期货价格的剧烈震动,保证市场的稳定。

（三）限仓制度和大户报告制

限仓制度是期货交易所为防止市场风险过度集中于少数交易者和防范操纵市场行为而规定会员或投资者可以持有的、按单边计算的某一合约投机头寸的最大数额。大户报告制度则是与限仓制度紧密相关的另一个控制交易风险、防止大户操纵市场行为的制度。期货交易所建立限仓制度后，当会员或客户的投机头寸达到了交易所规定的数量时须向交易所申报，申报的内容包括客户的开户情况、交易情况、资金来源、交易动机等，便于交易所审查大户是否有过度投机和操纵市场行为以及大户的交易风险情况。

四、金融期货市场的职能

金融期货市场有多方面功能，其中最基本的功能是套期保值和价格发现功能。

（一）套期保值功能

期货交易之所以能够套期保值，其基本原理在于某一特定商品或金融资产的期货价格和现货价格受相同经济因素的制约和影响，从而它们的变动趋势是一致的，而且，现货价格与期货价格市场走势具有收敛性，即期货合约临近到期日时，现货价格与期货价格将逐渐趋合，它们之间的价差即基差将接近于零。

套期保值的基本做法是：在现货市场买进或卖出某种金融资产的同时，做一笔与现货交易品种、数量、期限相当但期货相反的期货交易，以期在未来某一时间通过期货合约的对冲，以一个市场的盈利来弥补另一个市场的亏损，从而规避现货价格变动带来的风险，实现保值的目的。

套期保值的基本类型有两种：一是多头套期保值，是指交易者先在期货市场买进期货，以便将来在现货市场买进时不至于因价格上涨而给自己造成经济损失的期货交易方式；二是空头套期保值，是指交易者先在期货市场卖出期货，当现货价格下跌时以期货市场的盈利来弥补现货市场的损失，从而达到保值的一种期货交易方式。

（二）价格发现功能

价格发现功能是指在一个公开、公平、高效、竞争的期货市场中，通过期货交易形成的期货价格具有真实性、预期性、联系性和权威性等特点，能够比较真实地反映金融产品价格的变动趋势。期货市场将众多的、影响供求关系的因素集中于交易场所内，通过买卖双方集中转化为一个统一的交易价格。这一交易价格即为市场对未来某一特定时间标的金融产品现货价格的平均看法。人们通过参考金融期货市场上的交易价格，可以形成对金融产品价格的合理预期，从而合理安排投资决策和生产经营决策，提高自己适应市场的能力。

五、几种主要的金融期货合约

（一）外汇期货

外汇期货又称货币期货，是以外汇为标的物的合约。外汇期货是金融期货中最先产生的品种，主要是为了规避外汇风险。1972 年 5 月，芝加哥商业交易所建立了国际货币市场（IMM），并推出了 7 种外币对美元的期货合约。

外汇期货交易虽然自20世纪70年代初在国际货币市场上率先推出，得到了迅速发展，但是外汇期货在交易量上却不如外汇远期，这可能是由于外汇远期可以更好地满足不少企业特定的对外汇套期保值的目的。

（二）利率期货

利率期货是继外汇期货之后，产生的又一个金融期货类别，其标的物是一定数量的某种与利率相关的金融产品，即各种规定利率的有价证券，如国库券、长期国债。利率期货主要是为了规避利率风险而产生的。目前，利率期货的交易量在所有金融期货中占据首位。近年来，由于各国的中长期利率波动频繁和有价证券市场涨跌剧烈，因此，套期保值者和投机者对各类利率期货都有着强烈的交易动机。

利率期货产生于1975年10月，虽然比外汇期货晚了三年但其发展速度与应用范围与外汇期货相比都更迅速、更广泛。利率期货是个大类，包括许多具体的交易品种，如美国政府的短期国库券期货、美国政府的中期和长期国债期货、30天的联邦基金期货、3月期欧元银行同业拆借利率期货、3月期欧洲美元定期存款期货、3月期欧洲日元定期存款期货、3月期欧洲瑞士法郎定期存款期货、短期英镑存款期货、英国政府的长期金边债券期货和5年期金边债券期货以及德国、意大利、法国等政府发行的债权期货等。

我国现阶段证券市场上交易的主要品种，是在中国金融期货交易所上市交易的2年期国债期货、5年期国债期货与10年期国债期货。2023年4月21日上午，30年期国债期货在中国金融期货交易所（简称中金所）成功告牌上市。

表10.3　2年期国债期货合约表

合约标的	面值为200万元人民币、票面利率为3%的名义中短期国债	每日价格最大波动限制	上一交易日结算价的±0.5%
可交割国债	发行期限不高于5年，合约到期月份首日剩余期限为1.5～2.25年的记账式附息国债	最低交易保证金	合约价值的0.5%
报价方式	百元净价报价	最后交易日	合约到期月份的第二个星期五
最小变动价位	0.005元	最后交割日	最后交易日后的第三个交易日
合约月份	最近的三个季月（3月、6月、9月、12月中的最近三个月循环）	交割方式	实物交割
交易时间	9:30 ～ 11:30, 13:00 ～ 15:15	交易代码	TS
最后交易日交易时间	9:30 ～ 11:30	上市交易所	中国金融期货交易所

表 10.4　5 年期国债期货合约表

合约标的	面值为 100 万元人民币、票面利率为 3% 的名义中期国债	每日价格最大波动限制	上一交易日结算价的±1.2%
可交割国债	发行期限不高于 7 年、合约到期月份首日剩余期限为 4～5.25 年的记账式附息国债	最低交易保证金	合约价值的 1%
报价方式	百元净价报价	最后交易日	合约到期月份的第二个星期五
最小变动价位	0.005 元	最后交割日	最后交易日后的第三个交易日
合约月份	最近的三个季月(3 月、6 月、9 月、12 月中的最近三个月循环)	交割方式	实物交割
交易时间	09:30～11:30, 13:00～15:15	交易代码	TF
最后交易日交易时间	09:30～11:30	上市交易所	中国金融期货交易所

表 10.5　10 年期国债期货合约表

合约标的	面值为 100 万元人民币、票面利率为 3% 的名义长期国债	每日价格最大波动限制	上一交易日结算价的±2%
可交割国债	发行期限不高于 10 年、合约到期月份首日剩余期限不低于 6.5 年的记账式附息国债	最低交易保证金	合约价值的 2%
报价方式	百元净价报价	最后交易日	合约到期月份的第二个星期五
最小变动价位	0.005 元	最后交割日	最后交易日后的第三个交易日
合约月份	最近的三个季月(3 月、6 月、9 月、12 月中的最近三个月循环)	交割方式	实物交割
交易时间	9:30～11:30,13:00～15:15	交易代码	T
最后交易日交易时间	9:30～11:30	上市交易所	中国金融期货交易所

（三）股票价格指数期货

股票价格指数期货是以股票价格指数为标的物的期货交易。股票价格指数期货是金融期货中产生最晚的一个品种，是20世纪80年代金融创新中出现的最重要、最成功的金融工具之一。股票价格指数是反映整个股票市场上各种股票的市场价格总体水平及其变动情况的一种指标，而股票价格指数期货即是以股票价格指数为标的物的期货交易，主要是避免股票交易中的系统性风险。

自1982年美国堪萨斯农产品交易所正式开办世界上第一个股票价格指数期货交易以来，美国的股票价格指数期货交易品种已发展至数种，它们是芝加哥商业交易所的标准普尔500股票价格综合指数期货、纽约期货交易所的纽约证券交易所综合指数期货和堪萨斯农产品交易所的价值线综合指数期货。

总的来说，股票指数期货与其他品种的期货合约没有太大的区别。只是由于股票指数期货的标的物不同于其他金融期货，在合约规模或价值方面的规定有独特性。期货合约的价值通常是以股票价格指数值乘以一个固定的金额来计算的。这一固定的金额称为乘数，则

$$合约价值=股票指数水平\times乘数$$

不同股票指数合约的乘数不相同，乘数主要视股票指数高低而定。如标准普尔500指数期货的乘数是250美元，NASDAQ—100指数期货的乘数是100美元。由于股票价格指数期货的标的物股票指数包含很多股票，进行实物交割非常麻烦，因此主要采用现金结算的方式。

我国现阶段证券市场上交易的主要品种，是在中国金融期货交易所上市交易的沪深300股指期货、中证500股指期货、中证1000股指期货、上证50股指期货。

表10.6　沪深300股指期权合约表

合约标的物	沪深300指数
合约乘数	每点人民币100元
合约类型	看涨期权、看跌期权
报价单位	指数点
最小变动价位	0.2点
每日价格最大波动限制	上一交易日沪深300指数收盘价的±10%
合约月份	当月、下2个月及随后3个季月
行权价格	行权价格覆盖沪深300指数上一交易日收盘价上下浮动10%对应的价格范围 对当月与下2个月合约：行权价格≤2 500点时，行权价格间距为25点；2 500点<行权价格≤5 000点时，行权价格间距为50点；5 000点<行权价格≤10 000点时，行权价格间距为100点；行权价格>10 000点时，行权价格间距为200点

续表 10.6

行权价格	对随后 3 个季月合约：行权价格≤2 500 点时，行权价格间距为 50 点；2 500 点<行权价格≤5 000 点时，行权价格间距为 100 点；5 000 点<行权价格≤10 000 点时，行权价格间距为 200 点；行权价格>10 000 点时，行权价格间距为 400 点
行权方式	欧式
交易时间	9：30～11：30，13：00～15：00
最后交易日	合约到期月份的第三个星期五，遇国家法定假日顺延
到期日	同最后交易日
交割方式	现金交割
交易代码	看涨期权：IO 合约月份-C-行权价格 看跌期权：IO 合约月份-P-行权价格
上市交易所	中国金融期货交易所

第四节　金融期权市场

一、金融期权市场概述

（一）金融期权的内涵

金融期权是期权（也叫选择权）的一种。期权是一种能在未来某特定时间内或特定时点以特定价格买进或卖出一定数量的某种特定商品的权利。金融期权则是以金融工具或是金融期货合约为标的物的期权交易形式。

（1）金融期权。对于金融期权的买方而言，期权是一项权利而非义务，因此在到期日或之前，其可以选择不执行这份期权，即不进行交割；对于期权的卖方而言，期权是一项义务而非权利，这就意味着，如果期权的买方选择执行期权，卖方就必须执行，如果买方不执行期权，卖方就无须执行。期权的买方也被称为期权的多头，卖方被称为期权空头。

（2）期权费。期权费是指期权的买方为了获得期权所代表的权利向期权的买方支付的费用。期权费是买方享有不对称权利而对卖方的一种弥补，一经支付则无论买方是否行使权利，付出的期权费均不能退还。在期权交易中，期权费的具体数值根据期权种类"期限"基础金融工具价格的波动程度不同而有所不同，是期权交易中最重要和最复杂的定价问题。

（3）执行价格。执行价格又称协议价格，是指期权合约所规定的期权买方在行使其权利时的实际执行价格。在金融期权交易中，执行价格一经确定则一般不再改变，即在期权的有效期内无论基础金融工具的市场价格如何波动，只要期权买方要求执行该金融期权，期权的卖方都必须以此协定价格来履行该期权合约。

(4)到期时间。期权买方只能在合约所规定的时间内行使其权利,一旦超过该期限仍未执行即意味着自愿放弃这一权利。

(二)金融期权市场的产生与发展

虽然早在古希腊和罗马时期就已经出现了期权交易的雏形,但是直到20世纪70年代,期权交易都是在非正式的场外市场进行的,金融期权还处在可有可无的地位。1973年,世界上第一个集中性的期权市场——芝加哥期权交易所(CBOE)诞生,以及场内股票看涨期权的交易大获成功,标志着金融期权发展的重大突破。同年,经济学家布莱克和斯科尔斯在期权定价方面取得突破性研究,建立了为期权定价的Black-Scholes定价模型。得州仪器公司甚至还推出了装有期权价值计算的计算器。从此以后,新的期权品种也不断推出,从标准化的看涨期权到看跌期权,从股票期权到以其他金融资产为基础金融工具的期权,期权市场获得了前所未有的发展,期权市场的交易量也大幅度增加。

交易所期权的巨大成功及其对期权交易的重要推动已经成为不可否认的实事。这其中的主要原因有三:第一,交易所交易的集中性、合约的标准化和二级市场的建立极大地便利了期权的交易管理和价格信息、产品信息的发布,为投资者提供了期权工具的流动性,使得交易者能够更灵活地管理他们的资产头寸,因而极大地促进了期权市场的发展;第二,清算所的建立解决了场外市场长期为之困扰的信用风险问题;第三,无纸化交易的发展带来了更为通畅的交易系统和更低的交易成本。当然,需要指出的是,虽然交易所交易期权有着巨大的优越性,但并不意味着场外期权交易的消亡。场外期权最大的好处在于金融机构可以根据客户的需要进行一对一的谈判,为客户提供许多非标准的个性化期权合约,从而创造了其特有的存在空间。

二、金融期权的种类

金融期权的种类可以从投资者的买卖行为、合约履行时间、期权标的物的性质来划分。

(一)从投资者的买卖行为划分,金融期权可以分为买入期权和卖出期权

投资者之所以买入看涨期权,是因为他预期这种金融资产的价格在近期内将会上涨。如果判断正确,按协议价买入该项资产并以市价卖出,可赚取市价与协议价之间的差额;如果判断失误,则损失期权费。

投资者买入看跌期权,是因为他预期这种金融资产的价格在近期内将会下跌。如果判断正确,可从市场上以较低的价格买入该项金融资产,再按协议价卖出,将赚取协议价与市价之间的差额;如果判断失误,将损失期权。

(二)按照合约所规定的履行时间不同,金融期权可以分为欧式期权和美式期权

欧式期权只能在期权到期日执行,既不能提前,也不能推迟。

美式期权则可在期权到期日或到期日之前的任何一个营业日执行,当然,若超过到期日,美式期权也同样会被作废。

(三)按照金融期权标的物的性质不同,金融期权可以分股票期权、股票指数期权、利率期权、货币期权、金融期货合约期权

股票期权是指买方在交付了期权费后,即取得在合约规定的到期日或到期日以前按协议价买入或卖出一定数量相关股票的权利。

股票指数期权以股票指数为标的物,买方在支付了期权费后,即取得在合约有效期内或到期时以协定指数与市场实际指数进行盈亏结算的权利。股票指数期权没有可做实物交割的具体股票,采取现金轧差的方式结算。

利率期权是指买方在支付了期权费后,即取得在合约有效期内或到期时以一定的利率(价格)买入或卖出一定面额的利率工具的权利。利率期权合约通常以政府短期、中期、长期债券,欧洲美元债券,大额可转让定期存单等利率工具为标的物。

货币期权又叫外币期权、外汇期权,是指买方在支付了期权费后即取得在合约有效期内或到期时以约定的汇率购买或出售一定数额某种外汇资产的权利。货币期权合约主要以美元、欧元、日元、英镑、瑞士法郎、加元及澳元等为标的物。

金融期货合约期权是一种以金融期货合约为交易对象的选择权,它赋予其持有者在规定时间内以协定价格买卖特定金融期货合约的权利。

我国现阶段证券市场上交易的主要品种,是在中国金融期货交易所上市交易的沪深300股指期权、中证1000股指期权和上证50股指期权。

表10.7　沪深300股指期权合约表

合约标的物	沪深300指数
合约乘数	每点人民币100元
合约类型	看涨期权、看跌期权
报价单位	指数点
最小变动价位	0.2点
每日价格最大波动限制	上一交易日沪深300指数收盘价的±10%
合约月份	当月、下2个月及随后3个季月
行权价格	行权价格覆盖沪深300指数上一交易日收盘价上下浮动10%对应的价格范围 对当月与下2个月合约:行权价格≤2 500点时,行权价格间距为25点;2 500点<行权价格≤5 000点时,行权价格间距为50点;5 000点<行权价格≤10 000点时,行权价格间距为100点;行权价格>10 000点时,行权价格间距为200点 对随后3个季月合约:行权价格≤2 500点时,行权价格间距为50点;2500点<行权价格≤5 000点时,行权价格间距为100点;5 000点<行权价格≤10 000点时,行权价格间距为200点;行权价格>10 000点时,行权价格间距为400点
行权方式	欧式
交易时间	9:30~11:30,13:00~15:00

续表 10.7

最后交易日	合约到期月份的第三个星期五,遇国家法定假日顺延
到期日	同最后交易日
交割方式	现金交割
交易代码	看涨期权:IO 合约月份-C-行权价格 看跌期权:IO 合约月份-P-行权价格
上市交易所	中国金融期货交易所

三、金融期权的价格

从理论上说期权价格由两部分组成,一是内在价值,二是时间价值。

(一)内在价值

内在价值也称履约价值,是期权合约本身所具有的价值,是指在履行合约时可获得的总利润。当总利润小于零时,内在价值为零。一种期权有无内在价值以及内在价值的大小取决于该期权的协定价格与其标的物市场价格之间的关系。根据协定价格与标的物市场价格的关系,可将期权分为实值期权、虚值期权和平价期权三种类型。

对看涨期权而言,若市场价格高于协定价格,期权的买方执行期权将有利可图,此时为实值期权;若市场价格低于协定价格,期权的买方将放弃执行期权,为虚值期权。对看跌期权而言,市场价格低于协定价格为实值期权;市场价格高于协定价格为虚值期权。若市场价格等于协定价格,则看涨期权和看跌期权均为平价期权。

从理论上说,实值期权的内在价值为正,虚值期权的内在价值为负,平价期权的内在价值为零。但实际上,无论是看涨期权还是看跌期权,也无论期权标的物的市场价格处于什么水平,期权的内在价值都必然大于零或等于零,而不可能为一负值。这是因为期权合约赋予买方执行期权与否的选择权,而没有规定相应的义务。当期权的内在价值为负时,买方可以选择放弃期权。

(二)时间价值

内在价值是决定期权价格的主要因素,但并非唯一的因素。在现实市场中,各种期权通常是以高于内在价值的价格交易的,平价期权和虚值期权在这一点上尤其明显:虽然这两类期权的内在价值为零,但在到期以前,它们总是以高于零的价格在买卖的。这是因为在期权价格中,还包含着一个重要的部分:期权的时间价值。

与我们平时所理解的时间价值(即无风险利率,货币持有者暂时放弃货币所获得的回报)不同,期权的时间价值实质上是期权在到期之前获利潜力的价值。我们知道,期权的买方通过支付期权费,获得了相应的权利,即(近于)无限的收益可能和有限的损失。这意味着标的资产价格发生同样的上升和下降,所带来的期权价值的变化是不对称的,这一不对称性,使得期权总价值超过了其内在价值,这就是期权时间价值的根本来源。

(三)影响期权价格的主要因素

期权价格由内在价值和时间价值构成,因而凡是影响内在价值和时间价值的因素,就是影响期权价格的因素。

1. 协定价格与市场价格

协定价格与市场价格是影响全球价格最主要的因素。这两种价格的关系不仅决定了期权有无内在价值及内在价值的大小,而且还决定了有无时间价值和时间价值的大小。一般而言,协定价格与市场价格间的差距越大,时间价值越小;反之,则时间价值越大。这是因为时间价值是市场参与者因预期标的物市场价格变动而引起内在价值变动而愿意付出的代价,当一种期权处于极度实值或极度虚值时,市场价格变动的空间已很小。只有当协定价格与市场价格非常接近或为平价期权时,市场价格的变动才有可能增加期权的内在价值,从而使时间价值随之增大。

2. 权利期间

权利期间是指期权剩余的有效时间,即期权成交日至期权到期日的时间。在其他条件不变的情况下,权利期间越长,期权价格越高;反之,期权价值越低。由于期权时间价值代表到期之前期权带来收益的可能性,因此,一般来说距离到期的时间越长,期权时间价值越大。对于美式期权来说,这一点显然是肯定的;欧式期权由于只能在到期日执行,有效期长的期权不一定包含有效期短的期权的所有执行机会,这就使得欧式期权的有效期与期权价格之间的关系显得较为复杂。但在一般情况下(即剔除标的资产支付大量收益这一特殊情况),由于有效期越长,标的资产的风险就越大,期权卖方亏损的风险就越大,因此即使是欧式期权,有效期长的期权价格也越高,即期权的边际时间价值为正值。

但是,通常权利期间对于时间价值存在同方向但非线性的影响。我们应注意到,随着时间的延长,期权时间价值增幅是递减的,这就是期权的边际时间价值递减规律。换句话说,于到期日确定的期权来说,在其他条件不变时,随着时间的流逝,其时间价值的减少是递增的。这就意味着,当时间流逝同样长度,期限长的期权的时间价值减小幅度将小于期限短的期权时间价值的减小幅度。

3. 利率

利率尤其是短期利率的变动会影响期权的价格。但利率变动对期权价格的影响是复杂的。一方面,利率变化会引起期权标的物的市场价格变化,从而引起期权内在价值的变化。另一方面,利率变化会使期权价格的机会成本变化,同时利率变化还会引起期权交易的供求关系变化,因而从不同角度对期权价格产生影响。例如,利率提高,期权标的物如股票、债券的市场价格将下降,从而使看涨期权的内在价值下降,看跌期权的价值提高;利率提高,又会使期权价格的机会成本提高,有可能使资金从期权市场流向价格已下降的股票、债券等现货市场,减少对期权交易的需求,进而又会使期权价格下降。总之,利率对期权价格的影响是复杂的,应根据具体情况进行具体分析。

4. 标的物价格的波动性

通常,标的物价格的波动性越大,期权价格越高;波动性越小,期权价格越低。这是因为,标的物价格波动性价格越大,则在期权到期时,标的物市场价格涨至协定价格之上或跌至协定价格之下的可能性越大。因此,期权的时间价值,乃至期权价格都将随标的物价格波动的增加而提高,随标的物价格变动的缩小而降低。

5. **标的资产的收益**

标的资产的收益将影响标的资产的价格。在协定价格一定时,标的资产的价格又必然影响期权的内在价值,从而影响期权的价格。通常,标的资产收益率越高,看涨期权的价格越低,而看跌期权的价格越高。

自从期权交易产生以来,人们一直致力于对期权定价问题的探讨。1973 年,美国芝加哥大学教授布莱克和斯科尔斯提出了第一个期权定价模型,在衍生期权的定价上取得重大突破,在学术界和实物界引起强烈反响。1979 年,考克斯、罗斯和鲁宾斯坦又提出二项式模型,以一种更为浅显易懂的方式导出期权定价模型,并使之更具有可操作性。

四、金融期权交易策略

金融期权是一种复杂的交易技术,在实际交易中各类交易者使用无数种可供他们选择的交易策略。但是,无论多么复杂的交易策略,一般离不开金融期权的四种基本交易策略:买入看涨期权、卖出看涨期权、买入看跌期权、卖出看跌期权。

表 10.8　期权市场四种基本交易策略

交易策略	买入看涨期权	卖出看涨期权	买入看跌期权	卖出看跌期权
对市场的判断	看涨	看跌	看跌	看涨
盈亏图	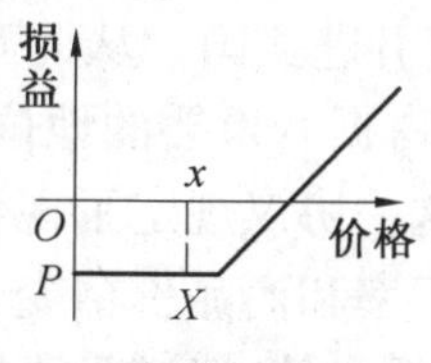	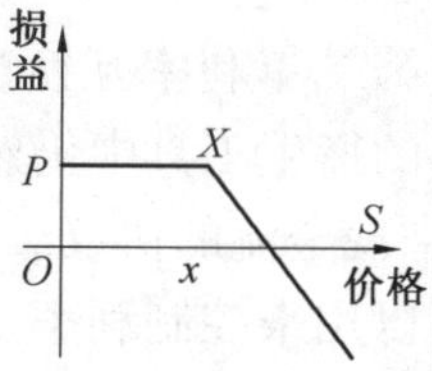	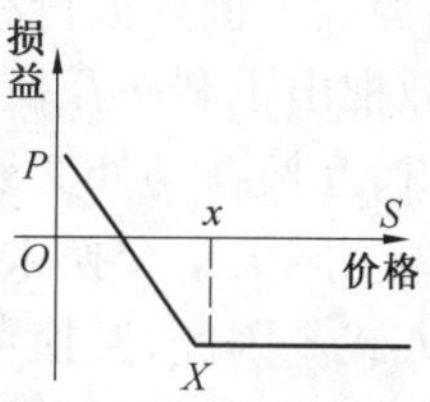	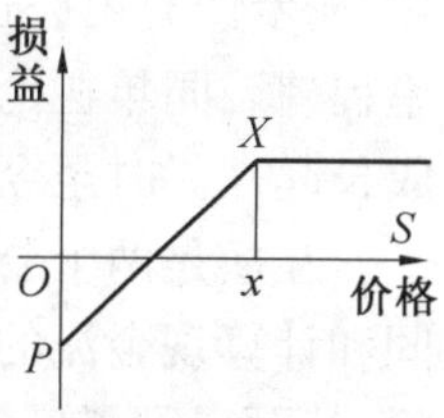
潜在收益	∞	C	$X-P$	P
潜在损失	C	∞	P	$X-P$
盈亏平衡点	$X+C$	$X+C$	$X+P$	$X+P$

注:X 为协议价格;C 为看涨期权的期权费;P 为看跌期权的期权费。

在上述基本交易策略的基础上,交易者还可以根据期权种类、期限以及执行价格的不同做出不同的策略。一般来说,主要有以下三种组合套利策略。

(一)水平套利

水平套利是指交易者按照相同的协定价格,同时买卖不同到期月份的同类型的期权合约,以套利水平差价的期权交易策略。在执行这一交易策略时,投资者一般是在买进一个远期期权合约的同时卖出一个近期期权合约。这样,由于近期期权合约的时间价值衰减速度快于远期期权合约的时间价值衰减速度,那么两种期权间的期权费差额就会扩大,交易者就会获得盈利。值得注意的是,虽然看涨期权和看跌期权都能够被投资者用来进行水平套利,但是对看涨期权的水平套利应当运用在交易者预测长期价格稳中趋涨时,而对看跌期权的水平套利应当运用在交易者预测的长期价格稳中趋跌时。

(二)垂直套利

垂直套利是指交易者按照不同的协定价格同时买卖相同期限的期权合约,以套取垂直差价的期权交易策略。垂直套利的特点是利润和风险,理论上其利润最多为期权费,而亏损则限于出售期权时得到的期权费与买入时支付的期权费的差额。垂直套利是否能盈利的关键在于对期权费未来走势的判断上。

(三)对角套利

对角套利是指交易者按不同的协定价格同时买卖不同到期月份的同类型期权合约,以套取对角差价为目的的期权交易策略。

在以上组合套利策略基础上,交易者可以根据实际情况和自身对市场的判断设计出千变万化的期权交易策略,从而满足交易需求。

第五节 金融互换市场

一、金融互换市场概述

(一)金融互换市场的产生与发展

互换合约最早出现在 1979 年的伦敦,但一开始并没有引起市场的充分重视。1981 年,所罗门兄弟公司促成了世界银行和 RBM 公司的一项货币互换,成为互换市场发展的里程碑。同年在伦敦推出了利率互换,第二年利率互换被引进美国。从此互换市场迅速成长起来。时至今日,互换在场外交易的衍生工具中仍然占据着重要的地位。

互换是两个公司之间关于交换未来现金流的协议。这一协议规定了现金流支付的时间和计算现金流的方式。因此,互换可以用来控制利率、汇率和商品价格变化所带来的风险,从而得到了广泛的应用。互换开始时是一种非标准化的合约,以满足不同客户的不同需求。但由于合约内容复杂,交易成本很高,妨碍了互换的进一步发展。1984 年,一些从事互换交易的有代表性的银行(包括商业银行和投资银行)开始了促进互换合约文件的标准化进程。1985 年,这些银行组织了国际掉期与衍生工具协会(International Swaps and Derivatives Association,ISDA),并在 1987 年促成了互换标准格式合约的出版,极大地减少了发起一项互换所需要的时间和费用。从此以后互换市场进入了一个快速发展时期,利率互换和货币互换的名义本金金额从 1987 年底的 8 656 亿美元猛增到 2006 年中的 823 828.4 亿美元,不到 20 年间增长了近一百倍。可以说,金融互换是发展最为迅速的金融衍生品。

(二)金融互换理论基础

比较优势(Comparative Advantage)理论是英国著名经济学家大卫 · 李嘉图(David Ricardo)提出的。他认为,在各国都能生产两种产品,且一个国家在这两种产品的生产上均处于有利地位,而另一个国均处于不利地位的条件下,如果前者专门生产优势较大的产品,后者专门生产劣势较小(即具有比较优势)的产品,那么通过专业化分工和国际贸易,双方仍能从中获益。李嘉图的比较优势理论不仅适用于国际贸易,而且适用于所有的经济活动。

互换是比较优势理论在金融领域最生动的运用。根据比较优势理论,只要满足以下两种条件,就可以互换:首先,双方对对方的资产或负债均有需求;其次,双方在两种资产或负债上存在比较优势。概括起来,金融互换实质上是一个市场参与者利用其在某个金融市场上的比较优势得到在另一个市场上所需的资产或负债。

值得注意的是,虽然从理论上讲互换交易双方在互换交易过程中均可获益,但是在实际操作过程中,金融互换往往具有较大的信用风险。由于互换是两个公司之间的私下协议,且当互换对于一家公司而言价值为正时,互换实际上是该公司的一项资产,同时也是另一家公司的负债,此时该公司就必然面临合约另一方不执行合同的信用风险。

(三)金融互换的作用

(1)降低筹资成本。这是互换业务最重要的作用。作为筹资者的一些国家的政府机构、私人企业、跨国公司及国际金融机构等需要特定的货币资金但由于种种原因,直接借入该类货币资金可能面临较高的筹资成本而通过互换业务,将可以按较低利率借入的他国货币调剂成自己所需要的货币,则可以有效降低筹资成本。例如,日本某一企业准备筹集一笔美元资金,原计划到美国市场或欧洲美元市场发行美元债券,但由于这两国市场的评级机构对该企业的信用评级较低,而日本的评级机构则给予该企业较高的信用等级,这样,该企业在美国的筹资成本则远高于日本。因此,这家日本企业可以先在日本发行日元债券,随后做一笔互换交易,把日元债券换成美元债券,其成本要比直接发行美元债券低。

(2)可使某些筹资人进入到原本很难进入的市场。互换业务属表外业务,不计入资产负债表,因此可以使某些筹资人逃避外汇管制、利率管制及税收管制,而进入到原本很难进入的市场。例如,某跨国企业所在的东道国对跨国公司实行了资本管制,限制其在东道国的融资量,那么该公司可以在某国发行债券并与东道国其他企业做一笔互换交易,把某国债券换成东道国债券,而绕过资本管制。

(3)有利于企业和金融机构的资产负债管理,并防范汇率和利率风险。企业和金融机构可以根据需要,将一种货币的资产或负债通过货币互换换成另一种货币的资产或负债,从而优化资产负债结构,转移和防范利率风险和外汇风险。同时,企业也可以根据市场行情的变化灵活地调整其资产负债的市场结构和期限结构,以实现资产负债的最佳搭配而减少中长期利率和汇率变化风险。

(四)金融互换市场的类型

根据基础金融工具的不同,金融互换市场一共有四种主要类型:利率互换市场、货币互换市场、商品互换市场和股票互换市场。利率互换和货币互换是最重要的两种互换。商品互换是一种特殊的互换,其中至少一种支付是按商品价格或商品价格指数支付的。商品互换被许多商品的消费者和生产者用于对冲长时间内的价格上涨,如饼干生产商使用粮食互换来对冲粮食价格的上涨,航空公司使用汽油互换来对冲飞机燃料的上涨。股票互换是指以股票指数产生的红利和资本利得与固定利率或浮动利率或其他的股票指数产生的收益进行互换。它为基金经理和机构投资者提供了一种转化资产的方法。基金经理和机构投资者可以用股票互换把债券投资转换为股票投资,或者把本国的股票投资转换为外国的股票投资,以避免外汇管制、税收等问题。

二、利率互换

利率互换是指双方在未来一定时期内将同种货币的同样名义本金的某种现金流互相交换，是以不同的利率指标（包含浮动利率或固定利率）作为交换的基础金融工具。一般来说，在利率互换中，其中一方的现金流以浮动利率计算，而另一方的现金流以固定利率计算。利率互换不需要交换本金，只需要在每期进行利差交割，而且期限通常在两年以上。

最基本的利率互换是固定利率与浮动利率的互换。这种交换一般是债务交换，交易的双方在各自的市场（固定利率市场和浮动利率市场）上有比较优势。下面用一个例子来说明这种利率互换的交易过程。

【例 10.2】　假设 A、B 公司都想借入 5 年期的 100 万美元的款项，对于未来的利率趋势变动有各自的判断，A 想借入 6 个月的浮动利率贷款，B 想借入 6 个月的固定利率贷款，但是两家公司信用等级不同，因此市场向它们提供的利率不同，如表 10.9 所示。

表 10.9　利率互换示例

项目	A 公司	B 公司	优势差异
固定利率	12.0%	13.0%	1.0%
浮动利率	6 个月 LIBOR+0.4%	6 个月 LIBOR+0.1%	0.6%
可以实现总节约			0.4%

我们看到 A 公司在两个市场上都具有绝对优势，在固定利率市场的绝对优势是 1.0%，在浮动利率市场的绝对优势是 0.6%，但是两家公司只能在其中一个市场上借款。A 在固定利率市场上有比较优势，B 在浮动利率市场上有比较优势。这样双方就可以利用各自的比较优势对借款活动进行安排，就是各自在比较优势市场上借款，然后二者互换，从而达到共同降低筹资成本的目的。

这种安排如下：由于借款本金相同，不必交换本金，因此只对未来的利息进行交换，A 向 B 支付浮动利息，B 向 A 支付固定利息。

通过发挥各自的比较优势，双方总的投资成本降低 0.4%，这就是互换利益。这是合作的结果，由二者分项，具体分项由谈判决定，我们假定各自分项一半，同时没有中间费用，这样双方按照自己的意愿实现借款，同时各自降低融资成本 0.2%，A、B 的实际支付为浮动利率 6 个月 LIBOR+0.2%、固定利率 12.8%，如图 10.3 和表 10.10 所示。

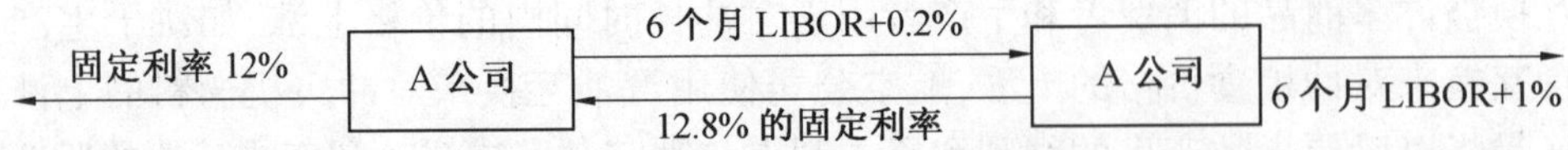

图 10.3　利率互换某种安排方案

表 10.10　通过互换达成的效果

项目	A 公司	B 公司
实际筹资成本	6 个月 LIBOR+0.2%	12.8%
市场筹资成本	6 个月 LIBOR+0.4%	13.0%
成本节约	0.2%	0.2%

三、货币互换

货币互换是交易双方之间达成的交换一定现金流量的一种协议。在这个协议中,现金流量以不同货币计价,但以相似或不同方式的汇率(固定汇率和浮动汇率)和利率(固定利率和浮动利率)计算。货币互换和利率互换相似,但有两个不同点:首先,货币互换通常在合同开始与期满时都有本金的交换(这些交换大多按即期汇率进行),而汇率互换是没有本金交换的;其次,货币互换的利息是以不同货币进行交换的,而利率互换是使用同一种货币。

货币互换的主要原因是双方在各自国家中的金融市场上具有比较优势,货币互换的双方既可以按两种货币的固定汇率交易,也可以按浮动汇率进行交易,既可以用固定利率也可以用浮动利率来进行互换交易。

(一)货币互换的基本原理

货币互换交易一般有以下三个基本步骤。

(1)确定和交换本金。这是在互换交易初期进行,双方按协定的汇率交换两种不同货币的本金,以便按不同的货币金额定期支付利息。

(2)利率的互换。交易双方按协议的利率以偿还本金为基础支付利息。

(3)本金的再次互换。在到期日,互换双方换回初期交换的本金。

通过货币互换的三个基本步骤,就能够把一种货币的债务有效地转变为另一种货币的债务从而得到充分保值。

(二)运用货币互换降低筹资成本的分析

【例 10.3】　假如美国一家跨国公司需要借入 5 年期 1 000 万英镑的资金用于在英国的投资,它希望通过发行 5 年期的英镑债券的方式来获得英镑资金,但是由于多次使用这种方式筹资很难再获得新的资金,且发行新债的利率达到了 5.75%。然而,该公司发行 5 年期的美元债券比较方便,且利率是 8.85%。同时,英国的一家跨国公司需要借入一笔大约 1 800 万美元的 5 年期美元资金用于美国投资,它也可以通过发行美元债券或英镑债券两种方式进行筹资,但如果通过发行 5 年期美元债券方式筹资其发行利率为 9.25%,而通过发行 5 年期英镑债券方式筹资其发行利率为 5%,如表 10.11 所示。

表 10.11　货币互换示例

	美国公司	英国公司	优势差异
英镑市场	5.75%	5%	-0.75%
美元市场	8.85%	9.25%	0.4%
实现的总节约			1.15%

显然，比较而言，美国公司发行美元债券更有利，而英国公司发行英镑债券更有利。假如英镑和美元的汇率为 1 英镑兑 1.8 美元，那么英国公司发行 1 000 万英镑债券，美国公司发行 1 800 万美元债券，然后两者进行互换，这样对两者都是有利的。于是，美国公司和英国公司达成货币互换协议，5 年中由美国公司每年向英国公司以 5% 的年利率支付 1 000 万英镑债券利率，英国公司每年向美国公司以 8.675% 的年利率支付 1 800 万美元债券利率。互换以银行为中介进行，银行按年度本金额的 0.25% 收取手续费。整个互换程序如下：

（1）期初交换债券。由美国公司发行 1 800 万美元债券，英国公司发行 1 000 万英镑债券，然后通过投资银行互换债券，如图 10.4 所示。

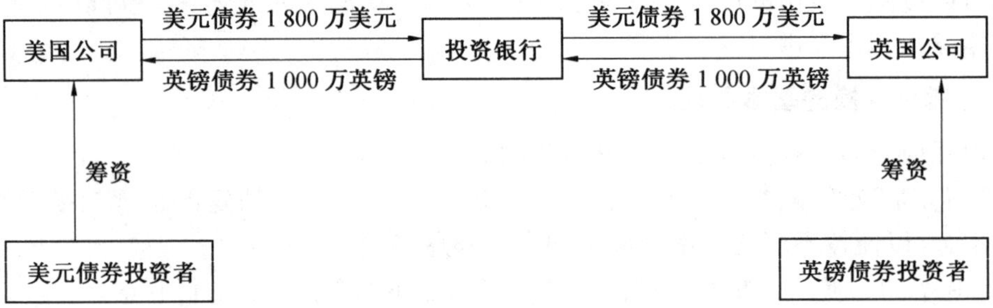

图 10.4　期初交换债券流程

（2）期内交换利率。5 年中每年由美国公司向英国公司支付 1 000 万英镑债券利息，年利率为 5%；每年由英国公司向美国公司支付 1 800 万美元债券利息，年利率为 8.675%。如图 10.5 所示。

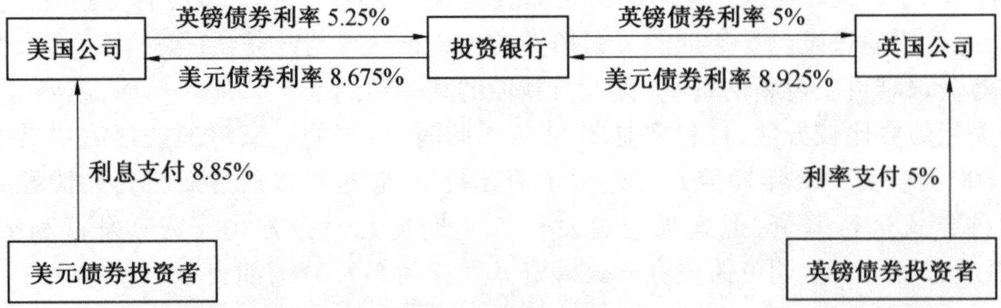

图 10.5　期内交利率流程

（3）期末归还债券。期末由英国公司向美国公司归还 1 800 万美元的债券资金，美国公司再向美元投资者偿还 1 800 万美元的债券投资；由美国公司向英国公司归还 1 000 万英镑的债券资金,英国公司再向英镑投资者偿还 1 000 万英镑的债券投资。如图 10.6 所示。

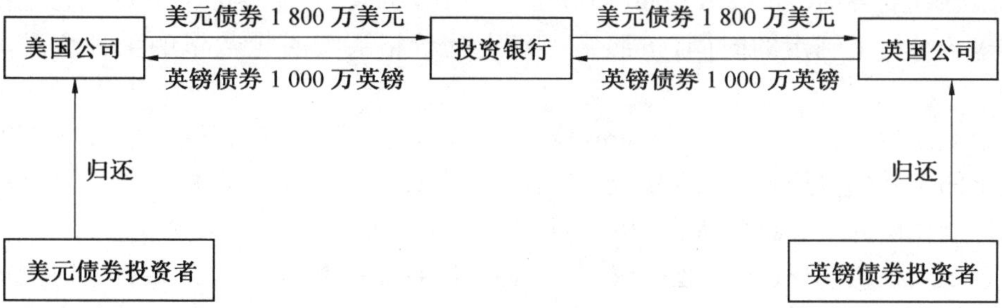

图 10.6　期末归还债券流程

如表 10.12 所示,通过互换双方的总融资成本降低了[(8.85% +5%)+(0.25% + 0.25%)]-(9.25% +5.75%),即为 0.65%。对于美国公司,实际融资成本为(8.85% + 5.25%)-8.675%,即为 5.425%,比直接按 5.75% 利率发行英镑债券的利率低。对于英国公司,实际融资成本为(5% +8.925%)-5%,即为 8.925%,比直接按 9.25% 利率发行英镑债券的利率低。

表 10.12　通过互换达成的效果

项目	美国公司	英国公司
实际筹资成本	5.425%	8.925%
市场筹资成本	5.75%	9.25%
成本节约	0.325%	0.325%

四、其他互换

除了最常见的利率互换和货币互换外,其他主要的金融互换品种有:

(1)交叉货币利率互换。交叉货币利率互换是利率互换和货币互换的结合,它是以一种货币的固定利率交换另一种货币的浮动利率。

(2)远期交换。远期交换互换生效日是在未来某一确定时间的互换。

(3)股票互换。股票互换是以股票指数产生的红利和资本利得与固定利率或浮动利率交换。

(4)互换期权。互换期权从本质上属于期权而不是互换,该标的物为互换。例如,利率互换期权本质上是把固定利率交换为浮动利率;把浮动利率交换为固定利率的权利。但许多机构在统计时都把互换期权列入互换的范围。

本章小结

1. 金融衍生工具,是在原生金融工具基础上衍生出来的,根据当前约定的条件在未来规定时间就规定的原生金融工具或变形金融工具进行交易的合约,其价值建立在基础金融工具(如股票、债券、货币等)或基础金融变量之上,价格的变动取决于基础金融工具价格变动。

2. 金融远期合约(Forward Contracts)是一种最为简单的金融衍生工具。它是指双方约定在未来某一个确定的时间,按照某一确定的价格买卖一定数量的某种金融资产的协议。

3. 金融期货合约(Financial Futures Contracts)是指协议双方同意在约定的未来某个日期按约定的条件(包括价格、交割地点、交割方式)买入或卖出一定标准数量的某种金融工具的标准化协议。金融期货合约的一大特点就是标准化的合约条款。

4. 金融期权是期权(也叫选择权)的一种。期权是一种能在未来某特定时间内或特定时点以特定价格买进或卖出一定数量的某种特定商品的权利。金融期权则是以金融工具或是金融期货合约为标的物的期权交易形式。

5. 利率互换是指双方在未来一定时期内将同种货币的同样名义本金的某种现金流互相交换,是以不同的利率指标(包含浮动利率或固定利率)作为交换的基础金融工具。

6. 货币互换是交易双方之间达成的交换一定的现金流量的一种协议。在这个协议中,现金流量以不同货币计价,但以相似或不同方式的汇率(固定汇率和浮动汇率)和利率(固定利率和浮动利率)计算。

【思考与练习】

1. 简述金融衍生工具的特征。

2. 金融衍生工具包括哪些种类?具有哪些功能?

3. 什么是远期利率协议?它有什么优点?

4. 与金融期货相比,金融期权有什么优势?目前,国内外许多公司都采用期权的方式决定其高级管理人员的奖金收入。请解释其运作机理。

5. 什么是看涨期权和看跌期权?请简述买进和卖出这两种期权时的投资策略。

6. 举例说明货币和利率互换的交易过程。

7. A、B 两家公司面临如下利率:

	A	B
美元(浮动利率)	LIBOR+0.5%	LIBOR+1.0%
加元(固定利率)	5.0%	6.5%

假设 A 要美元浮动利率借款,B 要加元固定利率借款,一银行计划安排 A、B 公司之间的互换,并要得到 0.5% 的收益。请设计一个对 A、B 同样有吸引力的互换方案。

8. 发展金融衍生工具市场对党的二十大提出的“防范金融风险”有怎样的作用?

第十一章　货币供求及其均衡

【学习目标】

1. 了解货币供求的基本概念、资金需求与货币需求的关系、不同学派货币需求和供给理论。

2. 掌握市场经济条件下中央银行通过公开市场业务、贴现政策和法定准备金率间接调节货币供应量的运作机理。

3. 掌握各微观经济主体行为对中央银行货币供给的影响。

【案例导入】

始于2008年年底美国的次贷金融危机,迅速演变成世界范围内的经济衰退。各国政府力度颇大的"救市行为"导致各大经济体被政策性地注入大量资金,这种货币的大量投放一方面遏制了经济增长迅速下滑,但同时产生的负面影响之一是使得资产价格普遍上涨,比如股票价格和房地产价格的上涨。因此,市场出现了强烈的通货膨胀预期。由于通货膨胀对国家经济、宏观调控政策及居民生活影响都很大,已经成为当前人们关注的一大焦点和热点问题。所以,对于货币现象我们不能只看表面,应该掌握货币供给和需求的基本规律并学会分析货币现象背后的成因及影响。

第一节　货币供给

一、货币供给的相关定义

(一)货币供给与货币供给量

1. 货币供给

货币供给是一个动态概念,指一国在某一时点上为社会经济运行服务的货币量,它由包括中央银行在内的金融机构供给的货币存款和现金货币两部分组成。影响和决定货币存量大小的是银行的信贷收支,银行是供给和改变货币存量大小的重要机构。研究货币供给的目的,在于促使经济体中的货币供给量与商品流通和经济发展对货币的需求相一致;使银行体系实际提供的货币量能够与社会经济总体对货币的需求量保持一致,并能不断维持经济的稳定增长。

2. 货币供应量

货币供应量是一个静态的存量概念,是指社会上现存的货币数量,是由政府、企事业单位、社会公众所持有的、由银行体系所供应的债务总量。货币供应量是一个外生变量。外生变量,又叫政策变量,是指在经济运行过程中,由经济循环外部因素,即非经济因素所决定的变量。流通中货币数量及其结构在很大程度上受到中央银行货币政策的影响。

但是,货币供应量又不是纯粹的外生变量。货币供应量不完全受制于中央银行的货币政策,还受到社会经济生活中其他经济主体的货币收付行为的决定,政府不能随意地增加或减少货币供应量,而必须根据经济发展的客观需要进行调节,因此,货币供应量又是一个内生变量。货币供应量作为内生变量时,是利率的增函数。货币供应量的内生性质,使中央银行对货币供应量的控制与调节变得十分困难。

所谓货币供给机制是指在运行中,货币通过什么传递途径,采用什么方式向社会供给。在现代信用货币条件下,货币供给机制完全以银行信贷活动为基础。银行每发放一笔贷款都意味着货币供给的增加。贷款的发放造成同等金额的货币供给,其中部分为现金、部分为存款。相反的过程也一样,用现金偿还贷款,现金流回银行,贷款相应减少,用存款归还贷款,则存款减少与贷款减少的金额也相等,即每回收一笔贷款即意味着货币供给的减少。

(二)名义货币供给与实际货币供给

1. 名义货币供给

名义货币供给是指一定时点上不考虑物价因素影响的货币存量,用 M_s 表示。通常所说的货币供给概念是名义货币供给。

2. 实际货币供给

实际货币供给是指剔除通货膨胀影响之后的一定时点上的货币存量。通常用 M_s/P 表示,其中 P 表示一般物价水平。真实的货币供给上升,是指扣除了物价因素,货币供给增加,在货币需求不变的情况下,供给大于需求,货币的价格下降,就是利率下降,利率下降企业的融资成本降低,就会增加投资,同时消费者消费信贷成本降低,就会增加消费需求,就会刺激企业多生产物品,刺激企业增加投资来增加生产。

在经济分析和论证中,经常需要分析实际货币供给,即剔除了通货膨胀因素的货币供给。假若某一经济体系正经历着商品物价的剧烈波动,那么,只分析名义货币的变动,就可能导致错误的经济形势判断和失误的政策选择。举个简单的例子:如果一个国家流通中现有货币是 100 亿元,在考察期间内商品、服务增长率与货币增长率均为 0,但商品价格水平却提高了 100%。显然,原有的 100 亿元货币就只能实现流通中商品、服务的 50%。此时,这个国家这一期间的货币存量显然严重不足,即整整少了一半,而在货币供给的宏观决策上却没有给予应有的考虑。

二、存款创造

在信用货币条件下,银行体系成为货币供给的主体。为具体剖析银行系统是如何向社会供给货币的,我们先分析商业银行存款货币的过程。这里的货币指狭义货币,即现金和活期存款。

(一)存款创造的定义

存款创造(Deposit Creation)是指商业银行体系通过贷款、投资、贴现等业务活动,创造出多倍于原始存款的派生存款的过程。原始存款指客户以现金形式存入银行的直接存款。派生存款指银行利用贷款、投资、贴现等业务活动引起的存款。

（二）存款创造的基本条件

商业银行存款创造需要两个基本条件，一是实行部分准备金制度；二是银行借款人不完全现金提取。

如果银行实行的是全额准备金制度，就意味着银行对活期存款持有 100% 的准备金，以作为应付提现的准备。此时，银行可贷放或使用的资金为零。这使得银行没有创造多倍存款的能力。如果客户 100% 提取现金，则全部资金以现金形式从银行流出，此时，银行可贷放或使用的资金也为零。这使得银行也没有创造多倍存款的能力。

（三）存款创造过程

商业银行体系创造存款货币过程的几个假设：①商业银行只持有法定准备金，无超额准备金；②客户收入的一切款项均存入银行，形成活期存款，既不增加其定期存款和储蓄存款，也不持有现金；③法定准备金率为 20%。

假设客户甲把 10 000 元现金存入 A 银行。A 银行在中央银行的存款增加 10 000 元，同时在客户的活期存款账户上记 10 000 元。A 银行的 T 型账户表现为

A 银行

资　产	负　债
在中央银行存款 10 000 元	活期存款　10 000 元

按照法定准备金率 20% 的要求，A 银行只需持有 2 000 元准备金，另 8 000 元可发放贷款给客户乙，即

A 银行

资　产	负　债
在中央银行存款　2 000 元 贷　款　8 000 元	活期存款　10 000 元

乙获得的贷款用来支付丙的购货款，丙则将所收到的 A 银行的 8 000 元支票存入 B 银行。B 银行的 T 型账户为

B 银行

资　产	负　债
在中央银行存款　8 000 元	存款　8 000 元

B 银行只需持有 1 600 元准备金（8 000×20%），其余的 6 400 元可发放贷款给其他客户。B 银行的 T 型账户变为

B银行

资　　产	负　　债
在中央银行存款　1 600元 贷款　6 400元	存款　8 000

B银行处于均衡状态,但C银行又会延续这一过程,它收到6 400元的存款,同样只要保留20%(即1 280元)作为准备金,而把5 120元用以发放贷款或购买证券。这样,它将变成D银行的存款,从而D银行又可以贷出,接着它将变成E银行的存款。以此类推,各家银行的存款额就表现为一个无穷等比数列

10 000元,8 000元,6 400元,5 120元,4 096元,……

该数列的总和D可用无穷等比数列的求和公式计算如下

$$
\begin{aligned}
D &= 10\,000+8\,000+6\,400+5\,120+\cdots \\
&= 10\,000[1+80/100+(80/100)\times 2+(80/100)\times 3+\cdots] \\
&= 50\,000
\end{aligned}
$$

由此可见,在部分准备制度下,A银行最初的10 000元存款,使银行系统的存款总额增至50 000元。存款总额等于最初存款乘以法定准备金率的倒数。派生存款是存款总额超过原始存款的那部分存款。若以$\triangle D$表示经过派生的存款总额的增额,以$\triangle R$表示原始存款的增额,r表示法定准备率,则三者关系为

$$\triangle D=\triangle R/r$$

即

$$\triangle D/\triangle R=1/r$$

$\triangle D/\triangle R$表示存款总额变动对存款的倍数,它表明了单位原始存款的变动引起存款总额变动的最大扩张倍数。该倍数称为派生倍数,也称为存款货币乘数(d)。一般而言,派生倍数或存款货币乘数是法定准备金率的倒数。法定准备金率越低,派生倍数越大;法定准备金率越高,存款货币乘数越小,存款派生倍数越小。

商业银行派生存款的创造原理在相反方向也适用。现假设A银行的客户用A银行签发的1 000元支票向中央银行购买1 000元证券,支票清算后,A银行将减少1 000元活期存款和1 000元在中央银行存款,其T型账户为

A银行

资　　产	负　　债
在中央银行存款　−1 000元	活期存款　−1 000

假定法定准备金率为20%,A银行减少1 000元活期存款,法定准备金至多只能减少200元。但A银行法定准备金已减少1 000元,因而它还缺800元准备金,它必须通过出售证券或收回800元贷款予以弥补。假定A银行通过收回贷款,收到客户归还的B银行签发的支票800元。支票经清算后,A银行的T型账户为

A 银行

资　　产	负　　债
在中央银行存款-200 元 （-1 000+800） 贷 款　　-800 元	活期存款　　-1 000

A 银行处于平衡状态，但 B 银行的 T 型账户表现为

B 银行

资　　产	负　　债
在中央银行存款　　-800 元	活期存款　　-800

B 银行客户用其活期存款归还了 A 银行的 800 元贷款。B 银行签发的支票经过清算后，活期存款减少 800 元，在中央银行存款减少 800 元。同样，根据 20% 的法定准备金率，B 银行法定准备金短缺 640 元（800-800×20%），因而它也要收缩自己的贷款或出售证券 640 元，以补足准备金。其 T 型账户变为

B 银行

资　　产	负　　债
在中央银行存款　　-160 元 （-800+640） 贷 款　　-640 元	活期存款　　-800

显然，B 银行收回 640 元贷款的结果，是 C 银行减少同等数额的活期存款和在中央银行存款。C 银行为弥补准备金，又将收回 512 元贷款。以此类推，在整个过程中，A 银行存款下降 1 000 元，B 银行下降 800 元，C 银行下降 640 元，……，存款以等比级数形式而减少。存款减少总和可用等比数列求和公式求得为 5 000 元（1 000×1/0.2）。可见，商业银行派生存款的倍数缩减过程与其倍数扩张过程的原理是完全一样的。

在上述存款货币的创造过程的分析中，我们假设无现金漏损，无超额准备金等。但在实际经济生活中，以上因素都会影响存款货币的创造过程。

第一，当出现现金漏损时，银行系统的存款准备金会减少，银行由吸收存款而可扩大贷款的资金相应减少，银行创造派生存款的能力下降。假定，现金漏损与存款总额之比称为现金漏损率，也称提现率，用 C 表示。在前述派生存款创造过程分析示例中，若假定 C 为 10%。那么，A 银行吸收的 10 000 元存款，除了必须保留 2 000 元作为法定准备金外，还将有 1 000（10 000×10%）被贷款者提取，B 银行因 A 银行贷款或投资而吸收的存款只有 7 000 元。同样，B 银行除了必须保留 1 400 元作为法定准备金外，还将有 700 元被客户提现，C 银行因 B 银行贷款或投资而吸收的存款只能是 4 900 元，以此类推。这样，存款变动（$\triangle D$）对原始存款变动（$\triangle R$）的比率可以修正为

$$d=\triangle D/\triangle R=1/(r+C)$$

第二,银行超额准备金的存在,使银行创造派生存款的能力减小。一般将银行超额准备金与存款总额之比称为超额准备金率,用 e 表示。派生倍数相应变动为

$$d=\triangle D/\triangle R=1/(r+C+e)$$

第三,部分活期存款转变为定期存款也会影响存款创造过程。假设,定期存款的准备金比率为 r_t,活期存款转化为定期存款的比率为 t,则商业银行存款货币乘数变动为

$$d=\triangle D/\triangle R=1/(r+C+e+r_t t)$$

综上所述,商业银行通过吸收存款、发放贷款或投资,可以使它所吸收的原始存款扩大成数倍的派生存款,银行存款派生的倍数机制构成银行创造货币的货币供给机制。

三、基础货币与货币乘数

(一)基础货币

1. 基础货币的定义及特征

基础货币(Monetary Base)是指中央银行对社会公众的负债总额,包括流通中的现金货币及商业银行存款准备金。由于中央银行的负债总额可以作为准备金,来支持数倍的货币供给额,所以又称为高能货币(High-powered Money)、强力货币。基础货币、现金货币、存款准备金通常用 B、C、R 表示。三者之间的关系为

$$B=C+R$$

基础货币是整个商业银行体系借以创造存款货币的基础,是整个商业银行体系的存款得以倍数扩张的源泉。从本质上看,基础货币具有以下几方面最基本的特征。

一是中央银行的货币性负债,而不是中央银行资产或非货币性负债,是中央银行通过自身的资产业务供给出来的。

二是通过由中央银行直接控制和调节的变量对它的影响,达到调节和控制供给量的目的。

三是支撑商业银行负债的基础,商业银行不持有基础货币,就不能创造信用。

四是在实行准备金制度下,基础货币被整个银行体系运用的结果,能产生数倍于它自身的量,从来源上看,基础货币是中央银行通过其资产业务供给出来的。

基础货币是通过中央银行资产业务提供出去的。一般有以下三条渠道。

(1)在外汇市场买卖外汇黄金。

(2)在公开市场上买卖政府债券。

(3)对商业银行办理再贴现或发放再贷款。

2. 基础货币的影响因素

基础货币对货币总供给影响很大,因此,研究影响基础货币供给的因素十分重要。由于基础货币实际上是中央银行的负债,因此,通过中央银行的资产负债表来考察影响基础货币的因素是最为方便的。

中央银行的资产业务主要包括:

(1)贴现及放款。

(2)政府债券和财政借款。

(3)黄金和外汇储备。

(4)其他资产。

负债业务主要有:

(1)流通中的现金即通货。

(2)国库及公共机构的存款。

(3)商业银行等金融机构的存款。

(4)其他负债和资本项目。

可以看出,基础货币等于全部资产减去除基础货币之外的所有负债,因此,中央银行的资产和负债的变化都会影响到基础货币的变化。

主要影响因素包括:

(1)中央银行对商业银行等金融机构债权的变动。这是影响基础货币的最主要因素。一般来说,中央银行的这一债权增加,意味着中央银行对商业银行再贴现或再贷款资产增加,同时也说明通过商业银行注入流通的基础货币增加,这必然引起商业银行超额准备金增加,使货币供给量得以多倍扩张。相反,如果中央银行对金融机构的债权减少,就会使货币供应量大幅收缩。通常认为,在市场经济条件下,中央银行对这部分债权有较强的控制力。

(2)国外净资产数额。国外净资产由外汇、黄金占款和中央银行在国际金融机构的净资产构成。其中、外汇、黄金占款是中央银行用基础货币来收购的。一般情况下,若中央银行不把稳定汇率作为政策目标,则对通过该项资产业务投放的基础货币有较大的主动权;否则,中央银行就会因为要维持汇率的稳定而被动进入外汇市场进行干预,以平抑汇率,这样外汇市场的供求状况对中央银行的外汇占款有很大影响,造成通过该渠道投放的基础货币具有相当的被动性。

(3)对政府债权净额。中央银行对政府债权净额增加通常由两条渠道形成:一是直接认购政府债券;二是贷款给财政以弥补财政赤字。无论哪条渠道都意味着中央银行通过财政部门把基础货币注入流通领域。

(4)其他项目(净额)。主要是指固定资产的增减变化以及中央银行在资金清算过程中应收应付款的增减变化。它们都会对基础货币量产生影响。

(二)货币乘数

1.货币乘数概念

所谓货币乘数(Money Multiplier)是说明货币供给总量与基础货币之间关系的系数。如果以 M 表示货币供应量,以 B 表示基础货币,以 K 表示货币乘数,则有如下货币供应量的理论公式

$$M=B\cdot K \tag{11.1}$$

式(11.1)表明,由于货币乘数的作用,使中央银行的基础货币扩张为货币供应总量,因此,货币乘数是货币供应机制中一个至关重要的因素。

2.影响货币乘数的因素

(1)法定存款准备金率对货币乘数的影响。

定期存款与活期存款的法定准备金率均由中央银行直接决定。通常,法定准备金率

越高，货币乘数越小；反之，货币乘数越大。

(2)现金比率对货币乘数的影响。

现金比率是指流通中的现金与商业银行活期存款的比率。现金比率与货币乘数负相关，现金比率越高，说明现金退出存款货币的扩张过程而流入日常流通的量越多，因而直接减少了银行的可贷资金量，制约了存款派生能力，货币乘数就越小。凡影响货币需求的因素，都可以影响现金比率。

(3)非交易性存款比率对货币乘数的影响。

非交易性存款与活期存款的比例是社会公众资产选择的结果，从而不可避免地受收入(财富)、利率结构、市场风险等因素的影响。一般来说，作为有价证券的替代品，定期存款相对于活期存款更带有“奢侈品”的特点，所以，它的需求有更大的收入(财富)弹性，因此，在收入增长时，趋于上升；反之则下降。另一方面，定期存款比活期存款有较高的利息收益和较低的流动性，因此，利率结构与市场动态的变化必然会影响定期存款与活期存款的比例，然而，利率与市场状况又与经济政策有关。

(4)超额准备金比率对货币乘数的影响。

超额准备金率与货币乘数之间也呈反方向变动关系。存款准备金率完全受中央银行所控制，因而是一个外生变量，决定于货币当局的货币行为。而超额准备金率主要取决于商业银行的经营行为。但商业银行的经营行为也受中央银行业务活动的影响。

四、货币供给理论

(一)弗里德曼-施瓦兹货币供给决定模式

弗里德曼-施瓦兹二人在其合著的《美国货币史(1867—1960)》一书中，分析了货币供给的决定因素。

弗里德曼-施瓦兹将现代社会的货币划分为两种类型：一是货币当局的负债，即通货；二是商业银行的负债，即银行存款。如果以 M 表示货币存量，以 C 表示非银行公众所持通货，以 D 表示商业银行存款，则货币存量可表示为

$$M=C+D$$

而根据高能货币定义，又有

$$H=C+R$$

式中，H 和 R 分别代表高能货币和商业银行存款准备金。因此

$$M=H\cdot\frac{\frac{D}{R}\left(1+\frac{D}{C}\right)}{\frac{D}{R}+\frac{D}{C}} \tag{11.2}$$

式(11.2)是弗里德曼-施瓦兹分析货币供给决定因素时所使用的基本方程式。从该式中可以看出，有三个因素决定着货币存量，即货币供给：其一是高能货币(或基础货币) H；其二是商业银行存款与其准备金之比 D/R；其三是商业银行存款与非银行公众所持通货之比 D/C。

从式(10.2)中可以看出，高能货币是非银行公众所持现金与银行存款准备金之和。

它们之所以被称为高能货币,是因为一定量的这样的货币被银行作为准备金而持有后可引致数倍的银行存款货币。弗里德曼-施瓦兹认为高能货币的一个典型特征就是能随时转化为(或被用作)存款准备金,不具备这一特征就不是高能货币。

D/R 和 *D/C* 两者的变化会引起货币存量的同方向变化。从经济含义上分析,*D/R* 的比率越高,一定量的存款准备金所支持的存款越多,货币存量也就越多;同样,*D/C* 的比值越大,高能货币中充当银行准备金的部分也越大,从而货币乘数就越大,货币存量也就越大。

弗里德曼—施瓦兹还认为上述三个决定货币存量的因素要涉及公众、银行、货币当局三个经济主体,正是这三个经济主体的行为决定了上述三个因素。

弗里德曼—施瓦兹利用上述分析方法检验 1867～1960 年美国货币史得出的基本结论是:高能货币量的变化是广义货币存量长期性变化和周期性变化的主要原因;*D/R* 比率和 *D/C* 比率的变化对金融危机条件下的货币运动有着决定性影响,同时,*D/C* 比率的变化还对货币存量长期缓慢的周期性变化起重要作用。

(二)菲利普·卡甘的货币供给决定模式

菲利普·卡甘(Philip Cagan)是美国著名的经济学家,他系统地研究了美国 1875～1960 年这 85 年中货币存量的主要决定因素并于 1965 年出版了专著《1875～1960 年美国货币存量变化的决定及其影响》。其研究成果是对近一百年来美国货币供给量决定的最全面最深入的分析。

同弗里德曼-施瓦兹一样,卡甘也将货币定义为(非银行)公众手持通货及商业银行存款(包括活期和定期)之和。卡甘货币供给方程式表达为

$$M=\frac{H}{C/M+R/D-CR/MD} \tag{11.3}$$

式(11.3)是卡甘的货币供给决定模型,它表示货币存量由强力货币乘以货币乘数 $1/(C/M+R/D-CR/MD)$ 决定。

这一模型与弗里德曼-施瓦兹的模型相似,但有两个特点:第一,卡甘将通货比率定义为 *C/M*,即通货占货币存量的比率,并以此取代存款与通货比率。第二,卡甘将准备金比率定义为 *R/D*,即准备金与存货比率,并以此取代存款准备金比率。

同弗里德曼-施瓦兹一样,卡甘也认为,政府控制高能货币,而公众和商业银行则决定持有高能货币的比例。公众通过通货与银行存款的相互转化改变其高能货币的持有额;而商业银行则通过贷款和投资的放出和收回来改变其高能货币的持有额。显然,公众的行为改变着通货比率,而商业银行的行为改变着准备金比率。此外,如果公众减少通货持有而相对增加银行存款时,银行准备金就增加了。如果此时准备金比率不变,则货币存量将增加。同样,当银行增加贷款时,如果存款不变,准备金就减少了,货币存量则增加了。

(三)乔顿的货币乘数模型

弗里德曼-施瓦兹和卡甘关于货币存量的决定因素的分析有两个共同的特征:一是采用了广义的货币定义,即货币不仅包括通货和活期存款(M_1),而且包括定期存款和储

蓄存款,也就是(M_2);二是未区分不同类型的银行和金融当局对不同类型存款的不同准备金要求。20 世纪 60 年代末,美国经济学家乔顿导出较为复杂的货币乘数模型,即

$$m=\frac{1+c}{r+r_t+t+e+c}$$

式中,r 代表活期存款的法定准备金率;r_t 代表非交易存款的法定准备金率;c 为通货比率;e 为超额准备金率;t 为非交易存款与活期存款的比率。

在乔顿模型中,货币只包括通货和活期存款在内的(M_1),决定货币乘数的变量有 c、t、e、r 和 r_t,当 r、e、c 上升时,货币乘数减小。对于通货比率 c,其上升时,意味着存款扩张过程中的漏出增加,货币乘数必然下降。

在上述货币供给的分析中,货币乘数被看成是一些比例的函数。关于货币控制的问题,则主要同货币乘数的具体形式和稳定性有关,中央银行控制货币供给能力的大小,取决于它能否准确地预测货币乘数及其决定因素的变化;而中央银行能否准确做出预测,又取决于这些变化是否稳定。这些变化越是有章可循,中央银行的预测就越准确,其控制货币供应的能力也越强。所以,当前西方货币供给的研究,已经转向货币乘数及其决定因素的研究了。

【金融视角】财政收支对货币供给的影响

当财政收支出现赤字,采用特定的方式弥补赤字时,会影响货币供给量的变化。例如从历史上看,政府经常会由于战争、自然灾害,或过去庞大的皇室支出导致财政赤字,经常增加铸币来弥补赤字,直接增加了货币的投放量。

在不兑现信用货币流通的情况下,财政赤字的弥补主要有两个途径,一是向社会公众借款,二是向银行借款。下面分析一下这两种途径对货币供给量的影响。

(一)向社会公众借款

社会公众用闲置资金购买政府发行的债权,使社会公众手中的闲置资金转移到政府部门,在这个过程中,现金和存款货币从社会公众手中转移到政府的存款账户上,货币供给量没有发生变化。但是如果个人或企业不是用闲置资金购买政府债券,而引起借款增加,而且银行为满足他们的贷款需求,增加从中央银行的贷款,就引起了货币供应量的增加。

(二)向银行部门借款

它又分为向商业银行和向中央银行借款两种情况。

1. 向商业银行借款

政府以发行债券的形式向商业银行借款。如果商业银行用超额存款准备金购买政府债券,并没有因此增加它向中央银行的借款,货币供应量不增加;如果由于商业银行购买政府债券,引起商业银行超额存款准备金不足,然后向中央银行进行再贷款、再贴现或者卖出中央银行票据,这样就会增加货币供给量。

2. 向中央银行的借款

当财政向中央银行借款时，对货币供给量的影响非常直接。如财政向中央银行出售债券，中央银行购买国债的结果是：中央银行持有政府债券数量增加，同时财政存款增加，随着财政支出的过程，现金货币增加、商业银行的存款准备金增加，即基础货币增加，并在货币乘数作用下使货币供应总量按乘数成倍扩张；如果财政以借款方式从中央银行取得资金，则中央银行对财政的贷款增加，同时财政存款增加，随着财政支出的过程，基础货币增加，同样在货币乘数的作用下，货币供应量成倍地增加。

资料来源：李文. 财政收支对货币供给的影响[J]. 中央财政金融学院学校，1996(11)：6-9.

第二节　货币需求

货币需求理论主要分析经济中哪些因素会影响到公众的货币需求量，这些因素又是如何对公众的货币需求产生影响的。我们首先给出货币需求的相关定义，并分析影响货币需求的主要因素，个体持有货币的动机，然后介绍几种比较重要的货币需求理论。

一、货币需求的相关定义

所谓货币需求（Demand for Money）是指在一定时期内，社会各阶层（个人、企业单位、政府）愿意以货币形式持有财产的需要。从货币职能的角度看，货币需求是社会各阶层对执行流通手段、支付手段和价值贮藏手段的货币的需求。

从货币需求的定义可以看出：第一，货币需求是主观货币需求和客观货币需求的统一。货币需求是愿望和能力的统一，它不仅是一种主观愿望，而且与个人的经济利益和社会经济状况有关。第二，人们产生货币需求的根本原因是货币所具有的职能。在现代市场经济中，人们需要以货币方式取得收入，用货币作为交换和支付的手段，用货币储存财富。第三，货币需求是一个存量概念。即货币需求是指在特定的时点和空间范围内，社会各部门愿意而且能够以货币形式持有其所拥有的财产或收入的数量或份额。

（一）宏观货币需求

宏观货币需求，指的是从整个国民经济的宏观角度，考察一个国家在一定时期内的经济发展和商品流通所必需的，能够保持社会经济平稳、健康发展的货币量。从研究动机看，宏观货币需求是从国民经济总体出发，去探讨一国经济发展所需要的货币量。从包含的内容看，宏观货币需求一般指货币执行流通手段和支付手段所需求的货币量，不包括货币发挥贮藏手段职能所需要的货币量。从研究方法看，宏观货币需求注重动态的客观的研究。

（二）微观货币需求

微观货币需求，指的是从个人、家庭或企业的角度，考察其在既定的收入水平、利率水平和其他经济条件下，愿意而且能够保持的货币量。从研究动机看，微观货币需求是从一个经济单位着眼,研究每一经济单位持有的最佳货币量,即机会成本最低和效用最大的货币持有量。从包含的内容看,微观货币需求是指个人持有现金、企业单位库存现金以及各自在银行保留存款的必要量,强调的是以货币形式持有财产的多少,即货币执行贮藏手段职能所需的货币量。从研究方法看,微观货币需求注重于静态的主观研究。

(三)名义货币需求

所谓名义货币需求,是实际货币需求的对称,是指一个社会或一个经济部门适应物价增减幅度在名义上增减的货币需求,亦即用货币单位来表示的货币数量,通常以 M_d 表示。名义货币需求的另一种说法是指个人或家庭、企业等经济单位或整个国家在不考虑价格变动时的货币持有量。名义货币需求与价格的涨跌按同比例变动,即

$$(M_d = PQ/V)$$

其中,P 为市场上商品与劳务价格的加权平均数;Q 为以货币形式交换的商品、劳务的数量;V 表示一定时期内货币的流通速度。

(四)实际货币需求

所谓实际货币需求,则是名义货币需求的对称,是指剔除物价变动的影响,由商品流通本身所引起的货币需求,亦即社会经济部门用货币所能够买卖的物品及劳务来表示的货币数量。它等于名义货币需求除以物价水平,即

$$\text{实际货币需求} = M_d/P$$

名义货币需求与实际货币需求的根本区别就在于是否剔除了物价变动的影响。如果名义货币需求量为 M_d,那么用某一具有代表性的物价指数(P)进行平减后,就可以得到实际货币需求量 M_d/P。在现代经济运行中,价格波动是经常性的,区分名义货币需求与实际货币需求有利于正确理解货币需求理论。

二、货币需求的决定因素

(一)收入状况

1.货币需求与收入水平的高低正相关

出于交易动机的货币需求量与收入水平的高低正相关。一般情况下,收入通常是定期支付的,而支出则是经常、陆续发生的,人们收入的取得与支出的发生一般不在同一时间,在一次取得收入到下一次取得收入之间往往存在着一定的时间间隔。在此时间间隔中,支出将陆续发生。因此,在该时间间隔中,人们必须持有一定数量的货币,以随时用于支出。考虑到正常情况下人们将遵循量入为出的原则,在时间间隔既定的条件下,人们需要持有的货币数量取决于该时间间隔中的支出和收入水平。收入越多,支出也越多;而支出越多,需要持有的货币也越多。

出于投机动机的货币需求量也与收入水平的高低正相关。由于人们以货币形式持有的财富只是其财富的一部分,而收入水平的高低决定着总财富的规模及其增长,收入水平越高,总财富也越高,在个体投资组合中各种资产份额不变的前提下,出于投机动机的货币需求量也越大。预防动机的货币需要量依赖于个体对未来交易水平的预期,后者与个体的现期收入正相关,预防动机下的货币需求量也正相关于收入水平。因此,不管是何种

动机的货币需求，都与收入水平正相关，较高的收入水平蕴含较高的货币需求。

2. 货币需求依赖于收入支付的具体方式

在收入水平一定的条件下，人们取得收入时时间间隔与货币需求正相关。也就是说，人们取得收入时时间间隔越长，货币需求就越多；反之，人们取得收入的时间越短，则货币需求也就越少。人们需要货币，首先是为了开支。而人们支出水平高低取决于他们的收入水平。实际收入越高的家庭，支出水平也越高，因而需要的货币数量也越多。可见，货币需求是和实际收入水平同方向变化的。若用 M_d 表示需要的货币量，持币量在实际收入 Y 中的比率为 k，则

$$M_d = kY$$

（二）市场利率

在市场经济中，市场利率是人们在一定时期内使用资金的价格。在现代货币经济中，资金的表现形式是货币。所以，资金的供求关系通常表现为货币的供求关系。在正常的情况下，市场利率对货币的影响主要表现为两个方面：一是市场利率决定人们持有货币的机会成本；二是市场利率影响人们对未来利率变动的预期，从而影响人们对资产持有形式的选择。每个家庭在一定时期所拥有的财富数量总是有限的。人们必须决定他所拥有的那笔财富的形式。他们也许想以拥有一定数量货币来拥有这笔财富，但如果以货币形式拥有财富的比例越大，则以其他形式（如证券、实物资产等）拥有财富的比例就越小。以其他形式拥有财富会给他带来收益，例如，以房地产形式拥有财富会带来租金，以债券形式拥有财富会带来利息，而以货币形式拥有财富则会丧失这种收益。这就是持有货币的机会成本。若某人有价值 1 万元财富，如购买债券或股票，则可得到利息或股息收入或红利收入。为方便起见，假定把所有非货币资产统称为债券，则债券年利率为 10% 时，手持 10 000 元货币一年的损失或者说机会成本就是 1 000 元，年利率为 5% 时，持币一年成本即为 500 元。显然，利率越高，人们越不愿意把很多货币放在手中，或者说对货币需求量就越小。这就是说，货币需求和利率是反方向变化的。

（三）信用发达程度

通常，金融业的发达程度与货币需求负相关。个体之所以愿意持有收益率的货币资产，是因为交易时需要货币，持有货币可以起到预防作用，作为一种较为安全的资产，货币在投资组合中可以降低风险。

在一个信用制度健全，金融业发达的经济中，相当一部分交易可以通过债权债务的相互抵消来清算，从而减少了作为流通手段和支付手段的货币需求量；另外，在这样一种成熟经济中，人们可以将收入中暂时不用的部分购买短期债券、股票等资产，需要支付时迅速出售，以换回现金。但是，在金融业比较落后的经济中，往往缺乏适当的变为现金的方式和渠道，并且交易成本也比较高，因此，人们通常会将收入中准备用于支付的货币较长时间地保存在手中。特别在一些边远地区，更是因为信用制度落后、金融机构缺乏，人们甚至以窖藏现金的形式进行储蓄。

（四）消费倾向

消费倾向是消费在收入中所占的比例，可以分为平均消费倾向和边际消费倾向。平

均消费倾向是消费总额在收入总额中所占的比例。边际消费倾向是消费增量在收入增量中所占的比例。

通常,消费倾向与货币需求关系可以从以下两个方面来考虑:一方面,消费倾向越大,个体将现期收入用于消费的部分越大,相应地用于交易的货币需求也越大,因此,消费倾向与出于交易动机的货币需求正相关;另一方面,消费倾向的提高使得收入中储蓄的部分下降,相应地降低了以货币形式持有的财富量,因此,出于投机的货币需求量与消费倾向负相关。在讨论消费倾向与货币需求之间的关系时,需要考虑这两种效应哪一种占优势,如果前者占优势,则货币需求与消费倾向正相关;反之亦然。

在金融业边际落后的经济中,通常第一种效应占优势,货币需求与消费倾向是正相关的,即消费倾向越大,货币需求也越大。但是,在金融业边际落后的经济中,个体储蓄主要以货币形式持有,即通过现金窖藏或活期存款的持有来储蓄,从而第二种效应占优势。因此,消费倾向越大,货币需求反而越小;消费倾向越小,货币需求越大。

(五)货币流通速度、可供流通的社会商品总量和物价水平

(1)货币流通速度是指一定量的货币在一定时期内的平均周转次数。通常,货币流通速度负相关于整个经济中的货币需求,即在其他条件不变的假定下,货币流通速度越快,货币需求就越少;反之亦然。

(2)可供流通的社会商品总量,即待实现的商品总量,在自给自足的自然经济和物物交换的商品经济中,其在总产出中所占的比例极小。在现代货币经济中,就整个经济而言,所有产出几乎都进入了流通领域,以货币作为媒介进行商品交换。因此,可供流通的社会商品总量越大,流通中的交易量就越大,所需要的货币量就越多;反之亦然。

(3)物价水平是指商品价格水平或价格指数。人们持有货币是为了购买商品。因此,人们需要的货币实际是需要货币具有的购买力,或货币能买到的商品数量。当价格水平提高时,为了保持原先持有货币的购买能力,需要持有的名义货币量必须相应增加。一定数量名义货币需求除以价格水平被称为实际货币需求量。若用 m_d 表示实际货币需求量,用 M_d 表示名义货币需求量,用 P 表示价格水平或者说价格指数,则

$$m_d = M_d / P$$

(六)心理预期

货币需求在相当程度上还受到人们的主观意志和心理活动的影响,特别是受到人们对未来经济情况的预期以及对各种金融资产的偏好的影响。人们对未来经济情况的预期主要包括对市场利率的预期、对物价水平的预期和其他金融资产收益率的预期;人们对各种金融资产的偏好主要是指对货币和其他金融资产的爱好程度,这种偏好取决于人们对高期望回报率和低风险的相对重视程度。

三、货币需求理论

(一)现金交易数量说

在社会生活中,货币最初是作为交换媒介出现的,人们对货币需求理论的研究也是从货币的交换手段职能开始的。古典货币理论认为,货币本身不存在内在价值,货币具有的

只是交换价值,即对商品和劳务的实际购买力。正因如此,商品价格,即货币的交换价值只是货币现象,与货币数量的多少有关,而与实际经济活动无关。

由于货币数量说关注商品交易所需的货币量的问题,即人们对货币的需求问题,因此货币数量说演变为一种货币需求理论(Demand Theory of Money)。古典货币数量说有两种成熟的形态,其一是费雪的现金交易说;其二是剑桥学派的现金余额说。

美国经济学家欧文·费雪(I. Fisher,1867—1947)在其1911年出版的《货币购买力》一书中,提出了货币速度(Velocity of Money)的概念,并在此基础上得出现金交易方程式(Equation of Exchange),从而对古典货币数量论观点做了最清晰的表述。所谓货币速度,指货币周转率,即一美元货币每年用来购买经济中产出的最终产品和劳务总量的平均次数。如以V表示货币速度;M表示流通中的货币量;P表示一般物价水平;T表示商品和劳务的实际交易量,那么货币速度V可表示为

$$MV=PT \text{ 或 } P=MV/T$$

该方程式将名义收入同货币数量和货币速度联系起来。这里的货币是纯粹的交易工具,发挥着流通媒介的作用。这里研究的货币数量,是一定时期流通的起交易媒介作用的货币量,因此该理论又称为现金交易数量论(Cash Transaction Approach)。

该方程式是一个关于货币供应(M)、货币速度(V)和名义收入(PT)的恒等式,要揭示货币供应(M)和名义收入(PT)的变动关系,还需要揭示货币速度(V)的决定因素和变动规律。

费雪指出,货币速度是由经济体中影响个人从事交易的交易制度决定的,经济体中影响货币速度的制度特性是随着时间的推移缓慢变化的,所以,在短期内,货币速度是稳定不变的。在这种情况下,名义收入(PT)仅仅决定于货币数量(M)的变动,即当M增加时,MV加倍增加,名义收入PT也加倍增加。由此可见,费雪所持的短期内货币速度相对稳定的观点,使交易方程式转变为货币数量理论。

费雪及其他古典经济学家还认为:工资和价格是完全有弹性的,经济中产出总量总会保持在充分就业水平上,因而,交易方程式中的商品和劳务的实际交易量(T)在短期内也是相对稳定的。在这种情况下,交易方程式中如果M增加,由于V和T不变,P也一定会上升。因此,在货币数量论看来,价格水平的变动仅仅源于货币数量的变动。

现金交易数量说从交易需要货币的角度研究了货币需求的决定问题,影响货币需求的三个因素,即V、T和P,均是经济体中客观存在的变量,因此,现金交易说没有考虑微观主体动机对货币需求的影响。许多经济学家认为这是一个缺陷。剑桥学派弥补了这一缺陷,提出了现金余额说。

(二)现金余额说

以马歇尔和庇古为代表的剑桥学派,在研究货币需求问题时,重视微观主体的行为。他们认为,处于经济体系中的个人对货币的需求,实质是选择以怎样的方式保持自己资产的问题。剑桥学派在研究货币需求时,着眼于货币贮藏手段的职能,认为货币是购买力的暂栖所,所谓货币数量则是一定时刻停息的货币量,或现金余额数量,因此,该理论被称为现金余额说(Cash Balance Approach)。

剑桥学派认为,经济单位在通常情况下持有的货币量或现金余额,与国民收入保持一

个固定或稳定的关系。如以 Y 表示真实收入；P 表示平均物价水平；M 表示货币需求；K 代表一个常数($0<K<1$)，即国民收入中以货币形式持有的比例，那么，货币需求可表示为

$$M_d = KPY$$

该方程式就是著名的剑桥方程式(Equation of Cambridge)。剑桥学派认为，实际生产总量 Y，主要是由人类所能控制的经济资源数量、生产的技术水平与生产要素供给等外生因素决定，这些因素短期内不易变化，因而 Y 是一个相对稳定的量。国民收入中以货币形式持有的比例 K，有三个重要的影响因素：第一，持有货币所带来的便利和所能避免的风险。持有货币获得的便利越大，风险规避的程度越大，K 值就越大。第二，持有货币的机会成本，即把以货币形式持有的资产用于投资所获得的收益。收益越少，人们愿意以货币持有的资产就越多，K 值就越大。第三，货币的消费效用，即把货币用于消费所能得到的满足程度。满足程度越低，K 值越大。这三个因素在短期内是不易变化的，因而 K 值在短期也是相对稳定的量。在这种情况下，货币需求量 M 与 P 成正比例关系。

现金余额说和现金交易数量说从不同角度分析，得出相同的货币量与价格的关系。但现金余额说在学术思想上有所突破并更适用于现实社会。第一，现金交易数量说强调的是单位货币的平均持有时间，现金余额说强调的是总收入中以货币形式持有的比例；前者重视货币的交易媒介功能，后者重视货币的资产功能。第二，现金交易数量说重视影响交易的货币流通速度的金融及经济制度等机械因素，后者重视与资产的选择相关的人的意志及预期等心理因素的作用。在经济理论中重视人的主观意志及其影响因素的分析，是学术思想上的重大突破。庇古本人认为剑桥方程式的优点是能顾及人类意志，即“需求之原动力”的作用。这一观点对后来的经济学家影响很大。

(三)凯恩斯的货币需求理论

凯恩斯在其1936年出版的划时代巨著《就业、利息和货币通论》(*General Theory of Employment, Interest and Money*)一书中，提出了一种创新性的货币需求理论。该理论认为货币是流动性最强的资产，人们对流动性强的资产具有偏好性，而且这种流动性偏好形成货币需求的基础，因此凯恩斯的货币需求理论又被后人称为流动性偏好论(Liquidity Preference Theory)。凯恩斯从人们得到收入(通常以货币形式)后的抉择中分析货币需求，他认为，人们得到收入后会有两个抉择：第一个抉择是决定收入中消费和储蓄的比例，这是时间偏好的选择；第二个抉择是收入中的储蓄部分以现金形式储蓄和以有价证券形式储蓄的比例，这是流动性偏好的选择。货币的需求体现在消费和现金形式储蓄中。要从根本上揭示这两种抉择和货币需求的根源，需要分析决定人们货币需求的动机。

1. 持有货币的三种动机

凯恩斯认为，人们的货币需求行为取决于三种动机，即交易动机、预防动机和投机动机。交易媒介是货币的一个十分重要的职能，用于交易媒介的货币需求量与收入水平存在着稳定的关系。人们为了可能遇到的意外支出，需要持有一定数量的货币，这种货币需求称为预防性货币需求，决定预防性货币需求的主要因素也是收入水平。投机动机是指人们为了贮藏或增值财富而持有货币的动机，由此产生的货币需求称投机性货币需求，这是凯恩斯货币需求理论中最具特色的部分。凯恩斯把贮藏财富的资产分为两类，即货币和债券，持有货币不能带来利息收入，而持有债券不仅可以得到利息收入，还可以在债券

价格上涨时获益。决定投机性货币需求的主要因素是市场利率,这是因为:债券价格与债券利息成正比,与市场利率成反比,如果市场利率趋于上升,债券价格就要下跌;市场利率趋于下降,债券价格就要上升,在后一种情况发生时,债券持有者有收益。当市场利率较低时,人们会预期利率上升和债券价格下跌,人们就倾向于卖出债券,则投机性货币需求增加;反之,当市场利率较高,人们会预期利率下降和债券价格上升,人们就倾向于买进债券,则投机性货币需求减少。

2. 凯恩斯的货币需求函数

由于交易性货币需求和投机性货币需求是收入的函数,投机性货币需求是利率的函数,因此凯恩斯的总的货币需求函数可以表示为

$$L=L_1=L_2=L_1(Y)+L_2(Y)$$

式中,L 表示总货币需求;L_1 表示交易性货币需求和预防性货币需求之和;L_2 表示投机性货币需求;Y 表示收入水平。

凯恩斯的货币需求理论的新颖之处在于强调了货币作为资产或价值贮藏的重要性。该理论认为,货币不仅仅是一种交易手段,它本身也有值得保存的价值,特别是当人们预期其他商品及资产价格将要下跌时,持有货币可达到财富保值甚至升值的目的。

3. 结论

人们起因于交易动机而对货币的需求,是指人们需要货币,以备个人或企业的营业动机。对个人来讲,收入总是定期取得的,但收入的开支则是经常性的。因此,为了日常支付的需要,必须准备一定量的货币。这就是起因于个人收入动机的货币需求。对企业来讲,其收支活动也是不完全一致的,从企业销售收入的获得到生产费用的支出,总有一段时间间隔。为了应付企业日常的营业开支也需要持有一定量的流动性极强的货币,这就是出于企业营业动机的货币需求。这两种货币需求都是为了应付日常交易,因而统称交易动机的货币需求。这一货币需求的大小主要取决于个人和企业收入的数量以及从收入到支出时间间隔的长度。因为这一长度取决于银行及工商企业的组织形式、社会习惯、收入分配结构以及货币的机会成本等因素,而这些因素在短期内基本上是稳定的,由其决定的时间间隔也就具有稳定性。因此,交易动机的货币需求主要取决于收入的大小。收入愈多,此项货币需求就愈大;收入愈少,此项货币需求也就愈小。而所谓预防动机的货币需求则是指人们为预防意外的支付而持有的一定量的货币。凯恩斯在具体分析预防目的时指出,这是为了应付突然发生的意外支出和为不失去意料之外的有利购买机会做准备,也为了持有一种货币价值不变的资产以便于偿付那些同样以货币计价的未来债务。显然,预防动机的货币需求是一系列变量的函数,其中包括成本因素、心理因素等,但在凯恩斯看来,其大小主要还是取决于收入的多少。由于交易动机和预防动机的货币需求都主要取决于收入水平,而对利率不是很敏感,所以,把这两种货币需求记为 M_1,如果用 Y 代表收入,L_1 代表这种货币需求与收入之间的函数关系,那么就可以把这种货币需求表示为

$$M_1=L_1(Y)$$

投机动机的货币需求是指人们为了在未来的某一适当时机进行投机活动而持有的货币量。凯恩斯以长期政府债券代表所有生息资产,并以此作为货币形式持有财富的唯一

替代品。债券不仅能给持有者带来利息收入,还可因债券价格变动给持有者带来资本溢价或资本损失。债券价格的变动依赖于市场利率的变动。人们之所以对货币有一种投机需求则因为未来利率的变动具有不确定性,以及由此而导致的未来债券价格变动的不确定性。凯恩斯认为,在每个人的心目中,都有一个未来利率水平的正常值。如果目前利率低于这一正常值,则预期利率会上升,债券价格将下跌,那么人们就会卖出债券持有货币,以避免损失和在将来债券价格下降时再度购进债券。如果目前利率高于正常利率,则预期利率会下降,债券价格会上升,人们就会用货币购进债券,以备日后债券上涨后以更高的价格卖出获取收益。由此可见,投机动机的货币需求的大小主要取决于目前利率水平和所谓正常利率水平之间的差距。从整个经济社会看,在不同的投机者心目中会有不同的正常利率水平,所以不同的投机者对于利率主动趋向的预期往往是不同的。当前利率水平愈低,预期它将上升的投机者就愈多,从而以货币形式持有财富的投机者也就愈多,货币的投机性需求就愈大。反之,当前利率水平愈高,预期它将下降的投机者就愈多,从而以债券形式持有财富的投机者也就愈多,货币的投机性需求就愈小。投机动机的货币需求随利率水平的高低反向变动。若以 M_2 代表投机动机的货币需求,r 代表利率,L_2 代表 M_2 与 r 之间的函数关系,那么就可将这种货币需求表现为:$M_2=L_2(r)$。结合前述交易动机而持有的货币需求为 M_1,可将货币总值 M 表现为

$$M=M_1+M_2=L_1(Y)+L_2(r)$$

凯恩斯的货币需求理论区别于前人的最显著特点,是对投机动机货币需求 M_2 的分析。凯恩斯对 M_2 的分析,抛弃了货币纯粹作为交换媒介的观点,第一次将货币作为一种资产进行研究,明确提出了货币在现实经济中作为资产的功能。因此,凯恩斯分析的货币需求,不仅是作为交易媒介的货币需求,更重要的是作为一种投资媒介,一种直接为人们财富存在形式的货币需求。另外,强调 M_2 与利率之间的关系,是凯恩斯对货币理论的一大贡献,也为货币政策的实施奠定了基础。既然 M_2 与利率有直接关系,金融管理当局完全可以通过改变货币量来控制市场利率,进而对投资、就业和国民收入产生影响。同时,凯恩斯也指出,当利率降至某一很低的水平时,所有的人都预期利率将迅速上升,持有债券会遭受很大损失,因而人人都希望持有货币。这时,货币无论如何增加,均有对货币的需求产生,货币需求成为完全弹性。这就是所谓的"流动性陷阱"。与"流动性陷阱"相反的是所谓的"古典区域"。即当利率高达某一水平时,人们普遍预期利率将下降,债券价格将上涨,因而货币将全部转为债券,此时对货币的投机需求为零。这就是说,在一般情况下,货币供给增加,利率下跌,对货币需求增加;在"流动性陷阱"区域,货币供给无论怎么增加,都会被灵活偏好所吸收,从而使中央银行企图通过增加货币供给降低利率刺激投资的政策完全失效;相反,在"古典区域",人人都逃避通货,除非利率有所改变,否则货币供给对货币需求的影响也非常困难。到此,我们可以进一步看出凯恩斯货币需求理论的政策指导意义。

(四)现代货币数量理论

1. 弗里德曼的货币需求函数

弗里德曼在《货币数量说的重新表述》(*The Quantity of Money—A Restatement*)一文中,对货币数量说有新的解释。他承袭了剑桥学派现金余额说的传统,但他认为货币数量

说并非关于产量、货币收入或物价的理论,而是货币需求理论。通过对影响货币保有量,即货币需求量的各种因素的深入分析提出了他的货币需求函数。

弗里德曼认为影响人们的货币保有量的因素有:财富的总额;物质财富占总财富的比率;人们保有货币及其他资产时所预期的收益率;与保有货币所得到的效用及影响这种效用的收入以外的其他各种因素。用函数表示为

$$M_d = M_d/P = f(Y;W;R_m;R_b;R_e;1/p \cdot dp/dt;U) \quad (11.4)$$

其中,Y 表示恒久收入或财富总值,包括货币在内的各种资产的集合,它是一个较长时期的收入水平,不是年度收入;W 表示非人力财富在总财富中所占的比例,即物质资料在财富中所占的比例,亦即财富的结构;R_m 表示货币的预期收益率;R_b 表示债券的预期变化率;R_e 表示股票的预期收益率;$1/p \cdot dp/dt$ 表示价格水平的预期变化率,即物价的变动率;U 代表其他影响实际货币需求量的各种各样的因素。

在式(11.4)中,个体永久收入的上升将导致资产需求的上升。永久收入和实际货币余额需求正相关。R_b、R_e 分别代表了预期超额回报率,也就是持有货币的机会成本,机会成本越高实际余额需求越小,因此,这两个变量与实际余额需求负相关。$1/p \cdot dp/dt$ 代表了相对于持有货币而言持有水平的预期超额回报率,$1/p \cdot dp/dt$ 上升,个体将更多地选择持有商品而不是货币,因此,该变量同实际余额需求负相关。

2. 弗里德曼的货币需求理论

弗里德曼认为,货币作为资产形式之一,是持有财富的一种方式,是一种资本品。对消费者来说,货币能提供一系列劳务和效用,包括方便、安全和对消费品及劳务的支配。对企业来说,货币是一种资本品,能提供生产性效用。因此,人们对货币的需求与对其他物品及劳务的需求并没有本质的区别,因为货币都为人们提供了效用。根据消费者选择理论,弗里德曼认为,货币需求取决于以下因素:

第一,总财富。弗里德曼认为,总财富在货币需求中的作用类似于一般消费者选择理论中的预算约束,它决定着货币需求总量的限度。弗里德曼认为,财富是收入的源泉,因而能够创造收入的因素都应包括在总财富中。这样,不仅货币、债券、股票、实物资产等非人力资本是财富,而且个人将来获得收入的能力,包括一切先天和后天的才能与技术的人力资本也是财富。财富的大小可视为收入的资本化价值。即若以 Y 表示收入流量总额,r 表示财富存量与收入流量之间的贴现率,那么,总财富就为 Y/r。这里的收入 Y,不是现期收入,而是恒久性收入,它是消费者所预期的其人力财富和非人力财富在相当长的时期内所能获得的平均收入。可将恒久性收入理解为大致相当于一个人过去、现在和将来的获得收入的平均数。恒久的收入具有一定的稳定性,是制约人们对货币需求的重要因素之一。

第二,持有货币的机会成本。人们以货币形式保存其财富,那么其放弃的以其他形式的资产保存其财富的收益就成为持有货币的机会成本。这些机会成本的高低自然会影响人们对货币的需求。债券、股票和实物资产是货币的主要替代品,这三种资产的收益就成为具有代表性的持有货币的机会成本。

第三,非人力财富在总财富中所占的比重。这个因素之所以影响货币需求,是因为虽然人力财富和非人力财富之间存在着相互转换的关系。但是,这种转换常常是受到严格

限制的。例如，人力财富在劳动需求很低时，是难以获得收入的。因而，如果非人力财富在总财富中所占比例越小，则为人力财富获取收入的可能性很低时做好准备的必要性就越强，对货币的需求也就越大。

第四，财富所有者对不同形式财富所提供效用的嗜好与偏好。上述嗜好与偏好，一般应视为不变，但当客观环境变动时，也有可能变动，如在社会动荡不安时，以货币形式保持的财富的比例就会增大。所以，此类嗜好与偏好的变动也会影响货币需求。

现代货币数量理论认为，只要货币需求函数稳定，货币供应量的变化就将引起价格水平的变化；由于货币具有作为商品的媒介的功能，使它具有很高的生产性，这种生产能力同现金余额持有量的实际规模直接有关，因而确定了资本存量规模，M/p 的扩张就会增加总产出。任何理论的成立都包含一定的前提假设，现代货币数量理论也不例外。这里我们不打算探讨其理论自身的前提假设，而是要着重揭示现代货币数量论隐含的前提假设，即：市场经济发达，资本市场是完善的；经济运行中各经济主体产权边界清晰，行为独立。正是在这一系列假定前提下，货币主义者得出了上述现代货币数量论的基本结论——价格水平会随货币量的增加而上升；实际货币量的增加会导致实际产出的增加，即增加货币即可促进经济发展。

弗里德曼所创立的现代货币数量理论为我们提供了包括中国在内的发展中国家促进经济发展的另一个视角。

第三节　货币供需均衡

货币需求理论和货币供给理论是货币经济学的基石。货币需求和供给的相互作用决定了价格水平，进而通过价格水平影响到通货膨胀率、名义利率和产出消费及劳动投入。

一、货币均衡的判断

(一)货币均衡与非均衡

均衡是由物理学中引入经济学的一个概念，用于描述市场供求相适应的状态；失衡也称为非均衡，即指市场供求不相适应的状态。

1. 货币均衡的含义

通过对均衡和非均衡概念的界定，可以得出货币均衡的含义包括以下几点。

(1)货币均衡是货币供需作用的一种状态，是货币供给与货币需求的大体一致，而非数量上的完全相等；货币供需完全相等只是一种偶然的现象。若以M_d 表示货币需求，以M_s 表示货币供给，则货币均衡可以表示为

$$M_d = M_s$$

(2)货币均衡是一种动态过程，它并不要求货币供需间的可接受的不一致状态。但在长期内是大体一致的。可能存在着过大的货币需求，但货币供给短缺；也可能是相对于货币需求来说，货币供给过多。

把价格水平变动的因素考虑在内，假若价格水平提高，名义收入水平提高，名义货币需求相应增加；价格水平下降，则名义货币需求相应减少。如果货币当局不相应调整名义

货币供给,货币非均衡的局面就会出现。从另一个角度分析,名义货币需求的增减变化如果只是由于价格水平的波动引起的,实际货币需求的增减变化如果只是由于价格水平的波动引起的,实际货币需求并不会因之改变。这时,如果名义货币供给量不变,当物价水平提高时,意味着实际货币供给量减少;物价水平下降时,则数额增大。对应着并未改变的实际货币需求,同样也说明货币的非均衡。

(3)在现代经济运行中,货币均衡在很大程度上反映了国民经济的总体均衡状况。这是因为,货币不仅仅是现代经济中商品交易的媒介,而且其本身还是国民经济发展的内在要求;货币供需相互作用制约并反映了国民经济运行的全过程,有机地将国民经济运行与货币供需作用联系在一起。在所分析的时期内,国民经济的运行状况势必要通过货币均衡与否的状况反映出来。

2. 货币非均衡的表现及形成原因

在现实经济生活中,绝对的货币均衡是不常见的,货币失衡反而是一种常见的经济现象。当货币供给量与客观经济过程对货币的需求不一致时,就出现了货币失衡现象。货币失衡有三种情况:货币供给过多、货币供给不足以及结构型货币失衡。关于货币供给量的经济总体,一般表现为物价上涨和强迫储蓄。假设货币市场原本处于均衡总体,若货币供给量超出了经济运行对货币的客观需求量,则均衡被打破,只有通过物价的上涨吸收过多的货币,使货币供求在较高的价格水平上恢复均衡,这是一种带有破坏性的强制性均衡;直接或间接的强制储蓄都是强制均衡,过多的货币并不会消失,压力始终存在。造成货币供给大于货币需求的原因主要是政府发生财政赤字而向中央银行透支。政府财政收支若发生赤字,在中央银行没有事先准备的条件下,政府财政的投资会迫使中央银行增加货币发行,从而导致货币供给量增加过量,造成货币供需失衡。一种常见的情况是,在经济发展过程中,由于政府的高速经济增长政策迫切地需要货币来支撑,在中央银行无足够的货币资本实力的情况下,银行信贷规模不适当扩张,从而导致货币供给大于需求的货币失衡现象。

(二)货币均衡和非均衡的判别标志

1. 货币供求均衡的标准

货币均衡不是简单的货币供给与货币需求的均衡,而是货币供给与货币必要量的均衡。货币均衡也不是货币供给简单地适应某个既定的货币必要量而实现的均衡,是在货币供给量与货币必要量的相互作用中实现的货币均衡,是一种动态均衡。

2. 货币供求均衡的实现条件

货币供求要实现均衡,既要有均衡的利率水平又要有均衡的国民收支。

(1)均衡的利率水平。

所谓均衡的利率水平是指在货币供给既定的条件下,货币需求正好等于货币供给时的利息率。均衡利率是货币均衡的重要条件。均衡利率水平的形成是由货币供求的条件决定的。货币供不应求,利率上升;货币供过于求,利率下降。同样的道理,适当调节利率水平,就可以有效地调节货币供求,使其处于均衡状态。例如,当货币需求大于货币供给时,适当提高利率水平,可减少货币需求。当货币需求小于货币供给时,适当降低利率水平,以刺激投资并增加国民收入。而收入水平的提高,将增加对货币的需求,从而使货币供求处于均衡状态。

(2)均衡的国民收支。

一定时期内的国民收入经过企业的初次分配之后,还要经过财政和银行的再分配,最终形成积累基金和消费基金。只要这两部分基金形成的国民支出与同期国民收入均衡,货币供求就处于均衡状态。

3. 货币供求均衡的标志

货币供求均衡的标志主要有以下三点:①利率反应敏感。②市场物价稳定。③商品供求平衡。

4. 货币非均衡

货币非均衡,即货币失衡,是指一国一定时期内货币供给与货币需求基本不相适应,也就是 $M_s \neq M_d$。

货币失衡的表现形式有:

$M_s > M_d$ 通货膨胀

$M_s < M_d$ 通货紧缩

二、货币供给、货币需求与社会总需求、社会总供给的关系

(一)货币供给与社会总需求的关系

社会总需求是指一国在一定的支付能力条件下全社会对生产出来供最终消费和使用的商品与劳务的需求的总和,也就是社会的消费需求和投资需求的总和。任何需求都是以一定的货币量作为载体的,故社会总需求决定于货币的总供给。总需求指的是有效需求,即有支付能力的需求,如果没有货币供给,有效需求就无从产生。因此,货币供给决定并制约社会总需求。货币供给增加,社会总需求增大;货币供给减少,社会总需求减少。货币供给量的变化在保持国民经济持续、稳定发展和社会总供给与社会总需求的平衡中起重要作用。如果货币供给过多,就会造成消费需求和投资需求的膨胀,从而导致通货膨胀;如果货币供给不足,则消费需求和投资需求就不能实现,致使经济萎缩。

社会总需求的构成通常有以下四项:消费需求、投资需求、政府支出、出口需求。政府支出也可分解为投资支出和消费支出,把国民经济作为一个整体来考察时,出口需求这部分可以略去。

总需求的实现手段和载体是货币,而货币供给都是通过银行体系的资产业务,其中主要是贷款活动创造出来的。因此,银行贷款活动调节货币供给规模,货币供给规模又直接关系到社会总需求的扩张水平。

然而,并不能保证的货币供给和货币需求可以保证产出得以出清并充分发挥其作用。可能出现两种情况:一种是企业与个人有过多的货币积累,不形成当期的货币需求,而又没有提供相应的货币供给,这就会形成总需求的不足;另一种情况是,扩大投资与提高消费的压力过强,或产生赤字,要求提供不纯的货币予以弥补,或银行不得不扩大信贷,直接投放过多的货币。结果货币供给过多从而造成总需求过旺的局面。

(二)社会总供给与货币需求的关系

社会总供给是指一国在一定时期内提供的全部供最终消费和使用的商品与劳务的

总和。

货币不仅是社会再生产连续不断进行的条件，也是社会总供给实现的媒介。从宏观角度看，一个经济体系可以简化为两个方面：商品、服务越多的方面和货币越多的方面。货币方面的任务就是提供货币与实际部门资源的对流保证商品服务的正常运转。经济体系中到底需要多少货币，从根本上说，取决于有多少实际资源需要货币实现其流转并完成生产、交换、分配和消费相互联系的再生产流程。这是社会总供给决定货币需求的基本理论出发点。

然而，宏观的货币需求通过微观主体对货币的需求才能直接引出货币供给；能否使货币供给为流通所吸纳，也取决于微观主体对货币的需求。企业有紧迫的投资需求，有更多的货币需求，则往往超出收入提供的可能去争取追加的货币；反之，投资的需求较小，不那么需要货币，则收入的货币就会变为储存。个人的消费需求，是旺盛还是疲软，对货币的需求也会引出类似的现象。当然，无论是企业的货币需求还是个人的货币需求，从总体上受制于总供给。总供给决定收入，而收入是货币需求函数的决定性自变量。对宏观微观均如此。因为微观主体的货币需求具有独立性，因此，微观主体的可实现的货币需求的总和实际上并不总是等于由社会总供给决定的货币需求量。

三、中央银行对货币供求的调节

中央银行可使用货币政策工具来调节货币供求。货币政策工具可分为一般性政策工具和选择性政策工具。

（一）一般性政策工具

一般性货币政策工具是中央银行运用最多的传统工具，包括存款准备金政策、再贴现政策和公开市场政策，统称中央银行的“三大法宝”。

（二）选择性政策工具

传统的三大货币政策都是通过调节货币总量以影响整个宏观经济的。在一般性政策工具之外，对某些特殊领域的信用加以可选择的调节和影响的措施主要有以下几种。

1. 消费者信用控制

消费者信用控制是指中央银行对不动产以外的各种耐用消费品的销售融资予以控制。其主要包括：①规定分期付款购买耐用消费品时第一次付款的最低金额。②规定用消费信贷购买商品的最长期限。③规定可用消费信贷购买的耐用消费品种类，对不同消费品规定不同的信贷条件等。在通货膨胀时期，中央银行采取消费信用控制能起到抑制消费需求和物价上涨的作用。

2. 不动产信用控制

不动产信用控制是指中央银行对金融机构在房地产方面放款的限制措施，以抑制房地产的过度投机。如对金融机构的房地产信贷规定最高限额、最长期限以及首付款和分摊还款的最低金额等。

3. 证券市场信用控制

证券市场信用控制是中央银行对有关证券交易的各种贷款进行限制，目的在于抑制过度投资。如规定一定比例的证券保证金率，并随时根据证券市场的状况加以调整。

4. 预缴进口保证金

预缴进口保证金类似证券保证金的做法，即中央银行要求进口高预缴相当于进口商品总值一定比例的存款，以抑制进口的过快增长。

5. 优惠利率

优惠利率是中央银行对国家重点发展的经济部门或产业，如出口工业、农业等所采取的鼓励措施。优惠利率不仅在发展中国家多有采用，发达国家也普遍采用。

（三）其他政策工具

1. 直接信用控制

直接信用控制是指中央银行对金融机构的信用活动进行直接控制。例如，规定利率的最高限，对商业银行的信贷实行规模控制，规定商业银行的流动性比例等。

2. 间接信用控制

间接信用控制是指中央银行通过道义劝告、窗口指导等办法直接影响商业银行的信用创造。

本章小结

1. 货币供给是一个动态概念，指一国在某一时点上为社会经济运行服务的货币量，它由包括中央银行在内的金融机构供给的货币存款和现金货币两部分组成。

2. 货币供应量是一个静态的存量概念，是指社会上现存的货币数量，是由政府、企事业单位、社会公众所持有的、由银行体系所供应的债务总量。货币供应量是一个外生变量。

3. 存款创造是指商业银行体系通过贷款、投资、贴现等业务活动，创造出多倍于原始存款的派生存款的过程。商业银行存款创造需要两个基本条件，一是实行部分准备金制度；二是银行借款人不完全现金提取。

4. 基础货币是指中央银行对社会公众的负债总额，包括流通中的现金货币及商业银行存款准备金。货币乘数是说明货币供给总量与基础货币之间关系的系数。

5. 货币需求是指在一定时期内，社会各阶层（个人、企业单位、政府）愿意以货币形式持有财产的需要。

6. 中央银行可使用货币政策工具来调节货币供求。货币政策工具可分为一般性政策工具和选择性政策工具。

【思考与练习】

一、名词解释

货币供给　货币供给量　货币需求　存款创造　基础货币　货币乘数

二、简述题

1. 比较名义货币需求与实际货币需求。

2. 中国是怎样划分货币层次的？

3. 简述存款货币的创造过程。
4. 你认为货币供给量是外生变量还是内生变量？
5. 谈谈你对乔顿货币乘数模型的理解。

三、论述题

请论述中央银行如何调节货币供求关系。

第十二章　货币供求失衡及其治理

【学习目标】

1. 了解通货膨胀的类型及其相关理论。
2. 掌握通货膨胀的成因与经济效应。
3. 掌握通货膨胀的常规治理措施。
4. 掌握通货紧缩的成因及治理措施。

【案例导入】

14 世纪中叶，欧洲普遍出现了温和的通货膨胀。在 3 年的时间里，物价至少翻了一番。作为通货膨胀，这一时期并不引人注目，值得重视的是它的背景——黑死病。这是一种能致人猝死的病疫。在当时，此病夺走了 2 000 万人的生命，相当于当时整个欧洲人口的 1/3。在病疫流行期间，商品的价格出现了突然的、短暂的下降。原因很明显，人口锐减导致需求下降，而流通中的货币及商品存量基本不变，幸存者的需求却是有限的。随着疫情的过去，物价又回升了。原因是储存消耗殆尽，同时由于人口减少，产量随之下降——因为生产者的生活条件恶劣，因而生产人员减少的数量远大于有稳定需求的富人。

第一节　通货膨胀概述

当货币的需求与供给失去平衡，就将产生两种不良的经济现象，即通货膨胀和通货紧缩。无论哪种失衡的现象出现，都将对整个经济产生较大的影响。当然，由于程度的不同，影响也不尽相同。

一、通货膨胀的定义

人们对通货膨胀进行了大量研究，并对相关问题达成了一些共识，但分歧仍然很多，仅就通货膨胀这个最基本的问题而言，就有多种界定。目前，被很多经济学者接受的一个定义是从描述表面现象的角度来叙述的：通货膨胀是一般物价水平持续明显上涨的过程。换句话说，通货膨胀是一个纸币价值持续贬值的过程。这个含义包含以下几个要点。

(1)通货膨胀是一种货币现象，即如果不存在货币，不出现货币供应过多，就不会有通货膨胀。虽然通货膨胀产生的原因多种多样，但直接原因却是货币供应量超过货币需求量，即货币供应过多。至于货币供应过多是货币供应的原因，还是货币需求方面的原因，还是这两种因素共同导致，或者有其他方面的因素导致，这都不重要，这里所要明确的是只有在货币供应过多的条件下才会出现通货膨胀。

(2)一般物价水平是指商品、服务价格总水平，而不是某种或某类商品、服务的价格。同时不包括股票债券等金融资产价格。

(3)价格水平的上涨必须是持续的过程。偶然性的、间歇性的或季节性的物价上涨不能称为通货膨胀。对于价格要持续上涨多长时间才能称为通货膨胀,并无一致意见。

(4)强调价格水平上涨明显。一般物价水平上涨到何种程度才可以称得上通货膨胀,属于主观判断,一般认为,涨幅低于1%则不能称为通货膨胀。

(5)一般物价水平的上升意味着货币购买力的下降,因此只要出现通货膨胀,货币就必然贬值。

二、通货膨胀的度量

世界上大多数国家主要采用消费物价指数、批发物价指数、国民生产总值平减指数度量通货膨胀。

(一)消费物价指数

居民消费物价指数(Consumer Price Index,CPI)用于反映家庭和个人消费的商品及劳务价格的变化情况,是各国政府根据本国居民消费的若干种主要食品、衣物和其他日用消费品的零售价格以及水、电、住房、交通、教育、医疗、娱乐等服务的价格加权平均计算出来的。居民消费价格指数除了反映消费品的价格变动之外,还反映了服务项目价格的变动,能够更全面、真实地反映市场价格的实际变动状况。消费物价指数的资料容易搜集,公布次数较为密集。同时由于公众对消费品价格的变动极为敏感,所以能够及时反映消费品供求的对比关系及价格走势的变动。但居民消费物价指数不包括公共部门消费产品、用于生产的资本品以及进出口商品和劳务的价格变动情况,且当消费品由于商品或服务品质改善而提高价格时,该指数会夸大物价上涨幅度。

(二)批发物价指数

批发物价指数(Wholesale Price Index,WPI)是以大宗批发交易为对象,根据制成品和原料的批发价格编制而成的指数。该指数反映了企业经营成本的变动,通常可以参考该指数的变动预测消费指数的变化。

批发物价指数的优点是对商业周期反应较为敏感,缺点是其统计的产品范围更窄,不包括劳务产品在内,而且统计的环节主要是生产和批发环节,不包含消费领域,以其判断总供求容易失真。

(三)国民生产总值平减指数

国民生产总值平减指数(Gross National Product Deflator,GNP 平减指数)是指按当年价格计算的国民生产总值(即名义 GNP)与按固定基期价格计算的国民生产总值(即实际 GNP)的比率。

GNP 平减指数覆盖面最广,全面反映了所有最终产品和服务的价格变动情况,包括消费品、劳务、资本品及进出口商品等。同时,GNP 平减指数是全样本组合且其权重会自动随着时间的变动而调整,从而避免了物价指数由于样本及权重固定可能出现的误差。此外,不同国家之间前两种价格指数的统计口径和计算方法存在诸多差异,而 GNP 平减指数则较为统一,因而更具可比性。GNP 平减指数的缺点是资料收集比较困难,而且一般一年只统计一次,不能迅速反映通货膨胀的变动趋势。

三、通货膨胀的分类

(一)按通货膨胀的表现形式

按通货膨胀的表现形式不同,可划分为公开型通货膨胀和隐蔽型通货膨胀。

(1)公开型通货膨胀是指在较为完善的市场机制条件下,由于价格对供求反应灵敏,过度需求通过价格的变动得以消除,通货膨胀通过一般物价上涨形式表现出来。

(2)隐蔽型通货膨胀也称为抑制型通货膨胀,是指表面上货币工资没有下降,物价总水平也未提高,但居民实际消费水准却下降的现象。隐蔽型通货膨胀通常发生在集中计划体制下,当经济中已经积累了难以消除的过度需求压力,但由于政府对商品价格和货币工资进行严格控制,过度需求不能通过物价上涨而吸收,商品供不应求表现为计划供给、有价无货、凭票排队购买、黑市猖獗、价格不变但质量下降等,甚至由于购买力无法实现而出现强制储蓄。20 世纪五六十年代,大多数发展中国家都出现了较严重的隐蔽型通货膨胀。

(二)按通货膨胀的程度

按通货膨胀的程度可划分为爬行的或温和的通货膨胀、奔腾式通货膨胀、恶性通货膨胀或超级通货膨胀。

爬行的或温和的通货膨胀是指价格总水平的上涨率在 10% 以内,甚至不超过 2% ~ 3%。奔腾式的通货膨胀是指物价总水平上涨率在两位数以上,且发展速度很快。恶性通货膨胀或超级通货膨胀指物价上升特别猛烈,上涨率达到三位数甚至四位数,且呈加速趋势。这种划分方法以人们的经验为依据,因而会随实际经济发展变化不断受到挑战。

大体而言,爬行的或温和的通货膨胀发展较缓慢,短期内相对价格不会出现严重的不协调现象,货币幻觉的存在使其不易觉察,经济生活中没有形成通货膨胀预期,所以往往会促进经济增长;奔腾式通货膨胀表现为物价上涨速度快、幅度大,币值损失严重,市场价格扭曲,货币持有量急速下降,大量商品被囤积,信贷市场萎缩。在恶性或超级通货膨胀下,物价上升非常猛烈,且呈现加速趋势,价格信号完全失真,正常的生产经营难以运行,商品市场陷入混乱;信贷市场出现居民不愿储蓄、银行被迫提高利息,加之逆向选择的存在,银行系统风险逐步累积,严重时可引发突发性挤兑银行的风潮,或者出现资本替代,原有货币流通体系难以维持,社会动荡不安,经济严重倒退。

(三)按照通货膨胀过程是否被经济主体预见到

按照通货膨胀过程是否被经济主体预见到,可将通货膨胀分为预期的通货膨胀和非预期的通货膨胀。

前者指通货膨胀的过程被经济主体预见到,并根据预期采取各种补偿性行动从而引发物价和工资呈现螺旋式上升运动;后者指通货膨胀未被经济主体预见到,物价在不知不觉中上升。通常认为,只有非预期性通货膨胀才具有真实效应,可以带来收入和财富的再分配,而预期性通货膨胀则没有,因为经济主体已经采取相应措施抵消其影响。

四、通货膨胀的相关理论

(一)货币数量理论

货币学派的思想渊源是资产阶级经济学中的传统货币数量说,这一货币数量说的核心论点是:物价水平的高低和货币价值的大小是由一国的货币数量所决定的,物价水平与货币数量成正比变化。

货币数量说的思想萌芽早在古罗马就出现了,古罗马的法学家鲍鲁斯就曾发表过货币价值取决于货币数量的观点。但是,货币数量说的创造人被认为是近代法国重商主义者波丹,他将16世纪下半叶的物价上涨,归因于金银数量太多,并认为金银的价值与一般商品的价值相同,它的数量增加会使人们降低对它的估价,它的价值既然被低估,那么与它所交换的商品的价值就相对上涨了,用货币来表示的商品价值也就上涨了。以后,英国古典政治经济学家约翰·洛克和大卫·休谟进一步发展了货币数量说。洛克认为,货币的价值是由其供给数量决定的,货币供给数量的增加必然使币值降低;休谟则认为,金银作为货币,只有在交换过程中,才能体现其价值。

20世纪初,货币数量说在英美等国得到了进一步的发展,美国经济学家凯默尔和费雪提出了"现金交易数量说";英国经济学家马歇尔和庇古提出了"现金余额说"。

关于货币数量理论,本书第十一章第二节已有论述,在此不再赘述。

(二)核心通货膨胀理论

任一时期的通货膨胀,总是总需求曲线(AD)向右上方移动,或总供给曲线(AS)向左上方移动共同作用的结果,换一种说法,决定通胀率的因素可以分解为两大组成部分:其一是总需求超过了潜在的总供给;其二是来自供给方面的产品成本增加或"加成定价"的利润加成数增加。但是,到20世纪60年代后期,特别是1973~1975年出现"滞涨"以后,西方经济学家发现,上述两种因素已不能解释美国和西方其他发达国家当前的通货膨胀,由此提出核心通货膨胀这一概念作为有别于需求因素和成本因素对通货膨胀率的决定有重大影响的第三个因素。

所谓核心通货膨胀,实际上是指经济主体在其行动决策中有关未来可能出现的情况的预期,故又称预期通货膨胀。具体说,核心通货膨胀表达了在当前市场结构条件下,市场上劳资双方对将来的价格和成本的预期和预测,表达了产品成本增长的长期趋势;表达了一旦启动便持续地进行下去,故有惯性通货膨胀之称;表达了即使在供求平衡的条件下,单是经济主体的预期这个因素,只要货币当局"批准"这种预期,提供必要的货币流通量,物价也会上涨,并且持续上涨,故有基础的通货膨胀之称。

(三)菲利普斯曲线

1958年,新西兰经济学家菲利普斯在研究了1861~1957年的英国失业率和货币工资增长率的统计资料后,提出了一条用以表示失业率和货币工资增长率之间替换关系的曲线,在以横轴表示失业率(U),纵轴表示货币工资增长率($\hat{P}$)的坐标系中,画出一条向右下方倾斜的曲线,这就是最初的菲利普斯曲线,如图12.1所示。

以萨缪尔森为代表的新古典综合学派随后把菲利普斯曲线改造为反映失业和通货膨

胀之间的关系，用来解释通货膨胀。新古典综合学派对最初的菲利普斯曲线加以改造的出发点在于货币工资增长率、劳动生产率和通货膨胀率之间的关系，即

通货膨胀率 = 货币工资增长率 - 劳动生产率

根据这一关系，若劳动生产的增长率为零，则通货膨胀率就与货币工资增长率一致。因此，经改造的菲利普斯曲线就表示了失业率（SPC）与通货膨胀率（LDC）之间的替代关系，即失业率高，则通货膨胀率低；失业率低，则通货膨胀率高，如图 12.2 所示。

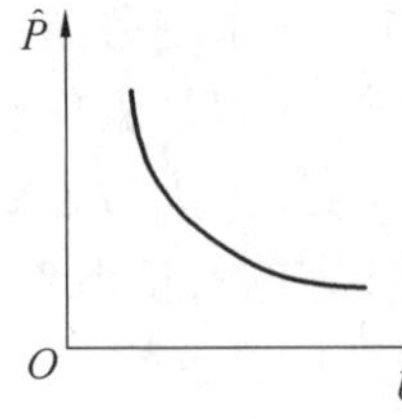

图 12.1　菲利普斯曲线

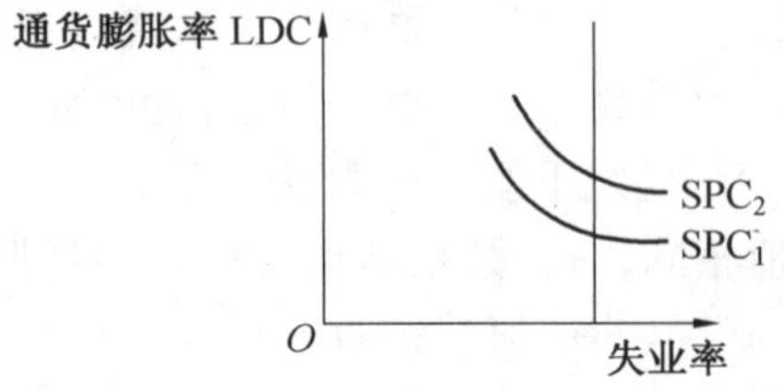

图 12.2　失业率与通货膨胀率的关系

1968 年，美国经济学家弗里德曼指出了菲利普斯曲线分析的一个严重缺陷，即它忽略了影响工资变动的一个重要因素：工人对通货膨胀的预期。弗里德曼指出，企业和工人关注的不是名义工资，而是实际工资。当劳资双方谈判新工资协议时，他们都会对新协议期的通货膨胀进行预期，并根据预期相应地调整名义工资水平。根据这种说法，人们对通货膨胀的预期越高，名义工资增加越快。由此，弗里德曼等人提出了附加预期的菲利普斯曲线的概念，根据以上说明，为了显示预期通货膨胀的重要性，将菲利普斯曲线方程改写为

$$(\Pi - \Pi_e) = -\varepsilon(U - U')$$

其中，Π 表示通货膨胀率；Π_e 表示预期的通货膨胀率；U 代表失业率；U' 表示自然失业率；参数 ε 衡量价格对失业率的反映程度。附加预期的菲利普斯曲线有一个重要的性质，就是当实际通货膨胀等于预期通货膨胀时，失业率处于自然失业率水平。附加预期的菲利普斯曲线表明，在预期的通货膨胀率低于实际的通货膨胀中，失业率与通货膨胀率仍存在替代关系。

（四）一价定律

一价定律即绝对购买力平价理论，它是由货币学派的代表人物弗里德曼提出的。一价定律可简单地表述为：一国内部的商品可以分为两种类型：第一种商品在区域间的价格差异可以通过套利活动消除，我们称之为可贸易商品；第二种是不可移动的商品以及套利活动交易成本无限高的商品，主要包括不动产与个人劳务项目，其区域间的价格差异不能通过套利活动消除，我们称之为不可贸易商品。如果不考虑交易成本等因素，同种可贸易商品在各地的价格都是一致的，可贸易商品在不同地区的价格之间存在的这种关系可以称为“一价定律”。以同一货币衡量的不同国家的某种可贸易商品的价格应是一致的，这就是开放条件下的“一价定律”。

第二节　通货膨胀成因

通货膨胀的形成具有多样性，可通过对需求拉上型通货膨胀、成本推进型通货膨胀、供求混合型通货膨胀、结构型通货膨胀等类型的分析来理解。

一、需求拉上型通货膨胀

在西方经济学中，"需求拉上"论是产生最早、流传最广、影响力最大的通货膨胀理论。在 20 世纪 50 年代中期之前，"需求拉上"说几乎为所有经济学界所接受，此后，尽管各种新的理论层出不穷，但其仍不失原有的统治地位，只是知识理论结构和分析方法与之前大不相同了。

需求拉上型通货膨胀，一般定义为社会总需求超过社会总供给，从而导致物价上涨。这一理论有两种类型：凯恩斯学派的过度需求论和货币学派的数量论。凯恩斯所处的时代，通货膨胀这一经济现象不是很普遍，对经济影响还不十分突出。在《就业、利息和货币通论》中，凯恩斯认为货币变动对物价的影响是间接的，影响物价的因素除货币量之外，还有成本单位和就业量等多种因素，货币数量的增加是否具有通货膨胀性，要视经济体系是否达到充分就业而定，具体有以下几点。

(1) 在达到充分就业分界点之前，货币量增加，就业量随有效需求增加而增加。"因为在该点之前，货币数量每增加一次，有效需求增加，故其作用一部分在提高成本单位，一部分在增加产量。"这种双重效果的原因之一是存在闲置的劳动力和生产资源，供给有弹性，增加有效需求有刺激产量增加的作用，此时，货币数量的增加不具有充分的通货膨胀，而是一方面增加就业量和产量，另一方面也使物价逐步上涨。这种情况，凯恩斯称之为"半通货膨胀"。

(2) 当达到充分就业以后，由于各种资源已经充分利用，供给无弹性，货币量增加后有效需求增加，但"已无增加产量之作用，仅使成本单位随有效需求同比例上升，此种情况，可称之为真正的通货膨胀"。

如图 12.3 所示，在充分就业的产量 Y_f点之前，总供给曲线 SS 具有价格弹性，向上倾斜，表示在价格上升的同时，可以诱导产量的增加。在达到 Y_f之后，SS 曲线变为垂直线，短期内，物价上升已无法刺激产量增加，需求增加只能引起"真正的通货膨胀"。

总需求量的增加并不一定是由于货币供应量的增加，凯恩斯在 1940 年出版的《如何筹措战费》一书中，又提出了"通货膨胀缺口"的概念，按其思路

私人可支配收入＝私人总收入－直接税

有效总需求＝私人可支配收入－私人储蓄

可供私人消费的商品和劳务总量＝实际产业水平－政府支出

通货膨胀缺口＝有效总需求－可供私人消费的商品或劳务总量

所以，无论是私人储蓄倾向降低，消费倾向提高，还是政府支出增加都会产生通货膨胀压力。

在凯恩斯学派的模式里，直接将政府支出包括在有效需求之内。除消费需求外，总需

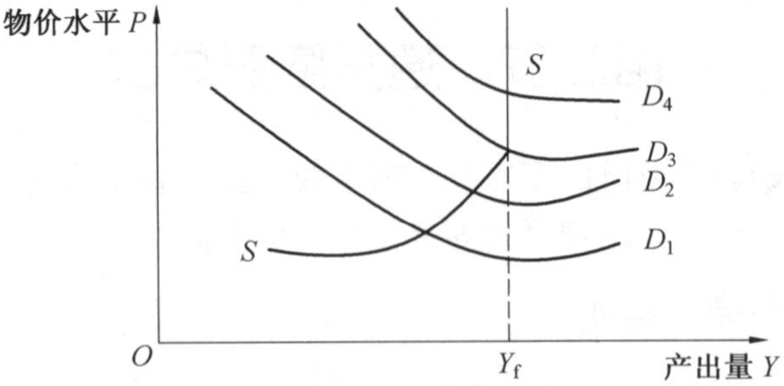

图 12.3 需求拉上型通货膨胀

求还包括投资需求和净出口。在总产出不变时，其中任何一项的自发增加都会产生通货膨胀缺口。

传统的货币数量说把货币数量看作决定一般物价水平的唯一因素。假设经济总量处在充分就业水平状态，货币数量的增加必然引起一般物价水平同比例上升或下降。以弗里德曼为代表的新货币数量说对传统理论进行了修改，但仍强调货币数量对通货膨胀的作用，认为"通货膨胀主要是一种货币现象，是货币量比产量增加更快造成的。货币量的作用为主，产量的作用为辅。许多现象可以使通货膨胀率发生暂时的波动，但只有当它们影响到货币增长率时，才产生持久的影响"。如果货币数量增长率超过产量的增长率，势必造成通货膨胀。一旦人们对这种物价上涨产生预期，整个经济就会陷入工资—物价循环上升的过程，致使通货膨胀愈演愈烈。

与凯恩斯学派的需求拉上说相比，货币学派的需求拉上说更强调货币供给量的变化对总需求的影响，并强调货币供给的外生性。凯恩斯学派的有效需求变化与货币供给量的增减之间并没有固定的因果关系。就是说，货币供给量的增减可以引起总需求的增减，从而导致一般物价水平的升降；反过来，有效需求中的项目也可以自发增加或减少，并通过一般物价水平的升降而使货币供给量或货币流通速度被动服从和适应需求的变化。而根据货币学派的理论，货币是一个独立的外生变量，其变动必先与物价变动而发生，货币量不是适应物价变动的内在因素，通货膨胀是一种货币现象并强调其预期的作用。

二、成本推进型通货膨胀

成本推进论者认为，通货膨胀的根源不是需求的增加，而是产品成本的上升。成本推进型通货膨胀就是在总需求不变的情况下，由于生产要素价格（包括工资、租金及利率等）上涨，致使产品成本上升，从而导致物价总水平持续上涨的现象。成本推进论者认为，生产成本的上升是通货膨胀的根源，而生产成本的上升主要是由于存在强大的、对市场价格具有操纵力量的团体。

成本推进型通货膨胀如图 12.4 所示。

在图 12.4 中，纵轴 P 表示物价水平；横轴 Y 表示产出。随着要素价格的提高，生产成本也不断上升，总供给曲线也由 SS_1 上升至 SS_2，再上升至 SS_3。在总需求不变的条件下，物价水平也由 P_1 升至 P_2，再由 P_2 上升至 P_3，与此同时，产出也由 Y_1 降至 Y_2，再由 Y_2 降至 Y_3。

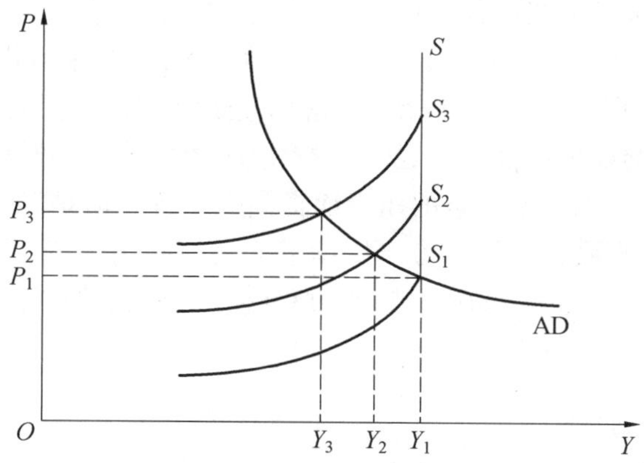

图 12.4　成本推进型通货膨胀

成本推进论者提出这一理论是为了解决 20 世纪 50 年代以后存在的“滞胀”现象。但该理论却遭到了以弗里德曼为首的货币学派的尖锐批评，认为它根本不能正确地说明通货膨胀的真实原因。弗里德曼认为，成本推进论的根本错误在于将个别商品的价格同一般物价水平混为一谈，把相对价格和绝对价值混为一谈，垄断企业或国际卡特尔组织影响的只是各自产品的价格，即相对价格，而不是绝对价格。只要政府不对由成本上升所引起的物价上涨做出增加供给量的反应，则物价的上涨只是一次性的，普遍的、持续的物价上涨是不可能的。因为，当某种商品价格上升以后，人们用在该种商品上的支出可能增加，但是在货币收入一定的条件下，用在一种商品上的支出增加，必然使其在其他商品上的支出减少。因此，一种商品价格的上升恰为其他商品的下跌所抵消，一般物价水平不可能上涨。但是，政府对由成本上升所引起的一次性物价上涨做出增加货币供给量的反应，则会导致持续性的物价上涨。总之，弗里德曼认为，造成通货膨胀的根源就是货币供给量过度增加，而生产成本的上升充其量只是起了一种诱惑作用。

经济学家们还进一步分析了促使商品成本上升的原因。

(1)现代经济中有组织的工会对工资成本具有操纵能力。工会要求企业提高工人的工资，迫使工资的增长率超过劳动生产增长率，企业则会因人力成本的加大而提高产品价格以转嫁工资成本的上升，而在物价上涨后工人又会要求提高工资，再度引起物价上涨，形成工资—物价的螺旋上升，从而导致“工资成本推进型通货膨胀”。

(2)垄断性大公司也具有对价格的操控能力，是提高价格水平的重要力量。垄断型企业为了获取垄断性利润会人为地提高产品价格，由此引起“利润型通货膨胀”。

(3)汇率变动引起的进出口产品和原材料成本上升，以及石油危机、资源枯竭、环境保护政策不当等造成原材料、能源生产成本的提高，都是引起成本推进型通货膨胀的原因。

三、供求混合型通货膨胀

供求混合论者将供求两方面的因素综合起来，认为通货膨胀是由需求拉上和成本推进共同起作用而引发的。他们认为，在现实的经济社会中，很难分清通货膨胀究竟是需求拉上造成的还是成本推进造成的,单纯将通货膨胀的原因划分为"需求拉上"或"成本推进"都是不正确的。通货膨胀既有来自需求方面的因素,又有来自供给方面的因素,即所谓"拉中有推,推中有拉"。例如,通货膨胀可能从过度需求开始,但由于需求过度所引起的物价上涨会促使工会要求提高工资,因而转化为成本(工资)推进的因素。另外,通货膨胀也可能从成本开始,如迫于工会的压力而提高工资等。但是,如果不存在需求和货币收入的增加,这种通货膨胀过程是不可能持续下去的。因为工资上升会使失业增加或产量减少,结果将会使"成本推进"的通货膨胀过程终止。可见,"成本推进"只有加上"需求拉上"才有可能产生持续性的通货膨胀。

四、结构型通货膨胀

结构型通货膨胀论者认为,通货膨胀是在总需求和总供给大体处于平衡状态时,由于经济结构方面的因素所引起的物价持续上涨。结构型通货膨胀又分为以下几种。

(1)需求结构转移型通货膨胀。即在总需求不变的情况下,某个部门的一部分需求转移到其他部门,而劳动力及其他生产要素却不能及时转移。这时,需求增加了的部门工资和产品价格上涨,而需求减少了的部门的产品价格却未必相应下降,结果导致物价水平的上升。

(2)部门差异型通货膨胀。英国肯特大学的萨尔沃教授用部门间的差异来解释结构型通货膨胀。他认为,一般来说,产业部门生产率的增长快于服务业部门生产率的增长,但两大部门的货币工资增长速度却相同,而且,这种增长速度是由产业部门生产率的增长速度所决定的,结果,服务业的货币工资增长速度超过其生产率的增长速度。于是,劳动力便逐渐从产业部门转向服务业部门,导致产业部门的劳动力减少,产出下降。产业部门的生产商为持续正常经营,只好通过提高工人的货币工资收入或福利等办法来吸引工人,从而使其产品成本上升。由于工资具有刚性,因此,服务业部门的货币工资不但不会因过多的劳动力的流入而下降,反而有可能继续以超过其生产率的增长速度增长,进而导致产业部门的生产成本上升,由此导致一般物价水平的上涨。

(3)斯堪的纳维亚小国型通货膨胀。挪威经济学家奥德·奥科鲁斯特将结构型通货膨胀同开放经济结合起来分析,创立了著名的"小国开放模式"。所谓"小国",不是根据国土和人口因素而言的,而是指该国在世界市场上只是价格接受者,而不能决定商品的国际价格。"小国开放模式"所要研究的是处于开放经济中的"小国",如何受世界通货膨胀的影响而引起国内通货膨胀的。该模式将一国经济分为两大部分:一是"开放经济部门",即产品与世界市场有直接联系的部门,如制造加工业等;二是"非开放经济部门",即产品与世界市场没有直接联系的部门,如服务业、建筑业等。由于"小国"在世界市场上是价格接受者,因此,当世界市场上的价格上涨时,其开放经济部门的产品价格会随之上涨。一旦开放部门的工资上涨后,非开放经济部门的工资也必然向开放经济部门看齐而提高,这样,就导致了"小国"全面的物价上涨,发生通货膨胀。

(4)落后经济的结构型通货膨胀。这种类型的通货膨胀主要发生在发展中国家。这种观点是拉丁美洲的结构主义经济学家提出的。他们认为,在发展中国家,由于落后、不合理的经济结构不适应经济发展的需要,尤其是农业、外贸和政府部门具有的制度性刚性,使物价水平随着经济发展一起上涨。

20 世纪 70 年代后,西方发达国家普遍经历了经济增长停滞和高通胀并存的“滞涨”局面。即在经济远未达到充分就业时,物价就持续上涨,甚至在失业年增加的同时,物价也上涨,此时,需求拉上理论无法对此进行解释,于是许多经济学家从供给方面寻找通货膨胀的成因,并提出了“成本推进论”。

第三节　通货膨胀的经济效应

通货膨胀产生的原因较多且很复杂,影响的范围也很广。通货膨胀的后果与效应波及整个宏观经济和微观经济活动,经济学家们对通货膨胀的经济效应持有不同的观点。

一、通货膨胀与经济增长

(一)促进论

促进论认为通货膨胀可以促进经济的增长。这是以弗兰克斯、西尔斯、巴依尔和泰勒等人为代表的结构主义者的看法。他们认为,在资本主义长期处于有效需求不足、生产要素尚未充分有效地使用、劳动者没有充分就业的情况下,实际经济增长率低于潜在的经济增长率。因此政府可以选择通货膨胀政策,实行财政赤字预算,扩大货币发行,增加政府的投资性支出,以扩大总需求,劳动供给增加,从而刺激经济增长。这样,由于投资乘数的作用,在通货膨胀的同时,实际产量也增加了。

对发展中国家来说,“促进论”以通货膨胀作为一种起强制储蓄作用的机制为前提。他们认为:①一个缺乏充分税收来源的发展中国家政府,可以把从中央银行借款作为财政融资的一种途径,政府将这种借款(通货膨胀性税收)用于增加实际投资,同时采取措施保证私人部门的投资不会相应减少,那么这种通货膨胀性融资就会由于增加了实际投资而促进经济增长。②在货币经济中,通货膨胀有利于社会高收入阶层的收入再分配,高收入阶层的边际储蓄倾向较高,因此通货膨胀通过提高社会储蓄率而促进经济增长。③公众对通货膨胀的预期调整较慢,工资上涨率会低于物价上涨率,工资低了,利润就会相应提高,因此,通货膨胀又可以提高私人部门投资,从而促进经济增长。

(二)促退论

促退论认为通货膨胀与经济负相关,不仅不会促进经济增长,还会损害经济的发展。认为通货膨胀必然会阻碍经济增长和导致低效率,这是因为:①较长时期的通货膨胀会增加生产性投资的风险经营成本,使生产性投资下降。②它会造成资金的过度需求,迫使金融机构加强信贷配额,降低金融体系的效率。③它会打乱正常的资金分配流向,使资金流向非生产部门,不利于经济的长期增长。④在社会公众对通货膨胀产生预期之后,政府可能会加强全国的价格管制,从而使经济运行更加缺乏竞争性和活力。

(三)中性论

中性论认为人们对通货膨胀的预期最终会综合它对经济的各种效应,因此,通货膨胀对经济增长既无正效应,也无负效应,它是“中性”的。

二、通货膨胀与收入再分配

在通货膨胀情况下，由于货币贬值，名义货币收入的增加往往并不意味着实际收入的等量增加，有时是实际收入不变甚至下降。如果人们忽视货币实际购买力的变化，而仅仅满足于货币名义的价值，则称为货币幻想。

由于社会各阶层收入如何来源极不相同，因此，在物价总水平上涨时，有些人的实际收入水平会下降，有些人的实际收入水平会提高。这种由于物价上涨造成的收入再分配，就是通货膨胀的收入分配效应。

通货膨胀引起的国民收入非正常再分配，会加剧分配不公。在物价持续上涨的时期，货币工资的提高相对于物价上涨，往往是滞后的。依赖固定收入的工薪阶层和退休人员工资的提高滞后于商品价格的提高，滞后时间越长，遭受通货膨胀损失也就越大；而一些非固定收入者，如商人则可以利用投机从通货膨胀中获利。

通货膨胀使债权人的资产货币价值大幅下降，成为通货膨胀的受害者，而债务人的负债则因通货膨胀使其实际负担减轻，成为通货膨胀的受益者。此外，从利息和租金取得收入的人，在通货膨胀中受到的损害也会比较严重。对政府来说，通货膨胀实际上是政府向公众加征的税收，即所谓的“通货膨胀税”。与此同时，只要存在着工资对于物价的调整滞后，企业的利润就会增加，那些从利润中分得收入的人都能得到好处。

三、通货膨胀的资产结构调整效应

资产结构调整效应也称财富分配效应。一个国家的财富资产由两部分构成：实物资产和金融资产。许多家庭同时还有负债，如汽车抵押贷款、房屋抵押贷款和银行消费贷款等。因此，一个家庭的财产净值是它的资产价值与债务价值之差。

在通货膨胀环境下，实物资产的货币值大体随通货膨胀率的变动而相应上升，通货膨胀率会发生时高时低的情况。金融资产则比较复杂，其中占相当大份额的股票，其发行量是可变的，在通货膨胀之下会呈上升趋势。但影响股市的因素较多，所以，股票绝不是通货膨胀中稳妥的保值资产形式。

至于货币债券债务的各种金融资产，其共同特征是有确定的货币金额，这样的名义货币金额并不会随通货膨胀是否存在而变化，显然，物价上涨，实际的货币额减少；物价下跌，实际的货币额增多。在这一领域中，防止通货膨胀损失的办法，通常是提高利息率或采用浮动利率。但在严重的通货膨胀情况下，这样的措施也往往难以弥补损失。

一般来说，小额存款人和债券持有人最易受通货膨胀的打击。至于大的债权人，不仅可以采取各种措施避免通货膨胀带来的损失，而且，大的债权人往往又是大债务人，可以享有通货膨胀带来的巨大好处。

四、恶性通货膨胀与社会经济危机

当物价中水平的持续上涨超过一定界限从而产生恶性通货膨胀时，就有可能引发社会经济危机。

恶性通货膨胀会使正常的生产经营难以进行。物价飞涨时，产品销售收入往往不足以补进必要的原材料；同时，地区之间物价上涨幅度极不均衡也是必然现象，这就会造成原有的商路被破坏，流通秩序紊乱；上涨的物价，使债务的实际价值下降，如果利息率的调整难以弥补由物价上涨所造成的货币债券损失，正常的信用关系也会极度萎缩。恶性通货膨胀是投机盛行的温床，而投机是经济体制的严重腐蚀剂。

恶性通货膨胀会引起突发性的商品抢购和银行挤兑的风潮，它所造成的收入再分配和人民生活水准的急剧下降则会导致阶级冲突的加剧，这往往会带来政治的动荡。

最严重的恶性通货膨胀会危及货币流通自身，纸币流通制度不能维持，金银贵金属会重新成为流通、支付的手段。

第四节　通货膨胀的治理政策

通货膨胀有各种不同的类型和各种不同的成因，而且对经济带来的破坏性作用是明显的，因此许多国家都深入研究和尝试提出治理通货膨胀的政策措施。这些措施主要包括以下几点。

一、货币政策

货币政策是最基本的宏观经济政策之一，也是治理通货膨胀的一个重要手段。运用货币政策来抑制通货膨胀主要是通过两条途径来实现：一是降低货币供应量的增长率，以压制总需求；二是提高利率，以抑制投资需求，并刺激储蓄增加，从而保证总需求与总供给的均衡。

二、财政政策

财政政策同货币政策一样，也是一种最基本的宏观经济政策，财政政策是通过调节财政收入和支出水平以实现既定的宏观经济目标的。运用财政政策治理通货膨胀有以下几种方式。

第一，增加税收，使企业和个人的利润和收入减少，从而使其投资和消费支出减少。

第二，削减财政支出，以平衡预算，消除财政赤字，从而消除通货膨胀的隐患。

第三，降低政府转移支付，减少社会福利开支，从而起到抑制个人收入增加的作用。

货币政策和财政政策主要是从需求方面抑制通货膨胀。

三、收入政策

收入政策主要是采取工资和物价管理政策，阻止工会和垄断企业这两大团体互相抬价所引起的工资、物价轮番上涨的趋势，其目的在于力图控制通货膨胀而又不致引起失业增加。

收入政策的理论基础主要是成本推进型的通货膨胀，因为成本推进型通货膨胀是由于生产方面成本的提高，其中特别是工资的提高，因而导致物价水平的上涨。为此，必须采取抑制型的收入政策，其形式有如下几种。

(1)确定工资和物价指导线，抑制工资和物价的上升。这种指导线是由政府规定在一定年份内允许总货币收入增长的一个目标数值线，即根据估计的平均生产率的增长，政府估算出货币收入的最大增长限度，而每个部门的工资增长率应等于全社会劳动生产率增长趋势，不允许超过。只有这样，才能维持整个经济中单位产量的劳动成本的稳定，因而预定的货币收入增长就会使物价总水平保持稳定。但由于“指导线”在原则上不能直接干预，而只能说服，因此效果并不理想。

(2)强制性措施，即由政府颁布法令对工资和物价实行管制，硬性规定工资和物价的上涨幅度，甚至暂时将工资和物价冻结在某一既定水平上。

(3)以纳税为基础的收入政策，即政府以税收作为奖励和惩罚手段来限制工资和物价的增长。如果工资和物价的增长保持在政府规定的幅度内，政府就以减少个人所得税和企业所得税作为奖励；如果超出政府规定的界限，就以增加税收作为惩罚。

四、收入指数化政策

收入指数化政策一般被当成是一种适应性的反通货膨胀政策。所谓收入指数化就是工资、利息、各种证券收益以及其他收入一律实行指数化，同物价变动联系起来，使各种收入随物价指数的变动而做出调整，从而避免通货膨胀所带来的损失，并减弱由通货膨胀所带来的分配不均的问题。很显然，收入指数化政策只能缓解通货膨胀和收入阶层的损失，并不能对通货膨胀起太多的抑制作用。

五、人力政策

人力政策起始于20世纪60年代初的美国，它主要是通过改善劳工市场的运行，消除劳工市场的不完全性，促进人力资源的开发，克服结构性的失业，以谋求降低与一定的通货膨胀率联系在一起的失业率。从这个意义上来说，人力政策只是抑制通货膨胀的辅助剂，其目的旨在防止失业迸发。人力政策的主要措施有：对劳动者进行重新训练，提供有关劳工市场的信息和加强就业辅导；指导和协助失业者寻找工作，增大劳动者在地区和就业方面的流动性；优先发展劳动密集型和技术熟练程度要求较低的部门扩大就业，由政府直接雇佣私人企业不愿招雇的非熟练工人，让他们在从事对社会有利的事业中得到训练和培养，以提高就业能力等。

六、对外经济政策

一般来说，一国国内的通货膨胀与其国际收支情况具有相互推拉的作用。在各国都出现通货膨胀的情况下，一国必须采取适当的对外经济政策，以减轻国际收支失衡对国内物价的不利影响，并阻止国外通货膨胀的输入。这方面的措施主要有以下两点。

(1)实行浮动汇率。由于在浮动汇率制度下，本国货币对外汇汇率的升降完全由市场供求关系所决定，例如，当国外发生通货膨胀，将使本国国际收支出现顺差时，本国货币升值。一方面使本国出口减少，进口增加，从而有利于恢复本国国际收支的平衡，另一方面，本币升值还将使出口国的国内价格下降，从而可以隔绝国外通货膨胀对本国物价的影响。

(2)与各国在贸易和金融领域采取协调措施。如与各国加强协作，共同采取控制各国货币供应量的增长率，改善国际金融制度以及其他反通货膨胀的措施，以制止世界性通货膨胀的蔓延等。

七、其他政策

除以上政策外，还有许多其他的反通货膨胀的政策措施。

（一）增加有效供给，即供应政策

增加有效供给是一种长期的反通货膨胀的措施。在西方，这主要是以拉弗为代表的“供应学派”的观点。“供应学派”认为，过去的反通货膨胀政策过分注重需求而忽略供给，即忽略了运用刺激生产力的方法来同时解决通货膨胀和失业问题。在供应方面抑制通货膨胀的主要措施有：

（1）减税。减税使企业和个人的税后净收入增加，以刺激企业和个人投资的积极性，从而促使生产力的提高和供给的增加，这样就可抑制以及消除因供给不足所造成的通货膨胀。

（2）削减社会福利开支。这一方面可削减政府财政赤字，以消除通货膨胀的压力；另一方面，又可杜绝人们对社会的依赖心理，促使更多的人工作，从而使失业人数减少。

（二）反托拉斯和反垄断行为

反托拉斯和反垄断行为政策主张，当通货膨胀是由于那些垄断性工业部门操控价格上涨而引起时，一种可能的纠正办法就是把某些较大企业化解成为较小的企业，以便增加竞争。

（三）实行币制改革

如果一国的通货膨胀已达到难以遏制的状态，而上述任何一种反通货膨胀措施都不能使情况好转，政府还在被迫不断地发行货币，整个货币制度处于或接近崩溃的边缘时，唯一可以采取的政策就是实行币制改革。币制改革的一般做法是废除旧的货币，发行新货币，并对新货币制定一些保证币值稳定的措施，币制改革还必须同时辅以其他措施。

总之，通货膨胀是一个极为复杂的经济现象，病因繁多且十分棘手，西方国家对反通货膨胀进行了多年研究，并采取了许多措施。通货膨胀仍然是一个潜伏的“瘟疫”，时时都可能“死灰复燃”。

第五节　通货紧缩

一、通货紧缩的定义

通货紧缩是与通货膨胀相对立的概念。国外学者普遍将其定义为价格水平普遍地、持续地下降。美国经济学家希勒在其《宏观经济学》（1989）一书中将通货紧缩定义为“商品和服务的平均价格水平的下降”。萨缪尔森和诺德豪斯在 1992 年出版的《经济学》中则认为，“与通货膨胀相反的是通货紧缩，它发生于价格总水平的下降中”。斯蒂格利茨在其《经济学》（1993）中将通货紧缩表示为价格水平的稳定下降。巴塞尔国际清算银行提出的标准是:一国消费品价格连续两年下降可被视为通货紧缩。

中国国内关于通货紧缩的定义目前有三种观点:第一种观点为“单因素”论,认为通货紧缩是物价水平的普遍持续下降,它与国外经济学界关于通货紧缩的主流观点比较接近;第二种观点是“二因素”论,认为通货紧缩是指价格水平和货币供应量均出现持续下跌的趋势,其实质是强调通货紧缩是一种货币现象;第三种观点则是“三因素”论,认为通货紧缩不仅使物价持续下跌,货币供应量持续下降,而且伴随着经济的全面衰退,这种观点强调通货紧缩是经济衰退的货币表现。

在实际经济中,判断某国经济是否出现了通货紧缩,一看通货膨胀率是否由正转变为负;二看这种下降是否超过了一定界限。有的国家以一年为界,有的国家以半年为界。

按通货紧缩的程度不同,可将其分为轻度通货紧缩、中度通货紧缩和严重通货紧缩。轻度通货紧缩是指通货膨胀率持续下降,由正值变为负值的情况。通货膨胀率负增长超过一年且未出现转机的情况视为中度通货紧缩。中度通货紧缩继续发展,持续时间达到两年左右,或物价降幅达到两位数,这种情况就是严重通货紧缩。严重的通货紧缩往往伴随着经济衰退。20 世纪 30 年代美国经济大萧条就是最典型的例子。

【金融视角】“大萧条”——历史上最严重的通货紧缩

1929～1933 年,全世界范围内爆发了历史上最严重的通货紧缩,史称“大萧条”。在这场漫长的危机中,物价下跌,生产严重萎缩,失业剧增,人们的生活陷入极度贫困:失业工人们排着长队领取面包,数百万名中学生辍学,大批无家可归的人露宿街头……而农业资本家和农场主们却在烧毁“过剩”的小麦和玉米,牛奶也被洒上农药后倒入密西西比河……历史学家施莱辛格悲叹道:“资本主义已到了尽头!”胡佛总统黯然下台,他对继任者罗斯福说:“我们已经山穷水尽,无能为力!”

造成那次经济大萧条的原因,经济学家们至今仍在争论。一般认为,由于 20 世纪 20 年代近 10 年的经济高涨,生产能力急剧扩张,而劳动人民的收入赶不上供给的膨胀。在经济过热的“泡沫”破裂后,产能过剩,需求不足的矛盾就爆发出来。

(资料来源:朱新蓉.货币金融学[M].5 版.北京:中国金融出版社,2021.)

二、通货紧缩的成因

对通货紧缩形成原因的研究多集中在经济周期因素、经济结构失衡因素、货币因素、技术进步因素、国际市场的影响因素及心理预期因素等方面。

(一)经济周期因素

经济周期达到繁荣的高峰阶段,生产能力大量过剩,产品供过于求,可引起物价下跌,出现经济周期性通货紧缩。很多国家的通货紧缩是在严重的通货膨胀经过长时间的治理结束后开始出现的。在通货膨胀时期,扭曲的价格信号导致投资大量增加,高投资造成经济过热,出现生产能力过剩、产品供大于求,导致价格持续下降。

(二)经济结构失衡因素

通货紧缩不仅仅是社会总供给大于总需求的总量上的失衡,而且还是一种结构上的失衡，主要体现在供给结构不合理。如果一国的产业结构并未随着社会供求总量的变化而及时升级调整，会使很多传统的旧产业供大于求，其产品出现过剩，而新的产业由于发展过慢、价格过高而抑制了人们的有效需求，从而出现一种结构上的生产过剩。

另外，由于前期经济中的盲目扩张和投资，造成了不合理的供给和过多的无效供给，当积累到一定程度时必然会加剧供求之间的矛盾。一方面，许多商品无法实现其价值，会迫使其价格下跌；另一方面，大量货币收入不能转变为消费和投资，减少了有效需求，就会导致结构型通货紧缩。

（三）货币因素

长期以来，经济学界曾一度认为通货紧缩对经济的威胁小于通货膨胀对经济所构成的威胁。如弗里德曼认为："通货紧缩是世界上最容易避免的事情，只要印刷更多的钞票就可以了。"在这种思想的影响下，中央银行往往更多地关注通货膨胀的问题，而忽视了通货紧缩的问题。当通货膨胀问题得到解决以后，如果中央银行继续采取紧缩的货币政策，就可能产生物价的持续下跌，导致通货紧缩。

（四）技术进步因素

技术进步与创新提高了生产力水平，进而使生产成本下降，造成了生产能力过剩。在供给大于需求的情况下物价下跌不可避免。如果这种供给大于需求的情况不能得到及时调整而持续存在，则物价下跌的趋势也会相应持续下去，这样就会出现通货紧缩。

（五）国际市场的影响因素

国际市场的动荡会引起国际收支逆差或资本外流，形成外部冲击性的通货紧缩压力。一国实行盯住强币的汇率制度时，本币汇率高估，会减少出口，加大进口，加剧国内企业经营困难，促使消费需求趋减，导致物价持续下跌，所以，本币汇率高估也会引起外部冲击性的通货紧缩。

（六）心理预期因素

当预期的实际利率进一步降低和经济走势不佳时，消费和投资会出现有效需求不足，导致物价下跌，形成需求拉下型通货紧缩。金融体系的效率低下或信贷扩张过快导致出现大量不良资产和坏账时，金融机构"惜贷"或"慎贷"引起信用紧缩，也会减少社会总需求，导致通货紧缩。

三、通货紧缩的经济效应

一般来讲，通货紧缩和通货膨胀一样，是极具破坏力的。物价的持续上涨对社会和经济产生的影响，前面已进行分析；而物价疲软趋势的存在，将从以下几方面影响实体经济。

（一）通货紧缩对投资的影响

（1）通货紧缩会使实际利率有所提高，社会投资金额实际成本随之增加，从而产生减少投资的影响。同时，在价格趋降的情况下，投资项目预期的未来重置成本会趋于下降，就会推迟当期的投资。这对许多新开工项目所产生的制约较大。

（2）通货紧缩会使投资的预期收益下降。在通货紧缩情况下，理性投资者预期价格会进一步下降,公司的预期利润也将随之下降。这就会使投资倾向降低。

(3)通货紧缩还经常伴随着证券市场的萎缩。公司利润的下降使股价趋于下跌,而证券市场的萎缩又反过来加重了公司筹资的困难。

(二)通货紧缩对消费的影响

物价下跌对消费需求有两种效应:一是价格效应。物价的下跌使消费者可以用较低的价格得到同等数量和质量的商品和服务,而将来价格还会下降的预期也会促使他们推迟消费。二是收益效应。就业预期和工资收入因经济增幅下降而趋于下降,收入减少将使消费者缩减消费支出。因此,在通货紧缩的情况下,价格效应倾向于使消费者缩减消费,而收入效应则使他们缩减支出。

(三)通货紧缩对收入再分配的影响

通货紧缩时期的财富分配效应与通货膨胀时期正好相反。在通货紧缩情况下,虽然名义利率很低,但由于物价呈现负增长,实际利率会比通货膨胀时期高出许多。高的实际利率有利于债权人,不利于债务人。

(四)通货紧缩对实际工资的影响

在通货紧缩情况下,如果工人名义工资收入的下调滞后于物价下跌,那么实际工资并不会下降;如果出现严重的经济衰退,往往会削弱企业的偿付能力,也会迫使企业下调工资。然而,经济学家们倾向于认为工资具有刚性,在经济增长呈剧烈下降的情况下,工资的刚性有时还会阻止价格的进一步下降。

(五)通货紧缩与经济成长

在大多数情况下,物价疲软、下跌与经济成长乏力或负增长是结合在一起的。以上几条的分析可以说明这种结合的原因。然而,由于生产力的提高和技术的进步所产生的价格走低,并不会阻碍经济成长。因为生产力提高所带来的好处冲销了价格下跌所带来的各种消极效应。

四、通货紧缩的治理

由于在通货紧缩条件下,一般物价水平低于其合理的水平,因此,治理通货紧缩的直接目标是促使一般物价水平回到正常的水平。在治理通货紧缩这个问题上,各国经济学者主张不一,但总的来看,他们都在以下四个方面达成了共识。

(一)财政政策的运用

实施积极的财政政策不仅意味着扩大财政支出,以增大财政支出的“乘数效应”,扩大财政支出还可以发挥财政支出在社会总支出中的作用,弥补个人消费需求不足所造成的需求减缓,起到“稳定器”的作用。优化财政支出结构,能够使财政支出最大化地带动企业或私人部门的投资,以增加社会总需求。

(二)货币政策的运用

实施积极的货币政策需要中央银行及时做好货币政策的微调工作,适时增加货币供应量,降低实际利率,密切关注金融机构的信贷行为,通过灵活的货币政策促使金融机构增加有效贷款投放量,以增加货币供给。

(三)收入政策的调整

如果消费需求不足主要是因为中下层居民的收入过低,那么,通过相关收入政策的调整,建立健全社会保障体系,适当改善国民收入的分配格局,提高中下层居民的收入水平将有助于通货紧缩的治理。

(四)调整经济结构

银行存款的超常增长和贷款增长相对缓慢,是通货紧缩继续发展的重要原因。解决这一问题的主要办法:一是要确定新的消费热点,引导居民扩大消费需求;二是要确定正确的投资方向和投资重点,加大信贷支持力度。

(五)改变预期

与通货膨胀一样,公众对通货紧缩发展前景的预期在很大程度上影响着政府各项反通货紧缩的效果。因此,政府有必要通过各种宣传手段,说服公众相信政府各项反通货紧缩政策的正确性和有效性,提升公众对未来经济发展趋势的信心。

本章小结

1. 学界对通货膨胀定义的观点有很多分歧,目前被经济学者普遍接受的是:通货膨胀是一般物价水平持续明显上涨的过程。换句话说,通货膨胀是一个纸币价值持续贬值的过程。实际中更重要的是如何测量通货膨胀的程度,世界上大多数国家都采用消费物价指数、批发物价指数和国民生产总值平减价格指数来测量通货膨胀的程度。

2. 关于通货紧缩的定义,大多数人认为,它是一种货币现象,即当过多的商品追逐过少的货币时引起的一般物价水平的持续下降。在测量通货紧缩时,往往采用与测量通货膨胀类似的指标。

3. 关于通货膨胀理论主要有货币数量论、核心通货膨胀理论、菲利普斯曲线、一价定律。在分析通货膨胀的成因时,主要有需求拉上型、成本推进型、供求混合型以及结构型通货膨胀。

4. 稳定通货对策主要包括货币政策、财政政策、收入政策、收入指数化政策、人力政策,以及对外经济政策等。

【思考与练习】

1. 怎样理解通货膨胀的概念?

2. 通货膨胀的类型是如何划分的?

3. 通货膨胀形成的原因有哪些?

4. 根据货币数量论,货币供给增加对价格水平有什么影响?

5. 西方学者关于通货膨胀和失业有哪些看法,结合我国改革实践有哪些可参考与借鉴之处?

第十三章　开放经济下的均衡

【学习目标】

1. 了解国际收支的含义以及国际收支平衡表的设置与编制。
2. 了解国际储备的构成，掌握外汇管理理论。
3. 理解国际资本流动对经济的影响。
4. 掌握开放经济下的货币均衡与市场均衡理论。

【案例导入】

2022 年第四季度，我国外债规模小幅下降，结构保持基本稳定。截至 2022 年末，我国全口径（含本外币）外债余额为 24 528 亿美元，较 2022 年 9 月末减少 287 亿美元，降幅 1.2%。从币种结构看，本币外债占比 45%，较 2022 年 9 月末上升 1 个百分点；从期限结构看，中长期外债占比 45%，与 2022 年 9 月末持平。

受美联储加息、全球通胀高位运行等多重因素影响，我国外债规模有所下降。截至 2022 年末，我国全口径外债余额较 2021 年末减少 2 938 亿美元，降幅 10.7%。其中，汇率折算因素造成外债余额下降 1 046 亿美元，对外债余额下降贡献度为 36%。

2022 年末，我国外债负债率（外债余额与国内生产总值之比）为 13.6%，债务率（外债余额与贸易出口收入之比）为 66%，偿债率（外债还本付息额与贸易出口收入之比）为 10.5%，短期外债与外汇储备的比例为 42.8%。上述指标均在国际公认的安全线（分别为 20%、100%、20%和 100%）以内，我国外债风险总体可控。

第一节　国际收支及其调节

一、国际收支

（一）国际收支的概念

随着世界经济的发展，各国对外经济交往日益扩大，一国经济与国际市场紧密联系，国内外商品市场、金融市场和生产要素市场连为一体，互相影响。为了更好地控制宏观经济活动，实现宏观经济目标，一国需要一种分析工具来了解和掌握本国对外经济交往的全貌，而国际收支正是一国掌握其对外经济交往全貌的分析工具。

国际收支（the Balance of Payment）的概念从狭义讲，是指一国在一定时期内（通常是一年）必须与其他国家立即结清的各种到期支付的差额，它仅包括各种收支中必须立即清算和支付的那一部分款项。它强调现金基础（Cash Basis），因而未到期的债权债务不计入该期的国际收支，单方面转移支付、物物交易等也不计入在内。用狭义的国际收支概念来分析一国的对外经济状况和外汇市场动向，具有一定的理论价值。但随着国际经济关系的发展,这种狭义概念已不能满足实际要求。因为国际收支不仅包括商品、劳务和资本项目的收支,而且还包括海外军事开支、战争赔款以及教育、文化、科学往来方面的收支;不仅包括编表时期内必须用现金结清的差额。而且包括已经发生但要跨期结清的部分。广义国际收支泛指一国居民在一定时期内的全部国际经济交易总额,是该国对外政治、经济等关系的系统记录。

国际货币基金组织(IMF)对国际收支概念的解释为:"国际收支是某一时期的统计报表,它表明:①一国与其他国家之间商品、劳务和收入的交易。②该国货币、黄金、特别提款权以及对其他国家债权、债务的所有变化和其他变化。③无偿转移支付,以及根据会计处理的需要,平衡前两项没有相互抵消的交易和变化的对应记录。"目前世界各国一般都采用这一概念。它实际是国际收支平衡表的概念,但它概括了国际收支的全部内容。

(二)国际收支的特征

要全面准确地把握国际收支的概念,需要把握以下几个方面的特征。

(1)国际收支是一个流量的概念。国际收支记录的是一定时期(通常为一年),一国与他国发生的各项经济往来情况。它与记录一个国家在一定日期对外资产和对外负债的国际借贷不同,国际借贷显然是一个存量的概念。同时,它也是一个事后的概念,一定时期一般是指过去的会计年度,它是对已发生事实的记录。

(2)国际收支所反映的内容是以货币记录的经济交易为基础的,而不是以外汇支付为基础的。国际收支中的经济交易涉及所有的从一个经济实体向另一个经济实体转移的经济价值,既包括用外汇收付的经济交易,也包括以实物、技术形式进行的经济交易。主要有:商品和劳务与商品和劳务之间的交换,即物物交换;金融资产与商品劳务之间的交换;金融资产与金融资产之间的交换;无偿的商品转移;无偿的金融资产转移。

(3)国际收支记录的是一国居民与非居民之间的交易。判断一项交易是否应包括在国际收支的范围内,所依据的不是交易双方的国籍,而是依据交易双方是否有一方是该国居民。在国际收支中定义的居民以居住地为标准,包括自然人和法人,自然人所属国别依利益中心原则确定,利益中心指个人收入主要来源地。比如,一国公民在国外工作,他汇回国的款项属于国际收支。但是,如果他是代表本国政府在国外工作,如官方外交使节、驻外军事人员等,则仍属于本国居民,即是其所在国的非居民。法人所属国别依注册地决定。如跨国公司海外子公司和母公司之间的贸易属于国际贸易,国际性机构如联合国、世界银行等是任何国家的非居民。

【金融视角】国际收支网上申报系统

国际收支网上申报系统指国家外汇管理局按照国家"金宏工程"的建设要求,根据国际收支统计申报相关办法进行开发,提供给境内银行和申报主体进行国际收支统计间接申报的专用电子系统,包括外汇局版、银行版和企业版。企业可以通过该系统进行国际收支涉外收入网上申报。

国际收支统计申报范围为中国居民(包括在中国境内依法成立的企业事业法人等)与非中国居民之间发生的一切经济交易。包括:

(1)以信用证、托收、保函、汇款(电汇、信汇、票汇)等结算方式办理的涉外收付款,包括银行卡项下的涉外收付款。

(2)通过境内银行对境外发出支付指令的涉外收付款,及从境外向境内银行发出支出指令的涉外收付款。

(3)通过记账方式办理对外援助的涉外收付款。

(4)与非货币黄金进出口相关的涉外收付款。

(5)人民币的跨境收支业务。

(6)境内非居民通过境内银行与境内居民所发生的收付款(仅指外汇)。

(7)境内非居民通过境内银行与境外所发生的收付款(包括外汇和人民币)。

二、国际收支平衡表

(一)国际收支平衡表

国际收支平衡表,是系统地记录一国一定时期内各种国际经济交易项目及其金额的一种统计报表,它集中反映了一国国际收支的总貌和具体构成。

国际收支平衡表在编制时需要按照会计学的复式记账原理(每个项目都有相等金额的借方记录和贷方记录),某一特定的货币为计量单位,采用简明的表格形式,将一个国家在某一特定时期内(一年、半年或一个季度)与世界上其他国家间发生的经济交易反映出来。它所包含的内容十分繁杂,其账户或项目一般应根据国际经济交易的内容与范围,按照经济分析的需要来设置。但由于各国对外交易的内容与范围不尽相同,经济分析的需要也不完全一样,因而编制的国际收支平衡表也有所不同。一般来说,国际收支平衡表的设计构成主要包括经常项目或账户、资本和金融项目或账户、误差与遗漏项目或账户三大类。我国的国际收支平衡表如表 13.1 所示。

表 13.1　中国国际收支平衡表(2018 ~ 2022 年)

单位:亿元

项目	2018	2019	2020	2021	2022
1. 经常账户	1 882	7 116	16 963	22 734	27 177
贷方	195 272	202 232	207 789	253 481	266 099
借方	-193 391	-195 116	-190 826	-230 746	-238 922
1. A 货物和服务	6 053	9 173	24 508	29 719	38 850
贷方	175 694	181 617	188 383	229 204	250 235
借方	-169 641	-172 444	-163 875	-199 485	-211 385
1. A. a 货物	25 359	27 180	35 055	36 254	45 140
贷方	160 237	164 760	172 637	207 327	225 467

续表 13.1

项目	2018	2019	2020	2021	2022
借方	−134 878	−137 579	−137 582	−171 073	−180 327
1. A. b 服务	−19 306	−18 007	−10 547	−6 535	−6 290
贷方	15 457	16 858	15 746	21 877	24 767
借方	−34 763	−34 864	−26 293	−28 412	−31 057
1. A. b. 1 加工服务	1 137	1 059	876	869	908
贷方	1 155	1 085	911	915	964
借方	−18	−26	−34	−46	−56
1. A. b. 2 维护和维修服务	307	444	297	261	266
贷方	475	700	529	508	560
借方	−168	−256	−231	−246	−294
1. A. b. 3 运输	−4 429	−4 072	−2 626	−1 171	−1 573
贷方	2 805	3 186	3 895	8 286	9 805
借方	−7 234	−7 258	−6 521	−9 457	−11 377
1. A. b. 4 旅行	−15 652	−15 080	−8 356	−6 323	−7 085
贷方	2 668	2 473	683	731	647
借方	−18 319	−17 553	−9 039	−7 054	−7 732
1. A. b. 5 建设	327	352	308	365	455
贷方	896	996	864	993	963
借方	−569	−643	−556	−628	−508
1. A. b. 6 保险和养老金服务	−441	−429	−658	−925	−1 031
贷方	325	332	206	322	304
借方	−766	−761	−864	−1 248	−1 335
1. A. b. 7 金融服务	82	104	57	10	74
贷方	221	270	334	295	336
借方	−139	−166	−276	−285	−262
1. A. b. 8 知识产权使用费	−1 992	−1 914	−2 018	−2 264	−2 098
贷方	368	455	591	759	892
借方	−2 360	−2 369	−2 609	−3 023	−2 990
1. A. b. 9 电信、计算机和信息服务	428	553	440	690	1 196
贷方	1 988	2 413	2 685	3 271	3 739
借方	−1 559	−1 860	−2 244	−2 580	−2 543
1. A. b. 10 其他商业服务	1 266	1 336	1 340	2 185	2 812

续表 13.1

项目	2018	2019	2020	2021	2022
贷方	4 377	4 773	4 807	5 604	6 352
借方	−3 111	−3 437	−3 466	−3 419	−3 540
1. A. b. 11 个人、文化和娱乐服务	−161	−216	−137	−119	−85
贷方	63	66	70	93	92
借方	−225	−282	−207	−212	−177
1. A. b. 12 别处未提及的政府货物和服务	−180	−144	−72	−114	−130
贷方	116	109	173	100	114
借方	−295	−254	−245	−214	−244
1. B 初次收入	−4 038	−2 764	−8 116	−8 006	−12 957
贷方	17 745	18 828	16 931	21 132	12 867
借方	−21 783	−21 592	−25 047	−29 139	−25 823
1. B. 1 雇员报酬	535	214	15	−90	456
贷方	1 193	983	1 014	1 104	1 384
借方	−657	−769	−999	−1 194	−928
1. B. 2 投资收益	−4 690	−3 051	−8 271	−8 092	−13 628
贷方	16 416	17 722	15 720	19 810	11 209
借方	−21 106	−20 773	−23 992	−27 902	−24 837
1. B. 3 其他初次收入	117	73	140	176	215
贷方	137	123	197	218	274
借方	−20	−50	−56	−43	−59
1. C 二次收入	−133	706	571	1 022	1 284
贷方	1 833	1 787	2 474	3 145	2 997
借方	−1 966	−1 080	−1 903	−2 123	−1 713
1. C. 1 个人转移	−25	4	27	59	105
贷方	408	278	286	346	385
借方	−433	−274	−259	−287	−280
1. C. 2 其他二次收入	−108	702	544	963	1 179
贷方	1 425	1 508	2 188	2 799	2 612
借方	−1 533	−806	−1 644	−1 836	−1 433
2. 资本和金融账户	9 901	1 800	−6 181	−14 153	−21 164
2.1 资本账户	−38	−23	−5	6	−20

续表 13.1

项目	2018	2019	2020	2021	2022
贷方	20	15	11	17	16
借方	−58	−38	−17	−11	−36
2.2 金融账户	9 939	1 823	−6 176	−14 159	−21 143
资产	−23 873	−18 009	−46 257	−57 766	−19 005
负债	33 812	19 831	40 081	43 607	−2 138
2.2.1 非储备性质的金融账户	10 976	461	−4 244	−2 006	−14 294
资产	−22 836	−19 370	−44 326	−45 613	−12 155
负债	33 812	19 831	40 081	43 607	−2 138
2.2.1.1 直接投资	5 987	3 457	6 666	10 665	1 707
2.2.1.1.1 资产	−9 465	−9 447	−10 611	−11 524	−10 116
2.2.1.1.1.1 股权	−7 480	−7 506	−9 295	−9 824	−5 530
2.2.1.1.1.2 关联企业债务	−1 985	−1 942	−1 315	−1 700	−4 586
2.2.1.1.1.a 金融部门	−1 376	−1 205	−1 639	−2 468	−2 459
2.2.1.1.1.1.a 股权	−1 326	−1 318	−1 653	−2 181	−2 076
2.2.1.1.1.2.a 关联企业债务	−49	112	14	−287	−384
2.2.1.1.1.b 非金融部门	−8 089	−8 242	−8 971	−9 056	−7 657
2.2.1.1.1.1.b 股权	−6 154	−6 188	−7 642	−7 643	−3 454
2.2.1.1.1.2.b 关联企业债务	−1 935	−2 054	−1 330	−1 413	−4 202
2.2.1.1.2 负债	15 452	12 904	17 277	22 188	11 823
2.2.1.1.2.1 股权	12 275	11 184	15 085	19 392	10 518
2.2.1.1.2.2 关联企业债务	3 177	1 720	2 191	2 797	1 305
2.2.1.1.2.a 金融部门	1 161	1 269	1 168	1 595	844
2.2.1.1.2.1.a 股权	989	1 097	754	1 203	768
2.2.1.1.2.2.a 关联企业债务	172	172	414	392	76
2.2.1.1.2.b 非金融部门	14 292	11 635	16 109	20 594	10 979
2.2.1.1.2.1.b 股权	11 286	10 087	14 331	18 189	9 750
2.2.1.1.2.2.b 关联企业债务	3 005	1 548	1 778	2 405	1 229

续表 13.1

项目	2018	2019	2020	2021	2022
2.2.1.2 证券投资	6 966	4 003	6 495	3 266	-18 783
2.2.1.2.1 资产	-3 481	-6 181	-10 349	-8 085	-11 637
2.2.1.2.1.1 股权	-1 138	-2 049	-8 959	-5 466	-3 218
2.2.1.2.1.2 债券	-2 343	-4 132	-1 390	-2 620	-8 420
2.2.1.2.2 负债	10 447	10 184	16 843	11 351	-7 146
2.2.1.2.2.1 股权	3 997	3 123	5 445	5 328	2 397
2.2.1.2.2.2 债券	6 451	7 061	11 398	6 023	-9 543
2.2.1.3 金融衍生工具	-415	-165	-761	661	-358
2.2.1.3.1 资产	-326	94	-365	1 102	210
2.2.1.3.2 负债	-89	-259	-395	-442	-567
2.2.1.4 其他投资	-1 563	-6 834	-16 645	-16 598	3 140
2.2.1.4.1 资产	-9 565	-3 836	-23 001	-27 106	9 388
2.2.1.4.1.1 其他股权	-95	-102	-33	-35	-14
2.2.1.4.1.2 货币和存款	-986	-7 012	-9 902	-10 712	771
2.2.1.4.1.3 贷款	-5 355	1 820	-9 380	-9 087	7 014
2.2.1.4.1.4 保险和养老金	-35	-80	-226	-281	-375
2.2.1.4.1.5 贸易信贷	-4 530	2 424	-2 473	-3 929	519
2.2.1.4.1.6 其他	1 437	-887	-986	-3 063	1 473
2.2.1.4.2 负债	8 002	-2 997	6 356	10 508	-6 248
2.2.1.4.2.1 其他股权	0	0	0	0	0
2.2.1.4.2.2 货币和存款	3 416	-3 826	6 354	4 291	-3 653
2.2.1.4.2.3 贷款	2 056	2 859	-1 129	617	-1 113
2.2.1.4.2.4 保险和养老金	15	123	212	213	166
2.2.1.4.2.5 贸易信贷	2 776	-1 898	461	2 153	-2 041
2.2.1.4.2.6 其他	-261	-255	459	539	393
2.2.1.4.2.7 特别提款权	0	0	0	2 695	0
2.2.2 储备资产	-1 037	1 362	-1 932	-12 153	-6 850
2.2.2.1 货币黄金	0	0	0	0	-249
2.2.2.2 特别提款权	2	-34	-25	-2 693	127
2.2.2.3 在国际货币基金组织的储备头寸	-47	-1	-159	5	-15
2.2.2.4 外汇储备	-992	1 397	-1 748	-9 466	-6 712

续表 13.1

项目	2018	2019	2020	2021	2022
2.2.2.5 其他储备资产	0	0	0	0	0
3. 净误差与遗漏	−11 783	−8 916	−10 782	−8 581	−6 013

数据来源:中国人民银行官网。

(二)国际收支平衡表的设置

国际收支平衡表集中反映了一个国家国际经济交易的情况。国际货币基金组织(IMF)出版的《国际收支手册》对这一报表的编制所采用的概念、准则、惯例、分类以及标准构成都进行了统一说明。目前《国际收支手册》已出版至第六版,并更名为《国际收支和国际投资头寸手册》我们按照这一最新版本的规定,首先对国际收支平衡表的设置进行介绍。

国际收支平衡表按照交易的性质分为三大类账户,即经常账户、资本与金融账户和净误差与遗漏账户,各账户下再按照交易内容又分若干项目。这样就涵盖了所有国际经济交易的类型,从而能够完整地反映一国国际收支的情况。

1. 经常账户

经常账户(Current Account)是指对实际资源在国际间流动进行系统记录的账户,具体包括货物和服务、初次收入和二次收入。

(1)货物和服务:包括货物和服务两部分。

货物指经济所有权在本国居民与非居民之间发生转移的货物交易。贷方记录货物出口,借方记录货物进口。货物账户数据主要来源于海关进出口统计。服务包括加工服务,维护和维修服务,运输,旅行,建设,保险和养老金服务,金融服务,知识产权使用费,电信、计算机和信息服务,其他商业服务,个人、文化和娱乐服务,以及别处未提及的政府服务。贷方记录提供的服务,借方记录接受的服务。

(2)初次收入:指由于提供劳务、金融资产和出租自然资源而获得的回报,包括雇员报酬、投资收益和其他初次收入三部分。

雇员报酬是指根据企业与雇员的雇佣关系,因雇员在生产过程中的劳务投入而获得的酬金回报。贷方记录我国居民个人从非居民雇主处获得的薪资、津贴、福利及社保缴款等。借方记录我国居民雇主向非居民雇员支付的薪资、津贴、福利及社保缴款等。投资收益是指因金融资产投资而获得的利润、股息(红利)、再投资收益和利息,但金融资产投资的资本利得或损失不是投资收益,而是金融账户统计范畴。贷方记录我国居民因拥有对非居民的金融资产权益或债权而获得的利润、股息、再投资收益或利息。借方记录我国因对非居民投资者有金融负债而向非居民支付的利润、股息、再投资收益或利息。其他初次收入:指将自然资源让渡给另一主体使用而获得的租金收入,以及跨境产品和生产的征税和补贴。贷方记录我国居民从非居民获得的相关收入。借方记录我国居民向非居民进行的相关支付。

(3)二次收入:指居民与非居民之间的经常转移,包括现金和实物。贷方记录我国居民从非居民处获得的经常转移,借方记录我国向非居民提供的经常转移。

2. **资本与金融账户**

资本与金融账户(Capital and Financial Account)是对资产所有权在国际流动行为进行记录的账户,包括资本账户和金融账户。

(1)资本账户:指居民与非居民之间的资本转移,以及居民与非居民之间非生产非金融资产的取得和处置。贷方记录我国居民获得非居民提供的资本转移,以及处置非生产非金融资产获得的收入,借方记录我国居民向非居民提供的资本转移,以及取得非生产非金融资产支出的金额。

(2)金融账户:指发生在居民与非居民之间、涉及金融资产与负债的各类交易。根据会计记账原则,当期对外金融资产净增加记录为负值,净减少记录为正值;当期对外负债净增加记录为正值,净减少记录为负值。金融账户细分为非储备性质的金融账户和国际储备资产。

非储备性质的金融账户包括直接投资、证券投资、金融衍生工具和其他投资。储备资产是指本国中央银行拥有的对外资产,包括外汇、货币黄金、特别提款权、在基金组织的储备头寸。

3. **净误差与遗漏账户**

国际收支平衡表采用复式记账法,由于统计资料来源和时点不同等原因,会形成经常账户与资本和金融账户不平衡,形成统计残差项,称为净误差与遗漏账户((Errors and Omissions Account)。

三、国际收支的差额

从总体上看,国际收支平衡表借贷双方总是平衡的,也就是总差额为零。但就具体账户或项目而言,借方和贷方经常是不相等的,双方抵消后,会产生一定的差额。按照不同口径,经常划分成以下几个特定账户的差额。

(一)贸易账户差额

贸易账户差额是指包括货物与服务在内的进出口之间的差额。如果借方大于贷方,称为贸易收支逆差;反之,称为贸易收支顺差。贸易账户差额在传统上经常作为整个国际收支的代表,这是因为对一些国家来说,贸易收支在全部国际经济交易中所占的比重相当大,同时贸易收支的数据尤其是商品贸易的数据易于通过海关途径即时收集,能够比较快地反映出一国对外经济交往的情况。贸易账户余额在国际收支中的重要性,还在于它表现了一个国家或地区的自我创汇能力,反映了一国的产业结构和产品在国际上的竞争力及在国际分工中的地位。

(二)经常账户差额

经常账户差额除了包括贸易账户差额外,还包含收入项目、经常转移项目的差额。它反映了一国实际资源交易的结果,在开放经济条件下,对国民收入具有重要影响,是进行宏观经济分析的重要变量,也被视为衡量国际收支的最好指标之一。

另外,如果不考虑经常转移项目,经常账户差额与贸易账户的差额之间的差别就表现在收入项目差额的大小上。由于收入项目主要反映的是国际投资取得的收入,因此收入项目余额与一国的净外国资产或负债密切相关。在维持一定水平经常账户余额的前提下,净外国资产数额越大,从国外取得的收入越多,贸易账户就可以相应地出现更多的逆差。相反,净外国负债越多,向外国支付的收入就越多,贸易账户就必须实现更多的顺差才能保持经常账户的一定差额。

(三)资本与金融账户差额

资本与金融账户差额反映了一国净外国资产和负债的变动情况。在复式记账法下,不考虑误差与遗漏因素时,经常账户差额必然引起数量相同、方向相反的资本与金融账户差额。可以用下式表示这两个账户的关系

$$CA+KA=0$$

式中,CA 表示经常账户差额;KA 表示资本与金融账户差额(下同)。

当经常账户顺差时,资本与金融账户为等额的逆差,导致资本流出,该国净外国资产增加;当经常账户逆差时,资本与金融账户为等额顺差,资本流入,对外资产减少或负债增加。当经常账户逆差时,我们将称资本与金融账户为经常账户融资机制。这一融资机制的存在,使得经常账户的逆差可以在一定时期内存在。根据融资来源,可以将融资方式分为两种:一种是本国政府减少储备资产为经常账户逆差融资;另一种通过外国资本以直接投资、证券投资或其他投资的形式流入为经常账户逆差融资。无论哪一种方式都有一定限制,不可能使经常账户逆差长期维持。

另外,我们也应当关注资本与金融账户下特定项目的差额。比如,短期证券投资项目差额。短期证券投资的投机性较强,可能在短时间内大规模地向相反的方向流动,对一国经济的负面影响较大,严重时可能会引发货币危机。所以,对这些项目差额的分析有利于尽早采取措施,保证宏观经济的稳定性。

(四)误差与遗漏账户差额

国际收支账户中的误差与遗漏一般是统计技术原因造成的,有时也有人为因素。当一国国际收支账户持续出现同方向、较大规模的误差与遗漏时,多是人为因素造成的。比如,当一国存在资本管制时,误差与遗漏账户的差额很大程度上反映了那些为躲避监管而假借各种合法交易名义进行的资本外逃或内逃。如果差额在借方,表明存在资本外逃,在贷方,则表明有资本内逃现象。

(五)综合账户差额

综合账户差额又称总差额,是指剔除储备资产项目后其他所有项目形成的差额。它是经常项目差额、储备资产除外的资本与金融账户差额和误差与遗漏账户差额之和。综合账户差额与储备资产项目差额数量相等,方向相反。

理论上,将国际经济交易分为自主性交易和弥补性交易。前者指经济主体为了某种自主性目的(如追逐利润、旅游、汇款赡养亲属等)而进行的交易;后者指为弥补自主性交易差额而从事的交易,如为弥补国际收支逆差而向外国政府或国际金融机构借款、动用储备资产等。我们平时所说的某国国际收支不平衡,就是指该国的自主性交易不平衡。

四、国际收支失衡的主要原因

导致一国的国际收支产生不平衡的原因多种多样，既有内部原因又有外部原因，既有经济原因又有政治和社会原因，既有经济水平又有经济结构原因，既有宏观原因又有微观原因，但概括起来主要有以下几个方面的因素。

（一）经济周期性失衡（Cyclical Disequilibrium）

一般而言，当一国经济处于繁荣时期，进口需求增加，会导致国际收支逆差；反之当处于经济萧条时期，往往出现竞相出口而进口需求下降，从而导致国际收支顺差。这种不平衡现象交替出现，并且由于国际间的交往日益紧密，往往受到几个主要资本主义国家的经济状况的影响。

（二）货币性失衡（Monetary Disequilibrium）

一国物价水平与其他国家相比发生变动所引起的国际收支不平衡（包括价格、利率或汇率等货币性因素），主要是由通货膨胀或通货紧缩引起的。例如，一国在一定的汇率水平下由于通货膨胀，导致其商品成本相对高于其他国家，则该国的商品输出会减少，而进口商品价格相对便宜，进口增加，国际收支趋逆；反之，通货紧缩则有利于出口，不利于进口，国际收支趋顺。

（三）收入性失衡（Income Disequilibrium）

收入性失衡是指由于国民收入水平的变动而导致的国际收支失衡，国民收入变化对国际收支的影响主要是通过对外需求的增减实现的。例如，一国国民收入增加时，其商品、服务的输入（支出）、对外援助通常会增加，从而导致国际收支趋逆；反之，国民收入减少，总需求减少，进口下降，而国内物价下降有利于出口，国际收支趋顺。

引起国民收入发生变化的因素很多，可能是经济周期、经济发展水平、经济增长速度、国家经济政策，因而对国际收支的影响也不同。如果一国国民收入的增长主要是由于经济发展水平的提高，则出口竞争能力增强；也可以增强进口替代能力、抑制进口，国际收支趋顺。

（四）结构性失衡（Structural Disequilibrium）

结构性失衡是指当国际分工的结构（或世界市场）发生变化时，一国经济结构的变动不能适应这种变化而产生的国际收支不平衡。

世界各国由于地理环境、资源分布、技术水平、劳动生产率差异等经济条件和历史条件不同，形成了各自的经济布局和产业结构，从而形成了各自的进出口商品和地区结构，各国的产业、外贸结构综合成国际分工结构。在原有的国际分工结构下，一国的进出口尚能平衡，但在某一时期，若世界市场对该国的出口需求或对该国进口的供给发生变化，则该国势必要改变其经济结构以适应这种国际变化，即原有的相对平衡和经济秩序受到了冲击。若该国经济结构不能灵活调整以适应国际分工结构的变化，则会产生国际收支的结构性不平衡。

（五）偶然性失衡（Accidental Disequilibrium）

偶然性失衡是指由于一次性的突发事件而造成的一国国际收支失衡。这种突发性事件可能是战争、大规模的自然灾害等。

第二节　国际储备

一、国际储备的含义与构成

（一）国际储备的含义

国际储备（Inter National Reserve）是指各国中央政府为了弥补国际收支逆差和保持汇率稳定而持有的国际可以接受的一切资产。从这个概念可知，作为国际储备的资产必须具备四个特征：第一，官方持有性，即作为国际储备资产，必须是掌握在该国货币当局手中的资产，非官方金融机构、企业和私人持有的黄金和外汇尽管也是流动资产，但不能算是国际储备资产。第二，自由兑换性，即作为国际储备的资产，必须能同其他货币相兑换，并且是国际能普遍接受的资产。第三，流动性，即作为国际储备的资产必须是随时可以动用的资产，这样这种资产才能随时用来弥补国际收支逆差，或干预外汇市场。第四，无条件获得性，即作为国际储备的资产必须由一国货币行政当局能够无条件地获得，为此该国政府对该类资产不仅要具有使用权，而且要具有所有权。

与国际储备相关的一个概念是国际清偿能力（International Liquidity），它是指一国政府平衡国际收支逆差、稳定汇率而又无须采用调节措施的能力。参照国际货币基金组织关于国际储备的划分标准，国际清偿能力除了包括国际储备的内容之外，还包括一国政府向外借款的能力，即向外国政府或中央银行、国际金融机构和商业银行借款的能力，因此，可以说，国际储备仅是一国具有的现实的对外清偿能力，其数量多少反映了一国在涉外货币金融领域中的地位；而国际清偿能力则是该国具有的现实的对外清偿能力与可能具有的对外清偿能力的总和，它反映了一国货币当局干预外汇市场的总体能力。

（二）国际储备的构成

1. 黄金储备

黄金储备是指一国货币当局持有的作为金融资产的货币黄金（Monetary Gold）。并非一国所拥有的全部黄金都是国际储备资产。据统计，目前世界黄金储量中，饰品占 50%，工业占 15%，牙科占 5%，货币使用占 15%，其他用途占 15%。进入 20 世纪 70 年代，黄金已成为次要的国际储备，到 20 世纪 80 年代，黄金储备在国际储备总额中的比重已不足 10%，进入 21 世纪则降到 2% 以下。

但是，黄金作为国际储备的历史使命还会持续相当长的时期，目前世界各国仍把黄金作为国际储备构成的重要组成部分，这主要是因为它有高于其他任何储备资产的安全性。

2. 外汇储备

外汇储备是指一国（或地区）货币当局所持有的可以自由兑换的外币及其短期金融资产。外汇储备是目前国际储备中最主要、最活跃的部分，同时是各国国际储备资产管理的主要对象。在金本位制下，外汇储备处于极其次要的地位。在布雷顿森林货币制度创立以后，外汇储备的地位虽有提高，但同黄金储备相比，直到 1960 年仍处于次要地位，仅占总额的 30.8%，黄金储备占 63.2%。之后，外汇储备在国际储备总额中的比重迅速提高，1970 年达 48.6%，超过黄金储备的比重而占首要地位。

3. 会员国在国际货币基金组织中的储备头寸

国际货币基金组织中的储备头寸（Reserve Position in IMF）也称普通提款权（General Drawing Rights），它指国际货币基金组织的会员国按规定从国际货币基金组织提取一定数额款项的权利，它是国际货币基金组织最基本的一项贷款，用于解决会员国国际收支不平衡，但不能用于成员国贸易和非贸易的经常项目支付。

国际货币基金组织犹如一个股份制性质的储备互助会，当一个国家加入国际货币基金组织时，必须按一定的份额向该组织缴纳一笔钱，作为入股基金，称为份额。按国际货币基金组织现在的规定，认缴份额的 25% 必须以可兑换货币缴纳，其余 75% 用本国货币缴纳。当成员国发生国际收支困难时，就有权向国际货币基金组织申请普通贷款。

4. 特别提款权

特别提款权（Special Drawing Rights）是国际货币基金组织创设的无偿分配给各会员国用于补充现有储备资产的一种国际储备资产。国际货币基金组织于 1969 年创设特别提款权，并于 1970 年按成员国认缴份额开始向参加特别提款权的成员国分配特别提款权。

特别提款权，仅仅是一种用数字表示的记账单位，在成员国货币当局和国际货币基金组织、国际清算银行之间使用。成员国动用其所持有的特别提款权时，必须将其兑换成所需要的可兑换货币进行支付。特别提款权由世界贸易中五个主要国家和地区的货币来定值，各种货币的权重由这些国家的商品、劳务出口数值和国际货币基金组织各成员国官方持有这些货币的总额来确定，并规定每五年的第一天对各种货币权重修改一次。2015 年 11 月 30 日，国际货币基金组织（IMF）主席拉加德宣布将人民币纳入 IMF 特别提款权（SDR）货币篮子，该决议于 2016 年 10 月 1 日生效。

表 13.2　特别提款权的计算权属变化表

货币种类	美元	欧元	人民币	日元	英镑	生效时间
2015 年审查确定的权限	41.73%	30.93%	10.92%	8.33%	8.09%	2016.10.01
2022 年审查确定的权限	43.38%	29.31%	12.28%	7.59%	7.44%	2022.08.01

由此可见，特别提款权是一种依靠国际纪律而创造出来的储备资产，它的分配是无偿的，它具有价值尺度、支付手段、贮藏手段等职能，但不具备流通手段的职能，不能被私人直接用于国际商品的流通，因此，它还不是一种完全意义上的世界货币。

【金融视角】我国官方储备资产(2023 年 1 月、2 月)

项目 Item	2023.01		2023.02	
	亿美元	亿 SDR	亿美元	亿 SDR
1. 外汇储备 Foreign Currency Reserves	31 844.62	23 615.40	31 331.53	23 579.08
2. 基金组织储备头寸 IMF Reserve Position	109.82	81.44	108.22	81.44
3. 特别提款权 SDRs	519.71	385.41	516.22	388.49
4. 黄金 Gold	1 252.83	929.08	1 202.83	905.21
5. 其他储备资产 Other Reserve Assets	−2.04	−1.51	0.32	0.24
合计 Total	33 724.94	25 009.82	33 159.12	24 954.46

资料来源:国家外汇管理局

二、国际储备的作用

国际储备的持有是以牺牲储备资产的生产性运用为代价的,然而,一国持有适度国际储备并非是一种非理性的行为,因为持有国际储备会给该国带来一定的收益,其收益主要是通过国际储备的作用体现出来的。其作用主要表现在以下几点。

(1)弥补国际收支差额,维持对外支付能力。一国在对外经济交往中,不可避免地会发生国际收支不平衡,如果这种不平衡得不到及时弥补,将不利于本国国内经济和对外经济关系的发展,为此政府必须采取措施予以纠正。如果国际收支不平衡是暂时性的,则可通过使用国际储备予以解决;如果国际收支不平衡是长期的、巨额的或根本的,则国际储备可以起到一种缓冲作用,它可使政府渐进地推进财政政策和货币政策。

(2)干预外汇市场,稳定本国汇率。当本国汇率在外汇市场上发生剧烈动荡时,该国政府就可动用国际储备来缓和汇率的波动,甚至改变其变动的方向。各国用来干预外汇市场的储备基金,称为外汇平准基金,它由黄金、外汇和本国货币构成。当外汇汇率上升,超出政府限额的目标区间时,就可通过在市场上抛出储备购入本币缓和外币升值;反之,当本币升值过快时,就可通过在市场上购入储备放出本币方式增加本币供给,抑制本币升值。不过,国际储备作为干预资产的职能,要以充分发达的外汇市场和本国货币的完全自由兑换为前提条件。而且外汇干预只能对汇率产生短期影响,无法根本改变决定汇率的基本因素。

(3)信用保证。国际储备的信用保证包括两层含义:其一,它是债务国债务到期还本付息的基础和保证,是一国政府在国际上资信高低的标志。如果一国国际储备雄厚,则该国的国际信誉就高,在国际上借债就比较容易,成本也较低;反之,如果一国国际储备枯竭,则其国际信誉较低,难以在国际上筹集资金,即使能筹到资金,条件也较恶劣。其二,它可以用来支持对本国货币价值稳定性的信心,持有足量的国际储备无论从客观上还是从心理上都能提高本国货币在国际上的信誉。

三、外汇储备的规模与管理

外汇储备作为国际储备的重要组成部分,对保持各国经济的稳定具有重要的作用。但是,外汇储备并非越多越好,原因主要有以下几方面。

(1)外汇储备的增加会增加本币供应量。如果外汇储备量过大,本币供应量就会增加过多,当本币供应量的增加超过国内市场对其的需求时,会形成通货膨胀压力。

(2)持有外汇储备的机会成本。外汇储备表现为持有一种以外币表示的金融资产,通常是以外汇存款或外国有价证券的方式存放在国外银行、国际金融机构,并未投入国内生产使用。以这种储备方式产生的收益率通常低于利用进口物资在国内投资带动国民经济增长后产生的投资收益率。因此,外汇储备过大,对储备国家来说就是不合算的。

(3)外汇储备会因外汇汇率降低而贬损。外汇储备由不同的外币组成,如果选择或匹配不好,可能由于外汇汇率的降低在一夜之间遭受巨大损失。适度的外汇储备水平,既要考虑一国在一定时期对外汇储备的需求,又要综合考虑经济增长的规模与速度、对外开放的程度、对外信誉和在国际市场上的筹资能力、外债的还本付息以及国家通过调整国内外经济和外汇管理来影响国际收支的有效程度等因素。有一些数量指标衡量外汇储备适度水平,如外汇储备水平维持在 3 ~4 个月的进口额是适度的;又如称为最后清偿率的指标,即外债余额与国际储备的比,国际公认的警戒线为 130%。

考察外汇储备是否适度,还必须结合本国自身的国情特点。如我国,正处于经济体制转型时期,面对国际政治、经济、金融等复杂的形势,存在较多的不确定因素。这就要求我国在外汇储备问题上更应从动态的、综合的角度去观测、判断。

改革开放以来,我国对外贸易、经济金融往来有了很大的发展,经常项目外汇收支大幅度增长,资本和金融项目的外汇收支也迅速增长,外汇储备的规模逐年增长,并且增长的幅度很大,截至 2022 年 12 月末,中国外汇储备规模为 31 277 亿美元。

【金融视角】巴西以本币进行贸易结算

2023 年 3 月 31 日,巴西中央银行发布的一份报告显示,人民币已取代欧元,成为巴西外汇储备中第二重要的货币。有分析人士指出,这反映出巴西与中国的经济联系正在不断加深。截至 2022 年底,人民币占到了巴西外汇储备总量的 5.37%,超过了欧元所占的 4.74%,美元以 80.42% 的占比继续处于主导地位。

巴西已与中国达成协议,不再使用美元作为中间货币,而是以本币进行贸易结算。报道形容,这是北京对美元的"最新一次奇袭"。据中国海关统计,2022 年中巴双边贸易额为 1 714.9 亿美元,同比增长 4.9%。

据《环球时报》援引法新社等报道称,这项协议让中国和拉丁美洲最大经济体的巴西可以直接进行大规模的贸易和金融交易,用人民币兑换雷亚尔,反之亦然,而不是通过美元。

资料来源:央视网

第三节　国际资本流动

一、国际资本流动的含义、种类与原因

(一)国际资本流动的含义

国际资本流动(International Capital Movements)是指一个国家(或地区)的政府、企业或个人与另外一个国家(或地区)的政府、企业或个人之间,以及国际金融组织之间资本的流入和流出。它是国际间经济交易的基本内容之一。

国际资本流动是资本跨越民族国家的界限而在国际范围内运动的过程,是资本要素在不同主权国家和法律体系管辖范围之间的输出与输入。资本的本质决定了资本跨国流动的本质,是居民的一部分储蓄或社会剩余劳动积累在不同社会再生产体系、不同社会经济分配体系、不同政府宏观决策体系之间的运动。

国际资本流动不同于以所有权的转移为特征的商品交易,它是以使用权的转让为特征的,但一般仍以盈利为目的。一国(或地区)的国际收支平衡表中的资本和金融项目,集中反映了该国(或地区)在一定时期内与他国(或地区)的资本流动的综合情况。

(二)国际资本流动的种类

1. 按照资本跨国界流动的方向划分

按照资本跨国界流动的方向,国际资本流动可以分为资本流入和资本流出。资本流入是指外国资本流入本国,即本国资本输入,主要表现为:①外国在本国的资产增加;②外国对本国负债减少;③本国对外国的债务增加;④本国在外国的资产减少。

资本流出是指本国资本流到外国,即本国资本输出。主要表现为:①外国在本国的资产减少;②外国对本国债务增加;③本国对外国的债务减少;④本国在外国的资产增加。

2. 按照资本跨国流动时间的长短期限划分

按照资本跨国流动时间的长短期限,国际资本流动可以分为长期资本流动与短期资本流动。

(1)长期资本流动。

长期资本流动是指使用期限在一年以上,或者规定使用期限的资本流动。它主要包括三种类型:国际直接投资、国际证券投资和国际贷款。

①国际直接投资(International Direct Investment),是指一个国家的企业或个人对另一国企业部门进行的投资。直接投资可以取得某一企业的全部或部分管理和控制权,或直接投资新建企业。其特点是投资者能够控制企业的有关设施,并参与企业的管理决策。直接投资往往和生产要素的跨国界流动联系在一起,这些生产要素包括生产设备、技术和专利、管理人员等。因而国际直接投资是改变资源分配的真实资本的流动。

②国际证券投资(International Portfolio Investment),也称为间接投资,是指通过在国际债券市场上购买外国政府、银行或工商企业发行的中长期债券,或在国际股票市场上购买外国公司股票而进行的对外投资。证券投资与直接投资存在的区别,主要表现在:证券

投资者只能获取债券、股票回报的股息和红利,对所投资企业无实际控制权和管理权。而直接投资者则持有足够的股权来承担被投资企业的盈亏,并享有部分或全部管理控制权。

③国际贷款(International Loans),是指一国政府、国际金融组织或国际银行对非居民(包括外国政府、银行、企业等)所进行的期限为一年以上的放款活动。主要包括政府贷款、国际金融机构贷款、国际银行贷款。

(2)短期资本流动。

短期资本流动是指期限在一年或一年以内即期支付的资本流动。它主要包括以下四类。

①贸易资本流动,是指由国际贸易引起的货币资金在国际间的融通和结算,是最为传统的国际资本流动形式。各国出口贸易资金的结算,导致出口国或代收国的资本流入;各国进口贸易资金的结算,则导致进口国或代付国的资本流出。

②银行资本流动,是指各国外汇专业银行之间由于调拨资金而引起的资本国际转移。各国外汇专业银行在经营外汇业务过程中,由于外汇业务或谋取利润的需要,经常不断地进行套汇、套利、掉期、外汇头寸的抛补和调拨、短期外汇资金的拆进拆出、国际间银行同业往来的收付和结算等,都要产生频繁的国际短期资本流动。

③保值性资本流动,又称为资本外逃(Capital Flight),是指短期资本的持有者为了使资本不遭受损失而在国与国之间调动资本所引起的资本国际转移。

④投机性资本流动,是指投机者利用国际金融市场上利率差别或汇率差别来谋取利润所引起的资本国际流动。由于金融开放与金融创新,国际间投机资本的规模越来越庞大,投机活动也越来越盛行。

二、国际资本流动的经济影响

(一)长期国际资本流动的经济影响

1. 对世界经济的影响

第一,形成全球利润最大化。长期资本流动可以增加世界经济的总产值与总利润,并趋于最大化。输出国因资本输出,在资本输入国创造的产值,会大于资本输出国因资本流出而减少的总产值,最终会促使全球利润最大化。第二,加速世界经济的国际化。生产国际化、市场国际化和资本国际化,是世界经济国际化的主要标志。这三个国际化之间互相依存,互相促进,推动了整体经济的发展。第三,加深了货币信用国际化。最重要的是加深了金融业的国际化。第四,促使以货币形式出现的资本遍布全球,如国际资本流动使以借贷形式和证券形式体现的国际资本大为发展,渗入世界经济发展的各个角落。第五,国际资本流动主体的多元化,使多种货币共同构成国际支付手段。

2. 对资本输出国的影响

在一般情形下,长期资本流动对资本输出国有积极与消极两个方面影响。

积极影响表现为:第一,可以提高资本的边际效益。长期资本输出国一般是资本较充裕或某些生产技术具有优势的国家,其新增加的投资预期利润率较低。如果将这些预期利润率较低的投资额,转投到资本较少或某项技术较落后的国家,便可提高资本使用的边际效益,增加投资的总收益,进而为资本输出国带来更可观的利润。第二,可以带动商品出口。长期资本输出会对输出国的商品出口起推动作用,从而增加出口贸易的利润收入,刺激国内的经济增长。第三,可以迅速地进入或扩大海外商品销售市场。第四,可以为剩余资本寻求出路,生息获利。第五,有利于提高国际地位。资本输出,一般意味着该国的物质基础较为雄厚,从而有利于提高自己的国际声誉或地位。

消极影响表现为:第一,必须承担资本输出的经济风险和政治风险。当今世界经济和世界市场错综复杂,如方向错误,资本输出一不小心就会产生经济业务的风险。此外,还得承担政治性风险。如资本输入国实施不利于外国资本输出的法令,如没收投资资本,甚至拒绝偿还外债等。在国际债务历史上,曾经发生过有的国家因陷入债务危机而停止还债的现象。第二,会对输出国经济发展造成压力。在货币资本总额一定的条件下,资本输出会使本国的投资下降,从而减少国内的就业机会,降低国内的财政收入,加剧国内市场竞争,进而影响国内政治的稳定与经济的发展。

3. 对资本输入国的影响

对资本输入国的积极影响表现为:第一,可以弥补输入国资本不足。一个国家获得的间接投资,通过市场机制或其他手段会流向资金缺乏的部门和地区;一个国家获得直接投资,则在一定程度上会弥补国内某些产业的空心化现象。第二,可以引进先进技术与设备,获得先进的管理经验。长期资本流动的很大一部分是直接投资。该投资的特点就是能给输入国直接带来技术、设备,甚至是销售市场。因此,只要输入得当、政策科学,资本输入无疑会提高本国的劳动生产率,增加经济效益,加速经济发展进程。第三,可以增加就业机会,增加国家财政收入。资本输入很大程度上是用来创建新企业或改造老企业,对发达国家或发展中国家都是如此。这样有利于增加就业机会,有利于增加国民生产总值,进而有利于增加国家财政收入,提高国民的生活水平。第四,可以改善国际收支。一方面,输入资本,建立外向型企业,实现进口替代与出口导向,就有利于扩大出口,增加外汇收入,进而起到改善国际收支的作用;另一方面,资本以存款形式进入,也可能形成一国国际收入的来源。

对资本输入国的消极影响表现为:第一,可能会引发债务危机。输入国若输入资本过多,超过本国承受能力,则可能会出现无法偿还债务的情况,导致债务危机的爆发。第二,可能使本国经济陷入被动境地。如果输入资本过多又管理不善并使本国经济不能获得较好的发展,输入国就会对外产生很强的依赖性。这样,一旦外国资本停止输入或抽走资本,本国经济发展将陷入被动境地,甚至使本国的政治主权受到侵犯。第三,加剧国内市场竞争。大量外国企业如果就地销售产品,必然会使国内市场竞争加剧,从而使国内企业的发展受到影响。

(二)短期国际资本流动的经济影响

1. 对国际贸易的影响

在国际贸易中,买卖双方(或银行)提供的短期资金融通,如预付货款、延期付款及票据贴现等,都有利于国际贸易双方获得资金便利,从而有利于国际贸易的顺利进行。

2. 对各国国际收支的影响

第一,短期资本流动有利于调节暂时性的国际收支失衡。当一国的国际收支出现暂时性逆差时,该国的汇率就会下跌,如果投机者意识到这种汇率下跌仅是暂时的,预期不久就会上升，于是就按较低汇率买进该国货币，等到汇率上升后再以较高的汇率卖出，这样就形成了该国的短期资本流入之势，这种趋势显然有利于调节该国的国际收支逆差。反之，有利于调节一国的国际收支顺差。第二，投机性和保值性短期资本流动会加剧一国的持续性国际收支失衡状态。当一个国家出现持续性逆差时，该国的汇率就会持续下跌，如果投机者预期到该国货币汇率还会进一步下跌时，就会卖出该国货币，买进其他货币，以期该国货币贬值，其他货币升值后获利。这种投机行为，会使该国的资本流出，从而会扩大逆差。反之，会使该国顺差扩大，从而也加剧了国际收支失衡。

3. 对国际金融市场的影响

短期资本流动会加剧国际金融市场动荡，表现在它会造成汇率大起大落，投机更加盛行。当一国发生短期性国际收支不平衡时，汇率将发生波动。因为投机者这时是在外汇供不应求、本币汇率偏低时，卖出外汇、买进本币，或在外汇供大于求、本币汇率偏高时，买进外汇、卖出本币。这种投机性资本流动，既有利于国际收支平衡的调节，又有利于保持市场汇率的稳定。但相反，当一国发生持续性国际收支失衡时，投机者是在外汇供不应求时买进外汇，而在外汇供大于求时卖出外汇，这种行为显然不利于国际收支平衡，也不利于汇率的稳定。因此，这种投机行为会促使国际金融市场动荡不安。不过有一种情况例外，即如果一国发生持续性国际收支失衡，是因为汇率偏高或偏低没有得到及时调整所致，这种投机又会强迫该国适时进行调整，从而使汇率趋于合理水平，因此，也具有积极意义。

三、我国利用外资的主要形式

外资是指在本国境内使用，但所有权属于外国法人和自然人的资本。由于我国香港、澳门、台湾属于单独关税区和相对独立的经济体，所以这几个地区在大陆的投资，也视同外资。利用外资是我国改革开放的重要战略措施。它有利于弥补国内建设资金的不足；有利于引进先进技术促进产业升级；有利于吸收先进的企业经营管理经验；有利于创造更多的就业机会和增加国家财税收入。利用外资的形式多种多样，其中最主要的有外商直接投资、对外借款、发行国外债券和股票上市融资四种。

(1)外商直接投资是指非本国居民对我国的公司型或非公司型企业投资，并由此获得对企业的管理控制权。其方式包括：①在我国开办独资企业；②收购或合并我国企业；③与我国企业合资开办企业；④对我国企业进行一定比例以上的股权投资；⑤利润再投资。

外商直接投资一直是我国利用外资的主导方式。我国采用最多的直接投资方式是中外合资经营企业、中外合作经营企业、外商独资经营企业和合作开发。

(2)对外借款主要包括外国政府贷款、国际金融组织贷款、国际商业银行贷款等。一般将外国政府贷款和国际金融组织贷款统称为优惠贷款。

外国政府贷款也称为双边政府贷款，具有一定的援助性质，期限长、利率低；但是，债权人对贷款的投向有一定的限制。目前我国的外国政府贷款主要投向城市基础设施、环境保护等非营利性项目。

国际金融组织贷款是指由国际金融组织，如世界银行、亚洲开发银行等向我国政府或企业提供的贷款。

国际商业银行贷款是我国从境外商业性金融机构获得的贷款。

(3)发行国外债券是指在国际金融市场上发行的以外币表示的债券。在国际金融市场上发行的债券,一般归为两类:①外国债券,如在美国市场上发行的以美元计值的扬基债券,在日本市场上发行的以日元计值的武士债券;②欧洲债券,在欧洲市场上发行的以不同货币计值的债券,该债券也叫作境外债券。除债券外,还有可转让大额存单、商业票据等。

【金融视角】美国国债遭受持续减持

数据显示,中国将美国国债减持至全球金融危机以来的最低水平。据香港《南华早报》2023 年 3 月 16 日文章,美国财政部当周的数据显示,中国对美国国债的持有量从去年 12 月的 8 671 亿美元降至 8 594 亿美元,连续第 6 个月下降,创下 2009 年 5 月以来最低点。

虽然中国减持美国国债引人关注,但近期数据显示,中国并非抛售美债的单一国家。事实上,全球持有美债规模排名前两位的日本与中国,2022 年分别减持 2 245 亿美元及 1 732 亿美元。去年以来,法国、沙特、以色列等多国抛售大量美国国债。而 2 月,比利时、卢森堡和爱尔兰等国也减持美国国债。

自 2020 年开始,美联储开启了新一轮"史无前例"的"大放水",不仅将利率降低到 0,甚至承诺"无上限"量化宽松政策。在此背景下,美国股市大涨,出现了生产产出"停摆",而市场财富却大大增加的"怪现象"。近年美国宽松的货币政策事实上稀释了其债务。"美元越来不值钱,各国都认识到了这一点。"

(4)股票上市融资是指境内的公司以现有资产或以新设立公司的名义在境外发行股票,并在境外证券交易所上市的融资活动。

此外,还有项目融资、国际金融租赁等方式。1985 ~ 2022 年中国外债流动与国民经济、外汇收入如表 13.3 所示。

表 13.3　1985 ~ 2022 年中国外债流动与国民经济、外汇收入

年度	项目								
	外债流入(十亿美元)	外债流入比上年增长	外债流出(十亿美元)	外债流出比上年增长(%)	外债净流入(十亿美元)	国内生产总值(十亿元人民币)	外债流出/国内生产总值	外汇收入(十亿美元)	偿债率
1985	8.33	—	0.84	—	7.49	904.0	0.3%	28.3	2.7%
1986	8.72	4.7%	6.23	641.7%	2.49	1 030.9	2.1%	29.8	15.4%
1987	9.21	5.6%	5.12	-17.8%	4.09	1 210.2	1.6%	39.2	9.0%
1988	14.23	54.5%	7.28	42.2%	6.95	1 510.1	1.8%	45.9	6.5%

续表 13.3

年度	项目								
	外债流入(十亿美元)	外债流入比上年增长	外债流出(十亿美元)	外债流出比上年增长(%)	外债净流入(十亿美元)	国内生产总值(十亿元人民币)	外债流出/国内生产总值	外汇收入(十亿美元)	偿债率
1989	17.43	22.5%	17.02	133.8%	0.41	1 709.0	3.8%	47.8	8.3%
1990	16.48	-5.5%	9.62	-43.5%	6.86	1 877.4	2.5%	57.4	8.7%
1991	18.86	14.4%	12.79	33.0%	6.07	2 189.6	3.1%	65.9	8.5%
1992	15.22	-19.3%	13.43	5.0%	1.79	2 706.8	2.7%	78.8	7.1%
1993	27.37	79.8%	18.25	35.9%	9.12	3 552.4	3.0%	86.6	10.2%
1994	34.33	25.4%	25.06	37.3%	9.27	4 846.0	4.5%	118.9	9.1%
1995	39.11	13.9%	31.71	26.5%	7.40	6 113.0	4.3%	147.2	7.6%
1996	30.95	-20.9%	22.47	-29.1%	8.48	7 157.2	2.6%	171.7	6.0%
1997	43.10	39.3%	32.42	44.3%	10.68	7 942.9	3.4%	207.2	7.3%
1998	45.66	5.9%	42.48	31.0%	3.18	8 488.4	4.1%	207.4	10.9%
1999	30.05	-34.2%	36.45	-14.2%	-6.40	9 018.8	3.3%	221.0	11.2%
2000	24.92	-17.1%	35.01	-4.0%	-10.09	9 977.6	2.9%	279.6	9.2%
2001	25.16	1.0%	31.28	-10.7%	-6.12	11 027.0	2.3%	299.4	7.5%
2002	60.87	141.9%	69.67	122.7%	-8.80	12 100.2	4.8%	365.4	7.9%
2003	101.54	66.8%	98.13	40.8%	3.41	13 656.5	5.9%	485.0	6.9%
2004	205.97	102.8%	190.24	93.9%	15.73	16 071.4	9.8%	655.0	3.2%
2005	281.05	36.5%	271.59	42.8%	9.46	18 589.6	12.0%	836.8	3.1%
2006	385.43	37.1%	365.15	34.4%	20.28	21 765.7	13.4%	1 061.7	2.1%
2007	500.20	29.8%	479.81	31.4%	20.39	26 801.9	13.6%	1 342.2	2.0%
2008	575.90	15.1%	557.16	16.1%	18.74	31 675.2	12.2%	1 581.7	1.8%
2009	387.52	-32.7%	390.85	-29.8%	-3.33	34 562.9	7.7%	1 332.9	2.9%
2010	679.25	75.3%	611.93	56.6%	67.32	40 890.3	10.1%	1 876.8	1.6%
2011	773.31	13.8%	682.51	11.5%	90.80	48 412.4	9.1%	2 086.6	1.7%
2012	648.12	-16.2%	651.79	-4.5%	-3.67	53 412.3	7.7%	2 248.3	1.6%
2013	1 010.92	56.0%	908.07	39.3%	102.85	58 801.9	9.6%	2 425.0	1.6%
2014	2 353.40	—	1 695.98	—	657.42	64 356.3	16.2%	2 545.1	2.6%
2015	1 205.13	-48.8%	1 599.54	-5.7%	-394.41	68 885.8	14.5%	2 360.2	5.0%
2016	1 274.20	5.7%	1 255.19	-21.5%	19.01	74 639.5	11.2%	2 197.9	6.1%

续表 13.3

年度	项目								
	外债流入(十亿美元)	外债流入比上年增长	外债流出(十亿美元)	外债流出比上年增长(%)	外债净流入(十亿美元)	国内生产总值(十亿元人民币)	外债流出/国内生产总值	外汇收入(十亿美元)	偿债率
2017	1 623.99	27.5%	1 434.53	14.3%	189.46	83 203.6	11.6%	2 422.9	5.5%
2018	1 851.32	14.0%	1 694.20	18.1%	157.12	91 928.1	12.2%	2 651.0	5.5%
2019	1 724.73	-6.8%	1 649.32	-2.6%	75.41	98 651.5	11.5%	2 643.4	6.7%
2020	2 113.93	22.6%	1 800.48	9.2%	313.45	101 356.7	12.3%	2 732.4	6.5%
2021	2 006.49	-5.1%	1 657.68	-7.9%	348.81	114 923.7	9.3%	3 555.2	5.9%
2022	1 750.73	-12.7%	2 031.00	22.5%	-280.28	121 020.7	11.3%	3 715.8	10.5%

数据来源:中国人民银行官网。

第四节　国际收支与均衡

前面我们已经讲过货币均衡与总供求均衡的问题,它是一国的内部均衡问题,当考虑到开放经济中国际收支的因素,货币的均衡就产生了变化,这里我们对货币的外部均衡问题做进一步探讨。

一、国际收支与货币均衡

(一)贸易收支中本币资金与外汇资金的转化

贸易、服务项目收支的实质是国内外商品、服务的转换。完成这种转换需要借助两种货币形态:外汇与本币。随着商品、服务的不断交换,必然反映为外汇资金与本币资金的不断转换过程。这种外汇资金与本币资金的转化过程如图 13.1 所示。

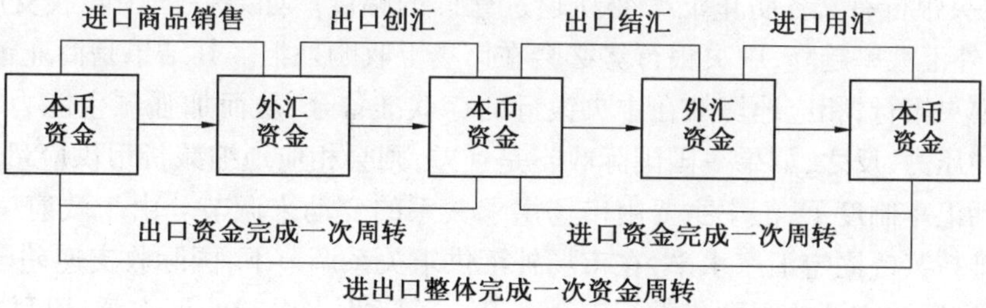

图 13.1　贸易外汇资金与本币资金转化过程

(1)本币资金向外汇资金的转化。从出口创汇看,组织出口商品的生产和收购必须先垫付本币资金。从进口用汇看,进口企业先用本币资金向外汇银行购买外汇,用于支付进口价款和费用。

(2)外汇资金向本币资金的转化。从出口结汇看，出口企业收入外汇后，如果把出口外汇收入卖给外汇银行，由外汇银行付给本币，即实现了外汇资金向本币资金的转化。从进口商品的国内销售看，进口企业把进口商品的价款、费用、利润等折算为本币价格在国内销售，收回本币资金。

(3)出口资金完成的一次周转。从出口创汇到出口结汇，实现了由本币资金到外汇资金再到本币资金的过程。

(4)进口资金完成的一次周转。从进口用汇到进口商品国内销售，同样实现了由本币资金到外汇资金再到本币资金的过程。

(5)进出口整体完成的一次资金周转。由出口创汇—出口结汇—进口用汇—进口商品国内销售这一进出口行为，完成了本币资金—外汇资金—本币资金—外汇资金—本币资金的一次完整的资金周转。

(二)资本收支与本币资金

资本和金融项目收支反映为外汇资金的流入、流出，同时必然涉及本币资金。

(1)利用外资，需要配套本币资金。有两个层次的配套：一是建设项目的配套；二是与项目有关的生产、能源、交通、商业、生活设施等新建或扩建的配套。在企业资金有限的情况下，有必要向银行贷款。

(2)利用外资的还本付息。大体可分为两部分：一是在项目投产前的还本付息，通常要求银行或财政给予支持；二是在项目建成投产后还本付息。如果项目在还款期内其利润收入不足以满足还本付息的需要，就需要另找资金来源，通常为银行的信贷支持。

(三)开放经济下的货币供给

国际收支必然影响国内货币供给和货币流通状况。这种影响因汇率制度的不同而有所差异。

在固定汇率制度下，国际收支对货币供给的影响表现在以下两方面。

(1)商业银行经营外汇买卖。在一国国际收支顺差时，商业银行购入外汇多于售出，外汇库存净增长，货币供应量净增加；反之，商业银行的货币供应量净减少。

(2)中央银行有义务防止汇率变动超过允许的幅度。如果一国国际收支顺差，外汇供给过大，外汇汇率趋降，中央银行势必会在市场上收购外汇。其结果是商业银行把部分外汇卖给中央银行，相应地增加在中央银行的存款准备金，从而加强派生能力，构成增加货币供给的压力；反之，如果一国国际收支是逆差，则会相应地缩减货币供应量。

在浮动汇率制度下，汇率主要由市场供求关系的变动来调节。由于政府一般不再进行干预以维持某一固定汇率水平，在市场外汇供求关系调节下，国际收支逆差国的货币汇率会下降，国际收支顺差国的货币汇率会上升。国际收支引起的汇率浮动可能会使国际收支的逆差或顺差在较短期得到某种矫正。因而从理论上说，不致因国际收支逆差或顺差的长期存在而导致货币供应量的长期扩张或收缩。不过，实事上极难出现这样的“理想”状况。而且，政府为了实现某种政策目标也会干预外汇市场。

二、国际收支与市场均衡

在对外开放条件下，影响市场均衡的原因有商品进出口、资本流出流入和非贸易收支等因素。

(1)来自贸易收支的影响。商品出口表示国外对国内商品的需求，构成扩大市场总需求的因素；商品进口表示增加国内商品可供量，构成扩大市场总供给的因素。将进出口因素引入，则市场总供求均衡的公式扩展为

消费支出+投资支出+(出口-进口)=消费品供应+生产品供应

(2)来自资本流出与流入的影响。资本流入，会扩大市场总需求；资本流出，国内投资需求减少，相应扩大市场总供给。计入资本流出入因素，市场总供求均衡的公式为

消费支出+投资支出+(出口-进口)=消费品供应+生产品供应+(资本流出-资本流入)

(3)来自非贸易收支的影响，可并入进出口、资本收支两大项的影响。

本章小结

1. 国际收支泛指一国居民在一定时期内的全部国际经济交易总额，是该国对外政治、经济等关系的系统记录。

2. 国际收支平衡表是系统地记录一国一定时期内各种国际经济交易项目及其金额的一种统计报表，它集中反映了一国国际收支的总貌和具体构成。国际收支平衡表在编制时需要遵循会计学的复式记账原理。

3. 国际收支平衡表按照交易的性质分为三大类账户，即经常账户、资本与金融账户和误差与遗漏账户，各账户下再按照交易内容又分若干项目。

4. 按照不同的口径，国际收支的差额可以分为：贸易账户差额、经常账户差额、资本与金融账户差额、错误与遗漏账户差额、综合账户差额。

5. 国际储备是指各国中央政府为了弥补国际收支逆差和保持汇率稳定而持有的国际可以接受的一切资产。一国的国际储备包括黄金储备、外汇储备、会员国在国际货币基金组织中的储备头寸和国际货币基金组织分配给会员国尚未动用的特别提款权等四个部分。

6. 国际资本流动是指一个国家(或地区)的政府、企业或个人与另外一个国家(或地区)的政府、企业或个人之间，以及国际金融组织之间资本的流入和流出。其产生的原因从资本供给来看，一是追求利润，二是规避风险。

7. 我国利用外资的形式多种多样，其中最主要的有外商直接投资、对外借款、发行国外债券和股票上市融资四种。

8. 在对外开放条件下，影响市场的均衡有商品进出口、资本流出流入和非贸易收支等因素。

【思考与练习】

1. 什么是国际收支？国际收支平衡表的项目是如何构成的？

2. 国际储备的构成有哪些？其作用是什么？
3. 国际资本流动形成的原因及其经济影响有哪些？
4. 国际收支对货币均衡有哪些影响？
5. 国际收支如何影响总供求？
6. 如何看待今年来减持美债的国际趋势？
7. 人民币在作为国际储备货币的道路上还有哪些问题？

第十四章　货币政策

【学习目标】

1. 掌握货币政策目标体系。
2. 熟悉货币政策采用的工具。
3. 了解货币政策传导机制与渠道。
4. 掌握货币政策效应。

【案例导入】

当2005年末美联储主席格林斯潘带着神奇和光环卸任之际，赞扬、尊敬如潮而来，暂时掩盖了实际的瑕疵。英国知名财经杂志《经济学人》则力排众议指出，格林斯潘长期刺激性的货币政策违背客观规律，造成美国虚幻的高消费和创纪录的巨额经常账户赤字，他卸任后留下的美国经济危机四伏。不幸真的被言中，2007年以来美国金融危机，打破了格林斯潘的"金融神话"，他所奉行的宽松货币政策被越来越多的人视为金融危机的"罪魁祸首"；而正是他所主张的货币政策曾引领美国实现了创纪录的长达10年的持续增长。

思考：货币政策该如何选择，为何在货币政策选择上，"成也格林斯潘，败也格林斯潘"？

第一节　货币政策目标体系

一、货币政策

货币政策是指中央银行为实现其宏观经济目标所采用的调节货币供应量和利率水平等经济变量的方针和措施的总和。

与其他经济政策相比较，货币政策有其明显的特点：第一，货币政策是总量调节的宏观经济政策，一般不考虑结构问题。第二，货币政策本质上是一种需求管理政策。第三，货币政策是以间接调控为主的经济政策，但在特定的条件下也实行直接调节。第四，货币政策具有灵活性和可微调性。

一般来说，货币政策包含以下内容：货币政策的最终目标与中介变量（包括操作目标和中介目标），实现货币政策目标所运用的工具，政策的传导机制和政策的效果等。

二、货币政策目标

目标是人类有意识的活动要达到的预期成果或目的，它是一定时期内某项管理工作所要采取的措施和预期成果的高度概括。所谓货币政策目标就是中央银行采取调节货币和信用的措施所要达到的目的。明确货币政策目标是整个货币政策制定与实施过程的首要任务，只有制定了明确具体的货币政策目标，才能有的放矢地围绕目标选择货币政策的操作目标和政策工具，进而建立货币政策体系，发挥货币调控经济的功效。

一般来讲，按照中央银行对货币政策目标的影响程度、影响速度及施加影响的方式，货币政策目标可划分为三个层次，即最终目标、操作目标和中介目标。最终目标是中央银行货币政策在一段较长的时期内所要达到的目标，基本上与一国的宏观经济目标相一致，具体包括物价稳定、充分就业、经济增长或国际收支平衡。由于中央银行并不能对这些目标直接加以控制，而只能通过货币政策工具对它们施加间接的影响和调节，因此必须确立一套便于决策和控制的指标，也就是操作目标与中介目标，将货币政策工具的操作和货币政策最终目标的实现联系起来。

操作目标是中央银行通过货币政策工具能有效实现的直接政策变量，这些变量即货币政策工具操作直接引起变动的指标，其对货币政策工具的变动反应较为灵敏。中介目标处于最终目标和操作目标之间，是中央银行在一定时期内和某一特定经济状况下，能够以一定的准确程度达到的目标。中央银行对货币政策工具进行操作后，经由中央银行体系内部指标的变化，引起整个宏观经济目标的变化。其作用过程如图 14.1 所示。

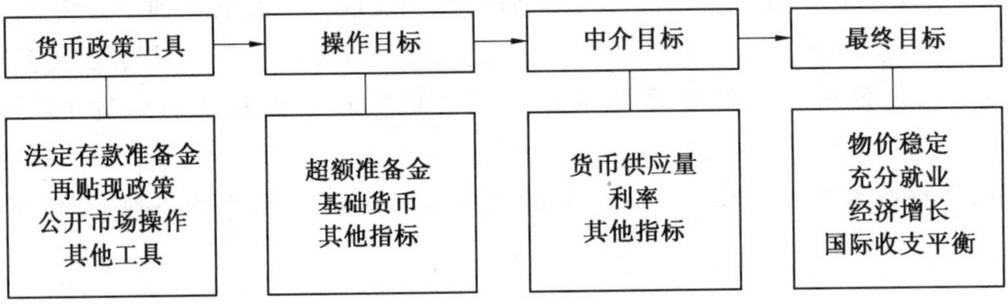

图 14.1　货币政策目标体系及作用过程

三、货币政策的最终目标

货币政策的最终目标是中央银行通过调节货币和信用所要达到的最终目的，是要经过较长的时期才能实现的，基本上与一国的宏观经济目标相一致，因此，最终目标也称为货币政策的战略目标或长期目标。各国或地区有着不同的经济状况，因此货币政策的最终目标也不尽相同，但主要可以归纳为以下四个方面。

（一）物价稳定

物价稳定是指维持一国货币的国内价值稳定，从而设法使一国物价水平在一定时期内部发生显著的或急剧的波动。由于一般物价水平是反映一国物价水平的一般趋势，是一国货币国内购买力的倒数。因此，如果一般物价水平比较稳定则表明该国的商品与劳务价格比较稳定，或者说该国货币的国内购买力比较稳定，即币值稳定。

由于通货膨胀具有严重的危害性，各国政府都将通货膨胀视为“公敌”，物价稳定成为各国货币政策目标的首要内容，力求将物价水平控制在一定的预期范围之内，防止通货膨胀的发生。一般来说，消费物价指数（CPI）、批发物价指数（WPI）和国民生产总值平减指数(GNP Deflation)都可以作为衡量物价稳定的指标,一般物价水平的变动应该控制在什么范围之内才可以算是物价稳定?目前尚未有统一的标准。通常认为,比较稳健或保守的做法是将一般物价水平上涨率的目标控制所在1%～3%范围之内;而激进的做法则是控制在5%之内,其理由是温和的通货膨胀对于促进经济增长和提高就业率有积极的作用。可见,对于物价上涨的控制也应注意尺度。

(二)充分就业

充分就业是衡量一国资源利用程度的重要指标。严格意义上的充分就业不仅包括劳动力的充分就业,还包括其他生产要素的充分就业,即充分利用。其他生产要素的利用程度很难测算,但与劳动力就业状况保持着基本一致的关系,所以一般以劳动力就业程度作为社会经济资源利用程度的代表性指标。因此,充分就业是指凡是有劳动能力,并且愿意参加工作的人都能够在比较合理的工资与工作条件下找到比较合适的工作。

西方经济学者认为,充分就业并不是社会劳动力100%就业,而是应该排除两种失业,一是摩擦性失业,即由于季节性、技术性、经济结构等原因造成的临时性失业;二是自愿性失业,即劳动者不愿意接受现行工资水平和工作条件而引起的失业。凯恩斯学派认为,除上述两种失业外,还存在着非自愿性失业,即劳动者愿意接受现行的工资水平和工作条件,但仍然找不到工作。社会存在着非自愿性失业,就说明未达到充分就业。

一般地,充分就业是通过失业率来衡量的。所谓失业率是指失业人数与愿意就业的劳动力的百分比,失业率越高,距充分就业的目标就越远。既然充分就业并非100%的就业,那么失业率是多少时,可以看作是充分就业呢?对此,经济学家们看法并不一致。一般而言,比较"保守"的经济学家认为,失业率如果能控制在1%～2%以下则实现充分就业;而比较"激进"的经济学家则认为,失业率只要能控制在5%以内即为充分就业。由于各国和地区的经济状况不尽相同,对失业率的标准,也应因时因地制宜。

(三)经济增长

经济增长是指一国在一定时期内所产生的商品和所提供的劳务总量的增长,即国民生产总值的增加,通常用国民生产总值年均增长率来衡量,它反映了一个国家的经济发展速度。

至于货币政策应当追求多高的经济增长速度,则取决于经济增长利益和经济增长成本之间的权衡和比较。社会要实现一定速度的增长,必须付出一定的成本和代价,社会公众必须忍受目前消费减少的痛苦以进行储蓄和投资,经济的增长还可能带来环境的污染、能源的消耗等,而经济增长的最大利益是增加社会公众的未来福利。适度的经济增长,从理论上来讲就是经济增长的边际成本和边际收益相等时的经济增长率,但是很难测算。弗里德曼认为,只要经济增长能够提高社会公众的干劲,使社会资源得到充分利用,那么这个经济增长率就是合理的、适度的。在实际操作中,各个政府为了政治、经济和军事上的需要,总是追求实现一定速度的经济增长,具体要求则应视各个时期的政治、经济形势而定。

(四)国际收支平衡

国际收支平衡是指一国对于其他国家的全部货币收入和货币支出基本相抵,略有顺差或略有逆差。一定时期的国际收支平衡,反映了该国经济发展状况以及对外经济的往来状况,同时,国际收支状况对国内的货币供应量也有重大的影响。

当国际收支出现顺差时,一是意味着该国外汇收入大于支出,增加的外汇将增加国内市场的货币供应;二是意味着商品出口大于进口,如果出口依赖于政策性的出口补贴,也会增加市场的货币供应量;三是意味着商品量输出大于商品量的输入,从而减少了国内市场的商品量。因此,在国内市场货币偏多、物价不稳、商品供应量不足的情况下,国际收支顺差不利于促进国民经济的发展和国内金融、物价的稳定;在国内市场上货币供应量不足、外资缺乏、商品供过于求的情况下,顺差有利于国内经济的发展。当国际收支出现逆差时,情况则恰好相反。

国际收支平衡、保持合理的外汇储备是一国国内经济稳定发展以及对外往来的一个重要条件。实际上,国际收支不平衡是普遍存在的,从整个世界经济情况来看,一个国家收支的顺差就意味着另一个国家收支的逆差。因此,每个国家都要做到收支顺差或者收支平衡,从而达到完全平衡,是难以实现的。虽然应该根据经济所处的不同发展阶段制定国际收支政策,但是各国中央银行一般均把国际收支列为货币政策的重要目标。

虽然货币政策的最终目标都是稳定国民经济所必需的,但是它们之间的关系比较复杂,在实际操作中,也很难保持协调一致,相互间往往存在矛盾,对于政策目标的选择只能是侧重而无法兼顾。具体而言,除经济增长和充分就业之间存在正相关关系,具有较多的一致性外,各个目标之间相互都有矛盾。

第一,物价稳定与充分就业之间的矛盾。根据菲利普斯曲线,充分就业与物价稳定不能并行,失业率与物价上涨率之间存在着反比例关系,此消彼长。因此,失业率与物价上涨之间可能有以下几种选择:一是失业率较高的物价稳定;二是通货膨胀率较高的充分就业;三是在物价上涨率和失业率两极之间进行组合,即所谓的相机抉择。作为中央银行的货币政策目标,既不应选择失业率较高的物价稳定,也不应选择通货膨胀率较高的充分就业,而只能在通货膨胀率与失业率之间相机抉择,根据具体的社会经济条件,进行正确的组合。

第二,稳定物价与经济增长之间的矛盾。对此,西方经济学家的看法不尽相同。古典学派认为,只有物价稳定才能维持经济的长期增长势头,而经济增长带来的商品丰富,又会使物价稳定,所以稳定物价与经济增长一致。然而现代经济实践表明,经济增长总是伴随着物价的上涨。一些经济学家通过实证分析的方法,研究了一些国家近百年来的经济增长时期的物价资料,发现经济增长时期物价水平都呈现上升趋势,第二次世界大战以后更是如此。因此,两个目标之间客观地存在着矛盾,追求无通货膨胀的经济增长是不现实的。政府当局和货币管理当局在很多情况下,只能在两者之间做出调和,选择两项目标的最佳组合方式,即在可接受的物价上涨率基础上发展经济,在不妨碍最低增长需要的前提下稳定币值。

第三,稳定物价与国际收支平衡的矛盾。在开放型经济中,各个国家的经济状况是相互联系和相互影响的,这种联系和影响会通过一个国家的国际收支状况反映出来。中央银行要想同时实现物价稳定和国际收支平衡两大政策目标是比较困难的。一般来说,如果本国物价稳定而国外发生通货膨胀,则导致本国输出增加,输入减少,会造成顺差失衡;

假如本国发生通货膨胀,则会导致本国输出减少,输入增加,会出现逆差失衡。因此,只有在世界各国都维持大致相同的物价稳定水平,并且贸易状态不发生大的变化情况下,稳定物价和国际收支平衡才可能同时存在,而这实际上是不可能实现的。

第四,经济增长与国际收支平衡之间的矛盾。在经济增长过快的情况下,伴随着国内有效需求的增加,通常会引起对进口商品需求的增加,从而使贸易收支状况恶化,引起国际收支失衡。而在国际收支不平衡时,通常必须压制国内的有效需求,其结果可能改善国际收支,但又往往带来经济的衰退。因此,经济增长与国际收支平衡也是有矛盾的。

第五,经济增长与充分就业之间的矛盾。通常经济增长能够创造更多的就业机会,但在某些情况下两者也会出现不一致。例如,以内涵型扩大再生产所实现的高经济增长,不能实现高就业;再如,片面强调高就业,硬性分配劳动力到企业单位就业,就会造成人浮于事,效益下降,产出减少,导致经济增长速度放慢等。

第六,充分就业与国际收支平衡之间的矛盾。就业增加必然引起货币工资的增加,而支付能力需求的扩大,必然需要增加国内商品的可供量。此时若货币工资的增加与国内产出的增加保持同步,便会影响国际收支;若两者在动态上不一致,便需要增加进口以弥补国内市场供应不足,在进口大于出口的情况下,会使国际收支出现逆差。

正是由于货币政策目标之间存在着矛盾与冲突,所以同一国家的货币政策在不同时期也有可能采取不同的最终目标。目前国际上经常采用的货币政策最终目标的选择方式主要有两种:一是侧重于统筹兼顾,力求取得各目标间的协调一致。二是相机抉择,突出重点,根据宏观经济的具体运行状况和当前面临的突出问题决定和选择相应的政策目标。

四、货币政策的中介目标

货币政策的中介目标(Intermediate Target)是中央银行为了实现其货币政策的最终目标,而设置的可供观察和调整的指标。该目标最早是由美国经济学家在20世纪60年代提出的。中介目标是货币政策作用过程中一个十分重要的中间环节,也是判断货币政策力度和效果的重要指标变量,中介目标的选择恰当与否关系到货币政策的调节效果以及最终政策目标的实现,是十分重要的过程控制变量。概括起来,货币政策中介目标的作用在于:第一,表明货币政策实施的进度;第二,为中央银行提供一个追踪的指标;第三,便于中央银行随时调整。

(一)中介目标选择标准

货币政策的中介目标不是任意确定的,而是取决于它是否具备以下几个方面的条件:

第一,可测性。即信息资料要能够被中央银行迅速而精确地获得,并且变量指标定义的内涵和外延较为明确与稳定。

第二,可控性。指通过政策工具操作能够有效地对中介目标变量进行控制。

第三,相关性。指中介目标变量必须与最终目标变量之间有密切的联系,作为操作目标的变量又必须与中介目标密切相关。

第四,抗干扰性。货币政策在实施的过程中常会受到许多外来因素或非政策因素的干扰,只有那些受干扰程度低的变量才能选作中介目标。

此外,中介目标还必须与特定的经济金融环境相适应。

(二)中介目标的指标

根据以上四条标准,各国中央银行选择的中介目标虽然不尽相同,但一般来说大致都包括以下几个指标。

1. 长期利率

长期利率主要指中长期债券利率。利率是凯恩斯主义所坚持的货币政策的中介目标。在20世纪70年代以前,凯恩斯主义占统治地位时,各国中央银行都把利率作为主要的中介目标。将利率作为中介目标的主要理由是,长期利率作为货币政策的中介目标,与最终目标有着很强的相关性。中长期利率对投资有着显著的影响,对不动产及机器设备的投资来说尤其如此。同时,货币市场与资本市场上的众多利率水平和利率结构易于为中央银行所获取,所以利率目标是满足可测性的。从可控性方面来说,在间接调控时期,中央银行借助于公开市场操作,就可以影响银行的准备金供求,从而改变短期利率,进而引导长期利率的变化,以实现对长期利率的控制。因此,长期利率作为货币政策的中介目标是适宜的。

但在现实生活中,利率作为中介指标也存在着一些局限性。利率易受非政策性因素的影响,这就往往使政策性效果和非政策性效果混合在一起,从而使中央银行难以弄清事实而做出错误判断。这种非政策性影响主要体现在以下两个方面:一是名义利率与预期的实际利率往往存在着差别。而对经济运行产生实质性影响的往往是预期实际利率,但预期实际利率难以计算,难以为中央银行所控制。二是利率对经济活动的影响更多地依赖于市场主体对收益变动的敏感性。

2. 货币供应量

货币供应量是以弗里德曼为首的货币主义所坚持的货币政策中介目标,货币供应量包括流通中的现金和银行存款。

20世纪70年代中期以后,各国中央银行纷纷将中介目标由利率改为货币供应量。以货币供应量作为中介目标的理由是:首先,就可测性而言,指标随时都反映在中央银行和商业银行及其他金融机构的资产负债内,分别表现为中央银行的负债和商业银行及其他金融机构的负债,可以进行量的测算和分析。其次,就可控性而言,按照界定,货币供应量一般由通货和各种存款货币构成。通货直接由中央银行发行并进入流通,其可控性最强。而各种存款货币则是商业银行和其他金融机构的负债,中央银行通过控制基础货币可以进行间接控制。最后,就相关性而言,一定时期的货币供应量代表了当时社会的有效需求量和整个社会的购买力,直接影响货币政策目标的实现。因此,货币供应量与货币政策目标之间存在着密切的联系。

但是,也有一些学者认为,货币供应量也不是最理想的货币政策中介目标。因为货币供应量也要承受一些非政策性因素的影响,例如,公众持有现金比率的变化就会对货币供应量发生影响,从而使中央银行难以精确地控制货币供应量。

3. 银行信贷规模

银行信贷规模指银行体系对社会大众及各经济单位的存贷款总额度。由于信贷规模与货币供应总量直接相关,改变信贷规模是改变货币供应量的重要途径,会对货币政策的最终目标产生直接的影响。因此,中央银行只要通过观测、调控银行信贷规模的变化就能促使和保证货币政策的实现。就可测性而言，中央银行通过统计银行和非银行金融机构的资产负债表上各个有关项目及其构成，就能及时得到银行信用总量和构成数据。可控性方面，对银行信贷规模的控制可采取两种方式：一种是直接的信贷管制，另一种是间接调控。前一种方式的含义是显然的。对间接调控而言，根据银行系统的多倍存款创造原理，中央银行通过改变准备金率、贴现率及进行公开市场业务就可以扩大或缩小银行准备金，从而控制其信贷规模。另外，中央银行通过变动利率，改变存贷款人的相对收益，也能间接控制银行信用总量。所以，银行信贷规模满足可控性要求，是适合作为中介目标的。

银行信贷规模与最终目标间的相关性类似于货币供应量与最终目标之间的相关性。广义的货币的供应量包括现金和存款，它是银行体系（包括中央银行）的负债；贷款是银行体系的资产。如果银行体系其他资产、负债项目的数量不变，则贷款增量等于现金增量加存款增量。所以，以货币供应量为中介目标与以贷款规模或其增量为目标，是同一事物的两个方面，两者是一致的。从实际情况看，银行信贷规模的收缩与扩张，会直接导致货币供应量的收缩与扩张，从而影响社会总需求的规模。因此，银行信贷规模与最终目标之间存在较强的相关性。

五、货币政策的操作目标

货币政策的操作目标（Operrating Target）又称为“近期目标”，是中央银行通过货币政策工具能有效实现的直接政策变量，这些变量即货币政策工具操作直接引起变动的指标，其对货币政策工具的变动反应较为灵敏。就货币政策作用的全过程而言，操作目标距离中央银行的政策工具最近，是中央银行货币政策工具的直接调控对象，可控性极强。中央银行正是借助于货币政策工具作用于操作目标，进而影响到中介目标并实现其最终目标的。

从西方各主要工业化国家中央银行的操作实践来看，经常用来作为操作目标的主要有超额准备金、基础货币和短期货币市场利率等。

（一）超额准备金

超额准备金是指商业银行总准备金余额当中超过中央银行规定缴存的法定存款准备金的那部分准备金。超额准备金是商业银行扩大贷款规模，增加货币供应量的基础。中央银行对商业银行的超额准备金是可以控制的，控制的方法就是通过变动法定存款准备金率和实施公开市场操作。当提高法定存款准备金率或在公开市场出售有价证券时，就会使商业银行超额准备金减少，反之就会使商业银行超额准备金增加。中央银行可以通过控制超额准备金来控制信用规模，进而影响经济活动水平。

（二）基础货币

基础货币是由各国商业银行的存款准备金和流通在银行体系以外的现金所构成的，又叫强力货币，是中央银行可以直接控制或直接影响的金融变量，也是存款货币机构派生存款创造的基础，与货币供应量、货币政策的最终目标之间均存在较为密切的关系。因此，西方各国中央银行都将基础货币作为操作目标加以控制。作为操作目标，基础货币存在一定优势。首先，就可测性而言，基础货币表现为中央银行的负债，其数额很容易被中央银行所掌握。其次，基础货币中的通货可以由中央银行直接控制，银行准备金中的非借入准备金可以通过公开市场操作控制，借入准备金可以通过贴现窗口进行目标设定，有较强可控性。最后，根据货币乘数理论，货币供应量等于基础货币与货币乘数之积，只要控制住了基础货币的投放，就等于控制了货币供应量，从而实现最终目标。

（三）短期货币市场利率

首先，中央银行可以在货币市场上观测到短期利率水平；其次，中央银行可以通过公开市场操作和再贴现政策直接作用于短期利率水平与结构；再次，利率是影响货币供给量和银行信贷规模、实现货币政策最终目标的重要指标变量，中央银行通过公开市场操作和再贴现政策的运用调节利率水平与结构，达到调控宏观经济的政策目标。经常被选作操作目标的短期利率是银行同业拆借利率。

第二节　货币政策工具

货币政策工具是中央银行为了实现货币政策目标而采取的措施和手段。其中，最重要的是能够对整个国民经济产生普遍影响的“一般性货币政策工具”，此外还有选择性货币政策工具、直接信用控制和间接信用控制等工具。

一、一般性货币政策工具

中央银行一般性货币政策工具是中央银行运用最多的传统工具，包括存款准备金政策、再贴现政策和公开市场操作业务，统称为中央银行的“三大法宝”。

（一）存款准备金政策

存款准备金政策是指中央银行在法律所赋予的权利范围内，通过调整商业银行缴存中央银行的法定存款准备金比率，以改变货币乘数，控制商业银行的信用创造能力，进而间接控制社会货币供应量的策略、措施。

存款准备金制度最初是为防止商业银行盲目发放贷款，保证其清偿能力，保护存款者利益而设立的。将变动准备率作为一种货币政策工具加以运用，始于 1933 年美国国会对联邦储备体系变动准备率的授权。目前，各国改变活期存款准备率大多是出于货币政策的考虑，而调整定期、储蓄存款的准备率仍是以保证银行资产的流动性和清偿力为目的。存款准备金政策的作用机理（图 14.2）是：如果中央银行降低法定存款准备金率，会减少商业银行向中央银行缴存的法定存款准备金，使超额准备金增加，从而使得商业银行的信贷投放与投资增加，实现货币供给的增加与利率水平的下降；相反，如果中央银行提高法定存款准备金率，使得商业银行向中央银行缴存的法定存款准备金增加，这样商业银行超额准备金将会减少，从而使得商业银行的信贷投放与投资减少，实现货币供给的减少与利率水平的提高。

正是因为存款准备金政策对货币供应量的效果明显、迅速、操作简便，而且中央银行对其运用有绝对的控制权，所以存款准备金政策成为中央银行货币政策的有力工具。但是，存款准备金政策也有明显的局限性：第一，容易导致商业银行资金严重周转不灵，陷于经营困境。第二,冲击力太大,导致货币供给量剧烈变动,被称作是一剂猛药。第三,存款准备金对各类银行和不同种类存款的影响不一致,因而操作起来不够灵活,不宜作为日常调节货币供应量的工具。

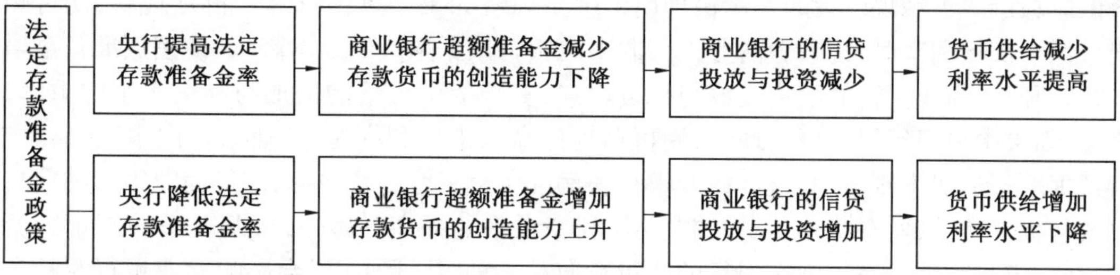

图14.2　存款准备金政策作用机理

【金融视角】中国式“利率走廊”

利率走廊是约束货币市场利率的一个区间。

通常利率走廊区间的上限为央行贷款给金融机构的利率,下限则为金融机构在央行的存款利率,利率走廊区间的调控目标则为金融机构之间的拆借利率,也即通过调控确保金融机构之间的拆借利率在利率走廊的区间内波动。例如,当同业拆借利率突破区间上限时,金融机构便可以转而向央行借款,反则反之。

2014年5月时任中国人民银行行长周小川率先提出“利率走廊”这个概念,但关于“利率走廊”的研究最早可追溯至20世纪90年代(其中以Kevin Clinton分别完成于1991年和1997年的两篇论文为代表)。20世纪90年代以来,加拿大、欧元区、瑞典等经济体率先采用了“利率走廊”模式来调控利率,随后美国、德国、法国、意大利、瑞典、瑞士、芬兰、匈牙利、斯洛文尼亚以及印度、斯里兰卡、纳米比亚等经济体也采用了这一调控模式。

对于中国而言,也有自己的利率走廊区间,上限和下限分别为SLF(常备借贷便利)利率和超额存款准备金利率。2020年4月3日,中国人民银行决定自4月7日起将金融机构在中国人民银行超额存款准备金利率从0.72%下调至0.35%,这是自2008年以来首次下调超额存款准备金利率,意味着中国利率走廊已拓宽至0.35%～3.10%(利率走廊的宽度达到275BP)。

(二)再贴现政策

贴现是票据持票人在票据到期前,为了获取现款而向银行贴付一定利息的票据转让行为。再贴现是商业银行或其他金融机构将贴现所获得的未到期票据再向中央银行进行贴现的票据转让行为,是中央银行向商业银行提供资金的一种方式。再贴现政策即是中央银行对商业银行用持有的未到期票据进行融资所做出的政策规定,一般情况下包括再贴现率的确定和再贴现的资格条件。它不仅影响商业银行的筹资成本,限制商业银行的信用扩张,控制货币供应总量,而且可以按国家产业政策的要求,有选择地对不同种类的票据进行融资,促进结构调整。

再贴现率工具主要着眼于短期政策效应。中央银行根据市场资金供求状况调整再贴现率,以影响商业银行的借入资金成本,进而影响商业银行对社会的信用量,从而调整货币供应总量。再贴现政策的作用机理(图 14.3)是:如果中央银行降低再贴现率,使再贴现率低于市场利率时,会减少商业银行向中央银行票据融资的成本降低,使超额准备金增加,从而使得商业银行的信贷投放与投资增加,实现货币供给的增加与利率水平的下降;相反,如果中央银行提高再贴现率,使再贴现率高于市场利率时,商业银行向中央银行进行票据融资的成本则增加,这样商业银行超额准备金将会缩减,从而使得商业银行的信贷投放与投资减少,实现货币供给的减少与利率水平的提高。另外,再贴现率的制定或调整,在一定程度上反映了中央银行的政策意向。这种“告示作用”会影响商业银行及社会公众的预期,并按中央银行意向,调整自己的经济行为,从而使中央银行货币政策目标顺利实现。

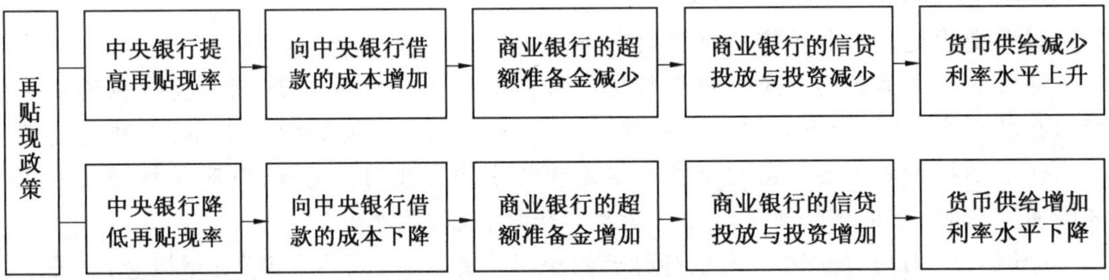

图 14.3　再贴现政策作用机理

当然,再贴现政策也有自身的局限性:第一,中央银行运用再贴现政策缺乏主动性,实施后能够取得预期效果,主要取决于商业银行的主体行为,中央银行无法控制。如果商业银行选择其他融资渠道而避开中央银行干预,则政策效果会大打折扣;另外,如果在经济衰退时期,即使再贴现率再低也难以吸引商业银行向中央银行借款。第二,再贴现政策缺乏弹性,如果频繁使用,会导致市场利率经常性波动,对经济发展产生不利影响。这些局限性决定了再贴现政策不宜作为中央银行日常操作的货币政策工具,但再贴现率的调整,对货币市场的广泛影响仍然是不可忽视的。

【金融视角】中国结构性货币政策工具精准助力经济发展

我国的结构性货币政策工具是中国人民银行引导金融机构信贷投向,发挥精准滴灌、杠杆撬动作用的工具,通过提供再贷款或资金激励的方式,支持金融机构加大对特定领域和行业的信贷投放,降低企业融资成本。

结构性货币政策工具情况表(截至2022年6月末)

工具名称		支持领域	发放对象	利率(1年)/激励比例	额度/亿元	余额/亿元
长期性工具	支农再贷款	涉农领域	农商行、农合行、农信社、村镇银行	2%	7 600	5 404
	支农再贷款	小微企业、民营企业	城商行、农商行、农合行、村镇银行、民营银行	2%	16 400	13 997
	再贷款	涉农、小微和民营企业	具有贴现资格的银行业金融机构	2%(6个月)	7 000	6 145
阶段性工具	普惠小微贷款支持工具	普惠小微企业	地方法人金融机构	2%(激励)	400	44
	抵押补充贷款	棚户区改造、地下管廊、重点水利工程	开发银行、农发行、进出口银行	2.80%		26 203
	碳减排支持工具	清洁能源、节能减排、碳减排基础	21家全国性金融机构	1.75%	8 000	1 827
	支持煤炭高效利用专项再贷款	煤炭清洁高效利用、煤炭开发利用和设备	工农中建交、开发银行、进出口银行	1.75%	3 000	357
	科技创新再贷款	科技创新企业	21家全国性金融机构	1.75%	2 000	0
	普惠养老专项再贷款	浙江、江苏、河南、河北、江西试点,普惠养老项目	工农中建交、开发银行、进出口银行	1.75%	400	0
	交通物流专项再贷款	道路货物运输经营者和中小微物流(含快递)企业	工农中建交、邮储、农发行	1.75%	1 000	0
合计						53 977

资料来源:中国人民银行官网

(三)公开市场操作

公开市场操作是指中央银行通过在金融市场上公开买卖有价证券,从而调节、控制信用规模和货币供应量的一种策略、措施。它是货币政策最有力的,也是最重要的工具。公开市场操作最早在19世纪初英格兰银行采用。

公开市场操作有两种基本方式:一种是长期性储备调节,为改变商业银行等存款货币机构的储备水平而使用;另一种是临时性储备调节,为抵消其他因素的影响,维持商业银行等存款货币机构的储备水平而使用。其交易方式通常为有价证券的买卖、回购和发行等。公开市场操作政策的作用机理(图14.4)是:如果中央银行在公开市场上买入有价证券,进而增加基础货币的投放量,使得商业银行等货币存款机构的超额准备金增加,从而使得商业银行的信贷投放与投资增加,实现货币供给的增加与利率水平的下降;相反,如果中央银行在公开市场上出售有价证券,进而减少基础货币的投放量,会使得商业银行等货币存款机构的超额准备金缩减,从而使得商业银行的信贷投放与投资减少,实现货币供给的减少与利率水平的提高。另外,公开市场操作还能对利率结构产生影响,主要是通过中央银行在公开市场上买进一定数量的政府长期债券的同时,又卖出一定数量的政府短期债券,或是反向操作。这样虽然没有使货币供应量产生变化,却对长期债券和短期债券的需求产生变化,进而影响长期利率和短期利率朝着相应的方向变动。

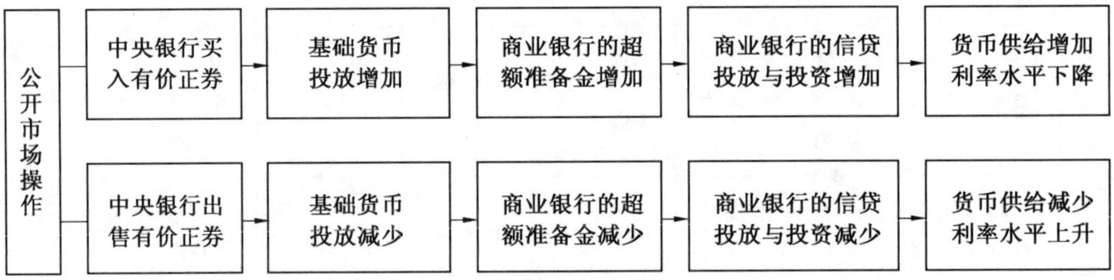

图14.4　公开市场操作作用机理

但是,公开市场操作也存在一定的局限性:第一,公开市场操作技术性强,操作比较细微,政策的"告示作用"较弱。第二,公开市场操作作用的发挥是以具备发达的有价证券市场为前提的,如果证券市场发育程度较低,交易工具匮乏,参与者较少,都将制约公开市场操作作用的有效发挥。

【金融视角】中国的公开市场操作

中国公开市场操作包括人民币操作和外汇操作两部分。从交易品种看,中国人民银行公开市场业务债券交易主要包括回购交易、现券交易和发行中央银行票据。

中国人民银行从1998年开始建立公开市场业务一级交易商制度,只有一级交易商可以与中国人民银行进行直接交易,2022年度一级交易商包括20家全国性银行、22家地方性银行、5家外资行、2家券商在内的共49家机构。回购交易分为正回购和逆回购两种。我国回购交易档次有7天、14天、21天、28天、2个月、3个月和4个月共7种,目前以7天和14天的逆回购为主。

> 正回购为中国人民银行向一级交易商卖出有价证券，并约定在未来特定日期买回有价证券的交易行为，正回购为央行从市场收回流动性的操作，正回购到期则为央行向市场投放流动性的操作。逆回购为中国人民银行向一级交易商购买有价证券，并约定在未来特定日期将有价证券卖给一级交易商的交易行为，逆回购为央行向市场上投放流动性的操作，逆回购到期则为央行从市场收回流动性的操作。
>
> 现券交易分为现券买断和现券卖断两种，前者为央行直接从二级市场买入债券，一次性地投放基础货币；后者为央行直接卖出持有债券，一次性地回笼基础货币。现券交易是国债所有权的转让交易，一般为数量招标方式。例如2022年12月12日，中国人民银行以数量招标方式进行了公开市场业务现券买断交易，从公开市场一级交易商，以100元的价格买入7 500亿元特别国债。
>
> 资料来源：中国人民银行官网

二、选择性货币政策工具

传统的三大货币政策工具都属于对货币供应总量的调节，以影响整个宏观经济。在这些一般性货币政策工具之外，还有对某些特殊领域的信用加以调节和影响的可供选择的如下措施有：

（一）消费信用控制

消费信用是由企业或银行提供给消费者的信用。企业提供给消费者的信用一般采取提前付货、分期付款的方式；银行提供给消费者的信用则采取贷款形式。所谓消费信用控制，是指中央银行对不动产以外的各种耐用消费品的销售融资予以控制的政策措施。其主要内容包括：第一，规定用分期付款等消费信贷购买各种耐用消费品时首付款的最低金额；第二，规定融资的最长期限；第三，规定消费信用所指向的消费品的种类等。

一般地，在需求过大和通货膨胀时，中央银行则要加强对消费信贷的控制。其办法主要是：提高首付款额度，缩短分期付款的期限；反之，则反向操作。由于大部分消费信贷是直接或间接来自各金融机构，因而中央银行对消费信用的控制，会不断影响企业的销售，而且会影响银行存款和货币数量的增减。

（二）不动产信用控制

所谓不动产信用控制，是指中央银行对商业银行等金融机构在房地产方面贷款的限制措施。其主要内容包括：第一，对银行的不动产贷款规定其贷款的最高限额。第二，对银行的不动产贷款规定其贷款到期的最长期限。第三，规定购买不动产首付款的最低金额。第四，规定分摊还款的最低金额。

（三）证券市场信用控制

证券市场信用控制是中央银行对有关证券交易的各种贷款进行限制，目的在于抑制过度投机。如规定一定比率的保证金率，并随时根据证券市场的状况进行调整。在西方，各种有价证券都可以上市买卖或抵押，商业银行等金融机构可以办理各种有价证券交易的放宽和以有价证券为抵押的放款。我国实行证券业和银行业分业经营的管理体制，严格限制信贷资金流入股票市场，限制证券经纪公司向客户透支炒股等，对于我国金融市场的稳定，抑制金融泡沫，避免金融危机发挥了重要作用。

（四）优惠利率

优惠利率是指中央银行对国家拟重点发展的某些部门、行业和产品规定较低贷款利率，目的在于刺激这些部门及行业的生产，调动它们的积极性，以实现产业结构和产品结构的调整和优化。优惠利率多为发展中国家所采用。中央银行实行优惠利率政策有两种主要方式：第一是中央银行对需要重点发展的部门、行业和产品制定较低的贷款利率，由商业银行具体执行；第二是中央银行对这些行业和企业的票据规定较低的再贴现利率，以引导商业银行的资金投向和规模。

三、其他货币政策工具

（一）直接信用控制

直接信用控制，是指中央银行从质和量两个方面以行政命令或其他方式对金融机构尤其是商业银行的信用活动进行直接控制，而不是通过市场供求关系或资产组合的调整进行调控。其手段包括利率最高限额、信用配额管理、直接干预、贷款最高限额、流动性比率管理和特种存款等。

1. 利率最高限额

利率最高限额又称利率管制，是指中央银行规定商业银行的定期及储蓄存款所能支付的最高利率。利率管制的目的，是为了通过对存款利率上限进行限定，防止商业银行用提高利率的办法在吸收存款方面进行过度竞争，以及为牟取高利率进行风险存贷活动。

2. 信用配额管理

信用配额管理是指中央银行根据当时国家的经济形势，权衡经济发展对信贷资金需要的轻重缓急之后，对商业银行的信用规模加以合理分配的限制的措施。中央银行这样做是为了合理地分配信贷资金，使有限的信贷资金用到最急需的地方去。目前，一些发展中国家由于亟待投资的项目很多，投资需求很大，而资金供给相对有限，为了解决资金供需的矛盾，这些国家的中央银行大都采用了这种信用配额管理的办法。

3. 直接干预

直接干预是指中央银行依据有关法令的授权，以“银行的银行”的身份，对商业银行的授信业务进行直接的干预。采取直接干预主要是因为商业银行在其业务经营中，违背了国家的货币信用政策。中央银行进行直接干预的方法主要包括：第一，直接规定各商业银行业务经营的方针、放款与投资范围，限制其放款额度。第二，直接干预银行对活期存款的吸收。第三，拒绝业务不当的商业银行的再贴现要求，或采取高于一般利率的惩罚性利率予以融资。

4. 贷款最高限额

贷款最高限额是指中央银行对商业银行的贷款规模实行直接限额管制。目的是控制信用规模和货币供应量，合理地使用有限的信贷资金，促进经济结构的调整。中央银行对商业银行贷款限额管制的方法有两种:第一,规定商业银行贷款的最高限额,以控制信贷规模和货币供应量;第二,规定商业银行某一类贷款的最高限额,以防止某一部门发展过快,保持国民经济比例关系的协调。

5. 流动性比率

流动性比率是中央银行为了限制商业银行的信用能力,规定在商业银行的全部资产中流动性资产所占的比重。一般来说,资产的流动性高,其收益率就低。商业银行为了达到中央银行规定的流动性比率,一方面,必须缩减长期性放款所占的比重,而扩大短期性放款的比重;另一方面,还必须持有一部分随时应付提现的资产。由于商业银行不能任意把一些流动性资产用于长期性的资金运用业务,中央银行也就达到了限制信用扩张的目的。

6. 特种存款

特种存款是指中央银行在银行体系中出现过剩超额储备时,要求其按一定比例把这种超额储备缴存中央银行冻结起来的一种存款方式。当发生较为剧烈的膨胀时,中央银行可以运用这种方式压缩银行体系的放款规模,从而减少货币供给量。

(二)间接信用控制

间接信用控制是指中央银行通过道义劝告、窗口指导等办法间接影响商业银行的信用创造。间接信用控制比较灵活方便,既可以对金融机构的某项业务活动进行劝告,也可以对整个金融活动进行指导。从各国的实践来看,间接信用控制这种工具的作用是比较有效的。

1. 道义劝告

道义劝告,是指中央银行利用自身在金融体系中的威望与特殊地位,在与各商业银行以及其他金融机构交往中,以施行劝告的方式来影响商业银行及其他金融机构资金放贷的数量和方向,从而实现对信用及货币供应量控制的目的。道义劝告既能控制信用总量,也能控制信用构成。例如,中央银行可以根据经济发展的情况,把自己的货币政策意图向金融机构说明,要求各商业银行注意限制放款、投资的数量,这是量的控制。再如,中央银行鉴于某一方面的信用或投资过分增加,要求商业银行注意减少这方面的放款和投资,就构成了质的调控。

2. 窗口指导

窗口指导,是指中央银行根据产业行情、物价走势和金融市场动向,规定商业银行的贷款重点投向和贷款变动数量,从而达到控制货币供应量的目的。“窗口指导”形成于20世纪50年代的日本。实行窗口指导的直接目的是调节银行信用总量,但并不对放款用途进行质的限制。虽然窗口指导没有法律约束力,其影响大小也取决于中央银行的声望和各银行的合作程度,但鉴于中央银行的强大力量,其作用有时也很大。

四、中国式货币政策工具创新

(一)MLF 中期借贷便利

中期借贷便利(Medium-term Lending Facility,MLF),是指中央银行提供中期基础货币的货币政策工具，是中国人民银行于 2014 年创建的一种新的货币政策工具，对象为符合宏观审慎管理要求的商业银行、政策性银行，可通过招标方式开展。

中期借贷便利采取质押方式发放，金融机构提供国债、央行票据、政策性金融债、高等级信用债等优质债券作为合格质押品。在 2018 年 6 月，中国人民银行扩大了 MLF 担保品范围，新增包括：不低于 AA 级的小微企业、绿色和“三农”金融债券，AA+、AA 级公司信用类债券（优先接受涉及小微企业、绿色经济的债券），优质的小微企业贷款和绿色贷款。

MLF 的期限一般为 3 ~ 12 个月，在资金使用满足政策要求的情况下，到期可获得展期。2017 年 6 月起，中国人民银行所投放的 MLF 均为一年期品种。在实际情况中，在 MLF 到期时，中国人民银行会发行新的 MLF 来对冲已到期的 MLF，也就是我们常说的“续作”。

MLF 的主要作用包括：调节货币供应量，影响社会预期；调整信贷结构，缓解小微企业、三农等需要扶持行业融资难的问题；在 MLF 利率—LPR 报价利率—贷款利率传导机制下，MLF 可以调整利率结构、管理市场流动性和调整社会融资成本；化解金融风险，维护金融系统稳定。

同样是中国人民银行借钱给商业银行，逆回购和 MLF 在资金提供方式和期限结构方面存在不同。第一，逆回购是中国人民银行通过向商业银行购买有价证券的方式，释放流动性，而 MLF 是商业银行提供有价证券为质押后向中国人民银行借钱，释放流动性。第二，借款期限不同，逆回购时间比较短，一般是几天时间，而 MLF 一般为三个月以上，通常为一年。中国人民银行通过逆回购、MLF 借钱给商业银行，为市场提供短期、中期货币供应，增加市场流动性。而中国人民银行正回购及 MLF 缩量都是表示中国人民银行回收、减少货币供应量，收缩市场流动性。

（二）常备借贷便利

常备借贷便利（Standing Lending Facility，SLF），提供对象主要为一级交易商，期限为隔夜、7 天或 1 ~ 3 个月，其利率水平根据货币政策调控、引导市场利率的需要等综合确定。SLF 以抵押方式发放，合格抵押品包括高信用评级的债券类资产及优质信贷资产等。

SLF 具有以下主要特点：一是由金融机构主动发起，金融机构可根据自身流动性需求申请常备借贷便利；二是常备借贷便利是中国人民银行与金融机构“一对一”交易，针对性强；三是常备借贷便利的交易对象覆盖面广，通常覆盖存款金融机构；四是 2015 年 11 月后明确承担利率走廊上限职能。

2013 年，中国人民银行创设 SLF，向符合宏观审慎要求的政策性银行和全国性商业银行提供大额短期流动性支持，期限为 1 至 3 个月。自 2014 年 1 月 20 日起，中国人民银行开展分支行 SLF 操作试点，为中小金融机构提供流动性支持。2015 年 2 月 11 日起，中国人民银行在全国推广分支机构常备借贷便利，操作对象包括城市商业银行、农村商业银行、农村合作银行和农村信用社四类地方法人金融机构。SLF 操作利率承担利率走廊上限职能后，跟随逆回购操作利率或 MLF 操作利率之后调整，存在滞后情况，但从未做出单独主动调整。

就操作规模而言，当前中国人民银行使用 SLF 规模相对较少，操作情况公布频率较低。历史上，2016 年之前 SLF 操作规模相对较大，2016 年 1 月操作规模一度达到 5 000

亿元以上，主要与当时春节前的流动性需求有关；近年来，SLF 的存量规模经常维持在千亿以下，截至 2022 年 6 月余额为 13.4 亿元，操作多为 1 个月期限的投放；中国人民银行对操作情况的公布频率较低，仅月末公布当月各期限的操作和余额状况。

（三）抵押补充贷款

抵押补充贷款（Pledged Supplemental Lending，PSL）创立于 2014 年 4 月，重点用于政府支持项目，具有准财政性质。主要服务于棚户区改造、地下管廊建设、重大水利工程、“走出去”等重点领域。发放对象为开发银行、农发行和进出口银行。中国人民银行对属于支持领域的贷款，按贷款本金的 100% 予以资金支持。

2014 年 10 月，中国人民银行在《中国货币政策执行报告（2014 年第三季度）》中首次介绍 PSL 操作“为开发性金融支持棚户区改造提供长期稳定、成本适当的资金额度”。2015 年 2 月，中国人民银行公布《中国货币政策执行报告（2014 年第四季度）》时，再次确认 PSL 操作的两个重要目的，一是与 MLF 一起，“引导金融机构向国家政策导向的实体经济部门提供低成本资金”；二是与信贷政策支持再贷款一起，“发挥促进信贷结构调整的作用，支持金融机构扩大对‘三农’、小微企业和棚改等国民经济重点领域和薄弱环节的信贷投放”。

最初 PSL 的对象只有国家开发银行（简称国开行）一家政策性银行，经国务院批准，从 2015 年 10 月起，中国人民银行将 PSL 的对象扩大至国家开发银行、中国农业发展银行、中国进出口银行，主要用于支持三家银行发放棚改贷款、重大水利工程贷款等，用以提供稳定的中长期的资金支持。

2016 年后，PSL 由滚动续作转为定向支持。2016 年以前，PSL 操作主要以滚动续作到期的方式进行；从 2016 年 5 月起，中国人民银行在每月月初对三家政策性银行发放上月特定投向贷款对应的抵押补充贷款，PSL 的运用转向常态化，政策地位得到提升。

规模上看，2015 年至 2018 年伴随着棚改节奏加快，PSL 规模大幅扩张。余额从 2015 年 5 月的 6 459 亿元增加到 2019 年 3 月 35 410 亿元的历史高点。2019 年 5 月起，棚改工作接近尾声，货币化安置力度明显减弱。目前，PSL 月度变动以到期归还为主，截至 2022 年 8 月底，余额降至 25 399 亿元。利率方面，经过 2015 年连续 3 次下调后，此后一直维持在 2.75%。

第三节　货币政策传导机制

中央银行货币政策目标是通过运用货币政策工具而实现的，但是由于货币政策工具并不能直接作用于货币政策最终目标，从货币政策工具的运用到货币政策最终目标的实现之间存在一个作用过程，这个作用过程即货币政策理论体系中货币政策的传导机制（Monetary Transmission Mechanism）。各个学派的货币传导机制理论存在着共同之处：货币政策工具的变动—货币供给量的变动—（各种传导途径）—货币政策的最终目标。其不同之处在于传导途径。

一、货币政策传导机制的理论

西方国家在货币政策传导方面尚存在着各种不同的观点和争论，形成了不同的货币政策传导机制理论。

（一）凯恩斯学派的货币政策传导机制理论

1. 局部均衡论的货币政策传导机制

局部均衡分析，就是假定其他部门保持不变，分析货币政策由货币领域均衡到商品领域均衡的传导过程。凯恩斯学派最初的思路可以归结为：通过货币供给量 M 的增减来影响利率 i。利率的变化则通过资本边际效益的影响使投资 I 以乘数方式增减，而投资的增减则可以影响总收入 Y 和价格 P。以符号表示为

$$M\uparrow \rightarrow i\downarrow \rightarrow I\uparrow \rightarrow Y\uparrow$$

这个传导过程中，货币政策发挥作用的关键途径有两条：一是货币与利率的关系，即流动性偏好；二是利率与投资之间的关系，即投资利率弹性。在局部均衡论的传导机制中，利率是整个传导机制的核心，货币供应量的调整必须首先影响利率的升降，然后才能使投资乃至总支出发生变化。如果货币供应量增加不能对利率产生影响，即存在流动性陷阱，则货币政策无效；如果投资的利率弹性非常低，利率的下降就不会对投资量有显著的刺激作用，货币政策的传导机制也就会中断。

2. 一般均衡论的货币政策传导机制

局部均衡分析只反映了货币市场对商品市场的初始影响，而没能显示它们之间循环往复的相互作用。考虑到货币市场与商品市场的相互作用并做进一步分析，凯恩斯学派称之为一般均衡分析。一般均衡分析的过程具体如下。

（1）假定货币政策工具的运用使得货币供应量增加，在既定的产出水平下，利率会相应地下降，利率的下降会刺激投资，并引起总需求增加，总需求增加又推动国民收入增加。

（2）国民收入的增加又使货币需求上升，如果没有新的货币供给投入经济生活，货币供求的对比就会使下降了的利率回升。这是商品市场对货币市场的作用。

（3）利率的回升又会使总需求减少，国民收入下降，而国民收入的下降又导致货币需求下降，那么利率又会回落。这是往复不断的过程。

（4）这个过程最终会逼近一个均衡点，这一点同时满足货币市场和商品市场的均衡。在这个点上，可能利率较原来的均衡水平低，而国民收入较原来的均衡水平高。

（二）货币学派的货币政策传导机制理论

与凯恩斯学派不同，货币学派认为，利率在货币传导机制中不起重要作用，而更强调货币供应量在整个传导机制中影响社会总支出与总收入的直接效果。其传导机制为：货币供应量 M 的变动引起总支出水平 E 的变化，进而影响总收入的变化，用符号表示为

$$M\uparrow \rightarrow E\uparrow \rightarrow Y\uparrow$$

货币学派认为货币需求函数具有内在稳定性，且不受货币供给变动的影响，货币供给是中央银行可以控制的外生变量。当中央银行增加货币供应量时，由于货币需求并未改变，公众持有的货币余额会超过他们所愿意持有的货币余额，为了消除这一过多的货币余

额，人们必然会增加支出，以购买比过去更多的非货币金融资产或实物资产。货币总流量的扩大，会导致非货币金融资产价格上升，收益率下降，从而使更多的货币用于购买实物资产，这又会使得商品物价提高。在短期内，由于产品价格的上升幅度大于生产要素的上升幅度，因而实际工资降低，企业利润相对提高，这就刺激了生产的扩张和产出的增多，使社会总收入增加。因此在短期内，货币供给增加的结果往往具有两重性：一方面使物价水平上升，另一方面又使实际产出增加。然而就长期来看，由于不存在预期误差，货币供给的变动只能影响物价水平，而不能影响实际产出，实际产出的变动只受实物因素的影响。人们会根据不同资产收益率的变动，调整自己的资产组合，最终实现不同资产收益率的相对均衡，这时人们持有的实际货币余额等于其愿意持有的货币余额，经济处于均衡状态。

由此可见，货币学派的传导机制理论与凯恩斯学派的传导机制理论主要的分歧有两方面：第一，凯恩斯学派非常重视利率在传导机制中的作用，而货币学派则不然。第二，凯恩斯学派认为直接对产量、就业和国民收入产生影响的是投资，而货币量对国民收入等因素的影响是间接的。货币学派则认为，货币供给量的变动与名义国民收入的变动有直接联系，货币供给量的增加直接引起名义国民收入的增加。

二、货币政策的若干传导渠道

在凯恩斯和货币学派的货币政策传导机制理论的基础上，西方学者提出了大量的传导机制的理论观点和具体传导渠道。根据对货币政策传导的不同途径的分析，综合各学派的观点，一般将货币政策传导渠道概括为三大类，分别是：投资渠道，即通过投资支出发挥作用，包括利率对投资的效应、资本市场渠道、银行信贷渠道、资产负债表渠道；消费渠道，即通过消费支出发挥作用，包括利率对耐用消费品支出的效应、公众财富渠道；国际贸易渠道，即通过国际贸易发挥作用。其中，利率对投资的效应和利率对耐用消费品支出的效应见前面所述的传导机制，下面对其他几种主要渠道进行介绍。

（一）资本市场渠道

托宾 Q 理论说明了货币政策通过影响股票价格而作用于实际经济的过程与渠道。托宾把 Q 定义为企业资本的市场价值与资本重置成本之比。其含义是在均衡状态下，当 $Q=1$ 时，表明资本以经济的自然增长速度重置和扩张。如果 $Q>1$，表明企业所拥有的所有资产的市值高于其重置成本，企业只需发行少量股票就可以获得较多新的投资品，企业投资支出将会上升。如果 $Q<1$，则表明企业市值低于重置成本，投资新项目不如在市场上收购既有企业更划算，企业对新的投资就不会有积极性。

当采取扩张性货币政策时，引起货币供应量增加，人们发现手中的货币比他们持有的要多，就会按照自己的偏好安排其金融资产，其中一部分货币必然流向股票市场造成对股票需求的增加，股票价格 P_s 就会上升，从而 Q 值上升，投资 I 增加，并引起产出 Y 增加。用符号表示为

$$M\uparrow \rightarrow P_s\uparrow \rightarrow Q\uparrow \rightarrow I\uparrow \rightarrow Y\uparrow$$

（二）银行信贷渠道

银行信贷渠道观点认为，银行贷款是不能由其他融资形式所完全代替的，比如资本市

场。规模较大、实力较强的企业可以通过资本市场发行股票、债券进行融资，但是特定类型的融资者，如小微企业、普通消费者的融资需求大都通过银行贷款来满足，另外即使是有能力在资本市场融资的企业，也会依赖银行贷款、贴现等业务获取资金。货币政策可通过银行贷款的增减刺激或减少投资支出，从而引起总产出的变化。

如果中央银行采取一系列扩张性货币政策，将引起货币供应量 M 扩大，从而使得银行可贷资金 L 增加，在其他条件不变的情况下，贷款的增加将引起投资支出 I 的增加，从而导致总支出 Y 的增加。用符号表示为

$$M\uparrow \rightarrow L\uparrow \rightarrow I\uparrow \rightarrow Y\uparrow$$

（三）资产负债表渠道

这种观点在表现形式上很接近银行信贷渠道，但两者有着实质的差别。银行信贷渠道从银行贷款供给角度解释信用对经济的影响；而资产负债表渠道从特定借款人资产负债状况来解释信用在传导过程的作用。这种观点认为，货币供给 M 的减少和利率 i 的上升，将影响企业（借款人）的资产状况，特别是现金流的状况。利率的上升导致借款利息增加，从而直接减少净现金流 NCP。同时利率的上升会导致企业股价 P_s 的下跌，贷款的逆向选择和道德风险 H 因此趋于严重，资信状况的下降使得企业的直接融资和从银行取得贷款 L 都受到阻碍，导致投资 I 与产出的下降，进而影响总支出。用符号表示为

$$M\downarrow \rightarrow i\uparrow \rightarrow P_s\downarrow \rightarrow \text{NCP}\downarrow \rightarrow H\uparrow \rightarrow L\downarrow \rightarrow I\downarrow \rightarrow Y\downarrow$$

（四）公众财富渠道

生命周期理论认为，决定消费支出的是消费者的毕生财富，而非当期收入。消费者毕生财富的一个重要组成部分是金融资产，其中一个主要形式是所持有的股票。公众财富渠道认为，货币政策通过货币供给的增减影响股票价格，使公众持有的以股票市值计算的个人财富发生变动，进而影响其消费支出。因此，当中央银行采取扩张性货币政策时，货币供应量 M 的增加和利率 i 的下降，使得股票价格 P_s 上升，也就是金融资产价值 F 提升，公众个人财富量 W 上升，进而使得公众消费支出 C 增加，影响总供求。需要指出的是，公众财富渠道中影响消费者支出的是其毕生财富。因此，股票短期内的暴涨暴跌是不具有财富效应的。用符号表示为

$$M\uparrow \rightarrow i\downarrow \rightarrow P_s\uparrow \rightarrow F\uparrow \rightarrow W\uparrow \rightarrow C\uparrow \rightarrow Y\uparrow$$

另外，金融资产价格的变化，除了对公众财富数量有影响，对其资产的流动性也将产生重要影响。一般来说，当预期将遇到财务困难时，人们愿意持有流动性较强的金融资产，而不是流动性较差的实物资产（如房产），这就对公众消费（尤其是耐用消费品）起到抑制作用。当人们持有的金融资产的数量远远比其负债多时，他们对未来发生财务困难的估计就会很低，因此会较愿意购买耐用消费品。所以，当货币供应量 M 上升，股票价格 P_s 也上升，公众金融资产价值 F 提高，人们对发生财务困难的预期降低，耐用消费品支出将增加。用符号表示为

$$M\uparrow \rightarrow i\downarrow \rightarrow P_s\uparrow \rightarrow F\uparrow \rightarrow \text{财务困难预期}\downarrow \rightarrow C\uparrow \rightarrow Y\uparrow$$

（五）国际贸易渠道

随着经济国际化和浮动汇率制度的实行，汇率对进出口的影响越来越成为货币政策

实施传导的重要途径。国际贸易渠道是指货币政策的变动通过影响货币供应量，进而影响到国内利率，而国内利率又影响汇率，通过汇率变动影响进出口的过程。若一国长期实行扩张性货币政策，货币供给 M 的长期增加会带来利率 i 的降低，并使得国内物价水平 P 提高，这两个因素都将使得本币贬值。本币汇率 e 下降，起到刺激出口、抑制进口的效果，使得净出口 NX 增加。净出口的增加意味着出口需求的增加，导致总需求增加，从而使得总产出增加。用符号表示为

$$M\uparrow\rightarrow i\downarrow\rightarrow P\uparrow\rightarrow e\downarrow\rightarrow \text{NX}\uparrow\rightarrow Y\uparrow$$

第四节　货币政策效应

宏观调控是对经济金融运行失衡的修正，调控政策的选择和实施必须适应经济和社会环境的变化，宏观调控本身就是一个动态的渐进过程。货币政策作为宏观调控的重要手段和组成部分，其政策实施的效果及有效性直接影响整个宏观调控的效果与成败。

一、货币政策的实施

货币政策的实施必须因时因地制宜，当宏观经济面临不同的状况时，应采取不同种类的货币政策来加以修正和影响。具体来说，可以分成以下三类。

(1)扩张性货币政策。扩张性货币政策是指中央银行运用增加货币供应量的调节措施刺激总需求的增长，引起总需求与总供给的对比关系变化，以达到经济增长或充分就业等目的的一种货币政策。扩张性货币政策在生产能力闲置，社会资源未得到充分利用，失业率较高时使用，效果最佳。

(2)紧缩性货币政策。紧缩性货币政策是指中央银行运用降低货币供应量的条件措施降低社会总需求水平，引起总需求与总供给的对比关系发生变化，以达到稳定物价、平衡国际收支目的的一种货币政策。紧缩性货币政策在社会总需求过大，总需求与总供给不但在总量上而且在结构上也失衡，尤其是通货膨胀严重时使用效果最佳。

(3)均衡性货币政策。均衡性货币政策是指中央银行运用适度货币供应量的调节措施来保持社会总需求与社会总供给的基本平衡，使货币供应量的增长与社会经济的增长相适应，以达到稳定物价和经济增长目的的一种货币政策。均衡性货币政策一般不考虑货币供应量的短期变动，而是着眼于货币供应量的长期性缓慢变动，其核心是较长时间内保持稳定、适度的货币供应，以保持国民经济持续、稳定地发展。均衡性货币政策的使用，一般以社会总需求与总供给的基本平衡为前提，使其既能实现物价稳定，又能满足与之相适应的国民生产总值增长的需要。

二、货币政策效应

(一)货币政策的数量效应

货币政策的数量效应是指货币政策的强度，即货币政策发挥效力的大小。对货币政策效力大小的判断，一般着眼于实施的货币政策所取得的效果与预期所要达到的目标之间的差距。由于货币政策目标之间有矛盾，所以考察货币政策的数量效应，就不应仅仅观

察某一个政策目标的实现情况，而应该综合考察各主要货币政策目标的实现情况。比如一个国家货币政策最终目标主要是稳定物价和经济增长，那么其政策效应可以用下面的方法来考察：

假设以 y 表示国民收入增长率，用 P 来代表通货膨胀率。这样，用 y_t、P_t 分别表示政策实施前的国民收入增长率和通货膨胀率，用 y_{t+1}、P_{t+1} 分别表示政策实施后的国民收入增长率和通货膨胀率。那么，不管中央银行实施的是紧缩性的货币政策，还是实施扩张性的货币政策，都将出现下面三种结果：

第一，$y_{t+1}/y_t > P_{t+1}/P_t$，说明政策实施以后，经济增长减速程度小于物价回落程度，或者经济增长的加速程度大于物价的上升程度，或者经济增长加速且伴随着物价回落。当然前两种情况表明政策效果得以实现，最后一种情况则是最理想状态。

第二，$y_{t+1}/y_t < P_{t+1}/P_t$，说明政策实施以后，经济增长减速程度大于物价回落程度，或者经济增长的加速程度小于物价上升幅度，或者经济增长减速伴随物价上涨。此时的货币政策综合效应为负，表明政策的实施已经对经济发展产生了不利影响。

第三，$y_{t+1}/y_t = P_{t+1}/P_t$，说明政策实施以后，经济增长带来的正效应与物价上涨的负效应相抵，或者物价回落的正效应与经济增长缓慢的负效应相抵，说明此时的货币政策无效。

（二）货币政策的时间效应

衡量货币政策的效应，不仅应看它实施后发挥效力的大小，还应该考察其发挥效力的快慢，即货币政策的时间效应。货币政策的时间效应也被称为“货币政策的时滞”，是指中央银行从制定货币政策到政策取得预期效果的时间差。如果这个时间差过长，就可能使得在一定经济条件下制定的货币政策还没能取得应有效果，所面临的经济环境却已发生变化，这种变化甚至是反向的，这样就使得既定的货币政策产生的效果对现有条件产生负面作用，加重现有经济问题。只有货币政策的时滞较短，才能提高政策的有效性。一般来讲，货币政策的时滞可以分为三个部分（图 14.5）：

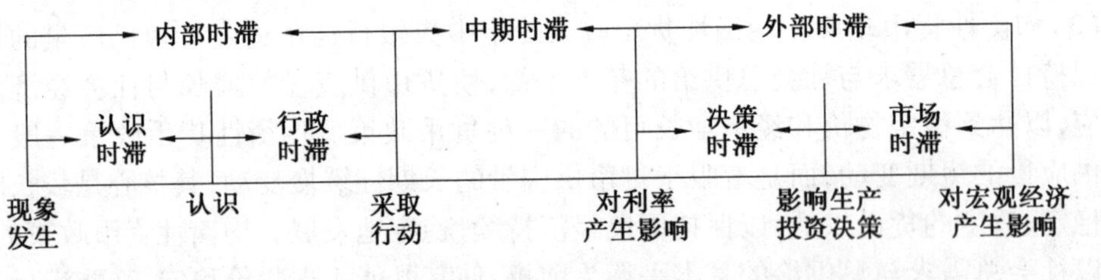

图 14.5　货币政策时滞分类

（1）内部时滞（Inside Lag），是指从经济情况发生变化，需要采取对策加以修正开始，直至中央银行开始实施货币政策为止的时间区间。这一过程又可以分为两个阶段。第一阶段是认识时滞，即当经济情况发生变化时，有些中央银行由于经济资料缺乏或者决策者反应较慢，不能明确判断当前的经济形势变化的意义及其可能产生的影响，直到经过若干时间后，中央银行才能获取准确资料，取得明确认识，决定开始研究对策。这段时间就是认识时滞。第二阶段是行政时滞，即中央银行明确经济形势变化的性质及其将产生的影响后，将立即对此种经济形势研究可行的对策，判断采取什么样的货币政策，但是研究与行动都需要一定的时间，在决定实施何种政策之前的时间区间就是行政时滞。

整个内部时滞所需的时间长度决定于中央银行收集资料、研究形势及采取行动的效率，也取决于当时的政治经济目标。特别是当所希望实现的政策目标较多，必须对其优先顺序有所选择时，更需要花费较多的时间去取舍某种政策。

(2)中期时滞(Intermediate Lag)，严格地说属于广义的外在时滞的一部分。由于其情况比较特殊，所以单独提出来进行讨论研究。所谓中期时滞，是指中央银行采取行动，以至对金融机构发生影响，使金融机构改变其利率或其他信用情况，以便对整个社会产生影响力的时间过程，所以有时也称之为信用市场时滞。这段时间的长度，取决于商业银行及其他金融机构的反应以及金融市场的敏感程度。这一时间过程已不是中央银行所能够操纵的了。

(3)外部时滞(Outside Lag)，是指自金融机构改变其利率和信用供给量开始，至对实质经济产生影响的时间过程。这段过程又可分为两个阶段。第一阶段是决策时滞，利率和信用条件改变后，个人与企业面对新形势，改变自己的投资或消费决策，在采取行动之前的一段时间区间。第二阶段为市场时滞，是指个人和企业确定其投资与支出意向后，对整个社会的生产和就业将产生影响，这段影响过程所花费的时间区间。外部时滞因为经济结构及各主体行为都是不稳定的，所以时间长度变异很大。所以外部时滞是整个货币政策时滞中最为复杂的问题。

自20世纪60年代以来，经济学家们对货币政策时滞进行了很多实证研究，由于研究方法不同，各国的具体情况也不同，得出的结果也相差很大，基本情况是：第一，货币政策的中期时滞比较稳定，是可测的，一般认为在2个月左右；第二，内在时滞长度较小，但不同经济学家得出的结果相差却很大，一般在2~6个月之间；第三，外在时滞最长，一般在4~20个月之间。

三、影响政策效应的其他因素

除了货币政策的数量效应和时滞效应外，还有很多因素影响着货币政策实施的有效性。包括货币流通速度、微观主体预期、政治性经济周期因素和其他一些政治性因素。

(一)货币流通速度

对货币政策有效性的又一个主要限制因素是货币流通速度。货币流通速度反映货币总量与整个经济的名义总产出之间的联系。货币流通速度之所以会成为货币政策效果的重要限制因素，是因为它与流通中的货币量之间的关系，即货币流通次数增加，流通中的货币量就会减少；货币流通次数减少，流通中的货币量就会增加。而货币政策主要是通过增减货币供应量来实现其目标的。对于货币流通速度一个相当小的变动，如果政策制定者未能预料到或在估算这个变动幅度时出现小的差错，都可能使货币政策效果受到严重影响，甚至有可能使本来正确的政策走向反面。假设在预测的年度GNP将增长20%，再假设根据以前一些年份有关数据的实证分析，只要包括货币流通速度在内的其他条件不变，货币供给等比增加即可满足GNP增长对货币的追加需求，如果货币流通速度在预测的期间加快了10%，不考虑其他条件变化，货币供给则只需要增加9.1%即可。要是货币当局没有预见到货币流通速度的变化，而是按流通速度不变来决定增加货币供给 20%，那么新增的货币供给量必将成为助长经济过热的因素。

（二）微观主体的预期

对货币政策产生重要影响的因素还包括微观主体的预期。在某一货币政策出台后，相关的微观主体会马上对政策的影响及后果进行研究、分析，并在最短的时间内采取有利于自己的对策。这样一来，货币政策面临着微观主体广泛实施的抵消性对策，其效果可能大打折扣。例如，政府拟采取长期的扩张政策，人们通过各种信息预期社会总需求会增加，物价会上涨，在这种情况下，工人会要求提高工资，企业因预期工资成本的增加而不愿扩展经营，最后的结果只有物价上涨，而没有实现产出的增加。鉴于微观主体的预期，似乎只有在货币政策的取向和力度没有或没有完全为公众知晓的情况下才能生效或达到预期效果。但是这样可能性不大，货币政策不可能长期不被社会公众所知。事实是微观主体的预期即便是十分准确的，要实施对策也需要有一个时间区间，也就是说，货币政策并不会因为微观主体的预期而完全失效，但可能会有部分被抵消。

（三）其他经济政策因素

其他经济政策因素的影响主要包括：一是宏观经济条件的变化。一项既定的货币政策出台后，要保持一定的稳定性和持续性，不能朝令夕改。在这段时间内，如果经济出现某些始料不及的情况，而货币政策又难以做出相应调整时，就可能出现货币政策效果下降甚至失效的情况。二是既得利益者的政治压力。货币政策的实施，可能会影响到一些阶层、部门、集团或地方的既得利益，这些主体会做出强烈反应，形成压力，迫使货币政策调整。三是世界上其他国家货币政策的调整可能会形成对本国货币政策的冲击。

本章小结

1. 货币政策目标可划分为三个层次，即最终目标、操作目标和中介目标。

2. 货币政策工具是中央银行为了实现货币政策目标而采取的措施和手段。其中，最重要的是能够对整个国民经济产生普遍影响的“一般性货币政策工具”，此外还有选择性货币政策工具、直接信用控制和间接信用控制等工具。

3. 从货币政策工具的运用到货币政策最终目标的实现之间存在一个作用过程，这个作用过程即货币政策理论体系中货币政策的传导机制。各个学派的货币传导机制理论存在着共同之处：货币政策工具的变动—货币供给量的变动—（各种传导途径）—货币政策的最终目标。其不同之处在于传导途径。

4. 影响货币政策实施效果的因素包括货币政策的数量效应和时滞效应，还有很多因素影响着货币政策实施的有效性。

【思考与练习】

1. 货币政策最终目标之间有着怎样的矛盾与统一关系？结合我国的实践，你认为我国的货币政策应采用“单目标”，还是采用“多目标”？

2. 分析各种货币政策工具的特点。

3. 货币政策中介目标的选择标准是什么？联系我国现状，分析我国应如何选择中介目标？

4. 什么是货币政策时滞？你认为有什么措施可以让时滞尽可能地缩短？

5. 思考近年来中国人民银行在支持“乡村振兴”“双碳目标实现”等战略中采取了哪些货币政策，效果如何？

参考文献

[1] 黄达,张杰. 金融学[M].5 版. 北京:中国人民大学出版社,2020.
[2] 弗雷德里克·S. 米什金. 货币金融学[M]. 12 版. 北京:中国人民大学出版社,2020.
[3] 李健. 金融学[M].4 版. 北京:高等教育出版社,2021.
[4] 曹龙骐. 金融学[M]. 6 版. 北京:高等教育出版社,2019.
[5] 蒋先玲. 货币金融学[M].3 版. 北京:机械工业出版社,2021.
[6] 陈雨露,汪昌云. 金融学文献通论[M].2 版. 北京:中国人民大学出版社,2021.
[7] 朱新蓉. 货币金融学[M].5 版. 北京:中国金融出版社,2021.
[8] 戴国强,柳永明. 货币金融学[M].5 版. 上海:上海财经大学出版社,2023.
[9] 张成思. 现代金融学——货币银行、金融市场与金融定价[M]. 北京:中国金融出版社,2022.
[10] 骆志芳,许世琴. 金融学案例分析[M]. 北京:经济科学出版社,2020.
[11] 凌江怀. 金融学概论[M].4 版. 北京:高等教育出版社,2020.
[12] 胡庆康. 现代货币银行学教程[M].6 版. 上海:复旦大学出版社,2020.
[13] 宋清华. 商业银行经营管理[M].2 版. 北京:中国金融出版社,2021.
[14] 戴国强. 商业银行经营学[M].4 版. 北京:高等教育出版社,2021.
[15] 王广谦. 中央银行学[M].4 版. 北京:高等教育出版社,2023.
[16] 张亦春,郑振龙,林海. 金融市场学[M].6 版. 北京:高等教育出版社,2020.
[17] 姜波克. 国际金融新编[M].6 版. 上海:复旦大学出版社,2018.
[18] 吴晓求. 现代金融体系导论[M]. 北京:中国金融出版社,2019.
[19] 斯图亚特·L. 格林鲍姆. 现代金融中介机构[M]. 北京:机械工业出版社,2020.
[20] 燕红忠. 中国金融史[M]. 上海:上海财经大学出版社,2020.
[21] 乔治·C. 查科. 金融工具与市场案例[M]. 北京:机械工业出版社,2008.
[22] 谢晶磊. 票据市场的变化与挑战——基于优化票据功能、统筹规范远期支付凭证的视角[J]. 金融市场研究,2023(05):119-128.
[23] 肖健,陈玉龙,彭腾. 美元货币市场演变和发展研究[J]. 中国货币市场,2021(03):40-43.
[24] 2019 年票据市场回顾与 2020 年票据市场展望[J]. 杭州金融研修学院学报,2020(03):60-66.
[25] 花一鑫. 我国货币市场基金现状及发展研究[J]. 价值工程,2020,39(04):103-104.
[26] 范方志,胡德宝. 透明度、决策博弈与中央银行独立性[J]. 财经问题研究,2016(12):57-62.
[27] 王茜. 中国市场化利率形成机制研究[D]. 大连:东北财经大学,2016.
[28] 韩立峰. 现行利率机制对我国货币政策实施效果分析[J]. 合作经济与科技,2008

(11):38-39.

[29] 赵宇贤. 注册制的必要性和适用性分析——基于核准制和注册制的优劣评析[J]. 西部皮革,2020,42(14):101.

[30] HEERDEN C V, NIEKERK G V. Twin peaks in South Africa: a new role for the central bank[J]. Law and Financial Markets Review, 2018, 11(4):154-162.

[31] HARB A S M. The role of external audit in view of sudden financial collapses on the Jordanian commercial banks sector[J]. International Journal of Financial Research, 2020, 11(2):218.